本书为国家社会科学基金项目“清水江流域土地契约文书研究”（项目编号：12XZS020）结项成果，并获得该项目资助出版

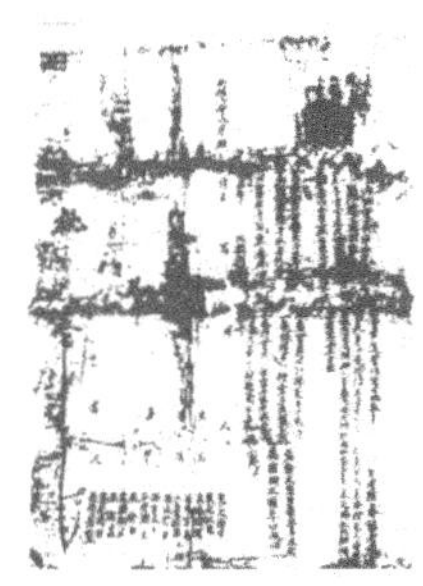

清水江流域土地契约文书研究

安尊华 著

科学出版社
北京

内 容 简 介

本书聚焦清水江流域土地契约文书，全面梳理田地、林地、房地和阴地等的交易价格和经营方式；揭示土地价格变化大体规律，即由低到高、由高到低、再回高、急剧下降、再降、较平稳升高的总趋势；概括土地经营方式有典当、断卖、招佃、股份制、拨换、赠送、分关、讨要等。该流域土地契约文书再现了明末至民国土地买卖和地权流动的实态，是近代中国区域经济的鲜活案例。其合理的经营方式和诚实守信的契约精神作为历史智慧，在当下仍有重要的积极意义。

本书可供历史学及相关专业领域人员参阅。

图书在版编目（CIP）数据

清水江流域土地契约文书研究 / 安尊华著. —北京：科学出版社，2019.12

ISBN 978-7-03-064025-3

Ⅰ.①清… Ⅱ.①安… Ⅲ.①契约-文书-研究-贵州 Ⅳ.①D927.730.36

中国版本图书馆CIP数据核字（2019）第300129号

责任编辑：杨 静 王 媛 / 责任校对：韩 杨
责任印制：张 伟 / 封面设计：润一文化
编辑部电话：010-64011837
Email：yangjing@mail.sciencep.com

科学出版社出版
北京东黄城根北街16号
邮政编码：100717
http://www.sciencep.com

北京虎彩文化传播有限公司 印刷

科学出版社发行 各地新华书店经销

*

2019年12月第 一 版 开本：720×1000 B5
2020年12月第二次印刷 印张：22
字数：376000

定价：137.00 元

（如有印装质量问题，我社负责调换）

目　录

凡　例

1. 关于部分契约文书题名及落款时间。本书为保持文献原貌,体现契约文书的原真性,书中征引契约文书题名或落款时间统一采用文献整理或原契约文书中记录的题名和落款时间。如立契时间在民国三十八年十月一日(或农历八月初十日)之后的,亦不作更改,保持原貌。

2. 关于释文中的部分简化字或数字大写字。本书为保持文献原貌,体现契约文书的原真性,正文引文或释文中的简化字或数字大写字如弍、贰、百、佰等,统一不作更改,保持原貌。

3. 关于释文中音近或形近的讹字,如"中"作"忠"、"园"作"圆"、"商"作"谪"、"银"作"言"等,先录原文,再将正确的字加括号置其后,如园(圆)、谪(商)、言(银)等。另,全书将表示数目的"伯"释为"伯(佰)"。

4. 关于释文中缺字或漏字现象。契约文书原件残缺或漫漶,笔画仍可辨识的,所释文字在其外加方框标明,如学⃞;中间文字缺失用□号表示,字数超过三个以上用▭,末尾文字缺失用⊏,前端文字缺失用⊐。另,关于漏字,在该字后加[　]表示;关于错字等,则在该字后加(　)表示。

5. 关于释文中部分口语字。根据文意直接用正确字释读省笔字,如"殳"释为"股"、"艮"释为"银"、"厶"释为"亩"、"卜"释为"分"、"刀"释为"初"、"厂"释为"历"等。

6. 关于释文中部分组合俗字。如"文+艮"合成一个字,释为"纹银";"文+斗"释为"文斗";"合+同"写成一个字,释为"合同"等。

7. 关于释文中部分表重量、价钱的数词。按原文书的写法,如"贰"写作"弍",照录。其他特殊的写法,如"十"字的右下角再加一点,释为"十一";

加二点,释为"十二"等。"零"在文书书写中与汉字连在一起的"0",释为"〇"。表数量的特殊符号直接释为相应的数目字。表数量"一"的"乙"照录,类似"一"的符号,则释为"一"。

8. 关于释文中的排列格式。征引文书原文绝大多数为竖排顶格书写,本书采用横排,文书首行空两格,相应地落款年号空两格,各段首行亦空两格。凭中、事主画押处,居右排列;画押符号,如"+",统一用"(押)"注明;有印章处则用"(印)",有手印处用"(手指印)"等。

绪　论

土地者何？土地指地球表层的陆地部分，包括内陆水域和沿海滩涂以及地面以下的一切物质。自然科学认为，土地是地球表面的一个特定区域，其特性包括与这一区域上下垂直的生物圈的相当稳定或可以预见的、周期循环的所有属性，以及过去和现在人类活动的结果。土地是自然本身的产物，具有永久性、有限性和固定性。土地的两重性在于，它既是生产资料，又是作为社会土地关系的客体。在人类生存所必备的物质条件中，土地占有非常重要的地位。土地自从被人类用于生产之后，是重要的生产资料，是一切生产所必需的物质条件。①

在传统中国社会里，土地是最重要的生产资料，是人们安身立命之本。没有土地人就不可能生存和发展。在历史演进中，土地发挥着十分重要的作用。土地具有使用价值，这是其自然属性；它被人们使用，由此而形成土地关系，这是其社会属性。正是由其社会属性，形成了人与人之间因土地权属关系所确立的契约关系。这种关系以契约为载体，记载社会生活中当事人双方物权与债权行为，权利和义务如何履行，由此形成土地契约文书，它是土地所有者买卖土地等地权变更的法律依据。

一般而言，自宋以降土地买卖时双方所订立的契约称为土地契约，简称地契。它是转让土地所有权的证明文件。土地契约由卖方书立，内容主要包括土地面积、坐落、四至、地价、出让条件、当事人双方、亲属、四邻、中人、官牙、签字印章画押等。未向官府纳税前的地契称为“白契”，经过官府验印和纳税后的地契称为“红契”。官府规定，验契纳税后的“红契”具有法律效力。实际生活中，人们并未严格区分红契与白契，两者皆有约束力。土地契约由买方保存，作为土地所有权的凭证。土地契约由村民收藏积累之后，与其他相关文字记载一起逐渐形成民间文书，称为土地契约文书。新中国成立后，在1953年11月国家土地征用条例尚未公布之前，允许土地买卖，但村民买卖土地仍需书立地契。本书亦有少量新中国成立后的土地契约。在

①马克伟主编：《土地大辞典》，长春：长春出版社，1991年，第802页。

国内其他地方,土地契约文书尚多,所包含的内容十分宏富。本书仅以地处西南边陲的贵州清水江流域苗、侗民族颇具特色的土地契约文书为对象进行探讨,力图勾勒其轮廓,以抛砖引玉。

一、研究缘起

(一)土地契约文书研究

土地是传统中国社会最重要的生产资料,由经营土地而形成的土地契约文书是一种综合性论题,已经超越了某一具体学科的界限,日益为历史学、经济学、法学、民俗学、人类学和社会学等众多学科的研究者所重视。学界围绕土地契约文书这一论题多次召开过专题学术研讨会。此外,杨国桢的力作《明清土地契约文书研究》探索了"中国契约学和明清社会经济史研究"①,是诸多学科的学者对中国土地契约文书研究思想交锋的阵地。总体上看,探讨土地契约文书,国内已有的研究大致可分为两种类型。

1. 总体研究

中国学者对土地契约文书的搜集和研究比较早。1939 年傅衣凌在福建永安县发现了明清土地契约文书百余件,接下来的四十年代他进行了整理研究,着眼于土地契约文书中出现的田地价格和租额,探讨明清两代经济社会状态。傅衣凌先生指出,"不能脱离封建社会基本经济规律所给予的制约,同时,还必须注意这稀疏的、不平衡新因素的存在"②;他又提出"中国资本主义萌芽的长期性与迟滞性,不仅和封建社会的长期迟滞的诸种因素有关,而工农业生产的发展程度的不能互相配合,互相适应,也是一个主要的因素"③。之后众多学者在此基础上对明清土地契约文书及其相关课题展开了广泛研究,比如关于安徽省徽州文书,有叶显恩的《明清徽州农村社会与佃仆制》"揭开明清徽州农村社会的底蕴"④、章有义的《明清徽州土地关系研究》则论述了"地租的下降实际并未减轻佃农的负担"⑤。傅衣凌、杨国桢主编

①杨国桢:《明清土地契约文书研究》,北京:中国人民大学出版社,2009 年,"序言",第 5 页。
②傅衣凌:《明清农村社会经济;明清社会经济变迁论》,北京:中华书局,2007 年,第 185 页。
③傅衣凌:《明清社会经济史论文集》,北京:中华书局,2008 年,第 15 页。
④叶显恩:《明清徽州农村社会与佃仆制》,合肥:安徽人民出版社,1983 年,"前言",第 2 页。
⑤章有义:《明清徽州土地关系研究》,北京:中国社会科学出版社,1984 年,第 474 页。

的《明清福建社会与乡村经济》[①]和傅衣凌的《明清封建土地所有制论纲》[②]，探讨了中国封建社会的长期迟滞问题，曾着力把社会经济构成和阶级构成、阶级斗争联系起来考察，从社会经济结构探讨社会变革和动乱，从阶级结构、阶级斗争说明它如何受社会经济发展程度的制约，而又如何反作用于经济。

杨国桢深入研究中国土地契约文书，主要体现在四个方面：一是中国封建社会土地所有权的观念。中国封建社会的土地所有权，在横向结构上，同完全的、自由的土地所有权一样，具有作用不同的各项权能；其纵向结构，并存着国家的、乡族的和私人的三个不同层次的权利。三重层次权利的胶着，使中国封建土地所有权难以向完全的、自由的土地所有权转化。它容纳地主经济、自耕农经济、佃富农经济以至残余的原始社会、奴隶制社会的经济形态，允许商品经济的发展又限制其高度发达。中国封建社会经济结构对经济发展不平衡的包容。局部地区拖后腿，封建官府总是以加重先进地区负担，来维持其统治范围内的“均衡”。使先进地区倒退，这或许成为解释中国资本主义萌芽时兴时灭、封建社会长期停滞的缘由。二是明清时代地权分化。地权分化——地主土地所有制通过典当、质押、分产、租佃等契约形式，实现一部分土地权和土地所有权的分离，即土地使用权和土地所有权的分离。永佃权（一田两主的演变）、田底、田面权、地主和自耕农之间实现地权再分配、再调整，而是地权本身变化。貌似地主的佃户实为二地主的所谓“小租主”阶层崛起，进步倾向、地主制经济结构的弹性力。三是山区经济。明清资本主义萌芽，以往史家关注山区经济问题，如川陕边区、闽粤赣边区的社会经济，阐述山区经济发达的原因和表现。杨国桢认为，山区经济并非一概是进步的，而是具有商品性和自然性的双重倾向。山区经济的变化主要表现为商品经济与自然经济的相互消长，这种矛盾使山区经济明显呈现出时兴时灭、大起大落的特点，且往往导致发达的山区商品经济倒退。四是各地契约“俗例”的解说。本书所引用的契约内容，涉及各地乡规民俗、特殊用语、专有名词、其中很多是历史文献中不曾有的。此前无人解说。国有土地和乡族共有地契约上的“租”“佃”“顶”“退”“推”“兑”，不是一般意义的租佃或交换用语，是买卖的特殊用语，是为避开不准买卖的规定而做的变通，田底与田面的分离、名词等，指出表示部分土地所有权的不同性质。“经

①傅衣凌、杨国桢主编：《明清福建社会与乡村经济》，厦门：厦门大学出版社，1987年。

②傅衣凌：《明清封建土地所有制论纲》，北京：中华书局，2007年。

账”银主,是买主的代名词,不是阶段或阶层的观念。这些反映了土地日益商品化显著的社会现象。① 陈支平《民间文书与明清赋役史研究》分别研究了明代前期福建户籍的民间重构、明代福建赋役的特点及其相关制度存疑、清代赋役关系等,指出民间文书与明清赋役有着密切的关系。②

2. 具体研究

通过对某一地区土地契约文书的研究,来关注土地契约文书所反映的土地关系、地权分化以及区域经济状况。研究成果大致可作如下划分:

第一,土地买卖模式。周绍泉的《试论明代徽州土地买卖的发展趋势——兼论徽商与徽州土地买卖的关系》指出:徽州土地买卖未走出“土地财产转化为商业资本——商业赢利资本扩大——商业资本又转化为土地财产”周而复始的封闭圈。③

第二,赋役史。谭棣华、冼剑民在《广东土地契约文书》一书中,指出土地契约文书在民间交易中有重要作用,可资“深入探讨广东明清农村社会不同地区的土地关系”④。陈支平在《从契约文书看日据时期台北芦洲的土地赋税关系》一文中,认为民间的土地物产交易及其契约形式受外来影响有所变化,以汉字为主、兼插日文的“中日合成”式民间契约文书体现了日据时期台湾民间的时代特征,并对土地赋役关系进行个案分析。⑤

第三,契税。周绍泉的《田宅交易中的契尾试探》一文,认为契尾是土地买卖的主要文书,反映了征税制度,契尾是官府对所交易的田宅的私有权的法律保证书。⑥ 汪柏树在《民国徽州土地卖契的契税》一文中,揭示了民国徽州县级政府实行土地房屋评价制来增加土地卖契税额的社会实态。⑦ 盛杰辉《嘉兴博物馆藏清末民国土地契约文书初探》,记述了浙江嘉兴博物馆收藏了一批清末至民国年间嘉兴地区的土地契约文书,其中一套“五联式”的,出现了前半部分红契、官契纸和契尾的时间为宣统,后半部分验契执照和验契票据

①杨国桢:《明清土地契约文书研究》,北京:中国人民大学出版社,2009 年,“序言”,第 3—5 页。

②陈支平:《民间文书与明清赋役史研究》,合肥:黄山书社,2004 年。

③周绍泉:《试论明代徽州土地买卖的发展趋势——兼论徽商与徽州土地买卖的关系》,《中国经济史研究》1990 年第 4 期,第 106 页。

④谭棣华、冼剑民编:《广东土地契约文书》,广州:暨南大学出版社,2000 年,“前言”,第 9 页。

⑤陈支平:《从契约文书看日据时期台北芦洲的土地赋税关系》,《台湾研究集刊》2002 年第 2 期,第 47 页。

⑥周绍泉:《田宅交易中的契尾试探》,《中国史研究》1987 年第 1 期,第 108 页。

⑦汪柏树:《民国徽州土地卖契的契税》,《中国经济史研究》2011 年第 1 期,第 84 页。

的时间为民国三年的情况,反映了嘉兴清末至民国初年间政权变更后动荡的社会环境中民间的土地所有权关系和土地交易程序的变化情况,具有重要的历史价值。①

第四,土地契约文书与地方管理和开发。王兴福的《从一批契约文书看太平天国前浙江土地问题》一文指出:契约文书反映了太平天国前浙江永佃制已出现,土地高度集中和租率高迫使农民支持太平军迅速取得军事胜利。② 周翔鹤在《清代台湾土地文书中的"四至"等问题——清代台湾土地文书札记二题》一文中,认为清代台湾土地开发和传统农业经济成长是资金、土地和劳动相结合的结果。③ 卞利的论文《清代江西安远县土地买卖契约文书的发现与研究》认为:在宗族积累土地过程中,唐氏宗族也在不断地发生着分化。④ 冼剑民的论文《从契约文书看明清广东的土地问题》认为:广东土地买卖契约不完备,假契带来土地争讼,白契盛行且被社会认同是"封建政权的腐败无能,土地管理和税收制度混乱的表现"。⑤ 任志强的《明清时期荒地占有制度研究》一文,指出明清政府荒地占有制具有积极意义。⑥

第五,地权与经济社会。周翔鹤的《清代台湾的地权交易——以典契为中心的一个研究》一文指出:中国传统社会民法不发达,难用西方近代法学框架去理解地权交易。⑦ 陈学文的论文《土地契约文书与明清社会、经济、文化的研究》通过对土地契约文书的搜集、整理、研究,推动史学研究重视基础研究工作、重视史料搜集,进而意识到古老的中国史学具有悠久的优良传统必须继承发扬,使史学走向健康发展之路;同时指出,土地契约文书是研究中国法制史、社会史和经济史最基本、最重要的素材。⑧

---

①盛杰辉:《嘉兴博物馆藏清末民国土地契约文书初探》,《东方博物》2009年第1期,第124页。

②王兴福:《从一批契约文书看太平天国前浙江土地问题》,《浙江学刊》1992年第5期,第111页。

③周翔鹤:《清代台湾土地文书中的"四至"等问题——清代台湾土地文书札记二题》,《台湾研究集刊》2001年第4期,第38页。

④卞利:《清代江西安远县土地买卖契约文书的发现与研究》,《农业考古》2004年第3期,第96页。

⑤冼剑民:《从契约文书看明清广东的土地问题》,《历史档案》2005年第3期,第67页。

⑥任志强:《明清时期荒地占有制度研究》,《兰州学刊》2010年第5期,第189页。

⑦周翔鹤:《清代台湾的地权交易——以典契为中心的一个研究》,《中国社会经济史研究》2001年第2期,第9页。

⑧陈学文:《土地契约文书与明清社会、经济、文化的研究》,《史学月刊》2005年第12期,第11页。

第六，对比研究。阿风的《明清时期徽州妇女在土地买卖中的权利与地位》一文分析明清时期徽州妇女在土地交易过程中的角色与地位，并在此基础上分析当时社会的礼法观念与民间实际生活的结合程度与方式。① 马学强的《近代上海道契与明清江南土地契约文书之比较》一文指出，上海道契具有良好信用及其在实际运作中所形成的程式是中国传统契约文书在其演进中所欠缺的。② 寒冬虹、杨靖在《国家图书馆藏部分明清土地契约略说》一文中，认为国图文津街分馆收藏的明、清、民国的原始土地契约文书第一手资料，是研究中国封建社会晚期土地占有、土地税制、土地买卖、地权转移、租佃关系、宗族、法律等诸方面的重要史料。③

此外，还有许多学者在土地契约文书研究这一领域中有诸多建树。近年来中国出版的契约文书主要有：何龄修的《封建贵族大地主的典型——孔府研究》关注山东孔府文书，从土地占有关系的视角对封建的生产关系以及封建政治制度进行剖析。④ 张学君的《明清四川井盐史稿》研究明清时期四川井盐业的基本状况，特别是盐业资本主义在封建专制主义冻土里成长的历史，从一个侧面窥见中国晚期封建社会历史发展的进程和各种社会矛盾的消长情况。⑤ 安徽省徽州地区收藏的田契丰富，形成一批成果，如安徽省博物馆编有《明清徽州社会经济资料丛编》第一集，契约文书的内容涉及土地制度、土地价格、田亩产量、租佃雇佣关系、地租形态、赋役、民情风俗、宗法制度。⑥ 中国社会科学院历史所徽州文契整理组编有《明清徽州社会经济资料丛编》第二辑，书中的土地买卖契约直接记录土地交易活动，间接反应当时国家的经济政治形式。⑦ 王钰欣、周绍泉有《徽州千年契约文书：宋·元·明编》⑧，中国社会科学院历史研究所收藏整理有《徽州千年契约

---

①阿风：《明清时期徽州妇女在土地买卖中的权利与地位》，《历史研究》2000年第1期，第73页。

②马学强：《近代上海道契与明清江南土地契约文书之比较》，《史林》2002第1期，第55页。

③寒冬虹、杨靖：《国家图书馆藏部分明清土地契约略说》，《文献（季刊）》2004年第1期，第224、228页。

④何龄修：《封建贵族大地主的典型——孔府研究》，北京：中国社会科学出版社，1981年，第92页。

⑤张学君：《明清四川井盐史稿》，成都：四川人民出版社，1984年，“前言”，第3页。

⑥安徽省博物馆编：《明清徽州社会经济资料丛编》第一集，北京：中国社会科学出版社，1988年，“前言”，第1页。

⑦中国社会科学院历史研究所徽州文契整理组编：《明清徽州社会经济资料丛编》第二辑，北京：中国社会科学出版社，1990年，“前言”，第1页。

⑧王钰欣、周绍泉主编：《徽州千年契约文书：宋·元·明编》，石家庄：花山文艺出版社，2015年。

文书:宋·元·明编》[①]。张传玺的《中国历代契约会编考释》共收入西周至民国的契约1402件。[②] 沙知录校的《敦煌契约文书辑校》共收入契约三百余件和少量牒状、公验、凭约文书,分为买卖、便贷、雇佣、租佃质典、分书放书遗书、凭约和性质不明七类。[③] 国家文物局古文献研究室编有《吐鲁番出土文书》第一至十册,资料来源于墓葬发掘。[④] 自贡市档案馆、北京经济学院和四川大学合编的《自贡盐业契约档案选辑1732—1949》以盐场、井基、井灶等的买卖、租佃、合股、分成等盐业契约为主,涉及买卖、典当、租佃以及银钱借贷等,契约785件、文书65件,“对于研究生产关系的发展演变,具有重要的意义”[⑤]。《中国少数民族社会历史调查资料丛刊》修订编辑委员会编的《广西少数民族地区碑文契约资料集》收有土司时期的田地契约文书,有“原始的、鲜活的、极其珍贵的资料”[⑥]。熊敬笃的《清代地契史料(嘉庆至宣统)》收集了稀见的清代嘉庆、道光、咸丰、同治、光绪至宣统前后106年集中反映四川省新都县民间产权转移的原始契据,“是研究清史的有用料材”[⑦],其《民国地契史料(民国元年至民国二十七年)》收录民国元年至二十七年买卖水田、旱地、房屋的原始契据,计656件,分为“正契格”“官契”“契格”三类。[⑧] 谭棣华、冼剑民编的《广东土地契约文书》最集中和最大量的契约是在珠江三角洲地区,尤其与沙田有关,它展现了向江海要田的农业生产特点。[⑨] 田涛等的《田藏契约文书粹编》以其私人藏件,涉及1408—1969

---

①中国社会科学院历史研究所收藏整理:《徽州千年契约文书:宋·元·明编》,石家庄:花山文艺出版社,1993年。

②张传玺主编:《中国历代契约会编考释(上、下册)》,北京:北京大学出版社,1995年,“凡例”,第4页。

③沙知录校:《敦煌契约文书辑校》,南京:江苏古籍出版社,1998年,第4—5页。

④国家文物局古文献研究室等编:《吐鲁番出土文书》第一至十册,北京:文物出版社。第1、2、3册1981年,第4、5册1983年,第6册1985年,第7册1986年,第8册1987年,第9册1990年,第10册1991年。“前言”,第1页。

⑤四川自贡市档案馆等编:《自贡盐业契约档案选辑1732—1949》,北京:中国社会科学出版社,1985年,第21页。

⑥《中国少数民族社会历史调查资料丛刊》修订编辑委员会编:《广西少数民族地区碑文契约资料集》修订本,北京:民族出版社,2009年,“总序”,第1页。

⑦熊敬笃编纂:《清代地契史料(嘉庆至宣统)》,四川省新都县档案馆,1986年,“前言”,第1页。

⑧熊敬笃编纂:《民国地契史料(民国元年至民国二十七年)》,四川省新都县档案馆,1985年,“前言”。

⑨谭棣华、冼剑民编:《广东土地契约文书》,广州:暨南大学出版社,2000年,“前言”,第2页。

年，是“经济、法律与民间社会关系的绝好资料”[①]。戴建兵等的《河北近代土地契约研究》认为，土地契约文书一般记录土地交易的情况是土地所有者买卖土地时所订立的具有法律效力的文书，习惯上称为地契。[②] 它从间接的角度反映了各历史时期国家的政治经济形势，诸如政局混乱、土地兼并、灾荒与战争、生产与消费、赋役税课、货币流通、民族习惯法以及民族风俗等，但逻辑性和系统性略不足。土地契约是研究区域经济史、社会史、法制史、民俗史等的重要史料。

外国学者对中国土地契约文书也有关注。日本学者如仁井田陞搜集了大量田契，其《中国法制史》认为“欧美近代思想的入侵、欧美资本主义的冲击等”，“使得中国终于抛弃了古风依旧的法律”。[③] 寺田浩明的《清代民事审判与西欧近代型的法秩序》认为，“到明代后期，随着连租佃关系也消去了人身关系的色彩而转为一般契约关系”[④]，在个体之间建立秩序成为中心课题。其《权利与冤抑：寺田浩明中国法史论集》涉及我国明清时期的土地制度、民间的契约形态及效力、相当于民事诉讼的州县衙门“听讼”的程序与结构、性质与历史定位，作为审判基准的“情理”，重罪案件的刑事程序和律例的适用；试图用“首唱—唱和”“权利—冤抑”“非规则的法律形态”等模式解读中国的法律；还提出“非规则型法”概念。[⑤] 中岛乐章的《明代乡村纠纷与秩序》以文约、合同等民间文书和各种诉讼文书为中心，利用族谱、地方志、文集等史料，探讨清代乡村纠纷处理实态和变迁状况，探求以此为背景的社会变动和宗族结合的展开、佃仆诸问题，勾勒出当时乡村社会纠纷解决与秩序形成的应有状态，“徽州文书具有数量多、内容丰富、自宋元明清至民国时代跨度大、族谱等关联资料丰富等特点，因此具有极高的研究价值”。[⑥] 岸本美绪的《清代中国的物价与经济波动》指出，所谓“明末清初商品经济的发展”，“与其说那是一个以生产力的发展为原动力的直线的、不可逆的过

①田涛、[美]宋格文、郑秦主编：《田藏契约文书粹编》，北京：中华书局，2001 年，“前言”，第 1 页。

②戴建兵等：《河北近代土地契约研究》，北京：中国农业出版社，2010 年，“明清以来土地房屋契约文书文献及研究综述”，第 1 页。

③[日]仁井田陞：《中国法制史》，牟发松译，上海：上海古籍出版社，2011 年，第 51 页。

④[日]寺田浩明：《清代民事审判与西欧近代型的法秩序》，潘健译，《中外法学》1999 年第 2 期，第 126 页。

⑤[日]寺田浩明：《权利与冤抑：寺田浩明中国法史论集》，王亚新等译，北京：清华大学出版社，2012 年，第 357—393 页。

⑥[日]中岛乐章：《明代乡村纠纷与秩序》，郭万平、高飞译，南京：江苏人民出版社，2010 年，第 7 页。

程,不如说是一个被动的、受财政政策及贸易状况左右的曲折多变的过程,这一方面是难以忽略的"①。英国科大卫的《国家与礼仪:宋至清中叶珠江三角洲地方社会的国家认同》,指出沙田的所有权不是靠占领而是依赖操纵土地登记而得到的。② 明初推行里甲制后,与户籍登记结合起来的宗祧法则明显地成为控制田产的主要机制;到明嘉靖年间,高层官员在理学的影响下,确立了家庙祭祀地位,使其与宗族土地控制相结合。随着家庙成为乡村组织的中心,祖先祭祀成了正统化的礼仪,地方社会完成了与国家整合的转变,等等。

(二)清水江文书研究

1. 清水江文书

清水江文书是指涵盖贵州省锦屏、天柱、黎平、剑河、三穗、岑巩、麻江等县的清水江流域游地区,苗、侗族等人民在明代、清代和民国时期形成的历史文献。文书的时间上起明末清初,下迄民国年间。当地目前所见文书最早者为明成化二年(1466),下限则延到20世纪中叶,此时亦有发现,时间跨度近500年(1466—1949)。其中包括土地租佃契约、土地买卖契约、土地典当契约、山林转让契约、山林租佃契约、析产分家合同、山场座簿、山场清册、归户册、账簿、纳税单、算命单、合誊书、婚书、择日单、过继书、风水单、档案、图册、碑铭、信函、日记、诉讼词、说唱词、小学国文教材抄本、家规族谱、乡规民约、政府文告等,可归为林契、地契和杂类,其内容涉及土地制度、林木贸易方式、商业运输、租佃关系、分股程序、族群定位、民族认同、宗法制度、里甲制度、赋役制度、司法诉讼、民间纠纷调解机制、地方习惯法制度、民间宗教信仰、风土民俗,涵盖了乡民社群结构事项复杂众多的社会生活的各个方面,是乡土中国社会数百年历史变迁的真实写照。据目前初步调查分析估计,总数逾五十万件。这些历史文献是明代后期迄民国乡民最原始的实物见证,是研究西南和中原地方社会经济关系及其发展状况的珍贵史料。

2. 清水江文书研究概述

清水江文书近年来受到学术界的重视。具体而言,对于清水江文书的研究,首先是20世纪80年代对林业契约的研究。一般将这些研究分为三

---

①[日]岸本美绪:《清代中国的物价与经济波动》,刘迪瑞译,北京:社会科学文献出版社,2010年,第219页。

②[英]科大卫:《国家与礼仪:宋至清中叶珠江三角洲地方社会的国家认同》,《中山大学学报(社会科学版)》1999年第5期,第65—72页。

个阶段：1980年至1989年为起步期、1990年至1999年为发展期、2000年至今为繁荣期。这种划分主要以林业契约研究为基础，大致反映了清水江流域的研究情况。

1）著作

作为清水江文书研究的先行者，杨有赓于20世纪80年代末至90年代初相继发表了数篇论文，对锦屏县的苗族林业买卖和租佃契约的内容与特点进行了初步研究。进入21世纪，学者陆续出版了与清水江流域历史文化等有关的著作，如林芊的《明清时期贵州民族地区社会历史发展研究——以清水江为中心、历史地理的视角》指出，"清代苗疆的核心地区，是历史上清水江生苗聚居地区"①。《凸洞三村：清至民国一个侗族山乡的经济与社会——清水江天柱文书研究》指出，"分家又是土地集中的消解阀"②。徐晓光的《清水江流域林业经济法制的历史回溯》一文，全面论述了锦屏林业契约的社会功能和文化价值，他认为："锦屏苗侗地区的习惯法是治理传统的主要力量，林业作为当地民族一种重要的生计方式，林业契约的订立是依托习惯法的传统权威来维持的。"③其《锦屏乡土社会的法与民间纠纷解决》，从人类学视角研讨乡土社会的纠纷解决方式，乡村的有效治理"归功于民间村寨订立契约文书的传统"④。其《清水江流域传统林业规则的生态人类学解读》，全面研究黔东南清水江流域苗、侗族传统生态观念、生态行为、生态制度和生态补偿，"在林业生态建设中更应着力构建生态文明建设的政策、法律体系"的现实性思考。⑤ 张应强的《木材之流动：清代清水江下游地区的市场、权力与社会》，从王朝、国家、政治、经济社会发展的历史脉络的视域讨论贵州清水江下游地区的地域社会文化演变，"不同区域就必然表现出漫长历史文化过程中多种因素交互作用所形成的地域性特点"⑥。其《锦

①林芊：《明清时期贵州民族地区社会历史发展研究：以清水江为中心、历史地理的视角》，北京：知识产权出版社，2012年，第10页。

②林芊：《凸洞三村：清至民国一个侗族山乡的经济与社会——清水江天柱文书研究》，成都：巴蜀书社，2014年，第438页。

③徐晓光：《清水江流域林业经济法制的历史回溯》，贵阳：贵州人民出版社，2006年，第129—130页。

④徐晓光等：《锦屏乡土社会的法与民间纠纷解决》，北京：民族出版社，2012年，"前言"，第2页。

⑤徐晓光：《清水江流域传统林业规则的生态人类学解读》，北京：知识产权出版社，2014年，"绪论"，第6页。

⑥张应强：《木材之流动：清代清水江下游地区的市场、权力与社会》，北京：生活·读书·新知三联书店，2006年，第4页。

屏》比较全面地描述了清水江流域苗族村落的经济社会生活和木材市场流通情况,“纯朴善良的人们可能是在保留祖先遗物的不经意间,竟收藏了历史,收藏了家族的、村寨的、区域社会的历史”。① 梁聪的《清代清水江下游村寨社会的契约规范与秩序:以文斗苗寨契约文书为中心的研究》,将林业契约分为“佃契、卖契、分合同文书等几大类”②。单洪根的《木材时代:清水江林业史话》阐述了清水江流域林业生产和经营的梗概,指出明清封建帝国对西部疆域的拓展“在西南地区主要集中于滇黔”③。其《锦屏文书与清水江木商文化》,认为木材市场“形成了荆楚文化、江淮文化与苗疆土著文化大交流的局面”④。

2)论文集

论文集主要有张新民的《探索清水江文明的踪迹——清水江文书与中国地方社会国际学术研讨会论文集》收录论文 56 篇,“即固有文书私藏资源转化为学术公共资源的进程亦将因此而得以拓展加快”⑤。张新民和朱荫贵的《民间契约文书与乡土中国社会——以清水江流域天柱文书为中心的研究》收录论文 27 篇,进一步拓宽了清水江文书研究,“从更大的视野看,清水江文书的发现和整理研究,将为今后更长期的历史研究和从更广泛的角度研究中国奠定了坚实基础,有可能使中国的社会科学研究在某些领域和课题上具有更加鲜明的中国特色,并大大增强站在世界学术研究前沿的可能性”⑥,使清水江学有可能成为世界性的学问。杨军昌的《清水江学研究》收录论文 57 篇,认为“清水江学是继敦煌学、徽学(又称‘徽州学’)之后,又一获得学界普遍认同的地域性专门学问”⑦。王宗勋、张应强主编的《锦屏文书与清水江地域文化》收录论文 41 篇,从不同的视角探讨了清水江文书展现的区域社会和文化特征,“希望能够以此带来更多学术对话和相互启迪

①张应强、胡腾文,李玉祥摄影:《锦屏》,北京:生活·读书·新知三联书店,2004 年,第 159 页。

②梁聪:《清代清水江下游村寨社会的契约规范与秩序:以文斗苗寨契约文书为中心的研究》,北京:人民出版社,2008 年,第 45 页。

③单洪根:《木材时代:清水江林业史话》,北京:中国林业出版社,2008 年,第 4 页。

④单洪根:《锦屏文书与清水江木商文化》,北京:中国政法大学出版社,2017 年,第 76 页。

⑤张新民主编:《探索清水江文明的踪迹——清水江文书与中国地方社会国际学术研讨会论文集》,成都:巴蜀书社,2014 年,“序”,第 4 页。

⑥张新民等编著:《民间契约文书与乡土中国社会——以清水江流域天柱文书为中心的研究》:南京:江苏人民出版社,2014 年,第 7 页。

⑦杨军昌主编:《清水江学研究:全 2 册》,北京:中央民族大学出版社,2016 年,“序”,第 1 页。

的初衷”[①]。

3）已出版的契约文书

近年来，针对清水江文书，陆续集辑出版了文书图片本和释文本。主要有唐立、杨有庚、武内房司的《贵州苗族林业契约文书汇编（1736—1950）》（共三卷）收录853件契约文书，认为“决定《苗契》历史价值的，不是简单的取向于数量，最重要的是《苗契》填补了诸多方面的历史空白，充分显示了它罕有的珍贵价值”[②]。陈金全、杜万华主编的《贵州文斗寨苗族契约法律文书汇编——姜元泽家藏契约文书》[③]共收录1740—1942年契约文书图片664份及其释文，涉及契约、契约抄、誊契簿、山林登记簿、山场地图及官府通告等。张应强、王宗勋主编的《清水江文书》共三辑，计33册，收有锦屏文书图片约12000份，“绝大多数民间文书都是清中期至民国时期的”[④]。潘志成、吴大华的《土地关系及其他事务文书》收有80份土地契约文书图片和释文（田地、山场、房屋和墓地）。[⑤] 张新民主编的《天柱文书·第一辑》共22册，收录文书图片6419份。[⑥] 高聪、谭洪沛主编的《贵州清水江流域明清土司契约文书·九南篇》[⑦]和《贵州清水江流域明清土司契约文书·亮寨篇》，共收录锦屏县1600多份契约文书图片和释文。[⑧] 王宗勋的《加池四合院文书考释》（卷一至四）收有贵州省锦屏县河口乡加池四合院文书图片

---

①王宗勋、张应强主编：《锦屏文书与清水江地域文化》，广州：世界图书出版广东有限公司，2016年，“序言”，第2页。

②唐立、杨有庚、武内房司主编：《贵州苗族林业契约文书汇编（1736—1950年）》第一卷：史料编，东京：东京外语大学国立亚非语言文化研究所，2001年，第9页。另，东洋文库明代史研究室编的《中国土地契约文书集（金—明）》（日本东洋文库，1975年）全面反映了明清时期中国土地所有制与土地经营的关系。“序文”，第9页。

③陈金全、杜万华主编：《贵州文斗寨苗族契约法律文书汇编——姜元泽家藏契约文书》，北京：人民出版社，2008年，“前言”，第8页。

④张应强、王宗勋主编：《清水江文书》（第一、二、三辑），桂林：广西师范大学出版社，2007/2009/2011年，第一辑“前言”，第4页。

⑤潘志成、吴大华编著：《土地关系及其他事务文书》，贵阳：贵州民族出版社，2011年，“序”，第3页。

⑥张新民主编：《天柱文书·第一辑：全22册》，南京：江苏人民出版社，2014年，“序”，第1—2页。截至2011年10月底各馆藏数量，黎平县馆藏24320件、锦屏县36482件、天柱县14000件、三穗县19542件、剑河县8000件、台江县1212件，共计103556件。

⑦高聪、谭洪沛主编：《贵州清水江流域明清土司契约文书·九南篇》，北京：民族出版社，2013年。

⑧高聪、谭洪沛主编：《贵州清水江流域明清土司契约文书·亮寨篇》，北京：民族出版社，2014年，“代序”，第3页。

1200 余份及释文。① 其余还有三穗、黎平等县档案部门正在组织编纂的文书影印本,将陆续出版。

4)已刊论文

专家学者的研究成果,集中在林业、文化、法律、经济等领域,略举其要。

第一是林业。

林业市场。如张应强运用在清水江下游锦屏县卦治发现的5《奕世永遵6》石刻的初步解读,揭示清代中后期清水江木材贸易及地方社会具体运作的某些重要侧面。② 万红论述了该流域内木材与山林的交易情况、木材集市的历史兴衰和民族生态旅游的思路。③ 王会湘揭示了清水江流域木材贸易与乡村社会变化的关系、经济社会发展历程。④ 傅安辉指出,明清至民国时期,以贵州省锦屏、黎平、天柱等县为中心的清水江流域各族群众在木林生产经营过程中与外来客商共同培育了享誉全国的木材市场。⑤ 秦秀强认为,明清清水江流域的"江规"是法律规范。⑥

经营方式。如沈文嘉阐述了侗、苗族群众实现了由稻作农业向人工林业的经济转型。⑦ 吴声军认为,锦屏县的林业契约文书所反映的综合经营方式是当地苗族和侗族人民对生态系统的一种正确的认知、生态智慧和技能。⑧ 相原佳之探讨了清水江流域的苗族如何利用这些多样的林业经营方式持续进行杉木木材生产。⑨ 郭蓓认为,林业契约文书是财产权利制度保障,保证了清水江流域林业发展的兴盛和可持续。⑩ 王宗勋指出,锦屏文书对清水江流域

①王宗勋考释:《加池四合院文书考释》(卷一至四),贵阳:贵州民族出版社,2015 年。

②张应强:《从卦治〈奕世永遵〉石刻看清代中后期的清水江木材贸易》,《中国社会经济史研究》2002 年第 3 期,第 53 页。

③万红:《试论清水江木材集市的历史变迁》,《古今农业》2005 年第 2 期,第 103 页。

④王会湘:《从"清浪碑"刻看清代清水江木业"争江案"》,《贵州文史丛刊》2008 年第 4 期,第 77 页。

⑤傅安辉:《论历史上清水江木材市场繁荣的原因》,《贵州民族学院学报(哲学社会科学版)》2010 年第 1 期,第 166 页。

⑥秦秀强:《江规:清代清水江木材采运贸易规范考察》,《原生态民族文化学刊》2010 年第 1 期,第 49 页。

⑦沈文嘉:《清代清水江流域林业经济与社会发展论要》,《古今农业》2005 年第 2 期,第 97 页。

⑧吴声军:《锦屏契约所体现林业综合经营实证及其文化解析》,《原生态民族文化学刊》2009 年第 4 期,第 36 页。

⑨[日]相原佳之:《从锦屏县平鳌寨文书看清代清水江流域的林业经营》,《原生态民族文化学刊》2010 年第 1 期,第 32 页。

⑩郭蓓:《清水江林业契约的制度经济学分析》,《中共贵州省委党校》2011 年第 6 期,第 74 页。

地区林业经济的持续发展和生态起到了促进作用。[①] 徐晓光、夏阳认为,清雍正年间及以后的疏浚清水江河道,以利木材流通;建立市场中介制度,扩大经营规模,政府“坐收重税”,使木材贸易的秩序得以建立。[②] 陆跃升认为,清代雍正以后,大批外来汉族移民迁入,与该地各民族人民团结协作,推动清水江中上游地区农业的开发繁荣。[③] 吴声军等指出,林业契约形成的人工营林是家族公有制[④],林农社会关系有效地保障林业经营长期稳定地进行。[⑤] 马国君、黄艳揭示了林木生产的社会规约。[⑥] 李鹏飞、严奇岩认为,清水江林业的研究两大不足是碑刻资料有待挖掘和林业文化关注不够。[⑦]

林业生产与其他。如单洪根论述了锦屏林业契约文书发现过程,并对其分类,分析其产生和发展的背景,它们是该域林业生产关系和早期资本主义的“活化石”。[⑧] 沈文嘉等认为,侗、苗族人民借鉴汉民族杉木造林方法,并结合本民族固有的农耕传统,形成了一整套从播种、育苗、栽种到管理的独到的杉木造林方法。[⑨] 马国君、李红香指出,学界的关注点主要集中在民间林契的整理研究,对其他相关文献资料系统梳理存在严重不足。[⑩]

第二是政治与法律。

主要有张应强解读清代乾隆年间一方碑铭《永定江规》等民间文献,探讨清初随着王朝政府开辟“新疆”和有计划地疏浚清水江及其产生的社会构

---

①王宗勋:《浅谈锦屏文书在促进林业经济发展和生态文明建设中的作用》,《贵州大学学报(社会科学版)》2012 年第 5 期,第 70 页。

②徐晓光、夏阳:《清朝政府清水江林木市场经济调控法律制度研究》,《原生态民族文化学刊》2013 年第 1 期,第 20 页。

③陆跃升:《清代汉族移民与清水江中、上游农林经济开发考述》,《农业考古》2014 年第 4 期,第 63 页。

④吴声军、马国君:《清水江流域林木生产的社会控制研究》,《人文世界——区域·传统·文化》第四辑,北京:人民出版社,2011 年,第 506 页。

⑤吴声军:《清水江林业契约之文化剖析》,《原生态民族文化学刊》2010 年第 3 期,第 69 页。

⑥马国君、黄艳:《清水江流域林木生产的社会规约探析——以现存契约文书为分析依据》,《原生态民族文化学刊》2011 年第 4 期,第 47 页。

⑦李鹏飞、严奇岩:《清水江流域林业文化研究的回顾与展望》,《原生态民族文化学刊》2013 年第 4 期,第 41 页。

⑧单洪根:《锦屏林业契约文书—清代林业生产关系的活化石》,《凯里学院学报》2007 年第 5 期,第 37 页。

⑨沈文嘉、董源、印嘉祐:《清代清水江流域侗、苗族杉木造林方法初探》,《北京林业大学学报(社会科学版)》2004 年第 4 期,第 30 页。

⑩马国君、李红香:《清水江流域林业历史文献及研究述评》,《贵州大学学报(社会科学版)》2013 年第 5 期,第 83 页。

建。[①] 徐晓光指出,苗、侗族群众使用汉字书写林业契约文书,乃是吸取先进汉文化的重要过程和明显标志。[②] 吴才茂、龙泽江认为,民间对卖地者有一种天然同情和地方司法官多以道德标准处理土地案件以保持社会稳定。[③] 吴才茂认为,中央王朝势力进入,由理讲、鸣神来解决纠纷转向鸣官。明至清前期,以理讲与鸣神为主;清中期以后,从"有大狱者,皆决于流官"到户婚田土等事一律由官府审理,国家法律逐渐渗透到社会诸领域,形成诉讼风气。[④] 邓建鹏指出,晚清以降,"认错字"是苗族村寨内部的纠纷解决机制,有角色转换留余地,形成协商与合作精神,具有生命力。[⑤] 吴述松认为,清水江二百余年争江案,异时异级官府仍照旧章案例之判决,蕴涵了民族区域自治制度之萌芽。国家权力耦合维持了社会稳定,推动了多民族融合,促进了流域经济社会和文化发展。[⑥]

第三是经济。

地权关系。如林芊指出,从天柱文书看凸洞侗族地区地权分配,自乾隆四十六年到1950年的169年间,发生了2097次地权转移。地权转移相对自由、活跃,多在中小农户中间进行。该流域是一个由自耕农为主构成的侗乡社会,即类似"农民所有制"。[⑦] 朱荫贵认为土地买卖、地权转移是清水江文书的主要种类;约定俗成的习惯性规制及其房族等的仲裁作用使得地权转移在近代一直稳定存在和延续,使土地资源因人口分化与经济变动得到有效配置。[⑧] 廖峰通过对天柱县刘氏家族土地集中和分散的史实考察和土地经营分析,认为家族分关制是该地区重要的土地经营策略,而刘氏家

---

①张应强:《区域开发与清水江下游村落社会结构——以〈永定江规〉碑的讨论为中心》,《原生态民族文化学刊》2009年第3期,第16页。

②徐晓光:《教化、"归化"与文化——清代清水江流域苗族侗族地区与法律有关的教育文化事象》,《教育文化论坛》2012年第2期,第8页。

③吴才茂、龙泽江:《清代清水江下游天柱吴家塖苗族村落土地契约文书的调查与研究》,《原生态民族文化学刊》2011年第1期,第51页。

④吴才茂:《清代清水江流域的"民治"与"法治"——以契约文书为中心》,《原生态民族文化学刊》2013年第2期,第26页。

⑤邓建鹏:《清至民国苗族林业纠纷的解决方式——以清水江"认错字"文书为例》,《湖北大学学报(哲学社会科学版)》2013年第4期,第86页。

⑥吴述松:《清水江两百年争江案判决与乾隆以蛮治蛮新政》,《北方民族大学学报(哲学社会科学版)》2014年第1期,第54页。

⑦林芊:《近代天柱凸洞侗族地区的土地买卖和地权分配——清水江文书(天柱卷)研究之一》,《贵州大学学报(社会科学版)》2013年第2期,第57页。

⑧朱荫贵:《从贵州清水江文书看近代中国的地权转移》,《贵州大学学报(社会科学版)》2013年第6期,第69页。

族的迁移策略，又是对于晚清家族土地经营策略的进步发展。[①] 戴鞍钢论及林业经营中租佃分成。[②] 基于现存的清水江流域山林契约文书，张新民认为当地有类似的情形[③]，但山主、佃户、栽手之间复杂的一田二主关系，主要见诸山林契约文书。土地买卖关系的发达必然引起地权的频繁转移。黄敬斌、张海英证实了当地的确存在一田二主土地关系现象，认为天柱《春花鱼鳞册》展现的乡村土地关系，已超越简单的“租佃”制度，具有了某些“永佃制”甚至“一田两主”制的色彩。[④]。王宗勋指出，清代中期以后，在木材贸易的驱动下，清水江中下游苗、侗族地区的封建地主经济迅速发展。[⑤] 土地契约关系成为这一地区最主要的社会关系。

土地买卖。如林芊认为明代土地占有形态由原来主要的土司占有领地转化为苗田、屯田和民田三种类型，对应为国家、土司和自耕农占有，是推行屯田制形成的土地分配制度。[⑥] 笔者认为清至民国时期清水江民间地权转移方式有断卖、典卖、抵押、分家、拨换、赠送和租赁等，地权转移契约款式和程序基本稳定，具有灵活性和可操作性[⑦]；土地交易自由度加大，宗法关系日益松弛，土地买卖趋向集中。[⑧] 龙泽江认为该流域货币流通经历了从规范到失序，再趋于规范的过程。[⑨]

赋税。清水江流域是否涉及一田二主与永佃制，值得进一步探讨。

---

①廖峰：《晚清清水江地区土地的集中与分散——以天柱刘文举、昌儒父子土地经营为个案》，《人口·社会·法制研究》2011年，第417页。

②戴鞍钢：《山林权的经营与转让——读〈清水江文书·天柱卷〉之二》，张新民主编：《探索清水江文明的踪迹——清水江文书与中国地方社会国际学术研讨会论文集》，成都：巴蜀书社，2014年，第521页。

③张新民：《区域社会经济史研究的新创获——清水江文书与中国地方社会国际学术研讨会综述》，《中国经济史研究》2014年第2期，第167页。

④黄敬斌、张海英：《春花鱼鳞册初探》，张新民主编：《探索清水江文明的踪迹——清水江文书与中国地方社会国际学术研讨会论文集》，成都：巴蜀书社，2014年，第10页。

⑤王宗勋：《清代清水江中下游林区的土地契约关系》，《原生态民族文化学刊》2009年第3期，第23页。

⑥林芊：《从明代民间文书探索苗侗地区的土地制度——明代清水江文书研究之三》，《贵州大学学报（社会科学版）》2015年第6期，第53页。

⑦安尊华：《试论清水江流域的民间地权转移——基于文书的考察》，《贵州大学学报（社会科学版）》2013年第3期，第44页。

⑧安尊华：《试论清代清水江下游地区的土地买卖——以天柱县高酿镇木杉村为例》，《贵州大学学报（社会科学版）》2014年第2期，第92页。

⑨龙泽江：《从清水江文书看清代贵州苗侗地区货币流通中的几个问题》，《贵州大学学报（社会科学版）》2013年第2期，第68页。

国家土地政策与乡民社会经济活动、木材贸易与山林经济活动及苗、侗族地区的社会生活等皆与当地明清民国时期的赋税制度有着千丝万缕的联系。卢树鑫认为,清水江地区清代以来以木材的种植与伐运、王朝国家推行的土地制度及相关政策,塑造或改变了地方社会的地权观念以及地权关系。① 陈洪波、龙泽江认为,鱼鳞册是明清土地管理的地籍清册,遗留至今的数量罕见。② 贵州清水江下游天柱县新发现的侗族鱼鳞册共4册,较为完整地记录了一个侗族村落在清代晚期的土地占有关系,具有鲜明的地域特色与民族特色,如以"边(稨)③""籽"为田地产量和面积的计量单位、田块形状描述词汇等,是研究侗族社会经济结构和赋税制度的重要史料。侗族鱼鳞册形式简化,明晰土地产权、保证赋税征收。笔者从清水江文书,看到1937—1941年天柱等县级政府实际征收的土地买契税率高于国民政府规定,后三年地方政府执行国民政府15%的契税率这一实态。④

土地制度及其他。如张新民从现存清水江山林契约文书看,当地也存在着类似的情况。但山主、佃户、栽手之间复杂的一田二主关系,主要见诸山林契约文书。土地买卖关系的发达必然引起地权的频繁转移,清水江流域的土地关系是否存在一田二主的现象,似乎不能排除存在的可能。⑤ 林芊认为该流域自耕农小土地所有制占主导地位的封建经济在这里根深蒂固;土地契约透露出许多民族地区经济关系信息,经济关系与民族地方传统政治结合是一个依靠民族传统维系的小农社会。⑥ 史达宁讨论了清水江流域借贷的种类、利率等。⑦ 龙泽江、张清芳抽样统计两个苗族家族的1001份清代田土和山林契约,揭示了清代苗族土地交易存在周期性波动规律,并受国际国内环境影响,木材贸易的兴衰直接影响土地兼并的剧

---

①卢树鑫:《蠲免钱粮与均田摊粮——清水江下游地区清代田赋征收的形成与演变》,《原生态民族文化学刊》2010年第2期,第31页。

②陈洪波、龙泽江:《新发现贵州清水江侗族鱼鳞册评介》,《云南民族大学学报(哲学社会科学版)》2014年第4期,第103页。

③本书稨和边意思同,引文中为保持文献原貌,稨不作改动;正文论述统一作边。

④安尊华:《从清水江文书看抗战时期土地买契税》,《贵州社会科学》2014年第10期,第39页。

⑤张新民:《区域社会经济史研究的新创获——清水江文书与中国地方社会国际学术研讨会综述》,《中国经济史研究》2014年第2期,第167页。

⑥林芊:《从清水江文书看近代贵州民族地区土地制度——清水江文书(天柱卷)简介》,《贵州大学学报(社会科学版)》2012年第6期,第70页。

⑦史达宁:《清水江借贷契约初探》,《人文世界——区域·传统·文化》第四辑,北京:人民出版社,2011年,第519页。

烈程度。[①] 谢开键、肖耀分析土地买卖过程中的卖主、买主、凭中等角色。[②]

第四是文化与社会。

张新民认为有必要结合田野调查和相关文献典籍，分析当地见存文书的分布特征、当地社会经济生活、颇为罕见的归户性特征等，逐一予以合理的解读与阐释。[③] 傅安辉指出，明、清至民国时期，以锦屏等县为中心的清水江流域各族群众的木商文化是推进社会历史发展的宝贵文化遗产。[④] 龙泽江指出，2010 年 10 月 15—16 日在锦屏县召开的"锦屏文书暨清水江木商文化研讨会"提出了锦屏文书抢救保护与开发利用的对策与措施。[⑤] 邓刚以清水江流域的一个"三锹人"村落为考察对象，探讨其迁徙与清水江流域以杉木种植为主的山地开发之间的关系，以及认同的形成与族群边界的维持。[⑥] 钱晶晶论述三门塘村寨地缘与血缘等村落社会的构成原则和权力关系[⑦]，以其族语材料、碑文与访谈材料，大致勾勒了谢、刘、王、吴四大家族的定居历史，以及三门塘村落的形成过程。[⑧] 张银锋认为，魁胆侗寨增进我们对地方社会历史变迁的理解。[⑨] 邓刚考察黔东南清水江中下游不同人群中所流传的祖先迁徙移居的故事。[⑩] 秦秀强指出，清水江碑刻是苗、侗文化与汉文化接触交流的重要史料。[⑪] 谢景连认为，清水江文书的研究，侧重于其

①龙泽江、张清芳：《清代贵州清水江苗族土地契约的计量分析》，《农业考古》2014 年第 3 期，第 181 页。

②谢开键、肖耀：《民国时期农村妇女的权利和地位——以天柱土地买卖文书中的女性为中心》，《贵州大学学报(社会科学版)》2012 年第 6 期，第 86 页。

③张新民：《清水江流域的内地化开发与民间契约文书的遗存利用——以黔东南天柱县文书为中心》，《贵州社会科学》2014 年第 10 期，第 30 页。

④傅安辉：《论清水江木商文化遗产的现代价值》，《原生态民族文化学刊》2009 年第 2 期，第 7 页。

⑤龙泽江：《锦屏文书的价值、研究方法与开发利用途径——锦屏文书暨清水江木商文化研讨会综述》，《原生态民族文化学刊》2010 年第 4 期，第 31 页。

⑥邓刚：《"三锹人"与清水江中下游的山地开发——以黔东南锦屏县岑梧村为中心的考察》，《原生态民族文化学刊》2010 年第 1 期，第 44 页。

⑦钱晶晶：《三门塘人的空间观念及表达》，《原生态民族文化学刊》2011 年第 4 期，第 30 页。

⑧钱晶晶：《历史人类学视角下的村落空间——三门塘人的谱系建构与姓氏空间》，《青海民族研究》2013 年第 2 期，第 32 页。

⑨张银锋：《"屋山头"的文化嬗变：对清水江流域一个侗族村落的历史人类学考察》，《原生态民族文化学刊》2011 年第 4 期，第 38 页。

⑩邓刚：《移民传说中所见之地域社会的开发与秩序——以黔东南清水江中下游部分村寨为中心的考察》，《原生态民族文化学刊》2011 年第 2 期，第 28 页。

⑪秦秀强：《清水江下游苗侗地区碑刻文化调查——以天柱县为例》，《贵州民族学院学报(哲学社会科学版)2012 年第 3 期，第 7 页。

保护、抢救、整理。[①] 石开忠探讨了历史上清水江流域各族人民受剥削与压迫而进行的反抗斗争。[②] 刘亚男、吴才茂认为民众遵守契约规范是礼制维系的伦理经济。血缘、地缘与神灵相结合而衍生的乡约与道德规范,使伦理观念始终伴随在清代清水江下游地区的社会经济发展之中[③];苗、侗妇女积极参与社会经济活动,进入契约程式,其权利地位表现形式多样,主要体现在财产的继承以及对财产不同程度的自主处理上,通过参与社会公益事业以实现自我价值。[④] 王凤梅、赵永伦认为,文书中父子、兄弟、女性等,事主宗族性身份和宗族门房支派层级关系等,宗族在维持家庭延续性和宗族凝聚力中的作用。[⑤] 李红香认为,该区域留下了诸多类型的原始"契"、契约、民族符号刻画在木片上,以"埋石"、口诵形式加以表达,具有规约性、诉讼性,对社会稳定曾发挥了积极作用。[⑥] 再如周冬梅、石开忠[⑦]、李斌等[⑧]以及罗正副和王代莉[⑨],探讨了该流域的教育和文明发展。总之,各类论文已逾三百篇。

(三)选题缘由

专家学者们对于土地契约、清水江文书以及相关方面所作的有益探讨,对笔者具有较大的启迪作用。这些已有的研究成果略有不足,研究往往集中在锦屏县的文斗、平鳌寨,研究内容偏重林业,学说主在涉及法律、经济和文化。笔者认为以往研究主要有两点不足:一是缺乏整体史的研究视域,二

---

①谢景连:《清水江区域社会与清水江文书研究现状简述》,《怀化学院学报》2014 年第 4 期,第 27 页。

②石开忠:《碰撞与调适——清水江流域人民武装反抗斗争与当地社会文化变迁》,《贵州大学学报(社会科学版)》2014 年第 5 期,第 76 页。

③刘亚男、吴才茂:《从契约文书看清代清水江下游地区的伦理经济》,《原生态民族文化学刊》2012 年第 2 期,第 36 页。

④吴才茂:《从契约文书看清代以来清水江下游苗、侗族妇女的权利地位》,《西南大学学报(社会科学版)》2013 年第 4 期,第 155 页。

⑤王凤梅、赵永伦:《清水江文书书写程式的宗族性探讨——以天柱县高酿镇地良村契约文书为例》,《贵州大学学报(社会科学版)》2013 年第 4 期,第 62 页。

⑥李红香:《湘黔桂毗连地带历史时期"契"与文书的关联性研究》,《贵州大学学报(社会科学版)》2013 年第 3 期,第 83 页。

⑦周冬梅、石开忠:《清水江流域教育发展述论》,《教育文化论坛》2011 年第 2 期,第 107 页。

⑧李斌、吴才茂、龙泽江:《明清时期清水江下游天柱地区教育变迁——以碑刻史料为中心》,《教育文化论坛》2011 年第 2 期,第 100 页。

⑨罗正副、王代莉:《多族共生、边疆开发与跨学科视域:近 500 年清水江流域文明发展史研究的几点思考》,《教育文化论坛》2011 年第 2 期,第 112 页。

是缺乏对中国土地契约文书作长时段的考察研究。

目前，土地契约文书是中国区域经济社会史研究的重要课题之一，民间土地契约文书的陆续公之于众，较大地方便了学者们的研究工作，开展各类专题研究成为可能。清水江文书亦然。有鉴有此，本书以清水江流域土地契约文书为研究对象，随着研究的深入，文书价值的越来越凸显，通过对文书的解读和梳理，笔者探寻清水江流域苗、侗族地区清至民国土地契约文书的格式和内容，力图揭示土地买卖价格的变化趋势及其规律。笔者认为，加强对清水江流域土地契约文书研究，对清水江流域土地政策制定、土地管理和社会经济发展有一定的借鉴作用。

二、价值意义

历史研究离不开史料。搜寻新史料是开展历史研究的条件。傅斯年说："史学的对象是史料，不是文词，不是伦理，不是神学，并且不是社会学。史学的工作是整理史料。"[①]新史料提供的新思路，将促进新的研究领域的开展。如果把握得当，通对新史料的深入研究，专家学者将站在巨人肩膀上再前进一步，发前人之所未发见，可能提出全新的观点，从而推动历史研究。清水江文书正是近年发现的一批珍贵历史材料，对于学术研究具有极其重要的价值。清水江文书的重要研究成果，有助于推动清水江学的构建，将作为核心材料，整合侗族大歌、鼓楼建筑文化、习俗等资料申报世界文化遗产。从这层意义上说，清水江文书研究的各类成果必将大裨于中国学术界。

清水江文书可以看作是自然而然地构造历史的材料，虽散布在贵州清水江流域，然其属于苗、侗民族生生息息的见证和记载，地缘性特征鲜明，长时间的历史变迁状况几乎一览无余，俨然一部清水江流域的民族志、民族发展史，一部活态的苗、侗人民生产生活史。其反映的复杂万千的文化事相，作为原生态的实物见证，是社会科学研究的重要材料。清水江文书具有重要的史料学价值，是学术界尚未深入发掘的矿床，是西南民族文化的宝藏，亦是人类文化的宝库，日益期盼着专家学人涉足。

为此，本书的价值有两点：

其一，具有一定的学术价值。在理论上，本书对于促进清水江文书研究

---

①傅斯年：《史学方法导论》，刘梦溪主编：《中国现代学术经典·傅斯年卷》，石家庄，河北教育出版社，1996年，第242页。

具有一定的学术价值,将在局部上增添已有中国土地契约文书研究。清水江文书是学术界的一个热门研究课题之一,学术界虽然取得了不少成果,然仍存在前述之不足。本书讨论清水江流域土地契约文书的基本范式及其所承载的具体内容,力图归纳总结该流域土地契约文书的地域特色,可以为清水江文书研究做点滴有益的补充。

其二,具有一定的现实意义。学术研究的宗旨在于服务社会。区域史的研究旨在服务当地的经济社会发展。从现实意义来看,本书通过对清水江流域土地契约文书研究,拓宽中国经济社会史的研究范围,总结该流域土地契约的大体规律,获得对民族地区经济社会发展历史的初步认识,将为社会经济发展提供点滴可资参考的历史智慧。

三、研究思路与方法

本书以清代和民国两时段的土地契约文书为研究重点,因为根据文书发现的情况,土地契约文书绝大多数集中在这两个时段。在研究地域上,以清水江流域的天柱县和锦屏县研究为重点。在研究内容方面,重点是土地契约文书格式、土地买卖价格变化、土地契约文书所呈现的土地经营,以及土地契约文书所反映的鲜明地域特色。

在研究方法上,本书以马克思主义唯物史观为指导,坚持马克思主义的历史主义,辩证地、侧重于从历史联系的角度看待历史问题,综合利用法学、经济学、社会学、历史文献学等社会科学的研究方法;从社会史的角度,注重深化地域性的细部考察和比较研究,在复杂的历史网络中研究土地经济与社会的互动关系,从特殊的社会经济生活现象中寻找经济社会发展的共同规律。“马克思主义要求我们一定要用历史的态度来考察斗争形式问题。脱离具体的历史环境来提这个问题,就等于不懂得辩证唯物主义的起码要求。”①在评价、分析土地契约时,须从当时特定的历史条件出发,放到当时特定的历史范围之内加以考察。本论题属于历史学问题,同时也涉及民族学、人类学、社会学、法学、经济学等学科,在研究思路和方法上,充分体现跨学科研究的特点和优势。本书研究的时间范围虽未界定,但根据文书发现的情况,以清代和民国为主,在时间上也有一定的上溯和下延。

①中共中央马克思、恩格斯、列宁、斯大林著作编译局编:《列宁选集》第1卷,北京:人民出版社,1972年,第673页。

在具体研究中,本书注意几点:第一,在运用历史统计学研究方法时,由于土地契约文书数量大,种类复杂,时间跨度大,制定各类指标和进行分类统计难度均大。第二,选择具有一定代表性的土地契约文书的工作量很大。对于已经收集和保存的契约文书,需要逐步解读、选择;对于散藏于民间的土地契约文书,须要做了解,力所能及地搜集一点。比如在天柱县搜到文书18份、族谱6份,在锦屏搜集到文书176份。土地契约文书蕴含的地方性知识,亦须请教当地耆老以及契约文书原持人才能进一步地理解。笔者曾三次赴天柱、三次赴锦屏调研,访谈文斗寨的姜高松、高酿镇的龙安定、瓮洞镇的蒋启金等文书持有人;请教天柱、锦屏县地方志等文书专家,从中获得不少地方知识,增加了对契约文书的形成历史背景、地域特色及其地方知识的进一步理解,特别有助于理解其中的计量单位词、侗语词。这些做法难度都很大,但有助于准确解读土地契约文书所传达的历史信息。

本书立足于整体史的视角,重点采用历史研究方法。研读土地契约文书时,与该流域的历史相结合,探求土地契约文书所反映的村民之间鲜活互动关系。秉承正确的历史和采用科学的方法论,努力使观点、方法和史料有机结合,以期得出有价值的研究成果。重视官府档案和民间文献,从“底层视角”去解读土地契约文书,弥补传统史料的不足。根据设计的指标和表,对契约文书中做统计研究,能直观地反映地价变化、买卖双方关系等。通过这样的方式,对土地契约文书做格式和内容两方面的研究,努力揭示苗、侗族的土地契约文书所承载的精彩内容。

四、创新之处

(一)研究视角新

土地契约文书具有鲜明的地域特色,它们是苗、侗族村民记录土地变迁并精心庋藏的重要历史文献。运用这批珍贵的史料,从林业、法律视角转向土地契约文书研究,是研究视角的创新。因为土地是最重要的生产资料,不论何时何地,亦不论何人何国,土地都是其赖以生存和发展的重要物质条件。

本书精心选择的主要依据是:其一,估算与描述。田类,必须准确记载田的面积和卖价的才纳入计算,凡只有面积或只记载卖价,皆未被纳入计算,因为这类无法准确地计算每亩田、每边田的价格。土类,由于未准确记载面积,只能按照时间先后顺序,选择标明卖价的契约进行计算,比较每宗土地的卖价,从总体上描述土地的买卖情况。林地类,尽量运用到计算中,房屋地基类和阴地类,除选择具有单位面积的进行计算并比较外,无法进行单位面积计算价格的,则采取按每宗买卖价进行计算,再比较,以便宏观地描述买卖情况。其二,所有纳入本研究计算的土地契约文书,一般都以公开出版的土地契约文书为准,凡民间所藏而未经公开出版的,只极少地使用,并在研究中注明,比如锦屏县文斗寨的未出版的土地契约文书。这样做旨在有案可据、可查,避免研究成果的随意性和不确定性。本研究努力为清水江文书研究做点滴贡献,力图为中国土地契约文书研究做微薄的基础工作。这同以往相关研究比较,视角独特新颖。

(二)思路与方法新

本书精心设计和制作了 11 幅图和 32 个表,这是全书最难完成的部分。运用统计分析与对比研究相结合作为一种尝试,可以算是研究手段的创新。通过清水江流域土地契约文书所承载的历史信息,凸显了苗、侗族土地契约文书的内容和形式。主要抓住土地买卖价目,结合土地租佃方式、经营方式和地权流转等信息,参照该流域的苗、侗族政治、经济与社会发展背景,力图描述清水江流域苗、侗族地区土地价格变化的趋势,进而探求土地契约文书所蕴含的历史规律和历史智慧。这一切都有赖于新的研究思路与方法才得以完成。从这层意义上说,本书的研究思想与方法有所创新。

第一章　田地契约文书

一、田地契约文书格式

这里有必要作说明。一般地说,土地是指地球表面的陆地部分,包括内陆水域和沿海滩涂。民国时期的《土地法》指出,土地是水陆和天然富源。从经济学的观点看,土地是未经人的协助而自然存在的一切劳动对象,作为一切活动的一般空间基础,在农业中是最主要的生产资料。① 所以本章讨论时用的"田地",不是单指自然土壤;也不是联合国粮农组织所认为的,土地是由影响土地利用潜力的自然环境所组成,包括气候、地形、土壤、水文和植被等,以及人类过去和现在活动的结果。这里的"田地"是指耕地,包括田(水田和旱田)和土。清水江流域土地契约文书中,一般写作田、土、园地、菜园、播冲、播地等。其实,土、园地、菜园、播冲和播地,是除田以外的耕地,在方言中常被称为"土"。文书中的"土"亦有别于土类,是我国土壤分类体系中最高层次的土壤分类单元,后者是在一定的成土条件下形成的土体结构与属性的一组土壤,如黑土、白浆土、红壤土、黄壤土和水稻土等。在中国古代社会里,土亦指自然土壤。

本章所论,一是田地契约的格式,涉及田、土、园地、菜园、播冲和播地等,属于传统意义上的土地(耕地)。因为荒地与耕地之间存在着转换的情形。鱼塘、河段等被纳入本章。荒地、荒山、荒坪等被纳入山林类。二是田地的卖价。

(一)官府对土地买卖契约的规范

中国对土地的约束是一个十分复杂的问题。西周灭商之后,开始采用封建领主制(包括农奴制)进行管理。周天子是全国最高的土地所有者,一般称其土地制度为封建土地国有制。

---

①马克伟主编:《土地大辞典》,长春:长春出版社,1991 年,第 802、896 页。

"溥天之下,莫非王土。率土之滨,莫非王臣。"[①]这是对土地真实的描述。这种封建家长制是将对土地和人民的统治相结合。西周封建领主采用井田制进行剥削。土地所有权归周天子,诸侯、卿大夫、士等贵族具有占有权和使用权,庶人(农奴)没有土地,无偿耕种,提供劳役地租,亦分有少量田给农奴耕种收益。井田制度下的土地不许买卖。[②] 由于周王室逐渐衰微,春秋后期井田制被破坏。班固指出:"周室既衰,暴君污吏慢其经界,徭役横作,政令不信,上下相诈,公田不治。"[③]各种赐田转向私有、贵族之间转让土地并据为己有、新开辟土地占为己有等促进了私有土地的增加,到春秋后期催生了土地买卖关系。于是中国古代封建国家对于土地买卖的管理出现了。此时期,一宗土地交易成功之后,当事人必须报告周天子和执政官,在官吏监督下划定地界,起封作帜,史官图籍中记载相关内容,书写契券,"执左藏官,书于宗彝"。[④]

战国时期土地国有制即封建领主制基本瓦解了,取而代之的是封建土地所有制即土地私有制。土地自由买卖不仅限于平民,官僚、贵族亦在其中。秦国通过商鞅变法,"除井田,民得卖买,富者田连仟伯,贫者亡立锥之地。"[⑤]土地可以买卖。赵国赵王赐给赵括的金帛亦"归藏于家,而日视便利田宅可买者买之。"[⑥]秦统一六国后,实行土地私有制,公元前216年秦始皇下令"使黔首自实田",土地所有者登记田地,按亩纳税。西汉亦实行土地私有制,征收田租,十税一。汉文帝时土地所有者向国家纳税为十五税一,后为三十税一。佃农向土地所有者交纳二分之一的租额,"见税什五"。佃农走向农奴化。到了东汉,土地越来越集中,私有化程度高,出现了庄园地主,占有大量土地,佃农遭受剥削,平民亦被迫进入地主庄园服役。西晋虽颁布占田制却未能取得实效。开皇二年(582)隋文帝实行均田制,其中的永业田(桑田或麻田)可以买卖,受田人去世后其露田交还国家。官吏的职分田和公廨田不可以买卖,新旧官吏交接时一并交出。唐朝仍实行均田制,官吏离职时职分田和公廨田交给新任官。官吏贵族的永业田和赐田可以买卖。平

①《诗经·小雅·北山》,韩伦译注:《诗经》,南昌:江西人民出版社,2017年,第200页。
②《礼记·王制》(卷三):"田里不粥,墓地不请。"指中国古代禁止土地买。(元)陈澔注,金晓东校点:《礼记》,上海:上海古籍出版社,2016年,第151页。
③(汉)班固撰,(唐)颜师古注:《汉书》卷24上《食货志上》,北京:中华书局,1962年,第1124页。
④孔庆明、胡留元、孙季平编著:《中国民法史》,长春:吉林人民出版社,1999年,第19页。
⑤(汉)班固撰,(唐)颜师古注:《汉书》卷24上《食货志上》,北京:中华书局,1997年,第295页。
⑥(汉)司马迁:《史记》卷81《廉颇蔺相如列传》附《赵奢传》,北京:中华书局,1982年,第2447页。

民的永业田在人去世时家贫无力安葬时可以出卖，平民由狭乡到宽乡，其口分田可以卖掉，亦可出卖换作住宅、邸店、碾磨。但买卖数量不得超过当事人应有的占田数额。

唐朝以降到宋朝，土地买卖契约开始由官府加盖官印，征收一定的税契钱，作为一种制度，形成于唐末或五代初年。[①] 根据历史记载，后唐天成四年(930)颁布有关买卖田宅的规定，按照每贯税契费20文："四年七月兵部员外郎赵燕奏，切见京城人买卖庄宅，官中印契，每贯抽税契钱二十文。其市牙人每贯收钱一百文，甚苦贫民，请行条理。从之。"[②]北宋初年建立了中央控制下的财政制度，于土地买卖方面有新的规定：向全国推行"标准契约"，首创"官版契纸"。宋徽宗崇宁三年(1104)规定契约印章，征收工本费和一定量的利钱："诸县典卖牛畜契书并税租钞旁等印卖田宅契书，并从官司印卖，除纸、笔、墨、工费用外，量收息钱，助赡学用，其收息不得过一倍。"[③]其还规定典卖田宅投契时间以交业日期为起点。"应典田宅，若故违投契日限，经隔年月，遇赦恩方始自陈即印契者，其所典年限，并自交业日为始。"[④]"人户典卖田宅，一年之外不即受税，系是违法。缘在法已有立定日限投契，当官注籍，对注开收，及诡名挟佃并产去税存之户，依已修立到条法断罪施行。"[⑤]逾期一年以上不交税者是违法，被判罪。徽宗政和六年(1116)北宋朝廷又规定典卖田宅限日完结："人户典卖田宅，议定价直，限三日先次请买定帖，出外书填，本县上簿拘催，限三日买正契。除正纸工墨钱外，其官卖定帖二张，工墨钱一十文省，并每贯收贴纳钱三文足。如价钱五贯以上，每贯贴纳钱五文足。"[⑥]南宋时，红契、白契之称开始出现。其实，"官契"一词出现很早，"五曰府，掌官契以治藏"[⑦]，先秦时的"官契"属于官府的文书，包括各种符券。一般而言，交易双方向官府投税印验的契约称作

---

①张晋藩主编：《中国法制通史》第4卷隋唐，北京：法律出版社，1999年，第472页。

②《邦计部·关市》卷504，(北宋)王钦若等编：《册府元龟》第六册，北京：中华书局，1960年，第6052页。

③《食货》三五，"钞旁定帖"，刘琳等校点：《宋会要辑稿》第11册，上海：上海古籍出版社，2014年，第6753页。

④《食货》三五，"钞旁定帖"，刘琳等校点：《宋会要辑稿》第11册，上海：上海古籍出版社，2014年，第6755页。

⑤《食货》三五，"钞旁定帖"，刘琳等校点：《宋会要辑稿》第11册，上海：上海古籍出版社，2014年，第6756页。

⑥《食货》六一，"民产杂录"，刘琳等校点：《宋会要辑稿》第12册，上海：上海古籍出版社，2014年，第7470页。

⑦《天官冢宰·宰夫》，吕友仁、李正辉注译：《周礼》，郑州：中州古籍出版社，2010年，第45页。

“官契”或“红契”，交易双方自行订立而未经官府验印的土地契约被称作“白契”。宋朝针对土地买卖开始作严格的登记，收取费用、限定时间，旨在开辟一种新的税源，增加官府收入，解决庞大的财政支出。客观上，规范土地交易，一定程度上对当时百姓土地买卖的泛滥有所规制。对于因土地买卖而引起的纠纷，宋政府不承认白契，只认可红契有效，并没收民间土地买卖的私契（白契）。尽管宋政府规定，绍兴十三年（1143）十月：“民间典卖田宅，赍执白契因事到官，不问出限，并不收使，据数投纳入官。其因前循未投纳税钱白契，并限五十日自陈投纳。如出限一日，更不展限。”①仍然只有数量有限的百姓将土地买卖契约呈报官府验印。李心传指出：“民间市田百千则输于官者十千七百有奇，而请买契纸贿赂胥吏之费不与，由是人多惮费，隐不告官，谓之白契。”②这些白契隐匿不告官，原因在于害怕交一笔契税。禁止买卖口分田和永业田，宋朝廷规定：“诸卖口分田者，一亩笞十，二十亩加一等，罪止杖一百，地还本主，财没不追。即应合卖者，不用此律。”③对于盗卖公私田规定：“诸妄认公私田若盗贸卖者，一亩以下笞五十，五亩加一等，过杖一百，十亩加一等，罪止徒二年。”这说明允许买卖的土地数量是有限度的。④

元代针对土地典卖之后发生双方争讼，有司无例可沿引，影响判案。元朝大德十年（1306）五月，礼部规定：“礼部议得：典质地产，即系活业。若一面收执文约，或年深迷失，改作卖契，或昏昧条段间座，多致争讼。以此参详，今后质典交易，除依例给据外，须要写立合同文契贰纸，各各画字，赴务投税。典主收执正契，业主收执合同，虽年深，凭契收赎，庶革侥幸争讼之弊。都省准呈。”⑤明确规定买卖双方必须订立两份合同文契，并投税验印，典主收执正契，业主（受让人）收执合同。

明政府对于典买田宅不到官府投税者，把田价一半充入官库，当事人受到法律制裁，并按亩数递加；不办理过割粮赋手续，处罚更重，直至没收田

①《食货》七十，“钞旁定帖杂录”，刘琳等校点：《宋会要辑稿》第13册，上海：上海古籍出版社，2014年，第8184页。

②（宋）李心传：《建炎以来朝野杂记》甲集，卷15《田契钱》，北京：中华书局，2000年，第320页。

③（宋）窦仪等撰，吴翊如点校：《宋刑统》，卷第12“户婚律”，北京：中华书局，1984年，第200页。

④（宋）窦仪等撰，吴翊如点校：《宋刑统》，卷第13“户婚律”，北京：中华书局，1984年，第203—204页。

⑤郭成伟点校：《大元通制条格》，北京：法律出版社，2000年，第206页。

产。对于重复典卖已卖之业,当事人、牙保等都受到相关处罚。明代法律规定:“凡典买田宅不税契者,笞五十,仍追田宅价钱一半入官。不过割者,一亩至五亩笞四十。每五亩加一等,罪止杖一百。其田入官。若将已典卖与人田宅朦胧重复典卖者,以所得价钱计赃准窃盗论,免刺,追价还主,田宅从元典买主为业。若重复典买之人及牙保知情者,与犯人同罪,追价入官。不知者,不坐。其所典田宅圈林碾磨等物年限已满,业主备价取赎。若典主托故不肯放赎者,笞四十。限外递年所得花利追征给主,依价取赎。其年限虽满,业主无力取赎者,不拘此律。”①

清承明制,对土地交易不投税者进行管理,其律文有所完善:“凡典买田宅不税契者,笞五十。(仍追)契内田宅价钱一半入官。不过割者,一亩至五亩笞四十,每五亩加一等,罪止杖一百。其(不过割之)田入官。若将已典卖与人田宅朦胧重复典卖者,以所得(重典卖之)价钱计赃准窃盗论,免刺,追价还(后典买之)主,田宅从原典买主为业。若重复典买之人及牙保知(其重典卖之)情者,与犯人同罪,追价入官。不知者,不坐。”②规定州县设柜征收契税。

在契约方面,清政府继续使用明朝的契纸样式,也印制官契纸。清政府重视土地交易须纳税,顺治四年(1647)下令:“凡买田地房屋,必用契尾,每两输银三分。”③北京地区的房地买卖也强调纳契税:“凡民间典买房地及赴税契,听其久远管业。如无契尾凭验,被讦告即系私占,依律问罪。”④雍正六年(1728)清政府正式下令民间土地交易必须使用官契,禁止民间私下交易。“凡州、县官征收田房税契,照征收钱粮例别设一柜,令业户亲自赍契投税。该州、县粘司印契尾给发收执。若业户混交匪人代投,致被假印诓骗者,照不应重律,杖八十,责令换契重税。倘州、县官不粘司印契尾,侵税入己,照例参追。该和之道、府、直隶州知州分别失察、徇隐,照例议处。”⑤

用官契纸,有一个逐渐的过程,其间允许民间用白契交易,但须到官府缴纳契税,粘连在契尾盖上官印。买卖田地房屋产业必须领用布政司颁发

①《大明会典》卷163“典买田宅”,《续修四库全书》编纂委员会编:《续修四库全书》七八九·史部·政书类,《大明会典》第4册,上海:上海古籍出版社,1986年,第7页。

②马建石、杨育棠主编:《大清律例通考校注》卷九“户律田宅”,北京:中国政法大学出版社,1992年,第435页。

③《皇朝政典类纂》,《征榷十二·杂税》。光绪《大清会典事例·户部·杂赋》卷245,《田房税契》。

④张小林:《清代北京城区房契研究》,北京:中国社会科学出版社,2000年,第35页。

⑤马建石、杨育棠:《大清律例通考校注》,北京:中国政法大学出版社,1992年,第437页。

的契纸，不允许使用白纸书写土地买卖契约。若未用官府颁发的契纸书写而给予印章的，官与民一并治罪，并没收其产业。其程序，民间买卖田地房产后，用官版契纸书写，到官府缴纳税之后过户，官府保留了契根。随着土地交易的进一步流行，清政府又对契纸做调整。

契尾之例起于乾隆十六年五月。这条乾隆二十一年增入清律的，且对征税官吏也有约束。即把契尾粘连在契纸上，并盖章发回平民。清政府这次改动，对于契纸和契税的管理表面上更加规范，但实际上并不能收到应有的效果。比如清水江流域仍然大量使用白契，契尾粘贴在契约后面的例子实在太少。清政府不能真正意义上强制推行官发契纸和契尾，这至少在清水江流域通过土地文书可以得到佐证。

清水江流域的文书收录有贵州邻省湖南等省推行契纸和契尾粘连的文告，并于文书中载明经由清朝皇帝认同的内容《25-1-1-003　契尾（乾隆三十七年四月二十五日）》：

湖广、湖南等处承宣布政使司、布政使，为遵旨："议。"奏事，奉准户部咨开："嗣后□颁给民契尾，编列号次。前半幅照契细书业户等姓名、买卖田房价税。后半幅于空白处预钤司印，以备投税时将契价、税银数目，大字填写钤印之处，令业户看明，当面骑字截开，前幅给业户收执，后幅同季册送司查核"等因，乾隆□□四年十二月□三日奏。本日奉旨："依议。钦此。"咨院行司，合行[　]印发。凡业户投税，照例每两征银三分，将契价税银数目大字填写钤印之处，合业户看明，当面骑字截开，分别给民送司，毋许胥吏包揽，[　]戥重称需索括规，致使民间乘机□通[　]税官役侵蚀。一经察（查）出，或被告发，□胥□处。须至契尾者。

业户　吴有才、潘龙明，田、房坐落　土名宴冲　□□石斗开□

银　百　拾　陆两　柒钱捌分（印）

七千二百五十一号　右给业户吴有才　准此

乾隆三十七年四月二十五日（印）①

贵州省承宣布政使司关于颁布运用契尾的文告在文书中亦有体现，这是乾隆四十年的一份缴纳契税的文书《25-1-2-003　契尾（乾隆四十年又

①张应强、王宗勋主编：《清水江文书·第三辑》第3册，桂林：广西师范大学出版社，2011年，第314页。

十月□日)》,原文如下:

贵州等处承宣布政使司,为遵旨:"钦此。"□事,奉□部院□,准户部咨开:"河南司案呈所有本部议覆河南布政使富明条奏'买卖田产将契尾粘连,用邮存贮,申送府、州、藩司查验等因'一折,于本年拾贰月拾贰日奏。"本日奉旨:"依议。钦此。"相应抄录司班,并颁发格式,行文贵州巡抚钦遵办理可也等因,咨移□本部院,准此。合就檄行。□此。仰司官吏查照票内,准部咨。奉旨:"及粘单内事理。即便钦遵刊刷,酌量颁发,移行遵照办理。仍刷样呈送备查。毋违。"须至契尾者。

计开

业户　吴有才等买吴老九　坐落　土名斗溪头田三丘

用价银　〇千　壹百　〇拾　〇两　叁钱

税银　〇拾　叁两　〇钱　壹分　伍厘　〇

布字玖拾叁号

右给与业户　吴有才等　准此

乾隆四十年又十月□日(印)①

另外,嘉庆时期的官方文告说:"凡民间置买田成交后,该牙眼同填写官发契稿,催令依限纳税。如有私相买卖,不经该牙,希图漏税者,该牙查明禀报,以凭按例究办。须至稿者。"②清水江文书亦载有贵州等省承宣布政使司关于使用契税的文告,如《1-3-4-028　龙有凤等断卖田约(嘉庆八年六月初九日)》:

贵州等处承宣布政使司,为遵旨:"议。"奏事:奉抚部院宪牌准,户部咨开:"河南司案呈所有本部议覆河南布政使富明奏'买卖田产将契尾粘连,用印存贮申送府、州、藩司查验等因'一折,于本年拾贰月拾贰日奏。"本日奉旨:"依议。钦此。"相应抄录司班,并颁发备式,行文贵州巡抚钦遵办理可也等因,咨移到本部院,准此。合就檄行。□此。仰司官吏查照票内,准部咨。奉旨:"及粘单内事理。即便钦遵刊刷。酌量颁发,移行遵照办理。仍刷样呈送备查。毋违。"须至契尾者。

---

①张应强、王宗勋主编:《清水江文书·第三辑》第3册,桂林:广西师范大学出版社,影印本,2011年,第375页。

②引自张小林:《清代北京城区房契研究》,北京:中国社会科学出版社,2000年,第35、61页。

计开

业户　姜佐章买龙有凤　坐落　地名田丘粮数载在约内

用价银　无千　壹百伍拾　无两　钱

税银　无拾　肆两伍钱　无分　无厘

布字玖拾玖号(印)

右给与业户　姜佐章　准此

嘉庆八年六月十一日(印)①

□

咸丰年间,清政府对于民间田宅买卖务必填写官契,出台了《写契投税章程》,其中规定一年为限投税验契,典契限十年:

户部则例内载:凡置买田房不赴官纳税请粘契尾者,即行治罪,并追契价一半入官。仍令照例补纳正税。凡民间置卖田房,自立契之日起,限一年内投税。典契十年限满,照例纳税。逾限不税,发觉,照律例责追。

民间嗣后买卖田房必须用司印官纸写契。违者作为私契,官不为据。……民间嗣后买卖田房,如不用司印官纸写契,设遇旧业东、亲族人等告发,验明原契年月,系在新章以后,并非司印官纸,即将私契涂销作废,仍令改写官纸,并照例追契价一半入官。……未定新章以前,民间所存远年近年小契(即未粘有本司大印契尾之契),统限一年内缴换司印官纸,从宽减半投税。逾限如不缴换,发觉照私契论。……置买田房,牙纪与卖主及邻佑、里书知之最悉。……如有挟嫌诬告及吏役因绿(缘)舞弊滋挠者,一经查实,除照例枷责外,并予永远监禁。②

此章程内容详细,对于出主(出让人)、中人、书写人以及证人、邻居作为相关规定,核心内容是民间土地(田宅)交易必须使用政府制定的官契,缴纳3.3%的契税。若未用官契和未交纳契税,清政府不承认白契的法律效力,当事人还将被没收契价一半充入官府,并补缴纳契税。鼓励举报者,用罚款的一半作为奖励费,还奖励5%给征税银一千两以上者。

咸丰年间,一张官契纸的购买价为一百文。民间每宗土地交易额度大

①张应强、王宗勋主编:《清水江文书·第一辑》第8册,桂林:广西师范大学出版社,2007年,影印本,第28页。

②《写契投税章程》,引自张传玺主编:《中国历代契约会编考释》下册,北京:北京大学出版社,1995年,第1466—1468页。

小不一，有的仅银二钱，有的达到银数十两。卖价很低的一宗买卖所收入的银极有可能不足以买一张契纸。更何况村民本身就一贫如洗。所以村民绝大多数情况下会选择白契交易，简便易行，节省费用，双方认可就行。比如天柱县的文书白契占绝大多数，尤其是清代白契更普遍地存在。不过，从已收藏的土地契来看，清代官版契纸仍然在该流域使用，并非完全受到村民的抵制，直到清末亦然。比如宣统二年规定民间藏有白契的人交纳契税，否则将被查办，如《26-1-1-003　田业税契征收告示（宣统二年十二月十七日）》：

> 晓谕查报事：照得田业税契，前奉新章，买契九分，当契六分。如有隐瞒田产，罚半充公，税契照章倍罚，已经出示催税在案。照数自投即甚属寥寥。显为乡团首人包揽压搁以致小民遇打官司，白契恐不取信，始行纳税。临时又受经手人勒索，不敢告人除札。饬乡团，准其互相禀报，并访拿匿契之户传案，酌提一成充赏报人。外合□晓谕。为此，仰该处诸色人等知悉，查明境内某人藏有白契，告之照章纳税。如再抗匿或经访闻或被告发，定即提案，罚银充赏，并究团首业户不贷。切遵勿违。特示。
>
> 右谕通知
>
> 宣统二年十二月十七日告示
>
> 实贴　晓谕①

但是，民间白契仍然大量存在是一个不争的事实。由于天高皇帝远，清政府对土地买卖的管理处于一种比较松弛的状态。从司法效力看，清、民国政府基本默许白契存在，至少在清水江流域如此，前提是白契记载的交易属实。清、民国政府禁止民间订立白契以图征收契税，但收效甚微，因而不得不在执法时违心地承认白契是民间双方争讼时的证据。这是具有矛盾的现象，但自宋代以降，这种情形一直存在。即令中国在王朝国家势力控制范围内，土地房产买卖始终存在着红契与白契并存的局面，且白契在数量上占据上风，正如刘道胜所说："宋元明清时期，我国契约在使用上呈现红契和白契并行的二元格局。"②民国初年，大汉贵州军政府成立，之后大权落入军阀之手。军阀政府对土地房产买卖有所革新，即采用印信更换的方式，要求前清

①张应强、王宗勋主编：《清水江文书·第三辑》第 3 册，桂林：广西师范大学出版社，2011 年，影印本，第 470 页。

②刘道胜：《明清徽州宗族文书研究》，合肥：安徽人民出版社，2008 年，第 49 页。

所有土地交易契约,必须投税验契,缴纳相应的契税,否则不予承认。国民政府对契税的管理方式趋于完善,然亦能够收到很好的效果,其结果不外乎白契所占比例有所下降。

契约格式经由民间实践、地方有识之士总结,再上升到官府逐渐规范,返回民间形成地方性的规俗。契约是民间"在长期实践中无数次重复的产物,它们在一代又一代无名氏手中逐渐提炼成形,且在或大或小的范围内流行,不但能够模塑乡民的行为,而且规范社会生活"①。

虽然自宋代以降,官府对契约的规范日益细密,至清代创设契尾,至民国时期已经成熟,但是在新中国成立前的大约五百年里,按官府规范的土地契约格式而作的契约文书(官版文书)毕竟是少数,民间白契始终占绝大多数,发挥着不可否认的历史作用。白契自从产生之后就一直存在,屡禁不止,封建官府对其所作的约束毕竟有限,当然其效果应当承认,或多或少为其官府开辟了一道税源,收到了一定的作用。但在清水江流域的现实生活中,白契与红契的实用效力几乎等同,并已约定俗成地具有法律效力,是村民产权转移的有力凭证,毋庸置疑。基于此,笔者认为,在土地契约文书研究中,无必要亦不可能专门区分白契与红契。

(二)田地契约文书格式

清水江流域的田地买卖契约,自明代开始,格式上包括正文、立契时间、立约人、中证人、代书人等。主要内容是正文和落款两大部分。

1. 标明事主

田地契约文书,开头顶格写明事主,格式为"立卖田契/字人某某某""立典田契/字人某某某"或"立断卖田契/字人某某某"等字样,事主多数情况下是男性户主。如果是父子共卖的,采用联名形式,写作"立断卖田契/字人某某某父子二人"。其他联名形式的,有母子、母女、兄弟、叔侄、众人等,开关务必交代清楚。辈分相同的人联名,常采用双行排列名字的形式,前面只写一个姓,或前面只列出姓和辈分,并列双行保留姓名的最后一个字。涉及多名事主时,按一定顺序列出全部事主。

比如《明代万历十四年潘贵银登寨祖业田租禾断约》(1586),原文如下:

黎平军民府亮寨蛮夷长官司管下登寨立断租禾纹(文)约人潘贵

①梁治平:《清代习惯法:社会与国家》,北京:中国政法大学出版社,1996年,第42页。

银，今为家下缺少银子使用，无从得处，情愿将自己先年祖业田，租禾十七斤，请中出卖，转卖与本主龙稳相名下承买为业。凭中作价纹银贰钱六分。凭中交足亲手领回家应用外，其租税禾尽行出卖，不许内外远近房族人等在后重卖、争论。［否则］卖主赴司理落，不干买主之事。一卖一永远，二卖子孙无分。二家意愿，各不许憣悔。如有一人先悔者，将约赴官理落，甘罚生金五钱，赴官工用依旧承交。立此断卖约纹（文）契，永远子孙为照。

万历拾肆年（1586）十月廿七日

立断约人：潘贵银（押）
中证人：潘息朝（押）
代书人：龙稳晚

断约信行在后，永远收照。①

“潘贵银”是本契约的事主，所不同的是本契约交代了事主的详细户籍所在地，让我们知道文书发生的地点。如果一份土地契约文书的事主情况十分明晰，那么提炼其中的信息就很方便了。从这份契约可看出，清水江流域土地契约文书在明代就已经规范，只是落款的时间放在正文后面，与清代以后的田地契约不同。后者的落款绝大多数情况下置于契文的最后面。我们可以这样认为，清水江流域的田地契约文书，至少在明代就已经成熟，只不过在后面的时代有所因革损益罢了。事主是一份契约的最重要内容，但凡立契订约，不可能脱离这个关键因素。如明成化二年（1466）、万历二十四年（1596）、崇祯十六年（1643）的田契、诉辞、合同等，这说明清水江流域土地契约文书的产生至少应当在13至14世纪，或许更早。② 如其中明成化二年（1466）田产转移合同内容如下：

□安乡□细仔□洪武二十二年□卫当军随营住坐，田地抛弃，至天顺六年回籍寻认产业，有□遗下隐瞒后至成化□邦礼、覃必亮备情具告本县，蒙□□差里长覃添隆、老人梁汉有以凭本甲人等诣田□等当官退出前委田地与□白就凭里老邻祐人等立写合同转批与本管里长粟文海、文江耕种，秋粮米壹石陆斗柒升□送纳。

①高聪、谭洪沛主编：《贵州清水江流域明清土司契约文书·九南篇》，北京：民族出版社，2013年，第100页。

②张新民主编：《天柱文书·第一辑：全22册》第1册，南京：江苏人民出版社，2014年，“序”，第5页。

立写合同贰纸，枉（往）后再不许瞒□前田开写土地名于后。

计开：

一□□竹楹脚田计种贰斗伍升□　　一处宝爽田计种贰斗下至坡

一□茶脚计种贰斗伍升□　　一处板溪田计种壹斗抵覃思□

一处勒文头计种叁斗五升　　一处林田种肆斗抵覃□保田□

一处门首田计种壹斗伍升梁受□□　　一处庙脚水塘叁口抵田

一处大长冲计种贰斗上抵覃志□田

□□种壹石叁斗伍升秋粮米壹□柒升

成化二年八月初□日情愿立写合同人

合同［半书］

粟文海（押）

里老　粟文江（押）

粟添隆（押）

梁汉方（押）

团邻　梁□仕（押）

杨通行（押）

梁辛丑（押）

□甲　石彦聪（押）

张　全（押）

粟胜宗（押）

梁　隆（押）

贺光海（押）

依口书人　梁汉景（押）

批　　　　管①

再如《顺治七年二月二十日张引保卖田契》②：

立卖田契人张引保，今为家下要钱用度无从得处，夫妻商议，请中

①引自贵州省档案馆收藏件，题名“成化二年清水江文书（1466）”。

②张新民主编：《天柱文书・第一辑：全22册》第9册，南京：江苏人民出版社，2014年，第270页。

在内，将到自己分上祖业土名贰坡脚田壹丘，计禾陆手，欲行出卖。召到剪刀坡高□寨清爱溪处为业，三面议作恭价九呈(成)银叁两整。其价引保亲领入手用讫，其田任从业主子孙耕种，并无包复别人寸土在内，再无房门异论，卖契为照。

亲房屋头张银保、张陀宝共吃银壹钱。

顺治七年庚寅岁弍月廿日立

契人　张引保(押)

书中　刘孙保(押)

2. 说明处理田地的方式

这里，处理田地的方式指断卖或绝卖、典卖、拨换、送、补等方式。清水江流域土地买卖一般订立的田地契约为“卖”或“断卖”，或出典(典卖)的情况。以笔者所见，不用“绝卖”，而用“断卖”。典或典卖(活卖)是一种暂时的使用权和占有权转移，其所有权仍在典主手中。典主有回赎的权利，在土地价格上涨时还可以向承典人找“贴”。针对活卖、绝卖和找价三种情况，并因找价而引起纷争，户部于雍正八年(1730)所作的明确规定，后上升为清代法律：“卖产立有绝卖文契，并未注有找贴字样者，概不准贴赎。如契未载‘绝卖’字样，或注定年限回赎者，并听回赎。若卖主无力回赎，许凭中公估找贴一次，另立绝卖契纸。若买主不愿找贴，听其别卖归还原价。倘已经卖绝，契载确凿，复行告找、告赎及执产动归原先尽亲邻之说，借端指勒、希图短价者，俱照不应重律治罪。”①

田地断卖契约开头常写作：“立断字人某某某”“立断田地约人某某某”“立断卖田约人某寨某某某”，结尾处常用“立此断为据”“立此断字为据”“立此断约为据”“今恐无凭，立此断卖田约人为据”等，如《1-3-3-014　姜士祥断卖田约(乾隆四十五年八月十六日)》：

立断卖田约人文斗姜士祥，为因家下缺少银用无出，自己问到加池寨姜左章名下承受为业，凭中议定断价银四两整，亲手收回应用。如有不清，俱在卖主里(理)落，买主不管。今恐无凭，立此断约为据。

当批：也丹田一丘。

凭中　姜文章

姜士祥　亲笔

①马建石、杨育棠主编：《大清律例通考校注》，北京：中国政法大学出版社，1992年，第436页。

乾隆四十五年八月十六日(印)　立①

清前期的田契书写比较独特,有时使用“契书”。乾隆年间,田契使用“立卖契书人某某”。如《1-3-3-015　范九纯断卖田契书(乾隆四十六年正月二十一日)》写作:“立断卖田契书人岩湾寨范九纯……约禾贰把……当日言定价银叁两五钱……立此卖契存照。”②《1-3-5-004　姜番保卖田契书(乾隆五十一年五月二十一日)》③,使用“立卖契书人姜番保”。用“立卖契书人某某某”,提及“断价”,如《1-3-3-010　范番保卖田契书约(乾隆四十四年十月十一日)》“当日凭中三面议定断价坟(纹)银拾两伍钱整”④。也有只用“卖价”的,如《罗绍中卖田契(乾隆四十年十月二日)》:

立卖田契人罗绍中,今因将到自己分上土名善禾冲□田,大小肆丘,计禾叁拾编(稨),载柱税壹亩式分,出卖与吴守志为业。三面议定卖价银九伍色壹拾式两整。其银中亲领入手。其田守志子孙永远管业。如有房亲言论,由卖主理落,不得异言。立卖契存照。

计开四抵,上抵油树,下抵正冲水,左抵巷田,右抵坡,四抵分明,并不包卖寸土。

其价随契领足,领不另书。

凭中　姚如山(押)

房亲　添馨(押)
　　　禹承(押)

乾隆四十年十月初二日　亲笔　立⑤

“契书”一般指契据、契约。⑥ 也就是说,“契书”可理解为“契约”。“契书”“契书约”与单独的“契”的含义有区别。“契”的本意为“刻”,引申为符节、凭证、字据等信物,古代契分为左右两半,双方各执其一,用时将两半合

①张应强、王宗勋主编:《清水江文书·第一辑》第7册,桂林:广西师范大学出版社,2007年,第143页。

②张应强、王宗勋主编:《清水江文书·第一辑》第7册,桂林:广西师范大学出版社,2007年,第144页。

③张应强、王宗勋主编:《清水江文书·第一辑》第8册,桂林:广西师范大学出版社,2007年,第178页。

④张应强、王宗勋主编:《清水江文书·第一辑》第7册,桂林:广西师范大学出版社,2007年,第139页。

⑤张新民主编:《天柱文书·第一辑:全22册》第3册,南京:江苏人民出版社,2014年,第232页。

⑥罗竹风:《汉语大词典》第2卷,上海:上海辞书出版社,1986年,第1534页。

对以作征信。“契”强调的是证据,“约”强调的是“约定”。在清水江流域,“契书”的内容与“契”的内容无多大区别,“契书”涉及田地买双方的关系与义务。“契书约”则似偏重“约”的一面,即双方的合约,共同遵守,履行承诺。另一方面,从“契书”“契书约”与“契约”,写法不同,含义大体相同。“契约”指双方或多方共同协议下订立的条款、文书;亦指由双方依法订立有关买、抵押、借贷、租赁、委托、承揽等事项的文书。“契约”更通行一些,在清水江流域的田地契约文书中极少出现。前述“契书”“契书约”文书在今锦屏县境,在清水江流域不具有普遍性的意义。

3. 标的物

1)说明标的物来历

作为标的物,来历清楚,是交易的起码要求和最基本条件。无此条件,双方不可能完成交易。标的物来历的表述方法有诸多种,如祖遗之产、先年得买、先父典与他人、与他人合买、转典转买等。一方面,有时为了说明出让人对标的物的所有权,出让人必须将产权凭证移交受让人,与所订立的契约一起属于受让人。对于已往交易过的标的物,文书中常称为“上手契”或“上手老契”,用“老契注明”或“随同老契”“其有老契,随即缴付”“老契一并付讫”或“随同老契付讫”等语加以说明。这是对标的物“身份”的验明正身。另一方面,受让人亦会放心,不会担心此后的产权纠纷。倘若老契已经佚失或者交易时无法找到,契约文书中则注明“其有老契未拔,日后查出系是故纸”。

也有直接将新订立的契约文书抄写在老契或上手契中,形成一个整体,一并交给受让人收执,既方便又实用,对于出让的标的物的来龙去脉而言可谓一目了然,还可以避免许多麻烦。这对于文书研究者来说更有价值,从中我们可以知晓田产的来历和产权转移的大概面貌。这种文书所载的标的物产权连续性,可以杜绝盗卖或者同一宗土地重复买卖,土地纠纷难以产生。在文书中常用“如有来历不清,卖主上前理落,不干买主之事”等语来强调标的物产权清晰。出让人向受让人保证无任何可以争夺所卖出的标的物。可见标的物来历是一个非常重要的事项。订立契约旨在保证了其合法性,所以标的物务必做到产权清晰无任何争端,这才能杜绝因产权不明而错卖土地所带来的纠纷。

2)说明标的物状态

田地契约通常标明田地面积、丘号、坐落、四至、记载粮赋与差役等。田地买卖以丘、块等为单位,有时附上产量(收禾多少边、收花多少运等);村民私下的土地典卖、土地拔换以及分家析产、土地和粮额的分割等等，依靠亲房、亲族、同族等亲缘关系，凭借苗族、侗族的习惯法，以及村民们普遍认同的诚信观念，都可以通过田地契约的这些标志展现出来。

标的物四至是一个非常重要的内容。清中叶以前的田地契约中，标的物的四至，有时书写，有时不书写，具有随意性，未形成固定内容。如《康熙三十五年二月十七日潘荣华、潘富华、潘凤华等人卖田契》，写作"又并土名元头路背田壹丘拾冲内壹丘，并下抵路，上抵圳脚"[①]，《康熙五十一年三月十五日潘成宇、潘仁明叔侄卖田契》中所卖的田，则未标明四至。[②]《乾隆七年十一月二十五日潘赞成典田契》所典卖之田亦未说明四至。[③] 嘉庆年间的卖田契，标明了四至。如《嘉庆七年三月十四日蒋兴何卖水田契》中，蒋与何所卖之田一丘，"计开四至，东坻（抵）当德油树为界，南坻（抵）蒋世已田坎上为界，西坻（抵）蒋尔魁田坎却（脚）为界，北坻（抵）墦提为界，四至分明，并不包卖别人寸土在内"。[④] 大体上，嘉庆以降的田地契约，一般都标明标的物四至，逐渐形成固定格式。

四至的书写方法有以下几种：

首先，直接写在契约正文中，置于标的物之后，用"上抵某某""下抵某某""左抵某某""右抵某某"，极少地使用"上止/扯""下止/扯""左止/扯""右止/扯"。如《光绪六年十一月九日伍荣光等卖田契》：

> 立卖田契人本寨伍荣光人等，今因要钱使用无从出处，自愿将到土名下木粟大小田三丘，收禾三十二遍（稨），上祇（抵）秀庆之田，下祇（抵）买手之田，佐（左）祇（抵）玉万之田，佑（右）祇（抵）大路为界，四至分明，先问房族，无钱承买。自己请中问到本寨杨宗佑承买为业，当日凭中义（仪）定价，钱捌阡（仟）捌伯（佰）灵（零）捌拾八文。其不亲主领足入主应用。其田交与买主耕管为业。［下略］[⑤]

---

①张新民主编：《天柱文书·第一辑：全22册》第4册，南京：江苏人民出版社，2014年，第109页。

②张新民主编：《天柱文书·第一辑：全22册》第4册，南京：江苏人民出版社，2014年，第115页。

③张新民主编：《天柱文书·第一辑：全22册》第4册，南京：江苏人民出版社，2014年，第120页。

④张新民主编：《天柱文书·第一辑：全22册》第6册，南京：江苏人民出版社，2014年，第2页。

⑤张新民主编：《天柱文书·第一辑：全22册》第2册，南京：江苏人民出版社，2014年，第7页。

这种形式注明标的物四至相对较多。有时插入“计开四抵”“计开四至”，如《光绪十年八月一日吴洪轩匀园圃契》：

立契匀园圃人吴洪轩，情因蒋昌有于芳田长垅坡裤裆丘起屋基址，向道不便。请中相匀，伊背后园圃壹坉之中壹截，计开四至：上坻（抵）匀主园脚埋岩为界，下坻（抵）昌有屋场，右坻（抵）依昌有兄弟新分屋基扯（址）上埋岩为界，左坻（抵）□现有坎岩为界，四至分明。［下略］①

在正文之后用“计开四抵”写出标的物四至，如《乾隆四十年十月二日罗绍中卖田契》：

立卖田契人罗绍中……立卖契存照。

计开四抵：上抵油树，下抵正冲水，左抵庵田，右抵坡，四抵分明，并不包卖寸土。［下略］②

其次，运用“外开四抵”格式，把标的物四至列出，置于正文后面。或用“其有界”把标的物四至置于人名与朝代时间之间，如《同治四年十一月六日刘彬草、刘彬盈卖园契》③，《同治十四年一月二十四日吴会正卖园地契》，且在场人全部画押：

立卖园地契人吴会正，今因家下要钱用度无从得处，将到自己分上土各（名）三湾脚园大小式团出卖，请中问吴会贤叔任名下承买为业。三面言定价钱肆佰壹拾文正。其钱亲领入手用度。其业任从买主耕官（管）为业，不得异言。今幸有凭，立此卖契为据。

外开四抵：上抵买主包（胞）兄园，下抵路，左抵会进园，右抵运均园，四抵分各（明），并无包卖他人寸土。

凭中 季宁开（押）
请笔 运光（押）
包（胞）兄 会启（押）
会进（押）

①张新民主编：《天柱文书·第一辑：全22册》第7册，南京：江苏人民出版社，2014年，第84页。

②张新民主编：《天柱文书·第一辑：全22册》第3册，南京：江苏人民出版社，2014年，第232页。

③张新民主编：《天柱文书·第一辑：全22册》第19册，南京：江苏人民出版社，2014年，第173页。

同治十四年正月廿四[日]　卖主　会正(押)　立[①]

再次,四至写在正文之前,与凭中、代笔并行。比如《光绪十二年五月六日刘永泽卖田契》:

四至分明:上至丙奎,下至几。

凭中　刘永乾
代笔　刘金堂

光绪十二年五月初六日(印)　立

立卖田契人刘永泽,今因家下要钱使用无从得处,白(自)愿将到名圭六中田弍丘出卖。问亲无从出处,亲(请)中上门问到刘永宽承买,当日三面议定价钱八百八十文整。其钱亲领入手。其田付与买主管为业。自卖之后,不得异言,恐口无凭,立有卖字存照。[②]

在民国的土地管业执照中,一般用东至、西至、南至、北至来表明所买卖的土地的四至。或者直接用东、南、西、北指出四至,具体到东有哪一丘田,写出其编号。比如:民国时期的鱼鳞册记载田地的四至,常把写作东西至、南北至,即东与西、南与北并列,再连接后面的具体地址,大体上是一种双行夹注的写法。现排序为东至、南至、西至、北至。比如《民国十六年一月订东清冲、是要冲、冲玩等六处循下三甲春花鱼鳞册》(贞)(3)有这样的写法"东清共田肆拾贰丘,由南首起,东至是要岭,南至龙时遇山,西至时串冲为界,北至春花路为界"。[③]

与清水江流域的土地契约文书不同。徽州土地契约文书中,对标的物的四至,称四至,描述简略,"其四至照依古迹麟(鳞)册管业""四至照依原形"等语。[④] 对于田土,标明字号,田租为多少秤或砠(一种计量单位,一砠大约 25 至 30 斤)佃人姓名等。由于租佃关系发达,租佃关系随着田土买卖而发生转移,契中载明。四至叙述简略的原因是徽州地区自从南宋开始丈量土地、编造鱼鳞图册,元代延续,明清时期更加完善,田土皆登记入册,买

①张新民主编:《天柱文书·第一辑:全 22 册》第 3 册,南京:江苏人民出版社,2014 年,第 249 页。

②张新民主编:《天柱文书·第一辑:全 22 册》第 19 册,南京:江苏人民出版社,2014 年,第 49 页。

③张新民主编:《天柱文书·第一辑:全 22 册》第 18 册,南京:江苏人民出版社,2014 年,第 68 页。

④黄山学院:《中国徽州文书·民国编》,北京:清华大学出版社,2010 年,第 36、49 页。

卖双方都清楚。

至于田土面积的表示法，南宋和元代的契约常使用亩、角、步，明代亦用；不过明清时期，丈量田土用亩、角、步、分、厘、毫等，赋税面积用亩、分、厘、毫等。比如《延祐二年祁门汪子先卖田山赤契》记载：

> 归仁都汪子先有田山壹段，坐落土名苦竹降，唐字一千四百四十九号，夏山弍亩，次不及田弍角令(零)陆步，其田山东止岭、分水直下止谢太年田[下略]①

对于买主，清水江文书一般写清楚买主的姓和名，徽州文书大多数情况写出姓名，如写作"立契出卖与本都本图许灶祥名下为业"，也有不写明买主姓名的情况，如写作"立契出卖与本族名下为业"，这里的"本族"并未指明姓名，或者提及一个姓，如写作"立契出卖与弍都叁图四甲鲍姓名下为业"，"鲍姓"是买主，其名字未标明，原因是土地买契掌握在买主手中，无须写出买主的名字，提及姓及可。② 清水江流域的土地契约，绝大多数写清了买主的姓和名，甚至还有写买主或卖主小名的情形。从文书承载的信息来看，清水江土地契约标明了买卖双方的真实姓名，信息完整，更具有价值。徽州契约中一般说明税粮是在哪一户里开始推收，便于赋税和粮额的推收过割。清水江流域的土地契约，一般只在涉及赋税的那宗土地，当其所有权发生转移时，原有载粮多少、税多少，就在所订立的土地契约文书中加以注明。如：《嘉庆七年三月十四日蒋兴何卖水田契》：

> 立契卖人田(田人)蒋兴何，今因家下要钱用度无从得处，自己父子兄弟商议，将到自己面分土名圳头冲水田壹丘，谷收捌箩，内载税壹分壹厘，要行出卖，无人承就。自己请中招到房兄蒋宗远五人兄弟近前承买为业。当日凭中叁面议定买价纹银玖柒色壹拾肆两肆钱整。[下略]③

又如《同治十一年二月二十日龙文炳、龙文吉卖田地契》将粮赋情况写在文书正文后面：

> 立卖田契地人皎环寨龙文炳、龙文吉，今因要钱使用无从得处，自

①王钰欣、周绍泉主编，中国社会科学院历史研究所收藏整理：《徽州千年契约文书：宋·元·明编》第一卷，石家庄：山花文艺出版社，1991年，第10页。

②黄山学院编：《中国徽州文书·民国编》，北京：清华大学出版社，2010年，第41、45、7页。

③张新民主编：《天柱文书·第一辑：全22册》第6册，南京：江苏人民出版社，2014年，第2页。

愿将到土名春花柒傳冲田乙丘，收禾八十六边，上抵元庆得田为界，下抵山清田，左抵伍家田，右抵本仁（人）田为界，自（四）至分明，要钱出卖。先问到亲房，无人承买。请中问到春花寨林山川、龙学寒、林喜乐三仁（人）承买，先钱（前）立典一十七两五，后来断契议定价钱一千五百文（整）。请其钱清（亲）领入手应用。其田交与买主耕管为业。自卖之后，不得异言。恐后无凭，立有卖契存照。

以（已）金（经）出粮八升九各（合）。

凭中　伍得魁
　　　林学贞
代笔
亲笔　龙文炳

同治十一年二月二十日　立①

4. 交易信息

1）标明土地卖价

通常一份田地契约文书只记载一宗土地交易的相关内容。清后期和民国年间皆有官版契纸，数量较少。也有特殊情况，即一张契纸记载几宗土地交易的内容，可能出于保存的需要，或者寻找纸张不便。当然，这其中还有把几张契纸粘贴在一起形成的一张契纸。我们把这种几份契约连在一起的字约称为连契。如《道光十九年十一月二十四日龙武珍卖田契（附：同治元年杨桢幹父子卖田契）》：

立卖田契人春花寨龙武珍，今因家下要钱使用无从得处，自愿将到土名东青盘坡田一丘弟（第）二十八丘方形七稨半，要钱出卖。请中上门问到老耒溪寨杨政理承买，当三面议定价钱六千弍百文。其钱亲领入手应用。其田交与杨姓耕管为业。自卖之后，不得异言。恐后无凭，立此卖契存照。

凭中　龙武聘
　　　林邦琼
代笔　龙武蛟

道光十九年十一月廿四日　立

同治元年三月来溪寨杨桢幹父子立卖此张田契。父卖与林山川五

①张新民主编：《天柱文书·第一辑：全22册》第18册，南京：江苏人民出版社，2014年，第24页。

千四百文。其钱领清。其田交与林山川耕管，不得异言。立有卖字存照。亲笔。①

再如《道光十五年十一月六日龙双兴父子卖田契（附：同治元年三月林邦琼买田字）》契于道光十五年十一月六日茅冲寨龙双兴父子卖田中禾一丘25边，价钱9两2钱；同治元年三月，东溪寨子杨桢幹将分与杨胜礼田股份卖与林邦琼，价钱1500文。在一张契纸后面书写转卖的内容。②

当然，受让人支付卖田的费用后，一般在契约中注明出让人已经领清。有时还另立领书。比如《宣统二年七月十二日王广林领田价钱字》：

立领田价钱人王广林，今因领到胞弟王广兴得买土名地坊□坡过路田壹连式丘伴（半），照契壹并领清，并不下[少]分文。今欲有凭，立领是实。

凭契中

［王］广林　亲笔

宣统式年七月十二日　立③

本契中，王广林领到所卖田价，不欠分文。不过，领字还包括借钱人还清债务后，钱主一时找不到借条，于是出具领到银（钱）的字据，避免经济纠纷的一种方式。如《宣统三年六月二十日龙作宾领银字据》：

立领银字人龙作宾，今因收领到平甫寨陈天元借我父亲兄弟六人众银二十两正。立有借字在我叔父荣富手执，以后借字执出以为故纸。今人不古，立有领字是实。

亲笔　立

宣统辛亥年六月廿日　立领④

买卖田地常用的通货有银两（九一色、九五色、纹银、共宝银、银锭）、银圆、铜币、铜圆钱、谷、米、钱、钞、洋、油等。除了金属作为等价物外，还用谷、米、油等充当通货。

---

①张新民主编：《天柱文书·第一辑：全22册》第18册，南京：江苏人民出版社，2014年，第10页。

②张新民主编：《天柱文书·第一辑：全22册》第18册，南京：江苏人民出版社，2014年，第8页。

③张新民主编：《天柱文书·第一辑：全22册》第3册，南京：江苏人民出版社，2014年，第20页。

④张新民主编：《天柱文书·第一辑：全22册》第16册，南京：江苏人民出版社，2014年，第232页。

清水江流域的村民,在土地买卖订立文书后,双方一手交钱,一手交货,钱物当场交清。土地契约文书中,常写作“其钱/银/谷亲领,入手应用,其田/土交与买主永远耕管”“其钱/银/谷卖主领清,并不下欠分文;其山场地土付与买主耕管,子孙永远为业”。只有极少数土地买卖文书之外,另写有收据文书。清水江土地契约文书,在订立时,买卖双方、中人一般情况均在场,钱物当场付清,文书中写得明晰,因而不需要出让人再写一份收清钱(或谷、米)的收据。这与清代江苏等地的习惯迥然不同。杨国桢指出,清代江苏的土地买卖,在写立卖契(正契)之外,在习惯上还须附加写立正价帖或田价帖,这是卖主收取价银后写给买主收执的收据。①

2)约定款项

田地契约涉及买卖双方约定的内容亦是格式中的重要一环。买卖双方约定内容方面,从清初到民国三十八年,变化较小。清初田地买卖双方约定涉及四个方面,一是银/钱由卖主亲自领到入手使用,标的物付与买主永远耕种管业,即一手交足钱,一手交土地;二是以后二家不得翻悔;三是所卖的园地,若有房亲言论,在于卖主上前理落,与买主无关;四是“今欲有凭,立卖契存照”,即卖契作为土地所有权转移的凭据,具有法定效力。典卖土契中双方约定包括钱契两交、利息支付、典期、回赎时间、立典契作为凭据等,与断卖土契稍有区别。

道光时期双方约定的第一条有的作“其银卖主领讫”;第二条写作“自今以后,不得异言”或“(二比情愿),自卖之后,不得翻悔异言”;第三条写作“恐口无凭,立卖契永远存照”。文字上增加“永远”二字。咸丰同治年间,“卖主不得异言”后,有“外不书立领字”。光绪宣统年间,第一条后面有时增加“收花为业”“照契管业”;第二条有时加“并不下欠分文”;第四条表明立契目的在于杜绝不守信用,写作“今人不古,立有卖字为据”或“立卖契是实”。

民国年间卖土地契约中,四条约定演变成三条,省略了第二条“以后二家不得翻悔”,另三条内容大体相同,仍强调几点:钱、银、光洋、洋、谷、米等交易介质和契约即日双方当面交清,不下欠分文/仙角;标的物产权明晰,“并不包卖他人寸土在内”,若来历不清,他人论长道短,概由卖主负责;恐/空口无凭,立有卖契一纸为据或存照。所卖的土地有时约定“立契阴阳两卖”,即可以修房造屋,亦可作阴地使用。还约定路的走向、同行以及吃水共河等,如《民国二十年十月十五日刘修煌卖场屋墦地契》写作“自卖字(之)

①杨国桢:《明清土地契约文书研究》,北京:人民出版社,1988年,第237页。

后,骨(过)路同行,吃水共河"。[①] 同样,民国年间的活卖土契约与断卖土契约在约定方面仍有区别。如"其洋即日领清,无欠分文,领不另立。自典之后,任从钱主限管壹拾伍年,式比不异言。今欲有凭,立典字为据"[②]。"其洋即日领足,并无下欠分文,外无领字。自典之后,任从典主限管壹拾伍年,洋到抽字,二比不得异言。恐口无凭,立典字为据。"[③]其主要体现在利息支付、典期、回赎时间和立典契等。关于园地中路的走向约定,有的契约用外批方式注明,如《光绪三十一年四月二十三日龙相求卖园场地契》所载:"外批:进园场走路,荣贵园场中间老路以进。"[④]

5. 批语

1)内添、内涂与内删

内添亦是清水江流域土地契约格式中之一。当然,并非所有的文书皆使用此款。这个内容主要针对文书正文中写错字、写少或多,属于文字书写方面产生的错、脱、落、衍,文书写手在检查全文书,进行校正之后做出的一条注明。如果文书书写完善,就没有必要用此格式。它属于一种非常规格式。文书一般写作"内添几字""内涂几字""内改几字""内删几字""内加几字"等。《光绪二十三年八月二十六日林永福卖田契》所示:

> 立卖田契字人林永福,今因缺少钱用无所出处,自愿将到土名高酿隆寨路坎脚第乙千四百四十四丘圆形,上禾伍拾稨零乙籽,又第乙千五百零乙丘茶船形,上禾贰拾捌稨。请中上门问到本房林喜云父子承买,当面言定田价钱壹拾捌千壹百捌拾文整。其钱亲手领足应用。其田卖与买主耕管为业。自卖之后,不得异言。恐后无凭,立有卖字存照。
>
> 内添乙字。
>
> 亲房 林永杰
>
> 代笔 林再传

①张新民主编:《天柱文书·第一辑:全22册》第9册,南京:江苏人民出版社,2014年,第8页。

②张新民主编:《天柱文书·第一辑:全22册》第9册,南京:江苏人民出版社2014年版,第114页。

③张新民主编:《天柱文书·第一辑:全22册》第9册,南京:江苏人民出版社2014年版,第113页。

④张新民主编:《天柱文书·第一辑:全22册》第16册,南京:江苏人民出版社2014年版,第229页。

光绪二十三年八月二十六日　立①

原契文中"内添"栏目放在文书正文完毕之后的空白处，低3至4格，字体小于正文。"内添"有时变成"内改"，说明添了多少字或哪个字，改了多少字。比如《道光八年十二月十一日龙文焕、龙文礼、龙文河父子等卖田契》说明改了一个字：

立卖田契人上花寨龙文焕、文礼、文河、文海、文邦，父子要银使用，无从得处，自愿将到土名庙王第七十七丘半环形上田三丘，收禾拾捌边，先问房族，无人承买。请中问到春花寨林邦琼承买，当日议定价银贰拾两叁钱肆分。其银卖主亲领入手应用。其田付与买主耕管为业。自卖之后，不得异言。今欲有凭，立此卖契存照为据。

亲笔　龙武备

凭中　龙兴兴 馥

武积

内改一字。

道光八年十二月十一日　立(印)②

有的写作"外添拾叁字"③。《光绪三十年三月八日王昌年、王昌喜典田契》写作"内川肆字"④。

2)外批

外批对于文书未载明的事项，采用外批加以专门说明。外批可以看作清水江流域土地契约格式的一个重要内容，一般言简意赅，补充说明文书正文不便书写的内容。通常涉及银钱的重量、银钱的类别、付款/息方式、原契的载粮变化、土地数量变更、交付钱粮的期限、参与分割土地财产的股份等等。

从文书的法律效力上说，外批栏目涉及具体事项，十分重要，是土地契约

①张新民主编：《天柱文书·第一辑：全22册》第18册，南京：江苏人民出版社，2014年，第44页。

②张新民主编：《天柱文书·第一辑：全22册》第18册，南京：江苏人民出版社，2014年，第3页。

③张新民主编：《天柱文书·第一辑：全22册》第3册，南京：江苏人民出版社，2014年，第243页。

④张新民主编：《天柱文书·第一辑：全22册》第3册，南京：江苏人民出版社，2014年，第18页。

双方必须实际履行的条款，因此，清水江流域的土地契约，举凡涉及正文无法书明的事务或约定，皆在此栏目中书写清楚，契约双方责权明晰，为以后双方兑现约定的重要依据。例如《咸丰八年五月二十八日吴运槐卖田契》：

立卖田契人吴运槐，今因家下要钱使用无处[得]，将到自己分上土名割腾冲田壹丘，计谷弍箩半，载税三石，请中出卖与堂叔绍诚名下承买。三面言定价钱壹仟捌伯(佰)廿文。其钱运槐亲领入手用度。其田任绍成叔耕管为业。如有房亲人等言论，在卖主理洛(落)，不干买主之事。恐口无凭，立此卖契为据。

内改八字。

外开四抵：上抵卖主田，下抵买主田，左抵坡，右抵坡，四低(抵)分明，并无包卖。

其价随契领足，领不另书。

凭中　吴运早(押)

吴运槐　亲笔(押)

咸丰八年五月廿八日　立

永　远　耕　管①

这里的“其价随契领足，领不另书”属于批语，即令未用“外批”二字。

《光绪八年三月二十二日刘启瑞卖田契》中的“外批四至：上抵刘作浩田，下抵刘承模田，右抵波(坡)，左抵路”②。

这份文书中，外批原文中的第二行、第三行内容是后来交付款项时补写的。代还账务的人必须在文书上签名，并书明所还的款项时间、数量、期限等。说明土地契约文书的外批内容，并非订立契约时就能一步完成。这是逐步书写上去的，即分步完成。这些例子足以说明外批的重要价值，亦是土地契约文书长期保存的必要性之所在。比如说，批条说明老契情况，并存或者遗失，以后寻找出来系故纸而不发生任何效力。老契亦称为上手契、记载土地此前买卖情况的文契。比如该流域王文顺所卖土地的契约中说明老契的情况，称“老契并存”③。

值得一提的是，外批有时用于注明水源与水沟涉及灌溉，抽水用的水车，出行的道路、标的物的份额等。还有大段的文字说明，我们都可以把这

①张新民主编：《天柱文书·第一辑：全22册》第3册，南京：江苏人民出版社，2014年，第241页。
②张新民主编：《天柱文书·第一辑：全22册》第21册，南京：江苏人民出版社，2014年，第99页。
③张新民主编：《天柱文书·第一辑：全22册》第18册，南京：江苏人民出版社，2014年，第65页。

些看作是外批。

6. 证人与书写人

列出中人与书写人是一个重要的内容。代笔人，一称代笔，指代写契约之人。唐代称为倩书人、倩人；宋、元、明、清和民国时期，则称为写契人、书契人、代书人、代字人、代笔人和代笔等。① 中人的作用在于交易前协助出让人找到买方（受让人），交易时平衡双方当事人的利益，议定价格，使双方达成价格上的共识，并作为标的物和价款转移的见证人署名于文书末尾，若日后有争端，还要负责调解纠纷。中人在田地交易中扮演着重要的角色，作用不可低估。

一般说来，当事人（出让人）支付给中间人一定的报酬（谷或物），所给酬金多少，一般不注明。个别文书加以说明。这种费用称作"谢中""吃中"，酬谢费大致是交易价格的 1%—3%。有时文书注明价钱多少"扣水"，"扣水"也指谢中费。经过"吃中"之后，买卖正式成交，若将来有一方翻悔，除契约作为凭证外，参加"吃中"的人都有作证的义务。有的文书写作"酒后花字"或"酒席画字"。② 此笔费用，江苏省清代的土地买卖文书称之为"引领费"。③

乾隆年间卖田契，其中凭中等参与分钱，例子如下：《1-3-1-005　姜彩臣断卖田约（乾隆三一十年正月二十五日）》：

> 立断卖田约人本寨姜彩臣，为因家下缺少用无从得出，自己情愿将田一丘，坐落地眼高白，凭中出断卖与本寨姜坐张名下承断为业。当日凭中议定价纹银四两五钱整，亲手领回应用。其田自卖之后，恁从买主下田耕种，日后不得异言。如有异言，俱在卖主向前理洛（落），不干买主之事。一卖一了，父断子休。今恐仁信难凭，立此断约存照。
>
> 立断卖田约人　姜彩臣（押）
>
> 凭中　姜起龙　捆银四分（押）
>
> 代书杨起才　银四分
>
> 乾隆叁拾一年正月贰拾伍日　立断④

---

①张传玺：《契约史买地券研究》，北京：中华书局，2008 年，第 79—80 页。

②张新民主编：《天柱文书・第一辑：全 22 册》第 7 册，南京：江苏人民出版社，2014 年，第 130 页。

③杨国桢：《明清土地契约文书研究》，北京：人民出版社，1988 年，第 238 页。

④张应强、王宗勋主编：《清水江文书・第一辑》第 7 册，桂林：广西师范大学出版社，2007 年，影印本，第5 页。

本契中,标的物为四两五钱的卖价,凭中姜起龙"捆银四分",即分到四分银的报酬。

清水江流域的田地契约中,中人又称凭中、度中、凭、元中。有时中人和书写人是同一人,则称为凭笔。若文书由卖主书写,文书中有"亲笔"标明,以示区别。若没有中间人,当事人就与卖方协商妥当,则田地文书中通常写作"自己亲自问到某地某某人"。文书的写手在文书中一般写作代笔、笔、代书等,有时谦虚地写作讨笔、请笔。

7. 落款

明清时期的田地契约在落款处,一般写出皇帝庙号、朝代干支年对应的名称、农历的月日等内容。此栏在清咸丰以前,基本上略高于正文一格书写;咸丰以后直到民国末年,落款的时间基本与正文平行;民国年间的田地契约,直接写明民国某年某月某日。

可以把田地类土地契约文书的书写格式归纳如下:

立卖田字/契字人×××,情因/为因×××,自愿将到×××,坐落×××,×××丘,四抵/四至/×××四至分明/分清。今凭中出卖与×××为业。当日/当面凭中(×××面/方)议定卖价钱/银/谷×××。自卖之后,听从/听凭/任凭×××,卖方不得异言翻悔。今恐无凭/今恐人心不古/今欲有凭,立此×××存照/为据。

外批/内添/又批:×××　除××。载粮/载税×××

×××[半书]

凭亲族　×××

中人　×××

笔(人)　×××

××　××年(岁次)××月××日　立

如果是双方互换/兑换的田地契约,一般写作"立兑换田字人某某某",交代所兑换田的丘数、面积(如计谷三挑)、四至、来历等,然后说明与谁兑换、兑换物,比如兑换屋地基。写清双方约定,如"任凭永远耕种管业"或"收花管业",其兑换物"二比不得翻悔异言"。结尾句子大体为"今欲有凭,立有兑换字发达,永远为据"①。最后落款,写清凭中、书写人、立契年月日。这种兑换田契约,亦称"相换田契约""掉换田字约",如《5-1-3-089　彭普云弟兄立相换田字约(民国十八年五月初十日)》,开头即用"立相换田字约

①张应强、王宗勋主编:《清水江文书·第二辑》第5册,桂林:广西师范大学出版社,2009年,影印本,第88页。

人某某某”，写清所换物的坐落、四至以及用物，如用地基所换的田及其坐落、面积、四至，特别是双方约定，其田付与事主永远管业，其地付任凭某某（出田人）永远住坐，强调不得翻悔异言。格式上，还有半书，如“合同换字二纸各执一纸”。① 亦有外批。其余栏目与前述相同。还有一种断换字约，其中比兑换字约多一个栏目，即被换方补给一定数量的银/钱给事主，类别为“立断换字人”②。这类田地契约有时开头写作“立拨换字约人某某”，如《民国三十六年九月十二日龙天寿与龙光棚、龙大福叔侄拨换田产字》的正文写作“立拨换田产字人龙大寿”，将田一丘换与老屋基一幅，标明地基四至，并描述地基“正式五尺横四丈二尺”，“立有拨换纸（字）为据”。③

这类田契约格式大体如下：

立兑换田字人×××，为因×××，自愿将×××坐落×××计谷/约谷×××，上抵×××，下抵×××，左抵×××，右抵×××，请中问到×××名下自愿承换为业×××其田付与×××，存有换字，不得翻悔异言。倘有不清，本名（立兑换字人）主向前理落，不关×××之事。恐后无凭，立有换字永远发达，存照为据。

内添：×××

外批：×××

立有换字发达存照［半书］

凭中　×××

代笔　×××

××　××年××月××日　　立兑换字

张传玺归纳田宅买卖契约涉及的八个方面的内容，即买卖时间、业主姓名、标的、银/钱主姓名、契价与交割、业主担保事项、业主署名或划/画押、中保人署名画押等④，若有这些内容写清水江流域田地契约相比较，清水江流域的田地契约格式中，几乎都涵盖这些栏目，不过弱化了业主/事主署名或画押一栏，而代笔人则是必须书立的，是被强化的一栏。

（三）田地契约演进趋势

本章关于田地契约的格式，整体而言，田地契约自明代至民国末年，呈

①张应强、王宗勋主编：《清水江文书·第二辑》第5册，桂林：广西师范大学出版社，2009年，影印本，第89页。以及109页的“掉换田字”、221/241/242页的“兑换田字”。

②张应强、王宗勋主编：《清水江文书·第二辑》第5册，桂林：广西师范大学出版社，2009年，影印本，第177页。

③张新民主编：《天柱文书·第一辑：全22册》第21册，南京：江苏人民出版社，2014年，第9页。

④张传玺：《契约史买地契研究》，北京：中华书局，2008年，第63页。

现由繁到简的大趋势。田地契约的核心信息：当事人、标的物、原因、数量、卖价、双方约定、外批、中人、书写人、证人、立契时间等是必须记载的环节，保持不变。语言风格，由古朴、典雅朝着大众化的语言发展。强调双方诚信、不得翻悔、不许违背约定则始终是田地契约的重要格式。

1. 明至清初的古典与契式

清初的田契保留了明代契约的基本格式，即卖田人、书写人、中人在立契时间的后面。但在正文后，增加了分银一栏。有关田地契约文书记载内容翔实，文字干净，颇具法律文书的风格；事主双方在中人的见证下订立契约，双方的约定中，强调不得翻悔，涉及土地卖出后产生的纠纷，由卖主承担，与买主不相干。契约文书落款书明卖主、引进中人、代笔人、朝代名、年月日。

从格式上看，康熙时期的卖土契约，正文采用平齐式，中人、卖主等人名低于正文两格书写，朝代及其年月日高于正文书写。康熙年间，田契中的凭中、买主、代笔等栏，换到了立契年月的前面；不过，在年月后面，仍保留“天理仁心”“永远耕管”等约束性语言。如《康熙三十三年二月二十七日潘庚保兄弟二人卖田契》：

立卖田契人潘庚保、晚叁二人兄第(弟)，今因家下要银度日无从得处，兄弟夫妻议订，情愿将到自己分上祖业水田……三面议定田价足色纹银柒两整。其银潘庚保、晚叁人亲领用度，不欠分厘。其田付与潘岩明永远管业，在后再无异言憣悔。如有悔者，罚契内一半。一卖一了，二买二休。如有房亲兄第(弟)言论，酒食昼字□□不明，在与卖主向前理落，不干得业人之事。之上凭清(青)天，下凭地福。今不古，立此卖田契存照。

凭中	月明(押) 潘俸举(押)	二人共一钱
	潘佰爷 潘成□	壹钱半(押)
卖主	潘庚保纹银伍分(押)	
	潘晚叁纹银伍分(押)	
	潘丑保纹银八分(押)	
	潘岩三纹银八分(押)	
代笔		刘国成(押)

康熙叁拾叁年甲戌岁二月廿七日　　立

天理仁心　信行①

《康熙三十五年二月十七日潘荣华、潘富华、潘凤华等人卖田契》：

立卖田契人潘荣华、潘富华、潘凤华、金华、贵华，今因家下要钱使用无从得处，兄弟商议，情愿将到自己祖产，土名马路上下二处，共计田陆丘正，计禾肆拾边正……当日三面议作卖价纹银壹拾贰两零贰钱整。……立此卖契为照。

君华（押）

富华（押）

立卖田契人　潘荣华（押）

凤华（押）

桂华（押）

引进中人　潘斗明（押）柒分

康熙叁拾伍年丙子岁贰月拾柒日　　立

代笔书人　潘显华（押）

天理人心　　永远管耕②

2. 乾嘉时期的契约格式日益简化

乾隆年间的田地契约，内容与康熙时期同，首先写明卖某种土、事主姓名，接着描写出卖原因，然后写所卖的标的物“欲行出卖，无人承就”，与康熙时的“欲行出卖，四方招主”相比，意思更直白，这仍属于“先尽亲房、后尽地邻”的习惯表达。在无人承就的前提下，事主再请中人找买家，三方面商卖价，成交后，当面交清银钱，事主收到钱后，把标的物交给买方。双方约定，所卖的土地由买方子孙永远耕种管业，卖方不得翻悔，“一卖一了，父买子休”。用钱买土地是一种交易，关键在中人的见证下，保障交易永远生效的约定。乾隆、嘉庆时期的土地契约文意上显得简洁，不及康熙时的古朴风格。如《乾隆二十四年一月二十五日潘德成卖墦冲契》：

立卖墦冲人潘德成，今家下要银用度无从得处，自[己]分上祖业，情愿将到土名到冲墦一个，欲行出卖，无人承就。请中在内问到□族潘进林一面承买，凭中议定卖价纹银贰两柒钱整。其银潘德成亲领入手用度。其墦冲潘进林子孙永远耕管为业，后来不得房亲言论。如有一人

①张新民主编：《天柱文书·第一辑：全22册》第4册，南京：江苏人民出版社，2014年，第108页。
②张新民主编：《天柱文书·第一辑：全22册》第4册，南京：江苏人民出版社，2014年，第109页。

言论，在与卖主立(理)落，不干买主之事。一卖一了，父买子休。今幸有凭，立此卖契存照。

内天(添)一字。

卖主 德成

凭中 赞成

潘中成

乾隆贰拾四年正月廿五日 立卖契①

朝代及其年月日高于正文书写的格式在乾隆时期仍然存在。乾隆以降，田地契逐渐向简略化发展。其原因是随着改土归流之完成，区域的流官设置开始发挥作用，清政府的统治趋于稳定，该流域的社会经济缓慢地发展，村民走上生活正轨，土地买卖频繁起来。交易的增多，促使土地买卖的契约在格式方面稍作变化。当然，具体何时作何种改变，需要进一步考证。这时期的田地买卖契约，如《乾隆七年十一月二十五日潘赞成典契》：

立典典(田)契人潘赞成，今因家下要银使用无从得处，父子兄弟商议，情愿将到水田土名下元田，大小陆丘，计禾贰拾伍稨，欲行出典，无人承就，自己请中□内问到龙□□名下承典，凭中议定典价纹银拾捌两整。其银赞成亲领入手用度。其田祖成耕种收花为利，在后备得原价上门赎取，不得短□分厘。今人不古，立此典契存照。

计呈息□□伍钱，九柒色，□□□伍钱，足色息。

亲笔

凭 潘 连成
贵成

每年帮纳秋良(粮)伍分

乾隆柒年十一月廿五日 立典契②

再如《乾隆二十年三月[初]三日潘穗成卖田契》：

立卖田契人潘穗成，今因家下帖小财礼银无从得处，自己商议，将到马路冲田、四不等形下田壹丘，计禾贰拾三边，载粮一升三合七勺四抄(抄)〇七主(圭)四立(粒)二粟八黍。……凭中议定卖价纹银贰

①张新民主编：《天柱文书·第一辑：全22册》第4册，南京：江苏人民出版社，2014年，第126页。

②张新民主编：《天柱文书·第一辑：全22册》第4册，南京：江苏人民出版社，2014年，第120页。

拾柒两整……今幸有凭，立此卖契存照。

代笔 潘赞成（押）
凭中 潘尔科（押）
卖主 潘德成（押）

乾隆二十年三月初三日 立契①

又如《乾隆四十六年一月二日伍光能卖田约》，契文末保留仍用“立卖”二字。

立卖田人伍光能，今因家下要银使用无从得处，自己将到先年得买伍贵伯名下土名美果冲田半丘，收禾拾玖稨，载粮照册当约，三面议作田价纹银柒两叁钱整。其银亲领入手应用。其田付与买主伍贵章子孙永远耕管为业，自今向后不得异言。今恐无凭，立此卖约永远存照。

凭中 伍贵伯
代笔 伍如林（押）

乾隆四十六年正月初二日（印） 立卖②

乾隆、嘉庆时期的田地契约格式，基本上固定下来，即正文、代笔、凭中、立契年月等；原契文中落款处，除了外批低二格书写，另有凭中、代书人低半行字书写，朝代年月日后接着书写卖主，卖主的左右两行书儿子名字，在场人多数情况画押。

又如《嘉庆七年三月十四日蒋兴何卖田契》：

立契卖人田（田人）蒋兴何，今因家下要钱用度无从得处，自己父子兄弟商议，将到自己面分土名圳头冲水田壹丘，收谷捌箩，内载税壹分壹厘，要行出卖，无人承就。自己请中招到房兄蒋宗远五人兄弟近前承买为业。当日凭中叁面议定买价纹银玖柒色壹拾肆两肆钱整。其银卖主亲领入手用度。买主子孙耕管为业。计开四至，东坻（抵）富德油树为界，南坻（抵）蒋世已田坎上为界，西坻（抵）蒋尔魁田坎却（脚）为界，北坻（抵）墦提为界，四至分明，并不包卖别人寸土在内。卖主不得异

①张新民主编：《天柱文书·第一辑：全22册》第4册，南京：江苏人民出版社，2014年，第123页。

②张新民主编：《天柱文书·第一辑：全22册》第12册，南京：江苏人民出版社，2014年，第96页。

言，买主子孙永远耕管为业。立卖契一纸存照。

卖主 蒋兴何(押)

凭中族 蒋通兰(押)

此契卖与景良太梅笔批 龙交(押)

宗仁(押)

代笔 宗位(押)

嘉庆柒年三月十四日 立契

永远耕管①

嘉庆年间的契约偶尔有契约的立契年月后，书写“永远耕管”“长发其祥”一类的约束语，这种情况持续到道光年间。

3. 道光时间契约格式过渡与定型

道光年间的田地契约总的来看比前代简略如《道光二年四月十一日林文举卖田地字》：

立卖田地字人林文举，今因家下要钱使用无所出处，自愿将到土名团脚田一丘，东抵林邦琼田，南抵杨开仁(田)，西抵杨开禄田，北抵杨开后田。四至分明，要钱出卖。请中问到本房林武刚名下承买，当面议定钱价三千四百文正。其钱亲手岭(领)应用。其田付与买主为业。恐口无凭，立有卖字为据。

亲笔

凭中 林文学

道光二年四月十一日 契②

但仍然有前代在契末写上约束语或祝福语的习惯，如《道光十八年四月十四日蒋昌应卖田契》：

立契卖田人蒋昌应，先年得买蒋政池田土名下黄连冲水田壹涧，收谷伍斗，载税弍厘伍毛(毫)，要行出卖。请中招到房叔蒋政万三人兄弟承买，凭中三面义(议)作卖价钱壹仟九百文整。钱主其田子孙耕管，卖主其钱亲领入手用度。即日钱契两交。今欲有凭，立卖存照。

卖主 蒋昌应(押)

代笔 蒋和万(押)

凭中 蒋和□(押)

---

①张新民主编：《天柱文书·第一辑：全22册》第6册，南京：江苏人民出版社，2014年，第2页。

②张新民主编：《天柱文书·第一辑：全22册》第18册，南京：江苏人民出版社，2014年，第2页。

道光拾捌年四月十四日　立

永远耕管①

从原文格式上看，道光时期的田地契约，正文采用平齐式，中人、卖主等人名低于正文一半以上书写，朝代及其年月日高于正文一字书写。咸丰、同治和光绪年间的卖田契约，内容与格式与道光年间相同，朝代年月日一栏，高于正文一字书写。宣统年间的田地契约格式上，主要区别是朝代一栏，并不一定高于正文，这种书写格式上的变化，体现了皇权观念在村民心中日益淡化，清朝统治者的势力在该流域有弱化的趋势。

此时期亦有卖田契中附有后来再次转卖该宗田地的情况。相当于一份契约中记载了田地的产权变更情况。当然，这种一纸两契或多契的情形并不多见，如《道光十五年十一月六日龙双兴父子卖田契(附：同治元年三月林邦琼卖田字)》所示：

立卖田契人等冲寨龙双兴父子，今因家下要银用度，自愿将到土名上法冲口弟(第)二十丘鱼翅形中禾一丘，贰拾伍稨，请中问到春花寨林邦琼、来溪杨□理二人承买，当日凭中议定价银玖两弌钱正。其银卖主领清。其田任从买主耕管，永远为业。自卖之后，不得异言。恐口无凭，立有卖字一纸存照。

凭中　龙文典 甫□

道光十五年十一月初六日　立契

同治元年三月来溪寨子杨桢干先年父与林邦琼二人共买之田二股，今分□杨胜礼股要钱使用，转卖与林邦琼手耕管，当面议定价钱壹千五百文正。其钱领清。其田概交与林□□耕管为业，不得异言。恐后无凭，立有卖字是实。

□笔□②

道光年间的田契基本达到简明、准确，如《道光三十年五月二十五日龙武丰兄弟二人卖田契》：

---

①张新民主编：《天柱文书 · 第一辑：全 22 册》第 7 册，南京：江苏人民出版社，2014 年，第 192 页。

②张新民主编：《天柱文书 · 第一辑：全 22 册》第 18 册，南京：江苏人民出版社，2014 年，第 8 页。

立卖田契人本寨龙武丰兄弟二人,今家下要钱使用无从得处,自愿将到东青屋却(脚)田一丘二股均分,武丰一股出卖与本寨舅爷林邦琼承买,当日凭中议定价钱一股一千七百文。其钱入手应用。其田交与买主永远为业。自卖之后,不得异言。恐后无凭,立此卖契存照。

凭中代笔　武蛟

道光三十年五月廿五日　立①

4. 咸丰至民国时期定型与发展

田地契的基本格式自道光时期固定下来以后,直到民国时期,基本没有变化。只是凭中、代笔、凭族、画押等栏目中,大体简化为凭中和代笔两栏。如《咸丰元年十二月二十日吴运富卖田契》:

立卖田契人吴运富,今因家下要钱用度无处,将到己分上土名崩塘栗木山脚运丰母田坎脚茅镰丘水田大小六丘,计谷十六箩,载税陆分,请中卖与堂叔绍成名下承买为业,三面议定价典钱式拾壹千式百文正。其钱当凭概领,不另书领。其田任买主永远耕管为业。内开四抵,上抵杨氏并运丰田,下抵绍美并灿兴田,左抵运耕田,右抵粲兴田,四抵分明,并无包卖。如有人等言论,在卖主理落承当,不干买主之事。今幸有凭,立此卖契为据。

其税在文清户内除出,拨入运柏户内过割承当,并不漏落丝毫。不另书除,所除是实。

房亲　吴运丰(押)
耕(押)

凭中　吴增熙(押)
绍兰(押)

咸丰元年十二月二十日　卖主运富亲笔(押)　立②

又如《咸丰十一年三月十一日龙攸淮、龙友瑞父子卖田契》:

立卖田契人皎环寨龙攸淮、友瑞,今因家下要钱使用无从得处,自愿将到土名老礼盘田二丘,收禾二十四边,要钱出卖。请中上门问到春花寨林邦琼承买,当日三面议定价钱一十四千四百文。其钱领清。其田卖与买主耕管为业,不得异言。若有异言,在卖主理落,不干买主之

①张新民主编:《天柱文书·第一辑:全22册》第18册,南京:江苏人民出版社,2014年,第13页。
②张新民主编:《天柱文书·第一辑:全22册》第3册,南京:江苏人民出版社,2014年,第240页。

事。人心不古，立有卖字为据。

凭忠　龙忠保

子　笔　龙友瑞

咸丰拾一年三月十一日　立①

同治年间田契简明，如《同治元年某月二日龙秀启、龙秀宽、龙应璧等卖田契》：

立卖田契人勒洞寨龙秀启、秀宽、应璧、秀川、德安五公之田，今因要钱使用无所出处，自愿将到土名冲免田一丘出卖。先问亲房无人承买，请中问到攸洞伍子熙承买。当日凭中议定卖钱二千四百文整。其田交与买主永远为业。自卖之后，永不思归。恐后无凭，立有卖契是实。

凭中　龙秀聪

亲笔　龙秀川

同治一年□月初二□②

再如《同治十一年三月十七日胡述宗卖田契》：

立卖田契人攸洞寒（寨）胡述宗，今因家下要钱使用无得处，自愿将到土名冲论田贰丘，收花三十稨，要钱出卖。先问房族无人承买，请中问到本寒（寨）伍光祖兄第（弟）承买。当日凭中议定田价钱式千八百文整。其钱卖主清（亲）领。自卖之后，不得异言。恐口无凭，立有卖契为据。

凭中　杨召发

同治十一年三月十七日　述宗清（亲）笔立契③

值得注意的是，咸丰年间"永远耕管"这类发誓般的语句仍然存在，写在立契年月的后一行，另起一行，字与字之间分开较远。如《咸丰十一年三月二十四日吴运槐卖田契》：

立卖田契人吴运槐，今因家下要钱使用无处，将到自己分上土名割藤冲水田大小六丘，计谷十式罗（箩），载税式分正，请中卖与堂叔绍诚名下承买。三面言定价钱柒仟陆伯（佰）文正。其钱运槐亲领入手用度。其田任从买主耕管为业。如有房亲人等言论，在卖主一面承当，不

①张新民主编：《天柱文书・第一辑：全22册》第18册，南京：江苏人民出版社，2014年，第22页。

②张新民主编：《天柱文书・第一辑：全22册》第12册，南京：江苏人民出版社，2014年，第97页。

③张新民主编：《天柱文书・第一辑：全22册》第12册，南京：江苏人民出版社，2014年，第102页。

干买主之事。内开四抵，上抵买主油树，下抵买田，左右抵坡，四抵分明，并无包卖他人寸土。今幸有凭，立此卖契为据。

其价随契领足，领不另书。

凭中　吴绍兰
　　　　开仁
　　　　富
　　　　耕
房亲　吴运丰
　　　　读

咸丰十一年三月廿四日　买主亲笔　立

永　远　耕　管①

光绪年间的田地契约，可以看出与道光时期基本相同。我们举出几例加以说明，如《光绪四年三月十六日龙运旺卖田契》：

立卖田契人求富村龙运旺，今因家下要钱使用无从得处，自愿将到土名求方冲田叁丘，收花肆拾边，上抵见海田，下抵秀发田，左抵学本田，右抵沟，四至分明，要钱出卖。先问亲房，无钱承买。请中问到地良龙耀堂名下承买，当日凭中言定价钱肆千陆百六拾文整。其钱亲主领足入手应用。其田卖与买主耕管为业。自卖之后，不得异言。恐口无凭，立有卖字为据。

内添四字。

凭中
代笔　龙祖元

光绪肆年叁月十六日　立字②

园地和土类皆列入田地类。为此其格式不再单独列出，如《光绪十一年十一月二十日汤开甲卖园契》：

立卖园契人地良寨汤开甲，今因要钱使用无所出处，自愿将到土名灯冲路边园地团，上抵买□园，下抵卖□园，左抵路，右抵坎，四至分明，

①张新民主编：《天柱文书·第一辑：全22册》第3册，南京：江苏人民出版社，2014年，第242页。

②张新民主编：《天柱文书·第一辑：全22册》第14册，南京：江苏人民出版社，2014年，第154页。

要钱出卖。先问亲房，无钱承买。请中问到本寨龙建祥、儒兴二人明（名）下承买，当日凭中言定价钱捌伯（佰）〇八文整。其钱新主领足入手应用。其园地卖与买主耕管为业。自卖之后，不得异言。恐口无凭，立有卖字为据。

凭中　汤玖功

亲笔　汤开旺

光绪十一年十一月廿日　立①

再如《光绪二十年七月二十九日龙建荣、龙建祥兄弟二人卖田契》：

立卖田契人龙建荣、龙建祥兄第（弟）二人，今因要钱使用无从得处，自愿将到土明（名）老提溪边田二丘，收花十边，二股均分，出卖乙股。上抵中，下抵溪，左右抵路，四至分明，要钱出卖。请中问到亲房龙儒兴名下承买，当日凭中言定价钱乙千二百文整。其钱亲主领足入手应用。其田卖与买主耕管为业。自卖之后，不得异言。恐口无凭，立有卖字为据。

凭中
代笔　龙祖元

光绪廿年七月廿九日　立字②

上例与《光绪三十四年十二月二十六日龙清荣卖田契》的格式无区别：

立卖田契人地良寨龙清荣，今因要钱使用无所出处，自愿将到土名岑凸小沖田大小六丘，收花三十边，上下抵庙上田，左右抵山，四至分明，要钱出卖。请中问到本房龙儒兴、龙现湖二人承买，当日凭言定价钱二千〇八十文正。其钱亲手领足入手应用。其田卖与主耕管为业。自卖之后，不得异言。恐口无凭，立有卖字为据。

凭中　龙清明
代笔　龙文昌

光绪三十四年十二月廿六日　立③

---

①张新民主编：《天柱文书 · 第一辑：全 22 册》第 14 册，南京：江苏人民出版社，2014 年，第 159 页。

②张新民主编：《天柱文书 · 第一辑：全 22 册》第 14 册，南京：江苏人民出版社，2014 年，第 162 页。

③张新民主编：《天柱文书 · 第一辑：全 22 册》第 14 册，南京：江苏人民出版社，2014 年，第 183 页。

宣统王朝仅存三年，田地契约文书无多大变化，略举二例说明，如《宣统元年十二月十五日龙喜焕卖田契》：

立卖田契字人龙喜焕，今因家下要钱使用无出处，自愿将土名兰却(脚)田一丘，上抵山，下抵喜恩，左右抵山，四至分明。自己请冲(中)门问到弟龙喜魁名下承买。当日议定价钱乙仟八文正。其钱交清，田与买主为业。自之后不得异言。恐口无凭，立有卖字为据。

内添一字。

凭冲(中) 龙喜恒

亲笔

宣统一年十二月十五日 立卖①

再如《宣统三年六月十三日龙喜恒与龙喜魁换田字》列出“凭中亲房”，加强作证力度：

立换字人龙喜恒，今将更对田乙丘，收花十八边，自己承愿换到喜魁杨山坝大田六股均分，直换一股。二比承愿所换，若后不得言。恐后无凭，立有换字为据。

外批：价钱三仟文正。

代笔 龙元芳

喜德

凭中亲房 泽

叔伯东昇

宣统三年前六月十三日 立②

民国元年的田契，顶格书写，落款用“大汉元年”或“大汉民国”或“民国”纪年，如《民国元年五月二十五日伍永德卖田契》：

立卖田契字人伍永德，今因要钱取用无所出处，自愿将到土名亚慕田大小弍丘，收花十二边，上抵杨姓田，下抵卖主田，左抵沟，右溪盘沟；田一丘，收花一边，上抵卖主田，左右抵沟，四至分明，共记(计)田弍丘，要钱出卖。问到本房华胜名下承买。当日凭中言定价钱拾壹千弍百八

①张新民主编：《天柱文书·第一辑：全22册》第14册，南京：江苏人民出版社，2014年，第5页。

②张新民主编：《天柱文书·第一辑：全22册》第14册，南京：江苏人民出版社，2014年，第7页。

十文整。其田付与买主耕管为业。其钱付与卖手应用。恐口无凭，立有卖字为据。添五字。

凭中　伍华能
　　　　永兴
笔　　华榜

大汉元年五月廿五日　立卖①

民国年间仍然使用“一卖一休”的习惯用语，强调“两家情相意愿，并无压逼笼落（络）等情”②。这种约定在民国中期极少见，如《民国十四年十月二十四日龙大标卖田契》：

立卖田契字人龙大标，今因家下要钱使用无所出处，自愿将到岑三田壹丘出卖，收禾壹拾捌边，上抵路，下抵伍姓田，左龙大珠田，右抵山，四至分明。请中问到亲房龙大河承买。言定价钱壹佰壹拾五仟八佰文正。其钱领足。其田付与买主耕官（管）为业。自卖之后，不得异言。恐后无凭，立有卖字是实。

添一字。

凭中　龙大海
代笔　龙大珠

乙丑年十月二十四日　立③

民国中后期，如《民国二十六年四月二日刘东（永）定卖田契》：

立卖田契字人刘永定，今因家下要钱使用无所出处，自愿将到毫老冲却（脚）田壹丘，收谷六桃，上抵买主田，下抵买主田，左抵刘根深山，右抵伍绍银山，四至分明。请中上门问到高冲村龙大福名下承买。当日言定价大洋柒圆八角正。其洋卖主分文领清。其田卖与买主耕管为业。自卖之后，不得异言。恐口无凭，立此卖字为据是实。

凭冲（中）　刘宗泗
亲笔　刘永定

①张新民主编：《天柱文书·第一辑：全22册》第12册，南京：江苏人民出版社，2014年，第121页。

②张新民主编：《天柱文书·第一辑：全22册》第9册，南京：江苏人民出版社，2014年，第47—48页。

③张新民主编：《天柱文书·第一辑：全22册》第12册，南京：江苏人民出版社，2014年，第174页。

民国二十六年四月初二日　立字①

民国末年，如《民国三十六年四月十五日龙大运卖田契》：

立卖田契字人硝洞村龙大运，今因家下要洋使用无所出处，自愿将到土名栗树坝田壹丘出卖。上抵龙凤章田，下抵龙武才田，左抵龙凤锦田，右抵杨胜甲田，四至分明，要洋出卖。请中上门问到高冲村本房堂兄龙大福承买，当面凭中议定价洋壹拾壹万捌仟元正。其洋亲手领清。其田交与买主永远耕种管业。自卖之后，不得异言。恐口无凭，立有卖字为据存照。

凭中　刘根深

伐(代)笔　龙大凡

民国叁拾六年四月十伍日(印)　立字②

《民国三十八年六月十六日龙连魁、龙连斌兄弟卖田契(附：民国三十八年七月十三日龙连魁全领伍绍全田价字)》：

立卖田契字人龙连魁、龙连斌兄弟，今因家下要洋用度无所出处，自愿将到土名攸洞坝上田壹丘，上抵胡启富，下抵卖主，左抵伍华芹，右抵胡启堂田为界，四至分明，要洋出卖。请中上门问到本寨伍绍全名下承买。当日凭中言定价洋壹拾壹元弍角正。其田付与买主耕管为业。自卖之后，不得异言。恐口无凭，立有□

今领到

伍绍全田价洋壹拾壹元正。此据。

卅八、古七、十三、

龙连魁　条③

中华民国卅八年古六月十六日　立

清水江流域的明后期至民国(1586—1949)360余年的田契朝着语言简明、内容完整、格式固定、约束力强的趋势演变。卖田地契约的其他内容，民国时期与清代大体相同。不同之处在于，立契时间一栏，写作中华民国或民国某年某月某日立，书写时多数情况与正文平齐，甚至有低于正文两格书写的情形，如《民国二十四年七月十六日刘启玉卖土字》中，标的物为土四坪，

①张新民主编：《天柱文书·第一辑：全22册》第12册，南京：江苏人民出版社，2014年，第175页。
②张新民主编：《天柱文书·第一辑：全22册》第12册，南京：江苏人民出版社，2014年，第177页。
③张新民主编：《天柱文书·第一辑：全22册》第12册，南京：江苏人民出版社，2014年，第93页。

卖价长沙票39.88元①,其中"民国"时间一栏原契中低于正文两格。② 由此可见,文书格式随着朝代更替而发生变化,其演变的总趋势是规范和简洁,省去烦琐的规矩。

又,民国时期断卖田地契约一般写明事主、断卖原因、标的物地名、四至、请中人、买方、卖价及通货、双方约定、外批、内添、落款和时间。文书中常用"此批""批明""外批"等方式,对文书前文所陈述内容的进一步明确和补充。这种方式使文书内容陈述更显得严谨和有序,行文更为正式而不随便。在活卖土契约中,外批通常说明活卖期限多少年、对日赎回、或不拘远近即不限定时间回赎土地等相关内容。

民国时期田地买卖契约也有把政府的管理凭单粘贴在契纸后,这是村民自己粘贴的,便于保存。比如:《民国二十五年一月二十八日杨承喜卖田地契(附:民国二十五年十月二十六日杨再德新买田契)》:

立卖田地契人杨承喜,今因家下要银使用无从得处,父子商议,情愿将到面分之业土名漫湖陇三间田壹丘,计谷拾陆箩正,载税五分六厘正,内开四抵,上抵杨求喜油山嶝,下抵塘坎上众田,左抵杨清棠田,右抵杨火喜田,今有水路依把栗塝过塖上,下过太凄田坎上杨火喜田水灌养,四抵分明。要行出卖,无人承受。请中上门问到房叔杨再德名下承买。当日凭中言定卖价光洋肆拾柒元八角正。其光洋即日凭中亲手领足,并不下欠分文。其田卖与再德子孙永远耕管为业。若有房族人等言论,酒席画字包纳一并在内,卖主一面承当,不关买主之事,日后不得异言阻当(挡)。今欲有凭,立卖契字为据。

凭中 杨金发(押)

中华民国二十五年正月二十八日 请笔 蒋自清(押) 立③

二、田地卖价

土地成为一种商品之后,在不同的地方、不同的时段,会出现参差不齐的价格。边疆、内地、沿海等不同地域,价格差异极大。同一地域,亦有肥沃贫瘠的区别,水田、旱田、山地、林地、川地、平地、滩地等亦各不相同。人口

①全书"元""圆"同,契文原文及正文中根据习惯用法使用,不作统一处理。

②张新民主编:《天柱文书·第一辑:全22册》第19册,南京:江苏人民出版社,2014年,第65页。

③张新民主编:《天柱文书·第一辑:全22册》第3册,南京:江苏人民出版社,2014年,第57页。

密度、丰歉年份、有无自然和人为灾害等都影响着地价的浮动。因此,清水江流域的土地价格,文书中记载的数据极不整齐,这是我们研究时应当认识的。从另一方面说,既然土地在封建时代作为一种商品,它就必然要和其他商品一样,具有商品的属性,体现商品的使用价值和价值的统一。于是,一定时期内的土地价格,自然而然地与其所处时代的生产力发展水平具有一定的内在联系。当我们排除土地买卖中特殊的或个别的因素外,我们可以得到各个时期与其生产力发展状况相应的一般状况的土地价格。这正是本研究中,对各时期的土地价格作测算的理论根据。在此基础上,我们通过大量的运算和估算,终于得到了该流域大体上的,或者说一般意义上的土地价格。

当然,不同地域的土地价格与清水江流域进行比较,是十分有必要的,且是非常有意义的事情。不过这种比较,可以看出土地价格的千差万别,让人瞠目结舌,不可思议。事实上,只要买卖双方当事人能够接受,不管出于何种原因,过高或过低的土地价格并未否定土地作为商品的本质。由此,我们勾勒出来的土地价格,它反映出一种土地价格变化的大体趋势,这种趋势也许与货币的价值有相当的关联。

中国封建社会经济的发展变化中,土地所有权可以发生买卖和转移,宋代开始出现较频繁的买卖,明清以后,订立契约买卖成为主流,这与西方和日本不同,显示了自身的特点,即中国地主制经济,西欧则是领主制经济。"中国地主则不然,土地可以买卖,地权分配状况变动无常……中国地主制经济不是严格等级所有制,从而反映出土地制度的灵活性。"①自宋代允许土地自由买卖以来,清水江流域土地买卖逐渐活跃起来,由此形成了土地契约文书。但纸质契约文书难以长期保存,目前所见,文书的订立时间始于明代后期,且明代的数量极少。究竟有多少宗土地买卖,我们无法估量。不论直接抑或间接的材料,要推算出确切的土地价格是非常困难的。何况有些文书或其他材料本身就是一个具有争议的问题。由此,我们从公开出版的文书中,归纳出土地价格,是有益的,但不是绝对的。它仅是一个参数,显示了土地价格的大致范围。要知道,该流域各时段的土地价格的精确数是一个理想值。这个参数与理想值存在一定的距离,然而它具有极其重要的意义,为我们揭示了一般意义上的地价,有利于我们认识土地这个特殊商品在该流域经济社会发展中的积极意义;还

---

①李文治:《李文治集》,北京:中国社会科学出版社,2000 年,第 118—119 页。

可与其他地域的地价进行对比，同中观异，异中观同，归纳出该流域土地买卖价格变化的一般规律。

从文书所显示，清水江流域的土地买卖在明代已经形成一定的规模，但明代的土地买卖契约现存者极少，只能略举数例。本章拟从两个方面探讨土地价格，一是田价格，二是地价格，就是契约文书中涉及卖土、土、园地、地等属于耕地的契约。但这二类未用亩或丈等计量单位表示，只用表示概数的团、块、幅、段等计量，因而在研究时，只能得出平均每宗的买卖价格，却无法折算成每亩单价。这只能从侧面补充土地价格。为此，本章与其他地域进行比较时，主要运用田价作为参照物。在此予以说明。

田地是土地中最重要的一类。田价是一个十分复杂的问题，不但涉及水田、旱田，还有等则之分，加上各地的田的面积表示不同，时代不同，亦有区别。这为研究带来极大困难。具体的处理方法是，力图从土地契约文书中，选择记载有田地卖价和面积的契约文书进行讨论，不严格区别等则和水旱等；统一把买卖价格折算成银两，作宏观的、粗线条的描述，力图揭示清水江流域土地买卖的总趋势和大体规律。

（一）田价

贵州省的田地，主要分为官田和民田。本书所讨论的田，主要是民田。田地的计量单位较多。以贵州为例，务川县用“幅”，广顺（今属长顺）用份、丘、幅，岑巩用丘、块、幅、股，铜仁用丘、型等。另有的地方，用种、边、田产出谷物的挑数、石数计算，这种单位多用于计量赋税。贵州境内的亩的大小各异。如贵定县有大亩、小亩之分。修文县以一百挑为二亩二分，镇远县的一亩，合二十石、三十石或四十石不等。

清水江流域的田契多数用丘、块、股作为计量单位，这样的面积记载，虽有卖价，不能转换成亩价，只能反映每宗田交易的价额和数量，无法计算每亩的卖价，于是在研究中，未将这类田契的卖价列入。当然，作为卖价总量时，讨论每宗交易时，这类田契是有用的，本书亦有所体现。本书所选择的计算价格的田契，是运用了边（稨、遍、扁）、运、挑、箩、斗、石、升、合、秤、劳、卡等面积单位和卖价的田契，我们进行换算，统一用文/亩、两/亩等单位表示田价。①

---

①贵州省文史研究馆编：《民国贵州文献大系》第二辑（下册）《贵州田赋研究》，贵阳：贵州人民出版社，2011年，第1页。由历代政府管理的田称官田，常见的有屯田、营田、藉田、祭田、学田、义学田、书院田、逆绝田、宾兴田、官庄等。

为了求得单位面积的田价,采用了下列换算方法:1 运与 1 挑、2 箩相当,合 6 边,合 0.167 亩。1 箩合 3 边。① 1 石折合 10.14 边,1 石折合 10 斗。1 担折合 2.704 把,1 亩折合 9.6 把。1 边折合 4 籽。1 石折合 0.282 市亩。1 把折合 10 手、3.75 边。1 手折合 0.375 边。1 秤折合 4 边。1 卡(𥞊/𥝱)折合 0.5 边。一劳/耪折合 10 边。田的面积计量单位是一个复杂的问题,各时期的田价平均数由卖价的总和除以总面积而得,总价用银两作为单位,总面积用边作为单位,折换成亩,形成每亩单价。

1. 明清时期的田价

根据银钱比价和文书涉及朝代,我们将民国前的清水江流域的土地买卖分为十二个时期:万历(1573—1620)、顺治(1644—1661)、康熙(1662—1722)、雍正(1723—1735)、乾隆(1736—1795)、嘉庆(1796—1820)、道光元年至十九年(1821—1839)、道光二十年至三十年(1840—1850)、咸丰(1851—1861)、同治(1862—1874)、光绪(1875—1908)和宣统(1909—1911)。

通过对比相关资料,我们采用的银钱比价为:顺治元年至嘉庆十二年(1644—1807)1:800②,嘉庆十三年至道光十五年(1808—1835)1:1200;道光十六年至十七年(1836—1837)1:1300;道光十八年(1838)1:1600,道光二十三年(1843)1:1666;道光二十四年至咸丰八年(1844—1858)1:2000;咸丰九年至宣统三年(1859—1911)按 1:1500 折算;谷 150 斤/两。③ 以下分期进行描述。

---

①2015 年 9 月 27 日咨询天柱县瓮洞镇村支书蒋启金,他证实说,一运就是一挑。

②彭信威:《中国货币史》,上海:上海人民出版社,1958 年;严中平等:《中国近代经济史统计资料选辑》(第一种),北京:科学出版社,1955 年。

③杨瑞六先生认为,清代银钱比值可分为三个时期。第一个时期,顺治元年至嘉庆十二年(1644—1807)的 164 年时间,银贱钱贵时期,银钱比价基本保持一两纹银兑换制钱 1000 文左右;第二个时期,从嘉庆十三到咸丰六年(1808—1856)的 49 年间,是银价涨幅较大的时期,银钱比价从 1200 多文涨到 2300 文;第三个时期,从咸丰七年到宣统三年(1857—1911)的 55 年时间,银价回落,钱价一定程度上涨,银钱比价从 2100 文回落到 1500 余文。参见杨瑞六编著:《清代货币金融史稿》,武汉:武汉大学出版社,2007 年,第 179—212 页。该书 174—175 页记载的道光年及咸丰初年的银钱比价如下:

年代	银钱比价	《清代货币金融史稿》辑录的原始资料
道光十六年(1836)	1:1300—1400	太常寺少卿许乃济奏折
道光十八年(1838)	1:1600	鸿胪寺卿黄爵滋奏折
道光二十三年(1843)	1:1666	《近代史资料》第 2 卷第 43 页
道光二十四年(1844)	1:2000	《石渠余记》第 5 卷
咸丰二年(1852)	1:2000	《显志堂集》、冯桂芬《用钱不废银议》

1)各时期的田价

万历年间(1573—1620),清水江流域的田价为每边0.26两,合每亩9.36两;顺治年间(1644—1661)为每边0.5两,合每亩18两。康熙年间(1662—1722)每边0.225两,合每亩8.11两。雍正年间(1723—1735)每边0.28两,合每亩10.08两。乾隆年间(1736—1795)清水江流域的平均田价为0.428两/边,折合为342文/边;按亩计算则为15.4两/亩,合12312文/亩。湖北天门的田价,在康熙年间为1.23两/亩,雍正年间为4.42两/亩,乾隆年间为10.55两/亩。[①] 清水江流域的田价比湖北同期田价略高。

嘉庆年间(1796—1820)的田价平均为0.666两/边,合532文/边,若按亩计算,合23.98两/亩,19152文/亩。道光元年至十九年(1821—1839)之间,清水江流域的田价为0.532两/边;合638文/边;折合为19.14两/亩,22968文/亩。同一时期,河北省的土地价格约为每亩49156文。[②] 比较而言,比清水江流域高114%。道光二十至三十年(1840—1850)的田价为0.241两/边;合482文/边;折合为8.68两/亩,17352文/亩。同一时期,河北省的土地价格约为每亩50486文。[③] 比较而言,比清水江流域高191%。

咸丰年间(1851—1861)的田价为0.193两/边;合386文/边;折合为6.95两/亩,13896文/亩。同一时期,河北省的土地价格约为每亩78682文。[④] 比较而言,比清水江流域高466%。同治年间(1862—1874)的田价为0.126两/边;合189文/边;折合为4.52两/亩,6804文/亩。同一时期,河北省的土地价格约为每亩13.524两。[⑤] 比较而言,比清水江流域高199%。

光绪年间(1875—1908)的田价为0.193两/边;合290文/边;折合为

①张建民主编,唐刚卯副主编:《湖北天门熊氏契约文书》(上、下),武汉:湖北人民出版社,2014年。根据第3—19页资料整理得到。

②戴建兵等:《河北近代土地契约研究》,北京:中国农业出版社,2010年,根据第217—227页地契资料整理而得。

③戴建兵等:《河北近代土地契约研究》,北京:中国农业出版社,2010年,根据第227—233页地契资料整理而得。

④戴建兵等:《河北近代土地契约研究》,北京:中国农业出版社,2010年,根据第233—235页地契资料整理而得。

⑤戴建兵等:《河北近代土地契约研究》,北京:中国农业出版社,2010年,根据第163—165页地契资料整理而得。

6.91 两/亩,10365 文/亩。同一时期,河北省的土地价格约为每亩 6890 文。[①] 比较而言,反而比清水江流域低 34%。宣统年间(1909—1911)的田价为 0.238 两/边;合 357 文/边;折合为 8.57 两/亩,12852 文/亩。同一时期,河北省的土地价格约为每亩 9651 文。[②] 比较而言,比清水江流域低 25%,见表 1-1。

表 1-1　明清时期清水江流域田价统计表　　观察契约文书份数:978

时期	单价(两/边)	单价(两/亩)
万历年间(1573—1620)	0.26	9.36
顺治年间(1644—1661)	0.5	18.00
康熙年间(1662—1722)	0.225	8.11
雍正年间(1723—1735)	0.28	10.08
乾隆年间(1736—1795)	0.428	15.4
嘉庆年间(1796—1820)	0.666	23.98
道光元年至十九年(1821—1839)	0.532	19.14
道光二十年至三十年(1840—1850)	0.241	8.68
咸丰年间(1851—1861)	0.193	6.95
同治年间(1862—1874)	0.126	4.52
光绪年间(1875—1908)	0.192	6.91
宣统年间(1909—1911)	0.238	8.57
平均	0.249	8.98

资料来源:张应强、王宗勋主编:《清水江文书》(第一至三辑),桂林:广西师范大学出版社,影印本,2007/2009/2011 年。陈金全、杜万华主编:《贵州文斗寨苗族契约法律文书汇编——姜元泽家藏契约文书》,北京:人民出版社,2008 年。高聪、谭洪沛主编:《贵州清水江流域明清土司契约文书·九南篇》,北京:民族出版社,2013 年。高聪、谭洪沛主编,贵州民族文化宫编:《贵州清水江流域明清土司契约文书·亮寨篇》,北京:民族出版社,2014 年。张新民主编:《天柱文书·第一辑:全22 册》,南京:江苏人民出版社,2014 年。王宗勋考释:《加池四合院文书考释》(卷一至四),贵阳:贵州民族出版社,2015 年。安尊华、潘志成校释:《土地契约文书校释》(卷一、卷二),贵阳:贵州民族出版社,2016 年。

从清水江流域的田价,我们得知,同一时期,地价增长的幅度不成比例。

①戴建兵等:《河北近代土地契约研究》,北京:中国农业出版社,2010 年,根据第 165—176 页地契资料整理而得。

②戴建兵等:《河北近代土地契约研究》,北京:中国农业出版社,2010 年,第 176—178 页地契资料整理。

如道光元年至十九年,田价每亩 19. 14 两,到道光二十年至三十年间,田价为每亩 8. 68 两。土地价格上升和下降的原因十分复杂。比如,道光二十年以后的田价,逐渐下降到每亩 8. 68 两,其中的一个原因与当时清政府在鸦片战争中失败,割地赔款的大政治背景有关系。区域性的经济受到国家大政治的影响。清水江流域亦不例外。表现在田价上,是其价格递降。还有其他原因。如地主对土地的需求程度,这可以影响土地的供求关系。土地市场上的供求关系直接影响土地价格的高低。

咸同年间的田价进一步下降,其中原因在于,清代中叶境内民族矛盾激化、农民起义爆发。清水江流域是农民起义的活动区域,频繁的战事,干扰了农民的平静生活,人们购置土地的热情下降,从而导致地价下跌。东南部的地价下跌原因,是受到太平天国起义的影响,比如安徽等东部地区此时期土地价格出现下跌趋势。同治年间,清水江流域的田价下降到最低值,每亩 4. 52 两。光绪朝逐渐稳定上升,到清末维持在每亩 8 两左右,见表 1-1。

一般而言,承平时期,人口会增长,米价出现变化,土地市场出现人人争相购买土地的局面。但,若认为每个朝代在开始和覆亡时期,土地价格会偏低,而在中期则有偏高的情况,从而形成"两头低,中间高"的规律性循环往复地进行,这种假设是不成立的。事实上,这是不成为规律的。清水江流域清代各时期的田价变化就提供了一个有力的反证。土地价格的变化,主要取决于区域性的土地市场和经济基础。

《辞海》解释地价时指出,地价的大少,取决于地租的大少和利息率的高低。这种解释主要针对资本主义土地价格而言,而对于半殖民地半封建社会的旧中国,此论断缺乏说服力。关于中国封建制度下的土地价格,有几种观点,一是认为"地价的高低主要取决于地租多少",这是根据资本主义制度的地租理论所作的判定。二是认为封建社会的土地价格"本身就渗透着政治特权的因素",中国封建制度时期的土地价格主要取决于"土地丰度和政治因素"。① 我们认为,这两种认识有其成立的条件。清水江流域的田价变化,却不符合这两种情况。明清清水江流域的田价变化情况所揭示的规律是土地价格主要受经济的影响,土地丰度和政治背景是重要原因,而不是决定因素。

根据表 1-1"明清时期清水江流域田价统计表"制成明清清水江流域田

---

①李振宏:《两汉地价初探》,《中国史研究》1981 年第 2 期,第 47 页。

价变化图，如图 1-1 所示：

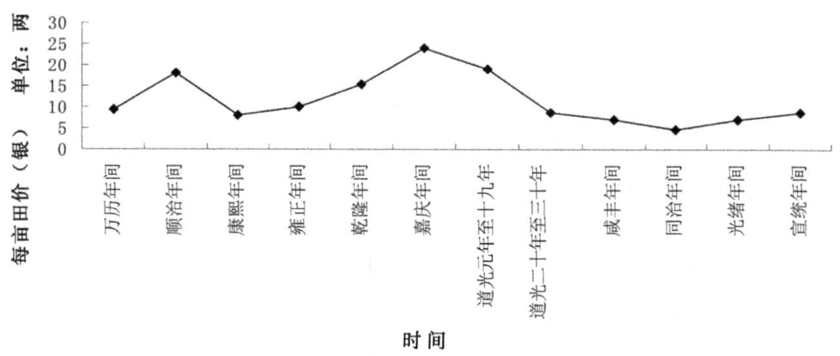

图 1-1　明清时期清水江流域田价图

从明万历年间到清宣统时期，清水江流域田价变化总趋势是由低到高，再由高到低，逐渐稳定在一定的范围。明万历年间，田价每亩 9.36 两。清顺治年间田价每亩 18 两，康熙年间每亩 8 两左右，经雍正年间略上涨，到乾隆年间上升到每亩 15.4 两，以后继续上升，到嘉庆年间达到峰值，每亩 23.99 两，然后开始慢慢下降，到道光元年至十九年期间变为每亩 19.14 两，以后逐渐下降，到道光二十年至三十年期间，跌到每亩 8.68 两，此后继续下降，咸丰年间为每亩 6.95 两，到同治年间降到最低值，每亩 4.52 两，光绪年间田价又缓缓上升，达到每亩 6.89 两，到清末，每亩 8.57 两。从道光二十年间至清末，每亩田价皆未超过 10 两。换言之，从道光二十年至清末的七十多年间，该流域的田价较低，且大致稳定。①

另一方面，从顺治元年至嘉庆十二年（1644—1807）的 164 年里，清水江流域的田价在此期间每边单价较高，与当时银贱钱贵、银钱比价有很大的关系；从嘉庆十三到咸丰六年（1808—1856）的 49 年间，银价涨幅较大，反映在田价上，则是每边的单价呈现较迅速的递降；从咸丰七年银价开始回落，达到每两折 1500 文，以后直至清末，银钱比价维持在每两 1500 文左右。从光绪元年起，银钱比价开始回落，大约为 1∶1760 回到 1∶1604，光绪十年为 1634；光绪十一年到二十年，保持在 1∶1500 左右；光绪二十二年为 1∶1364；光绪三十一年为 1∶1089；光绪三十二年起到宣统年间为 1∶1400。从银钱比价来看，银钱比值变化引起田价的涨跌变化。

当然，清水江流域田价的变化还与近代中国的鸦片战争等国际国内形

---

①明万历十年呈报贵州省田亩原额为 7525 顷，失额 517 顷，丈量之后得到总数为 9119 顷。赵冈、陈钟毅：《中国土地制度史》，北京：新星出版社，2006 年，第 93 页。

势有关,与咸丰、同治年间的贵州苗民起义有关,战争因素和国际国内的政治经济环境无不影响该流域的田价。但,该图显示了清代该流域田价变化的一般规律,即二涨二跌趋向平稳。田地作为特殊的商品,有着自身变化的规律,始终围绕着每边 0.249 两、每亩 9 两左右的单价波动,见图 1-1。

2)田价比较

我们把清水江流域的明清时期的田价与徽州休宁的地价作比较,发现大体相近。

明代休宁的田价:成化十二年(1476),每亩 31 两;弘治五年(1492),每亩 63.86 两;正德五年(1510),每亩 93.88 两;嘉靖五年(1526),每亩 37.96 两;嘉靖三十一年(1552),每亩 51.32 两;康熙至咸丰年间,族内每亩 16.43 两,族外每亩 13.71 两。[①] 与清水清流域田价比,参见表 1-2。

表 1-2 清水江流域与徽州休宁田价比统计表　　单位:两/亩

时间	清水江流域	徽州休宁[②]
万历年间(1573—1620)	9.36	9.22
天启年间(1621—1627)		12.54
崇祯年间(1628—1644)		10.31
顺治年间(1644—1661)	18.00	12.17
康熙年间(1662—1722)	8.11	7.96
雍正年间(1723—1735)	10.08	13.18
乾隆年间(1736—1795)	15.4	23.15
嘉庆年间(1796—1820)	23.98	20.92
道光元年至十九年(1821—1839)	19.14	20.17
道光二十年至三十年(1840—1850)	8.68	9.07
咸丰年间(1851—1861)	6.95	10.75
同治年间(1862—1874)	4.52	5.21
光绪年间(1875—1908)	6.91	6.24

①彭超:《明清时期徽州地区的土地价格与地租》,《中国社会经济史研究》1988 年第 2 期,第 58 页。

②彭超:《明清时期徽州地区的土地价格与地租》,《中国社会经济史研究》1988 年第 2 期,第 60—61 页。根据此资料进行整理。

续表

时间	清水江流域	徽州休宁
宣统年间(1909—1911)	8.57	
平均	8.98	12.38

资料来源：张应强、王宗勋主编：《清水江文书》(第一至三辑)，桂林：广西师范大学出版社，影印本，2007/2,009/2011 年。陈金全、杜万华主编：《贵州文斗寨苗族契约法律文书汇编——姜元泽家藏契约文书》，北京：人民出版社，2008 年。高聪、谭洪沛主编：《贵州清水江流域明清土司契约文书·九南篇》，北京：民族出版社，2013 年。高聪、谭洪沛主编，贵州民族文化宫编：《贵州清水江流域明清土司契约文书·亮寨篇》，北京：民族出版社，2014 年。张新民主编：《天柱文书·第一辑：全 22 册》，南京：江苏人民出版社，2014 年。王宗勋考释：《加池四合院文书考释》(卷一至四)，贵阳：贵州民族出版社，2015 年。安尊华、潘志成校释：《土地契约文书校释》(卷一、卷二)，贵阳：贵州民族出版社，2016 年。

从明万历年间到清宣统时期，清水江流域田价变化总趋势是由低到高，再由高到低，逐渐稳定在一定的范围。明万历年间，田价每亩 9.36 两。清顺治年间田价每亩 18 两，康熙年间每亩 8 两左右，经雍正年间略上涨，到乾隆年间上升到每亩 15.4 两，以后继续上升，到嘉庆年间达到峰值，每亩 23.98 两，然后开始慢慢下降，到道光元年至十九年期间变为每亩 19.14 两，以后逐渐下降，到道光二十年至三十年期间，又跌至每亩 8.68 两。此后继续下降，咸丰年间为每亩 6.95 两，到同治年间降到最低值，每亩 4.52 两。光绪年间田价缓缓上升，达到每亩 6.91 两，到清末，每亩为 8.57 两。从道光年间至清末，每亩田价皆未超过 10 两。换言之，从道光二十年至清末的 70 年，该流域的田价较低，且大致稳定。

相对而言，四川省新都县的田价较高，且整体呈上升趋势，亩价为：嘉庆年间(1796—1820)46.8 两、道光元年至十九年(1821—1839)29.34 两、道光二十年至三十年(1840—1850)28.18 两、咸丰年间(1851—1861)28.88 两、同治年间(1862—1874)43.38 两、光绪年间(1875—1908)51.07 两、宣统年间(1909—1911)68.36 两。①

此期间，徽州休宁的田价变化与清水江流域很相似。休宁的田价，明万历年间每亩 9.22 两，天启年间略有上升，达到每亩 12.54 两，崇祯年间略下

①根据熊敬笃编纂：《清代地契史料：嘉庆至宣统)》，四川省新都县档案馆，1986 年，第 143—154 页资料整理。

降为每亩 10. 31 两,到清顺治年间,变为每亩 12. 17 两。然后下降到康熙年间的每亩 7. 96 两。经雍正年间上升到每亩 13. 18 两,此后继续上升,到乾隆年间达到峰值,每亩 23. 15 两,然后略降到每亩 20 两左右,经嘉庆、道光十九年前,都一直保持在每亩 20 两左右。道光二十年至三十年,下降到每亩 9. 07 两,咸丰年间略上升,每亩 10. 75 两。光绪年间,田价回升,变为每亩 6. 24 两。

相同点:清顺治到康熙年间,清水江流域和休宁的田价皆呈现下降趋势。而且每亩的田价大体相当。道光元年至十九年,清水江流域与休宁的田价都在每亩 20 两左右。道光二十年开始下降,每亩都陡降 50%左右。同治年间的田价,都是最低值。清水江流域为每亩 4. 52 两,休宁每亩 5. 21 两。而且,两地区的每亩田价很接近,每亩 6 两余,不足 7 两。

整体而论,清水江流域和休宁的田价,从明万历年间到清宣统时期,变化的趋势惊人地相似。我们大致可以说,不同地域的田价,揭示了历史运动变化的共同规律,田地买卖作为一种经济活动,与其他经济活动一起,构成经济运动,成为推动区域历史发展的原动力。

我们再把清水江流域的田价与徽州地区的田价进行比较,时间为 1641 至 1900 年,均按 10 年为时段比较,详见表 1-3。

表 1-3　1641—1900 年清水江流域与徽州地区田价比较　单位:两/亩

时间(年)	清水江流域	徽州地区①
1641—1650	18	
1651—1660		
1661—1670		7. 37
1671—1680		5. 60
1681—1690		5. 63
1691—1700	7. 63	6. 80
1701—1710		7. 10
1711—1720	11. 09	8. 01
1721—1730		8. 04
1731—1740	12. 96	7. 90
1741—1750	25. 92	8. 68
1751—1760	28. 55	12. 66

①徽州地区的田价,引自赵冈:《永佃制下的田皮价格》,《中国农史》2005 年第 3 期,第45 页。

续表

时间(年)	清水江流域	徽州地区
1761—1770	25.85	17.26
1771—1780	15.88	17.30
1780—1790	13.10	17.46
1791—1800	8.75	16.35
1801—1810	26.21	17.72
1811—1820	30.42	19.69
1821—1830	23.94	21.16
1831—1840	13.54	22.54
1841—1850	8.53	16.10
1851—1860	7.16	12.34
1861—1870	4.25	4.93
1871—1880	5.76	10.63
1881—1890	4.86	11.95
1891—1900	7.96	14.73
平均	15.02	12.42

资料来源:张应强、王宗勋主编:《清水江文书》(第一至三辑),桂林:广西师范大学出版社,2007/2009/2011 年,影印本。陈金全、杜万华主编:《贵州文斗寨苗族契约法律文书汇编——姜元泽家藏契约文书》,北京:人民出版社,2008 年。高聪、谭洪沛主编:《贵州清水江流域明清土司契约文书·九南篇》,北京:民族出版社,2013 年。高聪、谭洪沛主编,贵州民族文化宫编:《贵州清水江流域明清土司契约文书·亮寨篇》,北京:民族出版社,2014 年。张新民主编:《天柱文书·第一辑:全 22 册》,南京:江苏人民出版社,2014 年。王宗勋考释:《加池四合院文书考释》(卷一至四),贵阳:贵州民族出版社,2015 年。安尊华、潘志成校释:《土地契约文书校释》(卷一、卷二),贵阳:贵州民族出版社,2016 年。

从 1641 年至 1900 年的 260 年,清水江流域的田价整体上表现为两次升降,且幅度较大。徽州地区的田价有一次明显的升降,降的幅度很小,田价变化比较平缓。

其一,1691 年至 1730 年之间,清水江流域的田价大体为每亩 10 两左右。安徽州地区的田价,从 1661 年到 1750 年之间,亦在每亩 9 两以下,最低值为 1671—1680 年的每亩 5.60 两。

其二,从 1731 年至 1760 年,清水江流域的田价不断上升,从每亩 12.96 两上升到 28.55 两,此后开始下降,到 18 世纪六七十年代降为每亩 25.85 两,到八十年代降为每亩 15.88 两。之后降为每亩 13.10 两,到 18 世纪末和 19 世纪初降为最低值,每亩 8.75 两。

从 1731 年至 1760 年,徽州地区的田价同样处于上升状态,从每亩 7.90

两,上升为每亩 12. 66 两。但从 1760 至 1790 年,前 10 年期间田价先上升到每亩 17. 26 两,此后 20 年田价在 17. 30 到 17. 46 两之间。

其三,从 1801 年开始,清水江流域的田价从每亩 8. 75 两的波谷开始上涨,至 1810 年时为每亩 26. 21 两,此后 10 年继续上涨,至 1820 年达到波峰,为每亩 30. 42 两。此后逐渐下降,在 1821 年至 1830 年间降为每亩 23. 94 两,至三四十年代降为每亩 13. 54 两。然后田价继续回落,至 1861 年降到波谷,为每亩 4. 25 两。此后至 1900 年田价有所上升,但每亩未超过 10 两。

从 1791 年至 1810 年安徽州地区的田价有所上升,但幅度非常小,从每亩 16. 35 两到每亩 17. 72 两。同样,从 1810 年开始到 1840 年之间,该区域的田价处于上升的阶段。从每亩 17. 72 两缓慢上涨到轩 22. 54 两。从 1840 年以后,田价逐渐回落,先降到每亩 16. 1 两,经过 20 年,即到 1860 年左右降到每亩 12. 34 两,同样,到 1870 年降至波谷,为每亩 4. 93 两。此后田价有所回升,到 1880 年为每亩 10. 95 两,到 1900 年为每亩 14. 73 两。详见表 1-3。

两地区田价的相同点在于:一是田价上涨的时间区间相似。比如从 1731 至 1760 年、1791 至 1820 年、1871 年至 1900 年,这三个时段,两区域的田价都在上升。二是下降的时间区间相似,从 1831 年至 1870 年的四十年里,两区域的田价都处于下降区域。三是田价的最低值非常接近,且时间相同。1861 至 1870 年之间,两区域的田价都下降到波谷,清水江流域为每亩 4. 25 两,徽州地区为每亩 4. 93 两。如果排除其他因素,我们甚至可以说,两地的田价相当。

两地区田价的不同点在于:一是清水江流域的田价变化幅度较大,徽州地区的田价变化幅度相对较小;二是清水江流域的田价的最高值为每亩 30. 42 两,明显高于徽州地区的每亩 22. 54 两的峰值。

从以上的分析,我们认为,清水江流域的田价变化,在 1641 至 1900 年之间,与徽州地区的田价变化基本上是同步的。

土地作为一种特殊商品,其存在着价值和使用价值。其价值是天然存在着的。其使用价值是由于人们对它进行耕种以及各种使用之后产生的。当土地作为商品进入自由买卖之后,人们在不断地改变它的使用价值。由此,土地收益产生了。它一方面涉及人们把劳动力投入其中,改变其贫瘠与肥沃程度,其产出提高而增加土地的价值。另一方面,由于它所处地的地理位置不同,用途不同产生不同的使用价值。土地本来没有价格可言,但它进入了人们的交易层面,这时,我们认为,把价值与使用价值用货币或介质的形式表现出来,这就形成了土地的价格。这就引出如何衡量土地价值的问题。

当然,具体地衡量某块地的价值量时,一般并不标出土地的价值和使用价值是多少。而是找一个标尺,根据这个标尺来确定某块地的价值。这个标尺就是土地的丰度。丰度指什么?即土地被改良后的肥沃程度,这是人们对土地改良的结果,"衡量人们在这块土地上投入劳动量,作为土地价值量的标志,并基本上由此来确定土地的价格"①。简言之,土地改良前后的肥沃程度与投入的劳动量这两个参数,就是标尺。本书不去探讨这个标尺,而是探讨其单位面积的土地价格发生的变化及其变化的趋势。传统社会里,土地买卖是比较频繁的。比如官僚买地盛行。官僚是依靠政治势力用低价强买田宅,对地价有影响。注意渗透在地价中的政治影响。但这不是本书讨论的范围。地租有额度地租和分成地租,但是,地价受地租的影响程度是比较小的,且如何影响,将在今后的研究中进一步探讨。

一般地说,计算资本主义地价时,地租除以利息率等于地价。地租是地主的纯所得,地租决定地价。然而,中国封建社会时间较长,即令鸦片战争以降至新中国成立之际,由于"半封建"的社会性质主要表现在农村,所以中国大地上也没有比较完整意义上的资本主义地租、地价。由此,我们不能用资本主义的地价计算方法。更何况封建地租与资本主义地租有着本质的区别。后者从经济学的角度,直接得出地价,未涉及经济之外的强制因素。

清水江流域民间土地契约文书中的土地买卖为我们所揭示的是,地租是地主获取土地收益的方式之一,除了土地所有权使这些身份地主获得地租的可能性,另外所依赖的是宗族中的权力。李振宏指出,封建地租是封建地主,凭借他们的土地所有权与经济之外的强制手段,无偿地占有佃农的剩余劳动的经济形式。如果说资本主义地租是一个纯经济学范畴,那么,封建地租则不是纯经济学的范畴,还包含政治强权等因素。定额地租的高低并不影响地主买卖某宗土地所定的土地价格。② 买地和收租,都是地主的事,一定要注意到地主阶级超越经济之外的强制性剥削。由此,封建时代的地价讨论,必须充分考虑土地丰度和政治因素两个方面。但是,清水江流域的土地价格,我们与此做法不同,主要依据土地买卖契约文书中所记载的买卖田地的面积和卖价,来探讨土地的价格。至于政治和土地的丰度,在分析时当然要顾及。土租与地价有一定关联,但不是决定地价的因素。在资本主

---

①李振宏:《两汉地价初探》,《中国史研究》1981年第2期,第45页。

②李振宏,《两汉地价初探》,《中国史研究》1981年第2期,第46页。

义经济学中,通常把地租除以利息率即等于地价。资本主义地租是一个纯经济的范畴,封建社会中的地租是地主土地所有制以及地主本身所具有政治上的强权,比如可以用多种方式(分成租、劳役租、货币租)剥削佃户。政治上的强权还表现为乡族或宗族的特权。地租额、宗族势力以及地价传统习惯是构成清水江流域地价的重要因素。

2. 民国时期的田价

中国历史进入民国时期,封建皇权被剥夺,民主的观念深入人心。国内亦出现新气象。在清水江流域,田地的买卖变得比明清时期更活跃,面更广阔。由于该地域处于大的政治背景下即云贵军阀统治时期,为此我们讨论田价,先按时段,再逐年讨论。这样做,有助于我们看到复杂变化多端的民国田价。

民国时期,清水江流域的田价变化主要分为四个时期:民国元年至九年(1912—1920)、民国十年至二十四年(1921—1935)、民国二十五年至三十四年(1936—1945)、民国三十五年至三十八年(1946—1949,10 月 1 日)。1935 年 4 月,王家烈通电下野,吴忠信为贵州省府委员会兼主席,结束贵州军阀统治,国民党在贵州的统治建立。

1)民国元年至九年(1912—1920)田价

民国元年至九年,清水江流域的田地买卖比晚清活跃,交易的数量增大,交易的介质增多,除以钱为主外,还有银两、银元等。田地买卖仍有宣统年间的某些特征,如单价低,使用宝银、足银作为介质等。

田价的单价大体在每亩 20 两左右徘徊。最高为民国 9 年,每边 1263 文,每亩 32. 51 两。最低为民国 2 年,每边 445 文,每亩 11. 45 两。

单价最贵为每边 5110 文,合每亩 131. 4 两;最低为每边 22 文,合每亩 0. 566 两。前者是后者的 232 倍。纳入计算的 64 份契约中,每边卖价为 1400 文、每亩 36 两以上的有 15 份,占二成以上。每边 100 文、每亩 2. 57 两以下有 7 宗,约占一成。每边超过 2000 文、每亩 51. 43 两的仅 7 宗,占一成。每边 4000 文、每亩 102. 88 两以上的有 2 宗。由此可见,每边田价七成集中在 100 至 1400 文、每亩 2. 57 至两 36 之间。平均每边约为 851 文,约合银每边 0. 608 两,每亩 21. 9 两。换言之,七成左右的田地卖价,每亩介于 3 至 50 两之间,此期间平均田价大约为每亩 20 两(见表 1-4)。民国元年至九年,四川省新都县地平均田价每亩约 68. 76 两,是清清水流域的 3 倍强。①

①根据熊敬笃:《民国地契史料(民国元年至民国二十七年)》,四川省新都县档案馆,1985 年,第 32—37 页资料整理。

这里有必要说明银两与铜钱折算法。民国元年至九年,按 1 两银折合 1400 文计算;十年至二十七年,按 1 两银折合 2000 文计算;民国二十八年至三十八年,1 两银折合 6000 文计算。银两与银元折算法。民国四年前按 1 两银折合 1.4 元;民国五年至二十一年起按 1 两银折合 1.5 元计算。从民国二十二年起,按银两 7.5 钱折合银元 1 元,按 1:1.333 折合。在民国十六年元月一日以前成立的土地买卖契约,运用铜钱计算买卖价的,折合率为钱二千文折银一两,合法币一元五角。民国二十二年曾颁布银本位铸造条例草案,规定银两 7.5 钱折合银元 1 元。民国二十八年法币开始贬值,贵州省物价评定委员会制定《平抑铜元价格办法》,贵州省动员委员会于 1 月 18 日第 40 次会议决定每银元 1 元兑换铜元 6000 文。①

民国前 9 年中,除两年较低外,约为每边 445 文,其余 8 年的均价每边超过 500 文,合每亩 15.4 两。民国四年、九年每边超过 1000 文(合每亩 25 两以上)。九年最高,达到每边 1263 文。民国六年、七年、八年的单位田价比较平稳,平均每边 0.608 两(合 851 文)。整体而言,民国元年至九年的田价波动幅度比较大,见表 1-4 所示。

表 1-4　民国元年至九年(1912—1920)清水江流域年平均田价表

年份	1912	1913	1914	1915	1916	1917	1918	1919	1920	平均
文/边	947	445	894	1051	515	995	813	738	1263	851
两/亩	24.01	11.45	23.29	27.04	13.25	25.56	20.92	18.97	32.51	21.89

资料来源:张应强、王宗勋主编:《清水江文书》(第一至三辑),桂林:广西师范大学出版社,2007/2009/2011 年,影印本。陈金全、杜万华主编:《贵州文斗寨苗族契约法律文书汇编——姜元泽家藏契约文书》,北京:人民出版社,2008 年。高聪、谭洪沛主编:《贵州清水江流域明清土司契约文书·九南篇》,北京:民族出版社,2013 年。高聪、谭洪沛主编,贵州民族文化宫编:《贵州清水江流域明清土司契约文书·亮寨篇》,北京:民族出版社,2014 年。张新民主编:《天柱文书·第一辑:全 22 册》,南京:江苏人民出版社,2014 年。王宗勋考释:《加池四合院文书考释》(卷一至四),贵阳:贵州民族出版社,2015 年。安尊华、潘志成校释:《土地契约文书校释》(卷一、卷二),贵阳:贵州民族出版社,2016 年。为制表方便,统一用阿拉伯纪年,下表同。

2)民国十年至二十四年(1921—1935)田价

民国十年到二十四年,清水江流域的田地买卖比民国前十年更活跃,交易的数量增大,范围更广,交易的介质多,有银两、银元、钱、铜元钱等。

①参见贵州省地方志编纂委员会编:《贵州省志·金融志》,北京:方志出版社,1998 年,第 29 页。

田价的单价差异极大,每边最高达 10222 文,合 184 两/亩。最低仅每边 34 文,合 0.61 两/亩。二者相差 300 倍。每边 2000 文以上达 26 宗,占考察份数 221 宗的 12%。每边 143 文、每亩 2.57 两以下仅有 5 宗,占 2.3%。平均每宗每边约为 1504 文,每亩 27.1 两。详见表 1-5。

田价的差异凸显了清水江流域田地买卖的升值空间大,利益驱动力强,田地经营带来的收益刺激了村民对田地的投入,从而形成较发达的地主经济。每边 5556 文、每亩 100 两以上的有 6 宗,占 2.7%。每边 143—2000 文、每亩 2.57—36 两之间有 173 宗,占 78.3%。由此可以估计,此期间 70%以上的田地买卖,每亩为大约在 3 两至 36 两之间。

其中重要的问题是,每宗交易的面积较小,221 宗田地买卖,1 亩以上(36 边以上)89 宗,占四成。说明六成的田地买卖面积在 1 亩以下,选择计量单位"边"是最准确的,亦是最适用的。这些说明,田地买卖的每亩单价更多地处在 3—36 两之间,面积亦多在一亩以下。这样,交易的面更广,田地周转更快。

民国十年至二十四年,贵州仍属于军阀统治时期。此期间单位田价起伏较大,从十一年开始上升,每边 910 文、每亩 16.4 两;十二年升到每边 1504 文,每亩 27.1 两;十四年涨到每边 1850 文,每亩 32.9 两。此后下降,到十六年为 562 文/边,每亩 10.1 两;十七年上升到每边 1674 文,每亩 30.1 两。此后又有所下降。十八年降为每边 872 文,每亩 15.7 两;十九年为每边 1220 文,每亩 22 两;二十年上升,每边 2878 文,每亩 51.8 两;二十一年至二十三年递降,从每亩 33.1 两,降为 27.8 两,再降到 15.8 两;二十四年回升到每亩 49.5 两。这 15 年中,田价涨幅较大,田价呈现三次涨、三次跌落的状态。但平均田价仍然较低。同期四川新都县田价为每亩 77.99 两,是清水江流域的 2.8 倍。①

从政治上说,1935 年 4 月,贵州结束军阀统治被纳入国民政府管理,统一财政和税收制度。该年度清水江流域的田价,每亩近 50 两,比上 1934 年高出 2 倍多,这可能与政治因素有关联。详细参见表 1-5 所示。

表 1-5 民国十年至二十四年(1921—1935)清水江流域年平均田价

年份	1921	1922	1923	1924	1925	1926	1927	1928	1929	1930	1931	1932	1933	1934	1935	平均
文/边	1047	910	1504	1473	1850	1592	562	1674	872	1220	2878	1840	1546	914	2752	1509
两/亩	18.7	16	27.1	26.5	32.9	28.7	10	30.1	16	22	51.8	33.1	27.8	16	49.5	27.1

资料来源:张应强、王宗勋主编:《清水江文书》(第一至三辑),桂林:广西师范大学出版社,2007/2009/

①根据熊敬笃:《民国地契史料(民国元年至民国二十七年)》,四川省新都县档案馆,1985 年,第 37—38 页资料整理。

2011年,影印本。陈金全、杜万华主编:《贵州文斗寨苗族契约法律文书汇编——姜元泽家藏契约文书》,北京:人民出版社,2008年。高聪、谭洪沛主编:《贵州清水江流域明清土司契约文书·九南篇》,北京:民族出版社,2013年。高聪、谭洪沛主编,贵州民族文化宫编:《贵州清水江流域明清土司契约文书·亮寨篇》,北京:民族出版社,2014年。张新民主编:《天柱文书·第一辑:全22册》,南京:江苏人民出版社,2014年。王宗勋考释:《加池四合院文书考释》(卷一至四),贵阳:贵州民族出版社,2015年。安尊华、潘志成校释:《土地契约文书校释》(卷一、卷二),贵阳:贵州民族出版社,2016年。

3)民国二十五年至三十四年(1936—1945)田价

这一时期,田地价格受到影响的因素主要有两个,一是国民政府的地籍整理促成贵州省田赋总额增加。① 清水江流域各县田赋总额亦有较大增长。如天柱县,由陈报前的10564.92元上升到62617.24元,增加了近5倍。锦屏县由8079.27元上升为36761.34元,增加了近3.6倍。剑河县由3094.77元上涨到27996.16元,增加了8倍多。黎平县由18513.78元涨到102099.53元,增加了4.5倍多。就全省而言,到1940年5月底,陈报前每亩平均税率0.462元,陈报后下降为0.266元,降幅0.196元,减少42.42%。② 二是抗日战争引起田赋征收方式的变化。自1941起田赋征实,人们更重视田地的粮食收益,货币则次之。

这里必须把民国二十六年至三十四年之间的法币与银元的折算考虑进去。民国二十六年6月国民政府规定法币1元折合银元1元,二十七年折合1.02元,二十八年折合1.83元,二十九年折合4.17元,三十年折合10.01元,三十一年折合34.45元,三十二年折合96.41元,三十三年折合348.84元,三十四年折合2142.57元。③ 此期间,单价最高达每边11.114元,折合银8.338两/边;最低为每边0.058元,折合银0.044两/边。最高单价是最低单价的191倍多。相对于民国十年至二十四年的300倍,则下降了109倍;比民国元年至九年的231倍亦低40。这说明此时的田价极差有所缩小,见表1-6所示。

①1934年根据第二次全国财政会议行政院颁布《办理土地陈报纲要》,确定地籍整理,此年起在全国进行土地陈报,到1941年,遵照纲要办理的省份有14个,即江苏、安徽、湖北、湖南、四川、山东、河南、陕西、广东、福建、贵州、甘肃、浙江、西康,计297县,仍正在办理计30个县,总计327县。参见徐在斌:《抗战时期国民政府土地陈报述评》,湘潭大学硕士学位论文,2010年,第8页。

②贵州省的地籍整理发端于1937年,结束于1941年,耕地面积比陈报前增加0.8倍;田赋增加较多,陈报前全省为73.2万元,陈报后达到516.5万元。后经1942、1943年两次复核,赋额为477.93万元,与陈报前相比,增加了5.53倍。参见贵州省地方志编纂委员会编:《贵州省志·粮食志》,贵阳:贵州人民出版社,1992年,第38页。

③根据贵州省地方志编纂委员会编:《贵州省志·金融志》,北京:方志出版社,1998年,第70—71页的资料整理。

表 1-6　民国二十五年至三十四年(1936—1945)清水江流域平均田价

年份	1936	1937	1938	1939	1940	1941	1942	1943	1944	1945	平均
文/边	2590	2232	1688	4452	4284	3036	2526	1800	3276	2190	2807
两/亩	46.62	40.18	30.38	26.71	25.7	18.22	15.16	10.8	19.66	13.14	24.66

资料来源:张应强、王宗勋主编:《清水江文书》(第一至三辑),桂林:广西师范大学出版社,2007/2009/2011 年,影印本。陈金全、杜万华主编:《贵州文斗寨苗族契约法律文书汇编——姜元泽家藏契约文书》,北京:人民出版社,2008 年。高聪、谭洪沛主编:《贵州清水江流域明清土司契约文书·九南篇》,北京:民族出版社,2013 年。高聪、谭洪沛主编,贵州民族文化宫编:《贵州清水江流域明清土司契约文书·亮寨篇》,北京:民族出版社,2014 年。张新民主编:《天柱文书·第一辑:全 22 册》,南京:江苏人民出版社,2014 年。王宗勋考释:《加池四合院文书考释》(卷一至四),贵阳:贵州民族出版社,2015 年。安尊华、潘志成校释:《土地契约文书校释》(卷一、卷二),贵阳:贵州民族出版社,2016 年。

1937 年推行土地陈报,贵州省完成了 8 县。其中,贵阳县的中等地价,水田每亩为 130 元,旱田每亩为 105 元,旱地每亩为 86 元;典当地价,水田每亩为 78 元,旱田每亩为 63 元,旱地每亩为 51 元。①

清水江流域在 1937 年的田价与省内已完成土地陈报的八县田价略作比较。按照田地三等九则划分计价,清水江流域的田价相当于完成土地陈报的贵阳县的三等一则(60 元/亩)和修文、清镇二县的二等二则(60 元/亩)以及龙里县的二等一则(60 元/亩)。高于安顺、定番、贵定、平坝四县的二等三则(50 元/亩)。清水江流域的田价,在 1937 年时,每亩 40.18 两,合每亩 54 元。作为平均田价,它高于龙里县的每亩 52 元。整体看来,该年清水江流域的田价,按亩计算,处于完成土地陈报的 8 个县的二等二则和三则之间。详见见表 1-7。

表 1-7　1937 年清水江流域与贵州土地陈报完成县份土地价格表　单位:元/亩

地域	清水江流域	贵阳	安顺	定番	龙里	贵定	平坝	修文	清镇	平均
平均田价	54	104	86	80	52	80	86	67	67	75
二等一则		120	100	90	60	90	100	80	80	90
二等二则		100	80	70	40	70	80	60	60	70
二等三则		80	50	50	30	50	50	40	40	49

资料来源:根据贵州省文史研究馆编:《民国贵州文献大系》第二辑(下册),贵阳:贵州人民出版社,2011 年,第 177—179 页资料整理。这里的“元”,指国币元。

①贵州省文史研究馆编:《民国贵州文献大系》第二辑(下册),贵阳:贵州人民出版社,2011 年,第 192 页。

贵州的山地特征明显，山谷纵横，平原极少，无平原支撑。清水江流域高山、河谷与山地并存，偶有山间盆地，称为平地或坝子，但整体地貌仍属于山地。为此，水田与旱地的价格悬殊极大。其价格，按照土地买卖文书所得出，属于平均价格，加上统一折算，可能导致这个平均价格低于该流域土地上报的价格。张肖梅曾指出水田与旱地价格的差异："水田旱地，价格悬殊，各分上中下三级，递减价值。如盘县水田，每亩价值分四、六、八百元三种，而旱地则低至二、四、六百元。设以上等水田与下等旱地较，则相差三倍；与上等旱地较，亦相差四分之一。再以大塘之上等水田每亩二十元与盘县上等水田较，其相差达三十七倍，以丹江之上等旱地每亩八元与盘县上等旱地较，其相差额为七十四倍，诚为惊人。"①

各县的田价相差巨大，究其原因，是多方面的，不可以由此判断，田价高的县或地域，其田地比田价低的县或地域肥沃。我们要客观地评价各地田价。各地所陈报的田地价格，只能作为一种参考，切不可视为绝对物。"而地价因之较高，盖此项相差过巨之原因，或为由于黔省各县地积之计算，向不以亩分厘毫计，而以收谷若干为计算，地积标准之不同所致，良以黔省地积向未有清丈之举，今强以计算不同之标准，估计地积之价格，其错误自难避免。但此种错误之纠正，则断非目前所能为力，而须俟之于土地测量完竣之后也。兹姑以各县所报每亩产量并刊于后，借以与地价相互比较，视为参考上述错误之一种帮助。"②

田价的高低，深刻地受地方经济的影响，另有其他因素，诸如田价计算、田谷计量单位、田地丈量等。张肖梅认为，地价差距大的原因，一是贵州省的地积计算方法不使用亩分厘毫计算，而是采用收谷多少来计算面积；二是地积从未清丈，采用不同的标准估计地价，造成错误自难避免。③ 此外，运用亩产量的计量单位不同，参考地价不同，得出的田地单位迥异。换言之，各县农作物单价区别较大，亦是导致地价不同的原因之一。

清水江流域的土地契约文书所显示的特殊的地积计算方法，进一步证明了贵州田地面积计量的多样性和复杂性。

各地地价，通过农作物的卖价，可以从侧面加以比较，从而更加理解地价的巨大差异。当时贵州田地价进行计算的 45 或 44 县，田价平均为每亩 98 元，地价平均每亩 49.3 元。其中，关于贵州省田价，上等田每亩 133 元，

---

①张肖梅：《贵州经济》，上海：中国国民经济研究所，1939 年，第 F17 页。

②张肖梅：《贵州经济》，上海：中国国民经济研究所，1939 年，第 F18 页。

③张肖梅：《贵州经济》，上海：中国国民经济研究所，1939 年，第 F18 页。

中等每亩 97 元,下等每亩 68 元。地价方面,上等地价每亩 70 元,中等每亩 50 元,下等每亩 31 元。清水江流域的田价为每亩 54 元,比全省的每亩 98 元单价低 44 元,比中等地价每亩 50 元高 4 元。大体上,清水江流域的田价处于全省田价的中偏下的水平,高于全省平均水平,见表 1-8 所示。

表 1-8　1937 年清水江流域与贵州省 45 县田价比较　　单位:元/亩

地域	清水江流域	贵州省 45 县
平均田价	54	98
平均地价		49. 3

资料来源:根据张肖梅:《贵州经济》,上海:中国国民经济研究所,1939 年,第 F17、18 页数据整理。

4)民国三十五年至三十八年(1946—1949)田价

银元与法币折算是这一时期的复杂问题。民国三十五年至三十八年,国民政府法币发行量大增,物价上涨十分迅速。民国三十五年 1 银元折合 1972. 56 元法币,三十六年折后 11071. 13 元,三十七年 1 至 7 月折合 238039. 73 元,三十七年 6 月,法币贬值到不及自身成本,失去货币职能。三十七年 8 月上、中旬折合 6000000 元。法币崩溃后,国民政府发行金圆券。8 月 19 日,民国政府颁布《金圆券发行办法》等法令,规定法币 300 万元折合金圆券 1 元,黄金每市两兑换金圆券 200 元,白银每市两兑换 3 元,银元每市两兑换 2 元。同年 11 月 12 日公布《修正金圆券发行办法》规定黄金每市两兑换金圆券 1000 元,白银每市两兑换 15 元,银元每市两兑换 10 元;金银外币准许人民持有,只准银币流通买卖。仅三个月,兑换比值就增长了 4 倍。此后至民国三十八年 3 月,金圆券发行量迅速增加,银元市价,每日上涨,4 月 22 日,银元每枚兑换金圆券 18. 5 万元,至 6 月 5 日涨至每枚 12. 6 亿元。①

①折算办法:民国元年至九年按 1 两银折合铜钱 1400 文计算;十至二十七年,折合 2000 文;二十八至三十八年,折合 6000 文。从民国元年至四年,银 1 两折合银元一元四角;五年至二十一年,合银元一元五角,二十二年至三十八年,按银两 7. 5 钱折合银元 1 元。民国二十六年六月国民政府规定法币 1 元折合银元 1 元,二十七年银元 1 元折合法币 1. 02 元,二十八年折 1. 83 元,二十九年折合 4. 17 元,三十年折合 10. 01 元,三十一年折合 34. 45 元,三十二年折合 96. 41 元,三十三年折合 348. 84 元,三十四年折合 2142. 57 元,三十五年银元 1 元折合法币 1972. 56 元,三十六年折合 11071. 13 元,三十七年一至七月折合 238039. 73 元,三十七年八月上、中旬折 6000000 元;银元 1 元折合金圆券(元):三十七年八月下旬至十月,银元 1 元折合金圆券 2 元,三十七年十月折合 10 元,三十七年十二月折合 40 元,三十八年一月折合 250 元,三十八年二月折合 1500 元,一月折合 8000 元,四月折合 150000 元,五(转下页)

由于国民政府的货币市场极端混乱，清水江流域田地买卖中，从民国三十七年起，村民除了用市洋、钞洋、法币、光洋、银两、铜元作为交易介质外，还选择稻谷、米作为交易介质。在物物交换中，谷子占大多数。况且，村民的经济活动不可能停止。由此可知，谷子是比较保值的物品。三十八年仅三成的田地买卖使用银元，而七成使用稻谷作为通货。从民国三十五至三十八年的田地买卖交易介质的使用、法币、金圆券的巨额数据等，反映了此期间该流域田地买卖仍然活跃的实态。另一方面，田地买卖交易介质的多样性，充分凸显了民国政府末期法币、金圆券币货币崩溃、政治腐败、最终走向灭亡的必然性。

民国三十五年至三十八年，清江水流域的田价可以用市洋、法币、大洋、稻谷等来表示，为了便于对比，我们尽可能地折算成银两。以稻谷计，田的单价为每边 0.437 石稻谷，折合成银两，约为每边 0.67 两，每亩 24.1 元。见表 1-9 所示。

表 1-9　民国三十五年至三十八年(1936—1949)清水江流域年平均田价

年份	1946	1947	1948	1949	平均
两/边	0.83	0.77	0.68	0.41	0.67
两/亩	29.81	27.65	24.30	14.62	24.10

资料来源：张应强、王宗勋主编：《清水江文书》(第一至三辑)，桂林：广西师范大学出版社，2007/2009/2011 年，影印本。陈金全、杜万华主编：《贵州文斗寨苗族契约法律文书汇编——姜元泽家藏契约文书》，北京：人民出版社，2008 年。高聪、谭洪沛主编：《贵州清水江流域明清土司契约文书·九南篇》，北京：民族出版社，2013 年。高聪、谭洪沛主编，贵州民族文化宫编：《贵州清水江流域明清土司契约文书·亮寨篇》，北京：民族出版社，2014 年。张新民主编：《天柱文书·第一辑：全 22 册》，南京：江苏人民出版社，2014 年。王宗勋考释：《加池四合院文书考释》(一至四卷)，贵阳：贵州民族出版社，2015 年。安尊华、潘志成校释：《土地契约文书校释》(卷一、卷二)，贵阳：贵州民族出版社，2016 年。

民国存在的三十八中，最初 9 年每边平均单价为每亩 21.89 两，比宣统年间每亩 8.57 两高；此后上升到每亩 27.1 两，到二十五年至三十四年间，

(接上页)月折合 40000000 元，六月折合 500000000 元。民国三十八年五月金圆券急剧贬值，基本失去货币职能。国民政府从七月起，改发银圆券，规定 1 银圆券兑换金圆券 5 亿元，1 银圆券相当于民国二十六年一至六月法币平均指数的 1500 万亿倍。根据贵州省地方志编纂委员会编：《贵州省志·金融志》，北京：方志出版社，1998 年，第 45—46、70—71 页的资料整理。

略降到每亩 24.66 两，民国三十五年至三十八年平均田价为每亩 24.1 两。1950 年为每亩 15.7 两。

换成铜钱看，每边单价的涨幅要高得多，民国前 9 年为每边 851 文，十年至二十四年，上升到每边 1509 文，民国二十五年至三十四年，田价继续上涨到每边 2807 文，由于自民国二十八年起，铜价下跌，幅度较大，反映在田价上，单价很高。民国三十五年至三十八年，每边 4016 文。

民国时期，河北的地价分别为：民国元年至九年，地价为 9651 文/亩；民国十年至二十四年，地价为 37858 文/亩；二十五年至三十四年，地价为 86.83 元/亩；三十五年至三十八年，地价为 130 万元/亩。[①] 清水江流域同期分别为 30636 文/亩、54324 文/边、36.99 元/亩、241 万元/亩（法币）。除了二十五年至三十四年，河北地价比清水江流域高外，其余三个时段，清水江流域的田价都高于河北的地价。这说明田价一般高于地价。详见表1-10所示。

表 1-10　民国时期清水江流域年平均田价统计表

年份	文/边	两/亩
民国元年	947	24.01
民国二年	445	11.45
民国三年	894	23.29
民国四年	1051	27.04
民国五年	515	13.25
民国六年	995	25.56
民国七年	813	20.92
民国八年	738	18.97
民国九年	1263	32.51
平均	851	21.89
民国十年	1047	18.72
民国十一年	910	16.38
民国十二年	1504	27.07
民国十三年	1473	26.50
民国十四年	1850	32.94

①戴建兵等：《河北近代土地契约研究》，北京：中国农业出版社，2010 年，根据第 162—235 页的地契资料整理而得。

续表

年份	文/边	两/亩
民国十五年	1582	28.66
民国十六年	562	10.08
民国十七年	1674	30.13
民国十八年	872	15.70
民国十九年	1220	21.96
民国二十年	2876	51.8
民国二十一年	1840	33.12
民国二十二年	1546	27.83
民国二十三年	914	15.73
民国二十四年	2752	49.54
平均	1509	27.08
民国二十五年	2590	46.62
民国二十六年	2232	40.18
民国二十七年	1688	30.38
民国二十八年	4452	26.71
民国二十九年	4284	25.70
民国三十年	3036	18.22
民国三十一年	2526	15.16
民国三十二年	1800	10.80
民国三十三年	3276	19.66
民国三十四年	2190	13.14
平均	2807	24.66
民国三十五年	4968	29.81
民国三十六年	4608	27.65
民国三十七年	4050	24.30
民国三十八年	2436	14.62
平均	4016	15.70
总平均	1958	24.90

资料来源：张应强、王宗勋主编：《清水江文书》（第一至三辑），桂林：广西师范大学出版社，2007/2009/2011 年，影印本。陈金全、杜万华主编：《贵州文斗寨苗族契约法律文书汇编——姜元泽家藏契约文书》，北京：人民出版社，2008 年。高聪、谭洪沛主编：《贵州清水江流域明清土司契约文书·九南篇》，北京：民族出版社，2013 年。高聪、谭洪沛主编，贵州民族文化宫编：《贵州清水江流域明清

土司契约文书·亮寨篇》,北京:民族出版社,2014 年。张新民主编:《天柱文书·第一辑:全 22 册》,南京:江苏人民出版社,2014 年。王宗勋考释:《加池四合院文书考释》(卷一至四),贵阳:贵州民族出版社,2015 年。安尊华、潘志成校释:《土地契约文书校释》(卷一、卷二),贵阳:贵州民族出版社,2016 年。

整体看来,民国时期的田价呈上升的趋势,变化比较频繁,且村民买卖田时,受到货币的干扰,因此交易中,通货种类较多,有银两、银元、铜钱、铜元、法币、金圆券、米、谷。这从侧面凸显了贵州军阀、北洋政府、国民政府管理中的种种弊端;亦为我们呈现了动态真实的田地交易实态,详见图1-2。

清水江流域民国时期的田价表现为十高十低。即田价有十个高峰期,亦有十次低谷期;田价高低起伏的二十次,时间持续不长。另外,田价相对呈现缓慢下降的时段为民二十四年至三十二年。在民国短短的 38 年里,清水江流域的田价起伏如此大,足见该区域经济变动的复杂性,由此我们可以推断,在这期间,该流域土地经济发展深受政治局势的影响,以及区域经济所呈现的不稳定实情。详见图 1-2。

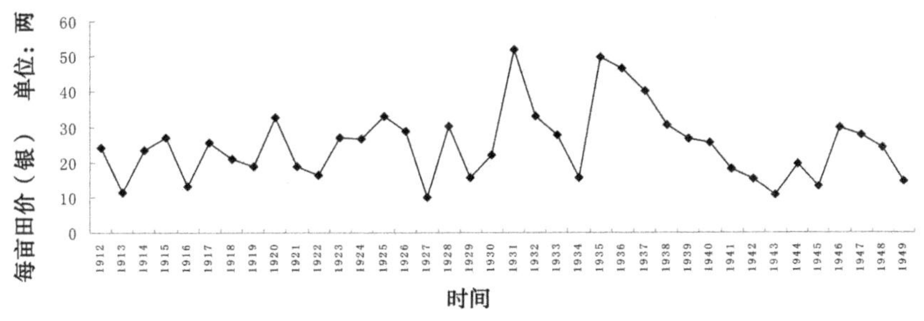

图 1-2　民国清水江流域田价图

此外,我们选择田价指数来作比较。以 1931 年的田价基数为 100,对民国时期部分年份的田价与全国和贵州进行对比。1912 年全国的田价值指数为 74,同年贵州的田价指数为 64,低于全国 10 个指数,清水江流域的田价指数为 46,低于全国 28 个指数。田价在 1931 至 1934 年逐年下降,1935 年田价上升,指数达到 96,高于全国的 81 和贵州的 87。这表明,清水江流域的田价在国民政府进入贵州以前,比全国和贵州低,自 1935 年以后,逐渐追平甚至高于全国和贵州的田价。整体而言,该流域的田价呈现上升的态势。详见表 1-11 所示。

表 1-11　**民国清水江流域田价指数与全国及贵州比较表**　按 1931 = 100 标准

年份	1912	1931	1932	1933	1934	1935	1936
全国平均	74	100	95	89	82	81	84
贵州省	64	100	103	104	84	87	95
清水江流域	46	100	64	54	30	96	90

资料来源：蒋德学《贵州近代经济史资料选辑》（上）第一卷（人口、农业篇），成都：四川省社会科学院出版社，1987 年，第 169 页。

3. 以十年为段看清水江流域田价

以十年为阶段，我们对清水江流域的田价进行讨论，可以得出大体情况。从中看出这段落时间的变化情况，跳出朝代的限制，有利于综合比观，发现土地买卖的特点，有利于探索规律。

从 1641 至 1949 年，共计 309 年，整体田价平均每亩 16.39 两，每边 824 文，每亩 29664 文。计算的契约文书累计 1647 份，这些契约文书清晰地记载了所卖田的卖价和面积。表示面积的方式有收几把/手、禾花几卡（𥝱）、收禾几边/遍/编、收谷/计谷多少石/担/、收禾花几挑/运、收谷几箩、收谷几升、籽、斗、斤等等。一般而言，标明收禾多少时，“禾”指糯谷。关于这些单位，本书后面有论述。计量单位丰富而复杂，换算非常困难。我们的各种单位换算，只能做到大体相当，不可能做到精准无误。由此统计出来的面积、产量，是一个近似值，不是标准值。事实上，也很难获得标准值。所谓的标准值，只能是我们追求的一个价值，一个真实的价值，而非主观臆断得出的数据。

从上面的讨论，我们认为，清水江流域清代至民国时期的田价，总体上呈现一定的规律。

其一，从 1641 年至 1949 年的 309 年中，清水江流域的田价变化，表现为特征为三高阶段、三低阶段和二个平稳阶段，我们把田价变化的总趋势概括为三高三低二平稳。

具体地说，三高时段指：1751—1760 年的十年，田价每为 28.55 两，1811—1820 年的十年，每亩田价为 30.42 两，1941—1949 年间，每亩田价 30.24 两。三低时段指：从 1761 至 1800 年的 40 年，田价从每亩 25 两左右下降到每亩 8 两左右。从 1811 至 1870 年，田价从每亩峰值每亩 30 余两，下降到最低值每亩 4 两余。二平稳期指：1711 至 1740 年的 30 年间，田价大体维持在每亩 10 至 13 两之间。1841 至 1910 年的 70 年间，田价大体稳定在每亩 9 两以下。清水江流域的田价从乾隆时期开始上涨，与乾隆年间物价上涨的原因是外国白银大量流入中国这一大背景有关。康熙之前的物价低，在田价上亦有轨迹可寻。这是由于明末时期，谷价低贱，当时中国内部社会混乱，战争、灾荒、疾病、饥饿等原因造成。另外，清初直至康熙年间，清水江流域的市场，特别是土地买卖不活跃，有的地方还是“生苗”之地。道光(1821)以后田价开始下降，其中缘由，应当归结为当时中国(1825—1850)白银外流。1861至1870年田价出现最低值，每亩仅为4.25两；1881至1890年间亦很低，每亩为4.86两。这与当时的国内社会环境有关，清水江流域亦受此影响，详见表1-12所示。

表1-12　清水江流域1641—1949年分段田价统计表　　计算份数：1647

起止时间	文/亩	两/亩
1641—1650	400	18.00
1651—1660		
1661—1670		
1671—1680		
1681—1690		
1691—1700	170	7.63
1701—1710		
1711—1720	264	11.09
1721—1730		
1731—1740	288	12.96
1741—1750	576	25.92
1751—1760	634	28.55
1761—1770	574	25.85
1771—1780	353	15.88
1780—1790	291	13.10
1791—1800	194	8.75
1801—1810	582	26.21
1811—1820	1014	30.42
1821—1830	798	23.94
1831—1840	485	13.54
1841—1850	395	8.53

续表

起止时间	文/亩	两/亩
1851—1860	398	7.16
1861—1870	177	4.25
1871—1880	240	5.76
1881—1890	203	4.86
1891—1900	332	7.96
1901—1910	338	8.10
1911—1920	846	21.74
1921—1930	1094	19.69
1931—1940	4926	29.56
1941—1949	5040	30.24
平均	824	16.39

资料来源：张应强、王宗勋主编：《清水江文书》（第一至三辑），桂林：广西师范大学出版社，2007/2009/2011年，影印本。陈金全、杜万华主编：《贵州文斗寨苗族契约法律文书汇编——姜元泽家藏契约文书》，北京：人民出版社，2008年。高聪、谭洪沛主编：《贵州清水江流域明清土司契约文书·九南篇》，北京：民族出版社，2013年。高聪、谭洪沛主编，贵州民族文化宫编：《贵州清水江流域明清土司契约文书·亮寨篇》，北京：民族出版社，2014年。张新民主编：《天柱文书·第一辑：全22册》，南京：江苏人民出版社，2014年。王宗勋考释：《加池四合院文书考释》（卷一至四），贵阳：贵州民族出版社，2015年。

其二，排除国际国内银价、铜价的变化因素，统一使用银两来计量清水江流域的每亩田价，我们描出了这309中田价变化的轨迹图，大体可以揭示田价围绕每亩16.39两、每边824文的单价上下波动这一动态。结合每边银两单价和每边折钱单价，清水江流域的田价，波动幅度比较大，见图1-3。

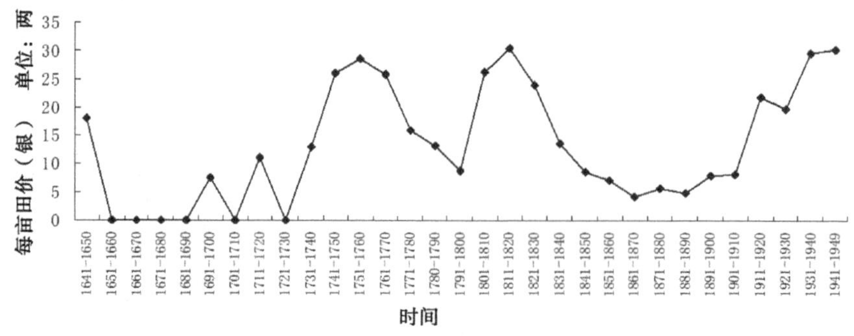

图1-3　1641—1949年清水江流域田价图

其三,田作为十分特殊的商品,在清水江流域的数百年历史演进中起着重要的历史作用,是区域土地经济发展的助推器,倘若没有田地买卖,村民的收入从何处来?虽然有林地、房屋地基可以带来丰厚资金,然而田作为不动产,取之方便,用之不竭,是整个土地买卖中的核心,是林地、房屋地基买卖的龙头,可以说,区域的土地买卖,没有田地交易,清水江流域的区域经济就失去了纽带,村民也就失去赖以生存的物质基础,地主土地所有制也就失去了根基。正是由于田地的轴心作用,三百多年来,自耕农、地主、佃农,无不围绕田地的积累打转转,由此被吸附在土地上,千方百计地维系着这种生产关系,而不去打破它,谋求新的生产关系。田地作为一种特殊物质,还从观念上影响了村民殖产守业,耕读传家,力图累代做地主。

需要说明的是,本书所讨论的土地价格,基本上属于封建社会的土地卖价,不论田地、山场、林地、阴地、房屋地基、土类等,都是根据土地契约文书记载的信息进行计算而得,属于历史学而不是经济学意义上的分析,与资本主义社会里的土地价格有着本质的区别。[①] 在资本主义经济学中,地价=地租÷利息率。其地租是纯经济的范畴。地租决定地价。而封建地租则受到超越经济之外的强制力影响,地租具有随意性、约定俗成性,不是纯经济的范畴,因而它不能决定地价。

其四,当然,清水江流域田价的变化还与近代中国的鸦片战争等全国的形势有关,与咸丰、同治年间的贵州苗民起义有关,战争因素和国际国内的政治经济环境无不影响该流域的田价。田地作为特殊的商品,有着自身变化的规律。这反映了清水江流域亦受当时半殖民地半封建社会的中国经济衰落的大时代背景的影响。

要而言之,清水江流域田价起伏变化的原因很多,其中的深刻原因,一是该流域处于旧中国大的政治背景之下,经济既受到国内银钱比价的影响,亦与国际银价涨跌有关。二是清水江流域自身政治经济环境的影响。比如采办皇木、改土归流、军阀统治、民族起义、抗日战争等。三是区域的自然灾害。四是苗、侗民族的生产方式、生产力等。我们应当看到,19 世纪后半期中国内部的物价回落,由此带来经济不景气的大环境。物价与农村受到对外贸易和市场

---

①天然存在的土地不是劳动产品,没有价格。在资本主义社会里,凭借土地所有权能够取得地租收入。人们购买土地实质上是购买取得地租收入的权利。从这层意义上说,土地价格不是土地的购买价格,而是土地所提供的地租的购买价格,是地租收入资本化或资本化的地租收入。土地价格取决于地租的数量和银行存款利息率。土地价格等于地租除以利息率。参见马克伟主编:《土地大辞典》,长春:长春出版社,1991 年,第 839 页。

的影响。从咸丰到光绪末年的田价处于低潮,凸显了中国农村经济低落的特点。19世纪后半期清水江流域的田价(包括后面章节将论述的林地价、房地价)表明中国农村经济的消长与当时中国经济结构有关联。“问题不仅仅是中国农村经济在各自局面下与世界经济的密切关系是否得到利益,而是在景气与萧条循环波动的影响下所形成的中国经济的结构特性,即对世界经济的依赖性如何的问题。”①为此,归结起来,我们认为,清水江流域的三百余里的田价消涨实态,旁证了中国自身的经济结构不合理的症结。

(二)土卖价

按常理而言,土与田是合在一起讨论的。习惯上,土与田有所区别,表现在清水江流域的土地契约中,常常将土单独列出,于是笔者循其文书,对其土价略作分析,以求其与田价之异同。

关于清水江流域的地价,其计量单位通常是块、幅、截、段、团等,不能折算成亩或边,为此,我们讨论地价,主要运用每宗交易的卖价来描述地价变化情况,另在时间序列上,村民买卖地的频率变化,来讨论地(旱地/耕地/土)价变化,由此对于单位卖价作侧面的参考。这里的地,也就是清水江流域方言中所说的土。当地村民习惯上把水田以外的耕地称为土,与地相同。这里的土,是指相对于水田而言的旱耕地。该流域的土,包括园、菜园、地、土、播地、播冲等,虽然称法不同,但实际上是相同的。田地一般指水田和旱田。前面所讨论的是水田,即耕地中设置了灌溉设备,用来栽培需要在淡水中生长的作物,通常这些作用是指水稻、籼稻等,其生长周期需要水源。在其交替耕作时,种植油菜,不需淡水,习惯上这时的田不作地看待。旱田指水田以外的耕地,在清水江流域指土,和贵州绝大部分相近。为了符合学术界的通例,我们对“地”作说明,采用“土”纳入标题中。为了尊重当地的习惯,讨论中涉及表时,亦采用“土”。但从根本上说,“土”与“地”在本书中是一致的。须提及的是,本处的地价分析,是对田价的一个补充,旨在从侧面反映耕地的价格情况。

我们选取加池契约中的个案。在姜绍卿藏契约中,清代土类买卖每宗平均价为1.4两,交易的宗数不多,每宗卖价偏低。详见表1-13所示。

①[日]岸本美绪:《清代中国的物价与经济波动》,刘迪瑞译,北京:社会科学文献出版社,2010年,第16页。

表 1-13　清代加池苗寨姜绍卿家族卖土统计表

契约编号/题名/年代	卖价	折银(两)	备注
1-1-6-057　姜文玉等断卖荒坪约(道光四年闰七初六日)	银 2.5 两	2.5	
1-1-8-027　姜朝弼、姜开礼、姜开胜叔侄断卖土字(道光十一年二月十五日)	银 4.2 两	4.2	红契
1-1-8-028　姜开基断卖土字(道光十二年八月十一日)	银 1.3 两	1.3	红契
1-1-8-031　姜苏连断卖土字(道光十三年正月十四日)	银 1.3 两	1.3	红契
1-1-8-084　姜秉智弟兄断卖土地字(光绪二十三年六月初八日)	谷 32 斤	0.21	粘民国二年契尾
1-1-8-086　姜凤至断卖土字(光绪二十四年六月二十八日)	钱 300 文	0.2	红契
1-1-2-043　姜世儒父子断卖菜园约(道光十八年九月十八日)	银 0.55 两	0.55	
1-1-6-102　姜开书断卖农园约(同治四年九月二十六日)	钱 1450 文	0.96	
合计		11.22	平均 1.4 两/宗

资料来源:张应强、王宗勋主编:《清水江文书・第一辑》,桂林:广西师范大学出版社,2007 年,影印本,第 3 册,第 57、337、338、341、394、396 页;第 1 册,第 154 页;第 3 册,第 102 页。

1. 清代土价

我们把清代的土买卖分为康熙年间(1662—1722)、雍正年间(1723—1735)、乾隆年间(1736—1795)、嘉庆年间(1796—1820)、道光年间(1821—1850)、咸丰年间(1851—1861)、同治年间(1862—1874)、光绪年间(1875—1908)和宣统年间(1909—1911)九个时期,从总体上观察土类买卖情况。由于这类土契约文书未载明面积,我们采取每宗的卖价来略作分析。如果按照旱耕地的平均价是水田的一半来估计,大体也可推断单位卖价。详见表 1-14 所示。

表 1-14　清代清水江流域卖土统计表　　观察份数:136

时间	土价(两)	平均每宗(两)
康熙年间(1662—1722)	0.55	0.55
雍正年间(1723—1735)		
乾隆年间(1736—1795)	10.60	1.18
嘉庆年间(1796—1820)	35.03	4.38
道光年间(1821—1850)	218.06	5.74

续表

时间	土价(两)	平均每宗(两)
咸丰年间(1851—1861)	10.87	1.81
同治年间(1862—1874)	10.36	0.64
光绪年间(1875—1908)	86.34	1.54
宣统年间(1909—1911)	26.86	2.44
合计	398.67	2.93

资料来源:张应强、王宗勋主编:《清水江文书》(第一至三辑),桂林:广西师范大学出版社,2007/2009/2011年,影印本。陈金全、杜万华主编:《贵州文斗寨苗族契约法律文书汇编——姜元泽家藏契约文书》,北京:人民出版社,2008年。高聪、谭洪沛主编:《贵州清水江流域明清土司契约文书·九南篇》,北京:民族出版社,2013年。高聪、谭洪沛主编,贵州民族文化宫编:《贵州清水江流域明清土司契约文书·亮寨篇》,北京:民族出版社,2014年。张新民主编:《天柱文书·第一辑:全22册》,南京:江苏人民出版社,2014年。王宗勋考释:《加池四合院文书考释》(卷一至四),贵阳:贵州民族出版社,2015年。

清水江流域清代的土价平均为每宗2.93两,该流域加池平均每宗大约1.4两,相对较低。详见表1-13和表1-14。

2. 民国年间土价

民国元年至十年的土类买卖,平均每宗4.25两,折合为5950文/宗,比宣统年间有所回升,详见表1-15所示。

表1-15　民国时期清水江流域卖土统计表　　观察份数:121

时间	土价(两)	平均每宗(两)
民国元年至九年	157.29	4.25
民国十年至二十四年	445.37	9.09
民国二十五年至三十四年	77.29	2.97
民国三十五年至三十八年	101.48	11.28
合计	781.43	6.46

资料来源:张应强、王宗勋主编:《清水江文书》(第一至三辑),桂林:广西师范大学出版社,2007/2009/2011年,影印本。陈金全、杜万华主编:《贵州文斗寨苗族契约法律文书汇编——姜元泽家藏契约文书》,北京:人民出版社,2008年。高聪、谭洪沛主编:《贵州清水江流域明清土司契约文书·九南篇》,北京:民族出版社,2013年。高聪、谭洪沛主编,贵州民族文化宫编:《贵州清水江流域明清土司契约文书·亮寨篇》,北京:民族出版社,2014年。张新民主编:《天柱文书·第一辑:全22册》,南京:江苏人民出版社,2014年。王宗勋考释:《加池四合院文书考释》(卷一至四),贵阳:贵州民族出版社,2015年。

民国十年至二十四年的土价平均每宗上升到 9.09 两，但此后下降，且幅度较大，在民国二十五年至三十四年间，平均每宗降为 2.97 两。然而，抗战胜利后，村民们的购土热情上涨，表现在平均每宗土价上，达到了 11.28 两。民国期间的 38 年里，平均每宗土价为 6.46 两，高于清康熙四十九至清末的平均单价 2.93 两，高出 1.2 倍。这似乎说明，民国时期的地方经济比清代更发达、更活跃，有一个较大的变化。详见表 1-14 和表 1-15。

这些变化，让我们想到的是民国时期国民政府对土地的管理比清代加强了。比如进行地籍整理、颁布土地地管业证、进一步推行契税等。土地管业凭证，由省财政厅印制，由各县领取。这是民国以后的情况。其效力与官发契纸相同，与民间契约的效力亦等同。土地管业凭证与契约的区别在于，性质不同，申请领取的手续不同。它由业户请领，该业户原有典买不动产契约，或类似的证件，但因灾害或变故，这些契约或证件遗失或毁灭，以及不动产契约因继承关系而进一步分析；或者把原地产中划出一部分卖掉，导致与原契约的记载不相吻合；还有业户一直没有契据可依，但又依法应该取得不动产所有权，需要申请证实，按照要求填写申请，核实管业凭证申请表，向不动产所在地的县级政府，申请领取土地管业凭证，旨在避免土地产权发生变异。土地管业凭证包括存根、缴验、凭证三联合成，每张征收费用一元。有申请核给的管业凭证申告表格式，附在官契纸暂行办法（附件）外。①

综合清至民国年间的土类买卖价格，我们制成清水江流域土价变化图图 1-4。从中可知，从康熙四十九年至民国三十八年，共 240 年，土价有三次大的变化。

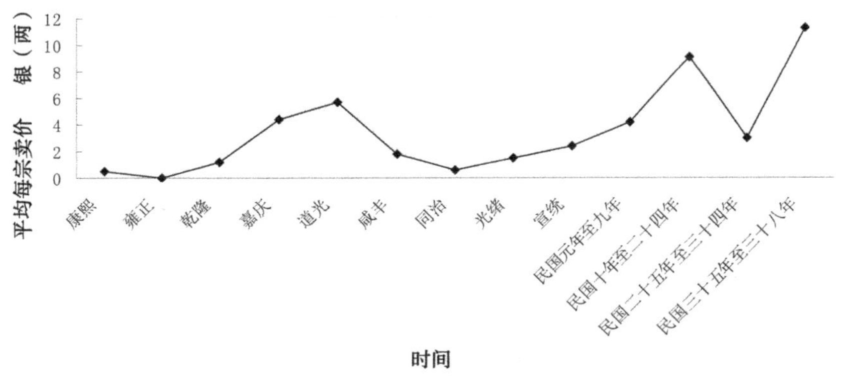

图 1-4　清水江流域土价变化图

①贵州省文史研究馆编：《民国贵州文献大系》第二辑（下册），贵阳：贵州人民出版社，2011 年，第 11 页。

从康熙四十九年的每宗 0. 55 两,上升到嘉庆年间的每宗 4. 38 两,以后继续上升,到道光年间达到峰值,每宗 5. 74 两。咸丰年间每宗为 1. 81 两,持续到同治年间的每宗 0. 64 两,见图 1-4。究其原因,一是咸丰、同治年间贵州的苗民起义对区域经济的影响;二是此期间,全国经济衰落的大环境。从光绪初年每宗的卖价开始回升到 2. 03 两,到光绪中期下降至每宗 1. 1 两左右,后期略上升,达到每宗 1. 48 两,光绪三十四年,总体平均每宗为 1. 54 两。与前期比,仍略有下降,原因大致是土买卖的宗数增多,交易的频率增加,每宗土卖出的数度却减小,表现在交易的单价上,就出现并未持续上升的态势。但从另一方面看,此期间土类买卖的数量却增加,说明市场更加活跃。此后到宣统年间缓慢上升到每宗 2. 44 两。

民国年间的土类买卖情形则与清代有明显的不同。民国初年土类买卖的宗数增多,每宗卖价上升到 4. 25 两。此后继续上升,到民国十年至二十四年,平均每宗达到 9. 09 两;然后开始下降,到民国二十五至三十四年间,降为每宗 2. 97 两。此期间下降的原因是受到抗日战争的影响,村民因响应国家的需要,对于土地的经营略有减少。民国三十五年至三十八年间的土类买卖中,每宗卖价上升到 11. 28 两,原因是村民把土作为多种用途,比如地基、耕种等。人口增加,对土的需求增大,土价迅速上升,达到历史上的最高单价,见图 1-4 所示。

整体而言,清水江流域的卖土契约为我们揭示了村民对土经营的动态情景。从康熙四十九年到民国末年的 240 年,平均每宗卖价为 4. 59 两。其中由于契约文书未标明土的面积,我们无法计算单位亩卖价,横向比较十分困难。

三、田地经营

(一)活卖

1. 典卖

典当田地是清水江流域人民田地经营的重要方式之一。作为活卖,一般约有期限,比如三年、十年等。相对而言,活卖田比断卖田的单价略低。民国时期仍保留“先问房亲/族,后问他人”的亲人优先权。如《民国二年十二月十日刘则欢典田契》:

立典田契字人刘则欢,今因家下缺少用度无处可得,自愿将土名高美攀田大小三丘出典。先问房族,无钱承典。请中登门问到四川人氏住本村陈银寿承典,当日议定典价壹拾弍千零捌拾文正。抵主各丘,□限所限三年备钱赎约,钱到字回,不得异言。恐口无凭,立有典字存照。

凭中　刘则远
代笔　刘则珍

中华民国弍年癸丑岁十二月初十日　立①

本例中,刘则欢所典给四川人陈银寿的3丘田价值为12080文,典期三年,期满足钱价到赎回田地。又如《民国五年十月六日刘泽欢典田地字》:

立典田地字人刘泽欢,今因家下要钱使用无所出处,自愿将到地名冲邹坡头田乙丘出典,上抵土,下抵田主,左右抵路,四至分明。请中上门问到新(亲)房刘泽远名下承典,当日义(议)定价钱肆拾伍仟文正。其钱新(亲)手领足。其田报(限)至三年赎约。恐口无凭,立有典字为据。

凭中
代笔　龙泽厚

民国五年拾月初六日　立②

《民国三十六年十一月十八日杨均信典田契》:

立典田契字人杨均信,今因家下要洋正用无从得处,母子商议,情愿将到土名样坪江过路丘以(一)连大小四丘,要行出典。请中上门问到亲识人伍氏银花名下承典。当日三面言定典价洋贰伯(佰)零弍万捌仟元正。其田自典之后,任从承典人耕管收花。其田限弍年赎契,其军粮田赋不关承典人之事。恐口无凭,特立典契字存照。

凭中　杨金亳

中华民国卅六年十一月十八日　代笔　均孝　立③

本契承典人不支付田赋和军粮。这是非常重要的事。军粮来源很早。国民政府在抗战时期的军粮征收始于1938年。1943年四川省首先停止现金交

①张新民主编:《天柱文书·第一辑:全22册》第14册,南京:江苏人民出版社,2014年,第9页。

②张新民主编:《天柱文书·第一辑:全22册》第14册,南京:江苏人民出版社,2014年,第10页。

③张新民主编:《天柱文书·第一辑:全22册》第3册,南京:江苏人民出版社,2014年,第8页。

付军粮,全部支付粮食库券,1944 年 5 月统一实行征借军粮。该契订立于 1947 年,当时恰为国内第三次革命战争时期,国民政府为保证充足军粮,特令国统区大规模的征收军粮,导致粮食紧缺,故人民在进行交易时多用谷子。

一般而言,土地在典当期限内,钱主有使用权、处理权,自耕自种、召人佃种均可。典手(原主)可继续耕种交租或转典与第三方。典当土地作为活卖,可被看作是绝卖土地的一个环节。当典手(原主)到期无力回赎其土地时,典卖就变成绝卖。

关于转典。转典是典卖中的特殊形式。一宗田地可以几经转手,典当给第二人,第二人典当给第三人,如此下去。当然,转典主要反映了田地使用权的变化,而其所有权,始终未发生改变。除非将转典变为断卖,田地所有权(产权)才发生转移。比如转典田地,在这种情况下,标的物再次被活卖,田地使用权发生了两次转移。如《光绪四年十月二十一日杨俊芳、杨俊明、杨俊茂等转典田契》:

立契转典田人杨俊芳、俊明、俊茂、俊发、俊舜等,今因先年得典补卢二姓中墺坡脚水田乙丘,又并播在内,计谷四石二斗,要行出典,无人承就。请中问到族内杨再芳兄弟四人名下承典,当刻凭中言定典价钱陆仟令(零)三十文正。其钱亲领入手,领不另书。其田在与再芳兄弟耕管收花为息,日后备得原价对日上门赎取,不得短少分文。恐后无凭,立典是实。

凭中　杨秀卿

光绪肆年十月二十一日　众议　杨镜亭笔　立①

活卖时,由于某种特殊原因,典主要求钱主在原有的基础上加价,获得一笔资金。加价的数量在新订的契约中加以说明。这种情形极其少见。如光绪二十八年五月七日张克旺把原典之田加价钱后再典与杨老二父子,原文如下:

立枷(加)价钱字人张克旺,今因先年所典山土地一幅,三面议定典价钱壹拾式阡(仟)文整,今岁二十八年于外枷(加)价钱陆阡(仟)文整,杨老二父子凭忠(中)所议五年相属(赎),价钱每阡(仟)肆斤重,十

①张新民主编:《天柱文书・第一辑:全 22 册》第 3 册,南京:江苏人民出版社,2014 年,第 168 页。

四两。自枷(加)价钱过后,任从钱主耕种,典主不得异言。恐口无凭,立枷(加)字是实。

内添三颗字。

凭忠　龙颜臣

代笔　张东山

光绪二十八年五月初七日　立①

典卖转为断卖,先典卖(活卖),后断卖(绝卖)。村民把以往典与他人的田地,采用断卖的方式卖出,此时的卖价可以看作是该宗田地的加价。比如,道光二十九年五月初一日姜沛云将先年的典田断卖与姜宗保,获银10.45两:

立断卖田约人本房姜沛云,为因缺少银用无所出,自己将到地名皆礼得,此田一丘,约谷六担,先年典,今复断与买主。此田上凭大荣,下凭克昌之田,左凭明礼之田,右凭克昌之田,四至分明。今日凭中出卖与姜宗保名下承买为业。当日凭中议定价纹银十两四钱五分,亲手收回应用。[下略]②

典卖过程中,我们可以从典主所典到(实际可以看作是借到)的钱如何支付利息,来分析钱主(银主)如何获得钱物利润。

方式一,钱主耕种田收花准利息。比如《咸丰十年三月八日王光烈典田契》:

立契典田人王光烈,今因家下要钱使用无从得处,兄弟商议,情愿将到自己面分土明(名)大坡脚水田弍丘,收谷陆箩。其开四至,上坻(抵)路断,下坻(抵)溪断,内坻(抵)钱主田断,外坻(抵)钱主田断,四至分明,要行出典。请中招到亲识罗德茂名下承典,当日凭中言定典价钱时用花清扣水,钱每仟扣叁拾文,价钱伍仟伍百文正。其钱即日亲领入手用度,并不短少分文,领不另书。其田典与钱主耕管收花准息为利,日后备得原钱上门赎取,抽约了典,二备(比)不得言论。今欲有凭,立典是实。

---

①《光绪二十八年五月七日张克旺立加价钱与杨老二契》,来源:滚马乡大寨村上寨组刘开仁,编号SS-80-15-232,贵州省档案馆等:《贵州清水江文书·三穗卷·第三辑》第3册,贵阳:贵州人民出版社,2019年,第232页。

②张应强、王宗勋主编:《清水江文书·第一辑》第3册,桂林:广西师范大学出版社,2007年,影印本,第361页。

内添式字。

凭中 杨肥子
黄传学

咸丰拾年三月初八日 亲笔 立①

本契约中,王光烈产量6箩的田典价花清钱5500文,每千文扣水30文,实收到5335文。但是以后赎回田时,须按原价交纳。按照3%的比例扣水,是清水江流域土地买卖事务中的习惯做法,属于习惯用法,大家遵循。同时所典的田交由钱主管业收花准利息。

活卖对于卖主而言,有回赎的机会,土地产权只是暂时发生转移。水塘作为特殊田地,如咸丰八年(1858)龙本聪杨门楼坎下塘典字,龙本聪因为"缺费无出",将塘一股出典与族叔龙士发、龙十光弟兄二人,典价钱为大钱1400文。典主(钱主)出钱之后,可以任意放鱼管业,典手(塘主)不得异言;典手"不俱(拘)远近续(赎)取",即备得全部款项,可随时赎回。②

方式二,将所典之田地直接租细给典主(借主)耕种而收租取利。订立契约时,即由典主自认上交利谷与钱主,钱主不需耕种田地,免除了劳作之苦而获得较好的收益。可称为活卖并以谷作息。活卖时,除了卖到一定的价钱,每年还用谷作利息。《民国六年闰二月二十七日刘泽欢典田字》中,刘泽欢将田典与刘凤鸾名下,当活卖价铜钱20000文,典期3年,每年当干谷12边,以每边12斤计算,大约150斤。③ 比如《民国十五年四月五日刘泽欢典田契》:

立典田契人刘泽欢,今因要钱应用无处可得,自愿将到土名岑细田二丘出典。其田上抵刘祥恩土,下抵典主田,左抵路,右抵山,四至分明。请中上门问到本房刘邦闻名下承典,当日议定元钱贰拾封整。其钱亲手领清。其田付与邦闻耕种收花为利。自典之后,不得异言。恐口无凭,立有典字为据。

外批:此田仍放田泽欢耕种,无认干旱与否,我欢甘愿当租谷十遍

①张新民主编:《天柱文书·第一辑:全22册》第3册,南京:江苏人民出版社,2014年,第9页。

②高聪、谭洪沛主编:《贵州清水江流域明清土司契约文书·亮寨篇》,北京:民族出版社,2014年,第187页。

③张新民主编:《天柱文书·第一辑:全22册》第14册,南京:江苏人民出版社,2014年,第13页。

(稨)。此计。

凭中
讨笔　刘奶林

民国丙寅年四月初五日　立①

本契约中,刘泽欢将田活卖得到元钱 20000 文,折银 10 两,同时钱主又将此田租给刘泽欢耕种,每年收租谷 10 边。若以 1 边谷重 12 斤计算,则每上交租谷 120 斤。相当于 20 封元(银 10 两)钱的利息,利率大约 10%。所以对于钱主而言,他们坐收利息。对于佃农而言,自愿交纳租谷,获得的是土地耕种权利及其交租后的收益。所以此处田地产权并未发生转移。可以理解为钱主刘邦闻掌握了该田的田面权,刘泽欢拥有该田的田地权,因卖掉田面权,耕种则要交纳租谷。

加典。加典之意为再次典当。这时典主(典手)主要因为无钱,或无钱购买粮食等,把先年所典之田再次典给钱主,获得资金。比如《民国五年七月十六日杨金玉加典田契》:

立加典田契字人杨金玉,今因米粮缺少,蜻蚨愿将先年得典大坪播飞鸟坡脚过路溏水田弍间,计谷弍拾箩,四抵不烈(列),先年此田老契典价弍拾仟零八佰文。今丙辰年复加典价弍仟文正。其钱亲领入手用度。其田典与杨占银名下承典,不限远近赎契,日后备得原价上门赎取,新旧不得短少分文。恐口无凭,立典是实。

外批:油树荒山荒田以(一)并在内。

　　　占全
凭中　杨书香
　　　姚绍书
房族　杨三保

民国五年七月十六日　请笔　杨均鸣　立②

典卖(活卖)田地时,并不分亲疏关系,即令母子之间典卖田地,亦照常收典钱。比如《民国九年九月十八日杨金喜、杨森喜兄弟分关合同》:(前略)"杨田氏全香今夫去世,将祖遗土名策子田乙丘,计谷五石六斗,典与次

①张新民主编:《天柱文书 · 第一辑:全 22 册》第 14 册,南京:江苏人民出版社,2014 年,第 43 页。

②张新民主编:《天柱文书 · 第一辑:全 22 册》第 3 册,南京:江苏人民出版社,2014 年,第 46 页。

男杨森喜,议定价钱叁拾弍仟伍百八一文正”。[①] 32580 文折合银 23.58 两,合 4.156 两/石。按 1 石折 0.282 亩计算,折合单价 14.932 两/亩。这是比较高的。当然,这也可理解为支付母亲养老费用的方式。

2. 当与抵押

当作为一种田地活卖,主要是用于获得者钱物,所当到的钱按约定的利率在规定时间内支付。有时用谷子准利。比如道光十二年六月二十九日姜世宽当田 1 丘,得银 1.5 两,每两银到秋收时支付利谷 120 斤,到时姜世宽应当支付姜桥卯利谷共 180 斤,这可以看作是定额利息。原契文如下:

> 立当字约人本家姜世宽,为因生理缺少银用无从得出,自己将到皆于田乙丘着当。上凭当主之田,下凭世安之田为界,右凭世桥之田,左凭当主之田为界。将到姜桥卯名下首实文(纹)银乙两五钱整,亲手收回应用,其银每两秋谷乙百廿斤。今恐无凭,立此当字是实。
>
> 亲笔
>
> 道光十二年六月廿九日[②]
>
> 立借当字人加池寨姜世宽,为因家中缺少银用无从得出,自愿将到皆于田乙丘作当与姜学礼名下,实借本银乙两整,亲手收回应用。到秋收作谷六十斤作利,不得有误。今恐无凭,立此借当字是实。
>
> 亲笔
>
> 道光十四[年]六月初十日　立[③]

本契中,姜世宽用田 1 丘当借到银 1 两,到秋收时交利谷 60 斤。从这些例子可知道,当田或借当田作为活卖,事主一般情况下需要支付利息。当借到钱或谷,支付利息的通货可是钱、银或谷米等。契约中如果约定归还时间,事主近期归还,本利结清后赎回田产。有时不约定期限,用“不拘远近”“不拘远近相还”字样。如道光元年三月十七日姜开礼用田 1 丘作当,借到姜世宽银 3.5 两,月利率 3%,年利率为 36%,年利息当支付银 1.26 两。原文如下:

---

①张新民主编:《天柱文书·第一辑:全 22 册》第 3 册,南京:江苏人民出版社,2014 年,第131 页。

②王宗勋考释:《加池四合院文书考释·卷四》,贵阳:贵州民族出版社,2015 年,第 368—369 页。

③王宗勋考释:《加池四合院文书考释·卷四》,贵阳:贵州民族出版社,2015 年,第 372—373 页。

立借当字人本寨姜开礼，为因家中缺少银用，自己借到姜世宽名下借过本银三两五钱整，亲手收回，照月加三行利。自愿把党羊大田乙丘作当，不拘远近相还。今恐无凭，立此当字是实。

姜世黄 笔

道光元年三月十七日 当①

相对而言，当田契或借当田契对于作当的田产权清楚，四至标明，借当之钱物数量、品种、利率、期限等项都要准确列出，还有违约责任，如过期未归还钱物，钱主（谷主）有权处理所质押之物。

用田地作抵押物借贷。用田地作抵借钱是清水江流域田地类契约的重要方式之一。其原因有缺少钱用、无粮食度日以及家庭中遇到大事需要资金周转。村民书立借钱字并用某处田产作抵押，所借的银两或铜钱多数情况支付利息。比如采用月加三、加四或加五，换成百分比对应的是3%、4%和5%。如果利率为大加三，那就是百分之三百。契文开头写作“立抵字人”或“立借字人”，如道光十四年三月二十四日姜凤兰当园借姜开明银1.2两，照月加三行息。②《民国十年三月二十五日刘泽欢以田作抵向刘东贵借钱并付息字》：

立借钱字人刘泽欢，今因家下要钱应用无处所出，自已（己）上门借到本房刘东贵满娘钱柒千零四百文正。其钱每千每月当利钱四十文正。自愿将土名岑细坡田一丘作抵，上抵则欢田，下抵则欢田，左抵路，右抵山为界，此丘抵田，由上下来系第三丘。自借之后，等无异言。立有借字为据。

讨龙 大生笔

民国十年辛酉三月廿五日 立

外批：壬戌年三月廿五日归十封零九十枚。③

本契中，刘泽欢用田1丘借作抵押借到钱7400文，每千钱月利息40文，即月利率4%。刘泽欢的田产作为质押物，并未约定归还期限。用田地产业作为抵押物借钱，支付利息，约定归还期限，是通常的规则。《民国二十年十一月二十七日龙求保以田作抵向龙先泗借铜元付息并限期归还字》则限定第

①王宗勋考释：《加池四合院文书考释·卷四》，贵阳：贵州民族出版社，2015年，第357页。

②张应强、王宗勋主编：《清水江文书·第一辑》第1册，桂林：广西师范大学出版社，2007年，影印本，第352页。

③张新民主编：《天柱文书·第一辑：全22册》第14册，南京：江苏人民出版社，2014年，第22页。

二年二月归还,利率仍为4%:

立借铜元字人龙求保,今因家下要钱用度无所出处,自愿将到土名高兰却(脚)田乙丘,上抵尚永昌田,下喜德田,左右抵坡,四至分明。自己上门问到龙先泗名下承借元钱贰拾肆封正,照月每封加四利。其田作其限至二月本利归还,不得有误。若有者,下田耕种收花为利,不得异言。立有借字为据。

亲笔

民国辛未年十一月廿七日 立①

《民国二十三年十二月二十一日杨发隆以田作抵向杨清国借钱并行息字》亦类似:

立借钱字人杨发隆,今因要钱使用无从得处,是以夫妻谪(商)议,无处生方,只得问到胞弟杨清国名下承借出铜元钱叁拾仟文整。其钱每仟每月加伍拾文行息不误。若恐误者将到己业土名干溪□口长墦一节作抵。恐口无凭,特此书立借字为据。

凭中 杨氏仙姣。
请笔 杨德先

民国二十三年十二月廿一日 立②

整体而言,清水江流域的田地买卖契约文书中,卖/断卖占多数,很少一部分是先典后卖的文书(活卖)。活卖时,受让人不一定是原承典人(典手),可以是第三方,只不过原承典人(典手)享有一定的优先购买权利。若受让人(买受人)为原承典人,受让人支付的价款为土地总价减去典当金和典当金利息。原承典人支付的差额,某种程度上也可以理解为将土地由活卖变为绝卖而产生的找价(找贴),但它实现了土地所有权的转移,在土地交易上具有根本的意义。

关于找价。这是一个复杂的问题。找贴,又名找价、加价、增找、增洗等③,一般指在出典人(典主)回赎所典之业前,倘若不打算回赎,可以把典业断卖(绝卖),承典人(银主或钱主)再次支付一定数额的价钱。出典时的价格有时低于典业的市场价格,有时持平或高于典业的市场价格,没有固定的规

①张新民主编:《天柱文书·第一辑:全22册》第14册,南京:江苏人民出版社,2014年,第58页。
②张新民主编:《天柱文书·第一辑:全22册》第3册,南京:江苏人民出版社,2014年,第135页。
③吴向红:《典之风俗与典之法律》,北京:法律出版社,2009年,第35页。

律。当出典人准备回赎典业时，典业的市场价格发生了变化，出典人想补足市场差价，或因资金不足，无法回赎，乃至其他原因，于是加价之后，把典业断卖。与内地相比较而言，清水江流域的土地出典比较单一，很少出现数次找贴的情况；内地的找价则无次数规定，其最后一次找贴是典卖上升为绝卖。

徽州文书中，有数次找价的现象。与此不同，清水江流域的土地契约文书，基本上为断/绝卖，文书一般写作“立卖”或“立断卖”字样，文书中还用相关的语言将所卖出的标的物作限定，表明标的物不可以找赎，如“一卖一了，父卖子休”，“如花落地，永不回头”，断卖的比率大，回赎/找赎的比率很小，土地交易的成功率也高，村民的诚信度高，因而交易的频率较大，涉及政府管理的官契/红契比例较小。这些都与该流域土地契约文书的交易多数为断卖有很大关系。清代户部的规定，允许活卖土地的人找价一次，此后则订立绝卖契约。清水江流域的土地买卖遵照这一法令，因其找贴/价的土地契约文书极少。虽然有学者认为，清水江流域“在文斗现存的契约中没有发现有活卖契约存在，至于内地契约中找价、增洗之类的风俗，更没有发现”。① 或因“苗族习惯法的质朴和重信守诺，认为既然卖契中已经把交易双方的权利义务写清楚了，那么卖方想要翻悔或找价的要求是很难获得社会认可的”②等等，但并不能断言清水江流域无找价的现象。可以从同一宗土地经由同一卖主先典卖、再断卖联系起来考察，从而推断是否为找贴。比如同治十八年九月十八日龙家琳在先年出典价银 24 两的基础上，再次加典价银 53 两 5 钱，共计银 77 两 5 钱，由出典人收足，并约定出典人不得赎取所典之业。实质上，第二次加价，龙家琳把这宗土地绝卖/断卖与姜恩瑞。原契约如下：

> 立老典田字人龙家琳，为因银用无出，今将先年得典瑶光河口姚伟堂加什之田地名格料大田一丘，约谷十四石，上平世爵田，下抵之谟田，右抵世培田，左抵水沟。又将土名冉腊田一丘，约谷三石，上平世爵，下抵之豪田，左抵干埂世爵之田，右抵水沟，四至分明。凭中出加典与姜恩瑞名下承典为业。当日凭中言定先年典过价银二十四两。今又加典价银伍十三两伍钱，二共合银七十七两伍钱，亲手收足。其田自典之

①梁聪：《清代清水江下游村寨社会的契约规范与秩序——以文斗苗寨契约文书为中心的研究》，北京：人民出版社，2008 年，第 40、69 页。

②罗洪祥：《清代黔东南锦屏人工林业中财产关系的法律分析》，云南大学出版社，2006 年，第 32 页。

后,恁从银主耕种管业,典主不得赎取之理。恐口无凭,立此典字存照。[下略][①]

文斗寨姜文甫于乾隆五十九年十二月十四日将眼翁大田一丘典卖给邓大朝,典价银 13 两,约定不拘远近,备到卖价可回赎该田[②];到嘉庆二年二月二十九日,姜文甫因缺少银用,又将此田出卖与邓大朝,双方订立断卖契约,卖价银 16 两,约定"其田自卖之后,任凭买主耕种管业,卖主兄弟不异言。恐口无凭,立此断卖契永远存照",并注明:"此田在(载)正粮壹分正。"[③]两件契约的事主皆是姜文甫,他将 1 宗土地,先典卖,事隔两年多之后,放弃回赎,选择加价绝卖,买主是同一人邓大朝。标的物共卖银 29 两。判断是否绝卖的关键是姜文甫把此田的粮赋与邓大朝作了交割,即所谓"粮随田走"。到此时,姜文甫完成了由典卖到绝卖(断卖)的全过程。由此可知,所卖之田的实际市场价格在银 29 两以上。一般而言,典卖契约不说明赋税情况。

再如《1-3-3-027　龙起泮、龙起河兄弟二人断卖田约(嘉庆四年十二月二十八日)》中,龙起泮、龙起河兄弟二人把其父亲先年典与王学海的田共计三丘复断给王学海,断价为银 41 两,此契未提及先年的典价,不便计算两次的总价。但这 41 两可视为找价。原契如下:

立断卖田约人韶蔼寨龙起泮、起河兄弟二人,为因先年父亲将土名乌得田二丘,又将乌拉大田乙丘典与王学海,今弟兄二人将乌拉大田乙丘覆断与家什姜佐章公名下为业,议定覆断价银肆拾壹两整,兄弟二人凭中领受。乌得田二丘,其乌拉大田恁凭姜公管业,龙姓弟兄日后不得异言。倘有来路不明,俱在龙姓一力(律)承当。今恐人心不古,立断为据。

凭中　龙运周

卖主　龙起泮(押)
起河(押)

①引自王宗勋:《清代清水江下游林区的土地契约关系》,《原生态民族文化学刊》2009 年第 3 期,第 27—28 页。

②陈金全、杜万华主编:《贵州文斗寨苗族契约法律文书汇编——姜元泽家藏契约文书》,北京:人民出版社,2008 年,第 53 页。

③陈金全、杜万华主编:《贵州文斗寨苗族契约法律文书汇编——姜元泽家藏契约文书》,北京:人民出版社,2008 年,第 57 页。

嘉庆四年十二月廿八日　立[①]

又如同治十一年二月二十日龙文炳与龙文吉把以前典卖银17两的田转卖，以1500文断卖价卖给林山川、龙学寨和林喜乐三人。[②]

徽州契约中的找价例子：

立增找契人唐信人，今将祖遗阄分已下字××号，土名大虎林，计税四分……又才字号××，土名云合，计税一分一厘。前已立契卖与章××名下为业，得银拾两。身不愿取赎，复挽中找到章名下七折典钱柒两正……以后永不取赎。[下略]

道光三年十二月　日

立增找契人　唐信人

中人　程景堂　代笔　周锦南[③]

从目前所发现的契约文书看，清水江流域的土地出卖后，再用找价方式获取收益的情形数量极少，不及徽州文书中的找价多。清水江流域土地契约文书中的找价现象极少，原因是多方面的，值得探析，其一可能是该流域与内地交流的时间不长，内地土地交易中的找价习惯尚未形成。[④] 这一点是值得讨论的。

大体而言，广东土地契约文书反映了土地所有权和使用权分离，有“一田二主”或“一田多主”的情形，说明土地被一个或几个地主所控制，每个地主的权利不相同。土地契约再现了广东土地买卖的俗例。当地人在土地交易中先召集房亲族人承买，后召外人。买卖双方和中介人在同一时间进入田地，踏看土地界址，丈量亩分，在田地上插上木桩，“竖杉清楚”“标插明白”，旨在免除以后的土地纠纷。土地买卖中，除了田价，契约内还写明酒席/折席、书签、洗业、利士、中人佣金等费用，这些不固定，根据买卖双方的情况而定。买卖的田地价格包括这一切费用。不过，亦有分开计算的情况。其境内有红契与白契。白契很盛行，内容复杂，有草坦契、围田契、基底契、

①张应强、王宗勋主编：《清水江文书·第一辑》第7册，桂林：广西师范大学出版社，2007年，影印本，第156页。

②张新民主编：《天柱文书·第一辑：全22册》第18册，南京：江苏人民出版社，2014年，第24页。

③安徽省博物馆藏明清徽州契约，转引自彭超：《明清时期徽州地区的土地价格与地租》，《中国经济史研究》1988年第2期，第60页。

④梁聪：《清代清水江下游村寨社会的契约规范与秩序——以文斗苗寨契约文书为中心的研究》，北京：人民出版社，2008年，第70页。

典田契、顶兑契、顶兑单以及表明土地来源的上手契。[①] 这与清水江流域的土地契约文书不相同。

“一，应典、卖、倚当物业，先问房亲；房亲不要，次问四邻；四邻不要，他人并得交易。房亲着价不尽，亦任就得价高处交易。如业主、牙人等欺罔邻、亲，契帖内虚抬价钱，及邻、亲妄有遮吝者，并据所欺钱数，与情状轻重，酌量科断。一，应有将物业重叠倚当者，本主、牙人、邻人并契上署名人，各计所欺入己钱数，并准盗论。不分受钱者，减三等，仍征钱还被欺之人。如业主填纳罄尽不足者，勒同署契牙保、邻人等同共陪填，其物业归初倚当之主。”[②]清水江流域典卖田地契约基本保持先尽亲房，后尽地邻的习惯。

（二）断卖

1. 卖价

一是不说明田地面积，只提及一丘或几丘。比如《同治元年某月二日龙秀启、龙秀宽、龙应璧等卖田契》写作“自愿将到土名冲免田一丘出卖”[③]。本契约中，田的面积无记载，只提及“一丘”卖价钱2400文。这样的田地买卖在清水江流域比较常见，因而对于推算亩价带来困难。

二是田地面积表示办法。主要运用产量记载田地面积。清水江流域的田地契约中，标的物面积的记载常有以下几种方式。

在土名/地名、丘数之后说明田产量。一般使用把、手、边、籽、运、箩、挑、担、石、斗、升、合等记载田产量。石，亦作担，其换算办法详见前述。“约禾多少把”，如《1-5-1-002 姜隐德断卖田约（乾隆二十六年十月初九日）》：“立断卖田约人文都寨姜隐德，为因缺少银用无从得出，情愿将水田壹丘坐落土名也丹，在（载）禾陆把，凭断与加室寨姜锦星。”[④]又如《道光八年十二月十一日龙文焕、龙文礼、龙文河父子等卖田契》所示：

> ……父子要银使用，无从得处，自愿将到土名庙王第七十七丘半环形上田三丘，收禾拾捌边，先问房族，无人承买。请中问到春花寨林邦

①谭棣华、冼剑民编：《广东土地契约文书》，广州：暨南大学出版社，2000年“前言”，第3—4页。

②（宋）窦仪等撰，薛梅卿点校：《宋刑统》，卷第十三“户婚律”，北京：法律出版社，1999年，第232页。

③张新民主编：《天柱文书·第一辑：全22册》第12册，南京：江苏人民出版社，2014年，第97页。

④张应强、王宗勋主编：《清水江文书·第一辑》第10册，桂林：广西师范大学出版社，2007年，影印本，第2页。

琼承买，当日议定价银贰拾两叁钱肆分。其银卖主亲领入手应用。其田付与买主耕管为业。自卖之后不得异言。今欲有凭，立此卖契存照为据。

内添一字。

亲笔 龙武备

兴

凭中 龙文 武积

馥

道光八年十二月十一日（印） 立①

“约谷担/石/斗/升”“计谷多少担/石/斗/升”，如《1-5-2-024 陆光化断卖田约（同治八年六月二十三日）》：“立断卖田契约人中仰寨陆光化，为因缺少银用无处所出，自愿将到地名泰山田大小弍丘约谷七石。”②这里的“在禾陆把”“约谷七石”标地名后的产量，通过产量，交易双方知道面积，可以衡量卖价。民国三十一年五月五日林昌显卖一丘田的三分之一，产量为“收谷弍斗五升”③，大约25市斤。

一次卖出几处的田，文书则分别说明各丘的产量，比如《1-2-2-083 姜老秀父子断卖田约（道光二十三年十二月二十五日）》：“立断卖田约人本寨姜老秀父子，为因家中缺少银用无处所出，父子自愿将到党周大田一丘即在枝模坟山却（脚），在（载）谷八石，又一处培右大田一丘，此田之界……其田之谷在（载）八石。”④

在“四至分明”之后说明田的产量。常用“此田约谷多少石/斗”“约禾/谷多少把/石”等等，如《1-5-2-018 姜丙生断卖田字（同治六年十一月十四日）》：“立断卖田字人本房姜丙生……四至分明，此田约谷四担，今将出卖与姜开周名下承买为业”。⑤ 又《1-3-4-114 姜生发断卖田字（民国三年二月十七日）》：“立断卖田字人本房姜生发，为因缺少银钱用无处得出，自愿将

①张新民主编：《天柱文书·第一辑：全22册》第18册，南京：江苏人民出版社，2014年，第3页。

②张应强、王宗勋主编：《清水江文书·第一辑》第10册，桂林：广西师范大学出版社，2007年，影印本，第199页。

③张新民主编：《天柱文书·第一辑：全22册》第18册，南京：江苏人民出版社，2014年，第61页。

④张应强、王宗勋主编：《清水江文书》（第一辑）第4册，桂林：广西师范大学出版社，2007年，影印本，第208页。

⑤张应强、王宗勋主编：《清水江文书·第一辑》第10册，桂林：广西师范大学出版社，2007年，影印本，第193页。

到主(祖)遗之田乙丘,地名况可,界止:上凭……四至分清,约谷三石。”①

或在“四至分明”前说明田的产量。如《1-1-8-057　姜凤仪典田约(咸丰九年十二月二十九日)》:“立典田约人姜凤仪……又地名冉蜡,界至:上凭下凭左凭沛清之田,右凭水勾(沟)为界,二处计谷十弍石,四至分清。”②

在田的卖价之后说明田的产量。常用“其田多少石付与某某”“其田多少把付与某某”,如《1-5-2-008　陆光昭断卖田契(同治二年二月初十日)》:“立断卖田契约人中仰寨陆光昭……三面议定断价文(纹)银壹拾柒两叁钱整,亲手领回应用。其田约谷壹拾贰石。”③

在文书正文后面补充说明田地产量。在“立此卖契为据”字样之后书明面积,用“约谷六担”“禾多少把”等,如《1-2-2-105　姜凤岐断卖田字(光绪十九年十月二十九日)》:

> 立断卖田字人本寨凤岐,为因缺少银用无处得出,自愿将到补生田乙丘,界止:上凭显韬田,下凭田,左右凭水沟,四字(至)分清。当日凭中议定断与姜献义名下承买为业,议定断价拾伍两八钱整……立此断字为据。约谷六担。④

还有在约定将标的物付与买方管业处说明产量,如《光绪三十一年三月五日龙浩源卖田契》中“其田贰拾陆稨”在契文约定处,原文如下:

> 立卖田契字人上花寨龙浩源,兹因缺少度支,罔从假贷,无计可施,自愿将到小坪坝场老脚第壹百伍拾壹丘蛇形出售。先问亲房,无人承买。请中上门问到演大龙喜泰父子承买,当日凭中议定老宝价银贰拾肆两贰钱捌分整。其银亲手领足。其田贰拾陆稨任从买主耕管为业。自卖之后,不得异言。恐口无凭,立有卖契为据。
>
> 凭中　龙仲礼
>
> 亲笔
>
> 外批:内添一“坝”字,涂一“族”字。

①张应强、王宗勋主编:《清水江文书·第一辑》第8册,桂林:广西师范大学出版社,2007年,影印本,第118页。

②张应强、王宗勋主编:《清水江文书·第一辑》第3册,桂林:广西师范大学出版社,2007年,影印本,第367页。

③张应强、王宗勋主编:《清水江文书·第一辑》第10册,桂林:广西师范大学出版社,2007年,影印本,第183页。

④张应强、王宗勋主编:《清水江文书·第一辑》第4册,桂林:广西师范大学出版社,2007年,影印本,第230页。

光绪三十壹年三月初五日　立①

但是,多数情况下卖田契约并不说明田的产量,只说明丘数、坐落、地名、四至和卖价。而园地等耕地一般不注明标的物的面积,常用冲播多少个、土多少冲、园多少幅、园多少团等描写数量。这造成单位面积的田地卖价很难折算。

2. 田地赋税与计量

一般而言,山林荒地园地不承载赋税,田地则承载赋税。粮赋是田地类契约中的重要内容。"粮随田走,照册完粮"表明田地所承载的赋税随着田地所有权的转移而变动。在文书中标明所承载的赋税量,这是田地文书与山林荒山文书最大的区别。田产买卖交易形成后,须向当时的政府经征部门(土地管理处)呈报、备案、投税。民国时期颁发新买契、土地管业执照等凭证,加强了对民间土地交易的管理。若田地买卖双方私下交易,则往往无官府颁发的契纸。买卖双方达成协议后,规定受让人(买受人)不承担该田地所承载的赋税,赋税仍由出让人(出卖人、出售人)承担,此时受让人常出让另一田地给出让人作为补偿。文书中"外有补出当粮存照"即是这种情况。"田不在粮册"说明此丘田未登记到记载田赋的粮册中,不承担交纳田赋的义务。② 如道光二十六年十月初三日《杨正凤今猛田坡断卖契》对于所卖之田有无载粮作说明,"谷廿石并无钱粮合勺",龙本和弟兄瓦匠田断卖契"田一丘约谷六石,随代府粮一升八合"。③ 其写法是随代府粮、原粮石斗升合勺多少。比如同治十二年八月十九日龙克教所卖田地,产量禾把18边,承载田粮1升8合,买方需承担该田所交纳的粮赋。这是非常重要的,所以在卖契中注明。原契文如下:

立卖田地契人皎环寨龙克教,今因家下要钱使用无从得处,自愿将到土名春花团却田乙丘,禾把壹拾捌稨,先问亲房,无人承买。请中问到春花寨林山川承买,当日三面议定价钱陆千叁百文整。其钱领足入手应用。其□交与买主耕管为业。自卖之后,不得异言。恐口无凭,立有卖字永远为业。

①张新民主编:《天柱文书·第一辑:全22册》第16册,南京:江苏人民出版社,2014年,第22页。

②潘志成、吴大华编著:《土地关系及其他事务文书》,贵阳:贵州民族出版社,2011年,第3页。

③高聪、谭洪沛主编:《贵州清水江流域明清土司契约文书·亮寨篇》,北京:民族出版社,2014年,第69、73页。

内添一字。出(除)粮乙升八合。

凭中　阳宗永
　　　伍子川
代笔　龙世瀛

同治拾弍年捌月拾玖日　立字①

如前所说,用“边”“石”“挑”“手”“运”“箩”“把”等作为田地面积单位。这一类田可以计算出单价,如《乾隆四十六年一月二日伍光能卖田约》:

立卖田人伍光能,今因家下要银使用无从得处,自己将到先年得买伍贵伯名下土名美栗冲田半丘,收禾拾玖稨,载粮照册当约,三面议作田价纹银柒两三钱整。[下略]②

19边卖价7.3两,单价0.384两/边,每亩约为13.832两。又如《光绪三十三年三月龙东本、龙东玖卖田契》:

立卖田契人龙东本、龙东玖,今因前光绪癸夘(卯)年内设修道场缺少用度,自愿将土名高阳山坝三家所共之田乙丘,收花四十二边,上抵求泰,下抵任开云,左抵应昌共,右抵承广,四至分明。弟兄三人商量卖与堂侄龙喜魁承买,当日议定田价壹拾捌仟零捌拾文正。其钱交清,将田付与买主为业。自卖之,不得异言。恐口无凭,立有卖字为据。

代笔
凭中　文科

光绪卅叁年三月日　立③

本契约中,面积42边的田卖价18080文,以6边为一亩计算,约每亩2583文,合1.722两/亩。“边”又写作“稨”,用来表示糯禾与稻谷收成,是一种计量单位。光绪《天柱县志》卷三《田赋》,四籽为一边,一扁谷/禾约重12斤。《宣统元年十一月三日龙喜德卖田字》产量为6边的田卖价为7500文,即每亩7500文,折合银价为5两/亩:

立卖田字人本房喜德,今因要钱使用无所出处,自愿将到土名豆凤田乙丘,入花十二边,出卖壹泮(半),上衹(抵)先举田,下衹(抵)喜泽田,左衹(抵)照马田,右衹(抵)玉来田,四至分明。自己问到喜魁、喜

①张新民主编:《天柱文书·第一辑:全22册》第18册,南京:江苏人民出版社,2014年,第26页。
②张新民主编:《天柱文书·第一辑:全22册》第12册,南京:江苏人民出版社,2014年,第96页。
③张新民主编:《天柱文书·第一辑:全22册》第14册,南京:江苏人民出版社,2014年,第3页。

恒二人承买。当日议定价钱七千五百文整。其钱交清，付与买主耕管为业。自卖之后，不得异言。恐后无凭，立有卖字为据。

凭中
代笔　喜德

内添五字。

宣统元年十一月初三日　立①

再如《民国九年五月四日龙喜伴卖田契》：

立卖田契字人黄尚村龙喜伴，今因缺少钱用无所出处，自愿将到土名更对半冲田一丘，收花三十边，上坻（抵）四共田，下坻（抵）龙喜川田，左坻（抵）山，右坻（抵）溪，四至分明，要钱出卖。自己上门问到本房龙喜恒、龙喜魁、龙皎村潘万先三人名下承买，当日凭中言定价钱一百三十四千八百文整。其钱亲主领足入手应用。其田付与买主永远耕管为业。自卖之后，不得异言。恐口无凭，立有卖字为据。

先举
凭中　龙喜焕
代笔

民国庚申年五月初四日　立②

本契约中，收花36边的田卖价为134800文，合3744文/亩，民国元年至九年每两银折合铜元1400文，折合亩价约为2.675两/亩。从一宗买卖来说，《民国二十六年二月二十八日刘荣昌卖田字》③中，两丘田卖价为648800文，折合银约为108.13两。这是笔大宗买卖了。同月二十六日刘荣昌卖田1丘，钱320800文④，折合银53.47两。两宗交易达银162两余。

土块、园地常用块、团来表示数量，极少标明面积。当然，亦有使用丈、尺等单位来表示标的物的面积的情形。比如《道光十五年十月十五日龙氏见桃卖园地基契（附：同治元年杨桢干卖园契）》所记载，龙氏见桃所卖园地基面积为“横乙丈，正乙丈”，大约为六十分之一亩，卖价为铜钱一千文。若换成亩，则为每亩60千文，即6万文，合每亩60两白银。用丈作为单位标明园地面积，一般是把它当作地基来买卖。原契如下：

①张新民主编：《天柱文书·第一辑：全22册》第14册，南京：江苏人民出版社，2014年，第4页。
②张新民主编：《天柱文书·第一辑：全22册》第14册，南京：江苏人民出版社，2014年，第19页。
③张新民主编：《天柱文书·第一辑：全22册》第14册，南京：江苏人民出版社，2014年，第83页。
④张新民主编：《天柱文书·第一辑：全22册》第14册，南京：江苏人民出版社，2014年，第82页。

立卖园地基契人春花寨龙氏见桃，今因家下要钱使用无从得处，自愿将到土名东青脚园半节横乙丈、正乙丈，东抵杨氏园，南西北抵林邦琼园为界，四至分明，要钱出卖。先问亲房人等，无人承买。请中上门问到来溪寨杨胜礼承买，当日凭中三面言定作价钱壹千文整。其钱交清，亲领入手。其地基卖与杨胜礼永远耕管为业。自卖之后，不得异言。恐后无凭，立卖是实。

请笔　林天盛

凭中　林邦琼

道光十五年十月十五日　立［下略］①

至于塘，量词常用口、眼等。比如，乾隆三十三年四月十八日姜美剪把鱼塘1眼以银11两5钱的价断卖与本房姜富宇②；乾隆三十六二月初六日姜贤德等断卖鱼塘一半，卖价为银4两3钱③；乾隆三十七年九月初一日姜伍什卖鱼塘1口，卖价为银1两1钱④。又如《乾隆六十年本寨众人卖清河塘约》：

立卖清河塘约人本寨众上人等，因为红苗作反，老爷派我等寨火绳八盘，众人无处出处，众上自愿将河边地名塘叫做（作）硕列，出卖与亦本寨姜廷德名下承买为业。当日议定价银四钱整，银契两交，不欠分厘。自今以后任凭廷德下塘毒鱼管业，两寨内人等不得异言争论塞塘之事。今欲有凭，立此卖字存照。

成俞字　　中人　　姜文德 献

乾隆六十年四月十二日　书［下略］⑤

一口鱼塘由几股均分，倘若出卖，则说明所卖的股数。龙喜禄所卖三分之二鱼塘，即三股均分卖其两股，价为钱2300文。那么这口塘时价大约为3450文，如《光绪十一年十月十日龙喜禄卖鱼塘契》：

---

①张新民主编：《天柱文书·第一辑：全22册》第18册，南京：江苏人民出版社，2014年，第7页。

②张应强、王宗勋主编：《清水江文书·第一辑》第12册，桂林：广西师范大学出版社，2007年，影印本，第316页。

③张应强、王宗勋主编：《清水江文书·第一辑》第12册，桂林：广西师范大学出版社，2007年，影印本，第321页。

④张应强、王宗勋主编：《清水江文书·第一辑》第12册，桂林：广西师范大学出版社，2007年，影印本，第322页。

⑤张应强、王宗勋主编：《清水江文书·第一辑》第3册，桂林：广西师范大学出版社，2007年，影印本，第9页。

立卖鱼塘契人演大寨龙喜禄，今因家下要钱使用无从得处，自愿将到父亲先年得买龙成富土名等冲寨鱼塘，三股均分，得买二股，上抵官锐屋基，下抵官锐园，南抵万松园，北抵寨路为界，四至分明，要钱出卖。请中问到等冲寨龙万松、龙万有二人承买，当日议定价钱弍千三百文正，其钱亲领入手应用。其鱼塘交与买主耕管为业。自卖之后，不得异言。恐口无凭，立有卖字为据。

凭中　龙喜亨

亲笔

光绪十一年十月初十日(印)　立①

光绪十四年，吴光玉因为缺少费用，无处可出，把一口鱼塘的四分之一股卖与龙家兴，价钱为880文。与前述典卖不同的是，约定为“其塘自断之后，不与族内人等相干。日后若有不清，买主不知，卖主理落，不得异言”②。

关于鱼塘的买卖，其中最重要的是水源的出入，这是该类契约中必须说明的事项。契约中详细地使用“外批”格式加以说明，标出鱼塘的四至、路及宽度、水排出何处。如《7-1-1-056　杨正彬立断卖塘字(民国三十七年四月十六日)》：

立断卖塘字人本家堂侄杨正彬，为因缺少洋用无处所出，自愿将到屋边塘一口，计谷伍拾斤，出卖与本家堂叔杨朝显承买为业。当日凭中三面议定断价大洋弍拾弍元整，亲手收足，分文不欠。恐口无凭，立有断字是实为据。

内添五字。

凭中　龙家富

民国卅年戊子岁四月十六日　亲笔　立③

本例中，产量为50斤的塘，是一种表示面积的方法。如果按每亩产稻谷6挑估算，这口塘约为0.1亩，大约每亩260元。

大致而言，平均每口塘约卖白银4–5两。塘作为重要的耕地水源，在清

①张新民主编:《天柱文书·第一辑:全22册》第16册，南京:江苏人民出版社，2014年，第132页。

②高聪、谭洪沛主编:《贵州清水江流域明清土司契约文书·亮寨篇》，北京:民族出版社，2014年，第264页。

③张应强、王宗勋主编:《清水江文书·第三辑》第1册，桂林:广西师范大学出版社，2011年，影印本，第56页。

水江流域土地买卖中是一个特殊的事项。塘既可作水源,又可以养殖,还可以种植水稻。不过,文书多数情况不详载塘的面积和产量,这给测算它的亩价带来困难。为此,本书只能推断卖价。

3. 通货与领字

民国时期清水江流域村民在土地交易中,不论活卖与断卖田地,都涉及通货的选择。一般情况使用白银、铜圆。民国时期使用银两/圆、铜、和钞(法币)。另外,使用谷、米、包谷(玉米)等。外省的钞票,如湖南的长沙票在该流域亦有发现。长沙票的单位为圆角。比如民国二十四年七月十六日刘启玉卖土1宗,价长沙票39圆8角8正,原契文如下:

立卖土字人刘启玉,因要钱使用无所出处,自愿将到平墓蕼长毫土四坪出卖。自己上门问到本房刘定凡承买,二比议价长沙票三十九圆八角八正,领足。其土付与买主耕管为业。自卖之后,不得异言。及[其]土四至分明,东抵蕼,南抵奶模土,西抵庙半坡,北抵路。立有卖字存照。

亲笔　刘启玉

民国二十四年七月十六日　立①

活卖与断卖有时皆书写领字。有时在契约中注明,钱物领清,领不另书。减少不必要的手续。一般地说,卖契后面书立除帖字表示田地产权完全转移到买主手中。除帖字内列出所卖之田地承载的赋税。比如《光绪十九年十二月八日杨占山卖田契(附:杨占山除帖领字)》:

立契卖田人杨占山,今因家下要钱用度无从得处,夫妻父子商议,情愿将到土名蜈蚣冲口水田壹丘,计谷伍石正,载税陆分伍厘,其田内开四[抵],上抵路,下抵买主田,左抵墦,右抵溪,四抵分明。要行出卖,无人承就。请中问到堂兄杨占春名下承买。当日凭中三面言定卖价钱贰拾壹仟四伯(佰)八十文整。其钱亲领入手用度,领不另书。其有酒席花字以(一)并在内。其田在与子孙永远耕管为业。恐口无凭,立契字存照。

立除贴领字人杨占山,今因领到杨再荣得买我蜈蚣冲口之田价钱照契内之领,以(一)并领清,并无下欠分文。其税在与占山户内除出税陆分伍厘正,过入再荣户内收当,不得陋漏系(丝)毫。

堂叔杨开应(押)

---

①张新民主编:《天柱文书·第一辑:全22册》第19册,南京:江苏人民出版社,2014年,第65页。

贵(押)　　　　　　　　　　　　鳌(押)

凭中　宋仕　　　亲商　吴文秀(押)　凭堂兄　　杨占寅(押)

富(押)　　　　　　　　　　　　芳(押)

卖主　杨占山(押)

光绪拾玖年十弍月初八日　　请中代笔　杨秀川(押)　立①

该份契约卖主杨占山,其5石田卖与杨占春兄弟,价钱21480文,合银14.32两。该田载税6分5厘,在除帖字中从杨占山名下除去,过户到杨再荣户内收当,这是"田随粮走"的例证。应当说,载有赋税的田地产业转让过程中,必须有赋税过户的手续,方才称得上完整的一宗买卖。否则只能看作活卖,赋税仍由原主承担。

民国时期仍然在卖田契后面书立领字,而且凭中、房族等人全部签字画押,说明一宗田地交易中产权转移的重要性。比如《民国三十五年三月四日杨清洪、杨清忠、杨清登卖田契(附:杨清洪、杨清忠、杨清登领卖田价洋字)》

立契卖田字人杨清洪(押)、杨清忠(押)、杨清登(押),今因家下要洋用度无从得处,兄弟谪(商)议,情愿将到面分之业凿坪脚干田乙丘,载税计谷子肆石正,内开四抵,上抵杨德成田,下抵清泉田,左抵清约田,右抵油树,四抵分明。要行出卖,无人承受。请中上门问到亲戚梁门杨氏新姣名下承买为业。当日凭中言定卖价洋伍万肆仟捌百元正。其洋当日亲手领足,并不下欠分文角仙,领不另书。其田卖与之后,买主永远耕管为业,卖主不得异言。日后如有别人言论,有我卖主一面承当,不关买主之事。恐口无凭,立有卖字为据是实。

凭中　杨德智

田士华

蒋氏宽秀(押)

舒氏秀雁(押)

房族　杨有□(押)

杨清松(押)

杨清谱(押)

杨德有(押)

①张新民主编:《天柱文书·第一辑:全22册》第3册,南京:江苏人民出版社,2014年,第186页。

杨清银(押)

杨清□(押)

立领田价洋字杨清洪、杨清忠、杨清登,今因领到梁门杨氏新姣得买我苗坡脚价洋,照契以(一)并领清,并不下欠角仙,领不另书。恐口无凭,立有领字为据。

民国卅五年三月初四日 请笔 杨德□ 立①

如果出现房族言论,不仅由卖主一面承担,而且“酒席画字卖主言一面承当”②,卖主务必做到标的物产权明晰。此约中领田价洋人杨清东用了印章。除帖字在田地交易过程中具有重要法律效力,虽然不必由官府印,但民间习惯上写了除帖字,田地粮赋有了交割手续,田地产业的所有权转移才算完结。

(三)拨换

人口增加,居住是村民日常生活中最重要的环节。村民为了解决居住问题,需要修建房屋。而修造新屋,离不开地基。清水江流域村民之间互相拨换土地以解决地基。因为房屋占据的地基是一定量的,村民在修造时若缺乏一整块地基,抑或一小部分,他们会选择用田地交换屋地的方式,置换田地,双方乐意,各得方便,即令胞兄弟之间,也需要订立契约,并且详细记载所拨换田地的产量,精确到“籽”一级单位,大体上类似重量单位斤;所拨地的面积,精确到“尺”一级单位,从契文中可知,林启芳用1边1籽换得一小块屋基。或者根据面积,只拨其中面积相等的部分,其余不变。或拨换其中的股份。如《嘉庆十五年二月二十九日刘秀高、刘秀瑜、刘照宗兄弟三人拨地契》:

立拨约人刘秀高、刘秀瑜、照宗三人,兄弟自愿将到土名庶雷山壹坪掉换三吉(截)、鬼六溪由山□股,凭中看过,不得审(翻)悔异言。恐口无凭,立字存照。

秀高、秀瑜、照宗之山中依挖孔,上抵本人山,下抵田,四至分明。

凭中 秀选

代笔 秀实

嘉庆十五年二月廿九日 立 换③

---

①张新民主编:《天柱文书·第一辑:全22册》第3册,南京:江苏人民出版社,2014年,第105页。

②张新民主编:《天柱文书·第一辑:全22册》第3册,南京:江苏人民出版社,2014年,第106页。

③张新民主编:《天柱文书·第一辑:全22册》第19册,南京:江苏人民出版社,2014年,第8页。

比如《宣统三年六月十三日龙喜恒与龙喜魁换田字》：

立换字人龙喜恒，今将更对田乙丘，收花十八边，自己承愿换到喜魁杨山坝大田六股均分，直换一股。二比承愿所换，若后不得言。恐后无凭，立有换字为据。

外批：价钱三仟文正。

代笔　龙元芳

喜德

凭中亲房　泽

叔伯东昇

宣统三年前六月十三日　立①

民国二十五年六月三日林启芳因为修房屋缺少地基，便与其兄林启玉拨换田地换得地基一块，双方约定永远为业。原契文如下：

立拨换字人林启芳，情因起造房屋缺乏便地，难以创造，当凭房族与胞兄林启玉磋商，情愿将冲希第拾陆丘蚯蚓形，叁股均分，将壹股拨换。东抵林启焕田，南抵杨胜亨田，西抵昌炳本主田，北抵水塘，四至分明。中禾拾稨，将叁稨叁籽拨换东清溪第叁拾叁丘鱼鳅形，中禾式稨式籽，再将老屋左边三角形之地由玉前二言至老坎止，横面四尺与兄创造，双方便利。其冲希田任凭胞兄耕管为业，其东清溪鱼鳅形田由胞弟启芳创造。自拨换之后，二比永远发达，不得异言。恐口无凭，立有拨换字一张为据。

内添六字。

凭族　林昌魁

代笔　林昌名

民国二十五年六月初三日立　立②

由此可知，田地在村民的财产中具有举足轻重的位置，村民采用拨换田地的方式是比较明智的，因为亲人、亲族之间运用买卖方式有时行不通。也涉及拨换字在清水江流域有时写作“左换字”“掉换字”“对换字”，比如光绪二年九月十六日姜凤文弟兄与其大伯姜大荣换园一幅，方便管理，所立“左

①张新民主编：《天柱文书·第一辑：全22册》第14册，南京：江苏人民出版社，2014年，第7页。

②张新民主编：《天柱文书·第一辑：全22册》第18册，南京：江苏人民出版社，2014年，第57页。

换字”即拨换字。[①] 田地包括土,在清水江流域,土实际包含烤园地、园和土等。光绪二年九月十六日姜大荣把祖遗的菜园二块平均分为两股,拨换与献瑞弟兄管理,约定“各占各管业,二比日后不得争论”[②],此约称为分拨字。光绪二十二年十月十八日姜恩瑞、姜献义换园,亦写作“左换字”[③],开列标的物四至,在凭中见证下,地权发生转移。

拨换字约中,地权发生转移,双方自愿,原因很多,诸如管理方便、耕种距离远近调整、祖业重新分配、新的使用目的等。如不涉及粮赋,一般不用推收过割手续。宣统三年闰六月二十二日姜春年用园坪与姜恩瑞“对换”仓地坪。[④] 再如,民国十五年七月十八日姜文举与姜源淋互换园。[⑤]

(四)租佃

除了林地佃种,清水江流域田地佃种的情况亦存在一定数量,但不及林地中的租佃普遍,其原因是该流域自然环境属于山地,平地、坝子所占面积少,林地经营与田地经营具有一定的差异,另外,田地主招佃他人耕种比较困难亦是田地租佃不流行的原因。

从近代清水江流域的农户结构可以知道,该流域佃农的比例大体在20%左右,如表1-16所示:

表1-16 近代贵州省黔东南部分县农户结构表 单位:%

阶层	八寨	三穗	丹江	永从	镇远	炉山
自耕农	50%	50%	90%	30%	30%	30%
半自耕农	25%	20%	5%	40%	40%	20%
佃农	25%	30%	5%	30%	30%	50%

资料来源:张水梅编著:《贵州经济》,上海:中国国民经济研究所,1939年,第198页。

①张应强、王宗勋主编:《清水江文书·第一辑》第5册,桂林:广西师范大学出版社,2007年,影印本,第46页。

②张应强、王宗勋主编:《清水江文书·第一辑》第4册,桂林:广西师范大学出版社,2007年,影印本,第370页。

③张应强、王宗勋主编:《清水江文书·第一辑》第4册,桂林:广西师范大学出版社,2007年,影印本,第377页。

④张应强、王宗勋主编:《清水江文书·第一辑》第3册,桂林:广西师范大学出版社,2007年,影印本,第406页。

⑤张应强、王宗勋主编:《清水江文书·第一辑》第3册,桂林:广西师范大学出版社,2007年,影印本,第424页。

近二成的农户是佃农。那么佃种田地的数量是有一定比例的。比如《民国六年十一月二十五日刘东甲转佃字》：

立转佃字人刘东甲，情因地名圭六正冲有田一丘，收花七十二稨，上抵刘定坤田，下抵刘长寿田，左抵溪，右抵刘东三田，于丁巳年十月廿五日曾出典与龙大启名下。今凭龙荣灿转佃此田耕种，自愿每年当大启租谷三十六稨，限在十月初二日自送与启，不得异言。恐口无凭，立有租字为据。

亲笔

民国丁巳年十乙月廿五日　立①

此田的田主是刘东甲，出典与龙大启。自己转佃种此田，田主充当佃种人身份，典主（钱主）相当于获得该田的田面权，收取租谷"每年三十六边"。在这丘田中，可以理解为田主控制田底，但要耕种时，须向田面主交纳租谷，即实物地租方能实现。可见，田面权是实际上的收益获得者。正如杨国桢所说："一旦永佃权的自由转让成为一种'乡规'、'俗例'，它就具备了一定的'合法性'。这时佃农就从拥有对土地的永久使用权，上升为拥有对土地的部分所用权。"②这样田主的土地所有权分割为田底权和田面权。

又如《民国五年二月二十八日龙金宝园地佃账》：

立佃帐人龙金宝，今佃到潘万福等下上花定宋园地两坪，每年认租钱式百肆拾正，其租年清年款，不得拖欠。承佃拾年为限。恐口无凭，立此佃帐是实。

芝亭氏　代笔

民国五年二月二十八日　立③

这里的佃园地，租钱240，佃期10年，每年交清当年的佃钱。标的物为园地2坪。《咸丰十一年二月七日游希林、游希凤佃种田地字》则明确约定佃四主六的分成比例：

立佃种田人游希林、希凤，今因佃种到伊亲蒋再学田土、荒田、长垅

①张新民主编：《天柱文书·第一辑：全22册》第19册，南京：江苏人民出版社，2014年，第59页。

②杨国桢：《明清土地契约文书研究》，北京：中国人民大学出版社，2009年，第77页。

③张新民主编：《天柱文书·第一辑：全22册》第16册，南京：江苏人民出版社，2014年，第212页。

坡水田叁拾糎（运），每年照谷糎（运）四陆分花，逐年照谷糎（运）分花，不得短少升角（合）。如有短少，自己愿退佃种，主不得异言。今凭代笔中立佃种是实。

请中代笔　黄邦魁

咸丰十壹年二月初七日　立字①

这里的分成为佃四主六，即佃户游希林、游希凤将收成的六成交给田主蒋再学，自己只获得四成的收益。如短少，佃户游希林、游希凤自己退佃种，掌握着佃种与否的主动权。同样在《光绪二十九年三月六日罗根光佃田字》里用“惟客辞主”表明佃户的主动权，撤佃权由佃农掌握。原契文如下：

立佃田字人罗根光，今佃到转高冲表兄刘昌儒名下本家小坪坝田大小拾丘，计禾把陆百稨，逐年耕种，自愿甘认租谷贰拾石整，丰欠无异。其田自当恳勤灌溉，多积粪草，春耕夏耘，不得懈息，及至秋收，自𨔶（运）归仓，升合勿得短少，惟客辞主。自佃之后，不得异言。恐后无凭，立有佃田字付田主为据。

代笔　侄罗经邦

光绪二十九年三月初六日　立②

似乎清水江流域的田主很难招佃耕种，所以可以解释为什么佃户可以掌握是否继续佃种田地主动权。这些有力地证明了永佃制的“佃农具有经营土地的自主权”和“不存在主佃之间的人身依附关系”特征。③ 至于“地租剥削量相对稳定”，清水江流域佃田地，采用实物地租、货币地租、比例分成租三种形式，如前述的“每年当大启租谷三十六稨”“每年认租钱式百肆拾正”“每年照谷糎（运）四陆分花”“租谷贰拾石”等。

再如《彭玉杰、李老保佃契》记载，约定二股均分（咸丰五年十二月二十八日），《姜大兴佃契》约定“二比平分”，“自佃之后，随佃户耕种，佃户说□，田主方招别人，不得耕种数□□□随意另招别人”（咸丰六年九月初九日）④，这些都说明田主不得任意退佃另招他人耕种；佃户具有自由自主的佃种权利。

①张新民主编：《天柱文书·第一辑：全22册》第7册，南京：江苏人民出版社，2014年，第218页。

②张新民主编：《天柱文书·第一辑：全22册》第10册，南京：江苏人民出版社，2014年，第129页。

③杨国桢：《明清土地契约文书研究》，北京：中国人民大学出版社，2009年，第76—77页。

④陈金全、杜万华主编：《贵州文斗寨苗族契约法律文书汇编——姜元泽家藏契约文书》，北京：人民出版社，2008年，第427页。

当然,佃契中亦规定了田主可以自主招佃的权利。有契约为据。道光二十六年五月二十日范长庚佃姜绍熊等之田,“足(逐)年秋收之时,请主上田,照田多少除粮,年分其有,日后随主退早退辞(迟)”①。

但是这些契约文书并未直接书写田面权、田底权的出让或转卖,我们还不能下结论说清水江流域存在着“一田二主”的经营方式。

(五)避免田地纠纷的措施

1. 立吐退字

土退字亦写作吐退字,属于田地买卖的补充契约,具有同样的法律效力。一般情况下,吐退字批的是事主将田地典卖给受让人之后,契价已经领清,但典、卖契一时不能找到,为了避免事主再次找受让人索要钱物,由事主订立的单字,相当于事主说明已领到典、卖某物的价钱,遗失的契约即便以后找到已是无用的契纸。所以订立吐退字具有防范以后土地纠纷的作用。如《光绪八年四月十九日杨承瑚典田土退契字》:

立吐退字样领钱人杨承瑚,今因先年得典罗炳开之田土名大垅丘田乙丘,又并音树脚田乙间,又并老井塘田乙丘,乙共二张契,以为上门赎取,不得短少,并无下欠文。其有典契寻至不出,日后寻出典契以为故纸无用,不得异言。恐后无凭,立吐退字样为据。

凭中　杨成喜

光绪捌年四月十九日　　请代笔　清贤　立②

签约用意是土地、山林、实物等在典当过程中,出典方已全部履行了各项典当规定,并在归还典当金额后,按原有的条约赎回典当物,按照典当习惯法规定,承典人必须退还原有典当契约,完成典当程序。如承典人将原有契约遗失,与承典人达成协议,由承典人书立的具有同等法律效力补充型文书,以免承典一方作弊,引起产权纠纷。再如《光绪二十二年五月二十四日杨灿章、杨树培、杨元益等吐退典字》:

立吐退字人杨灿章、树培、元益、新益、再朝、秀来、钱平,今我众首叔先年得典杨咸新无公冲口水田一丘,其田杨占春赎出来,典钱陆仟五

①陈金全、杜万华主编:《贵州文斗寨苗族契约法律文书汇编——姜元泽家藏契约文书》,北京:人民出版社,2008年,第410页。

②张新民主编:《天柱文书·第一辑:全22册》第3册,南京:江苏人民出版社,2014年,第2页。

百文正。其有元契以为故纸无用。立吐退字为据。

光绪廿二年五月廿四日 杨树培 亲笔 立①

吐退字,是土地典当契完结之后的手续,出典人按典期备足资金或实物,根据以前的典契约定内容和款项,如数归还典金或典物,赎回所典的田地,土地使用权转移到出典人手中。双方钱清字回。承典人书写土退契约,交给出典人和土地一并管理,一是证明典当过程的终结,二是证明原典当契约遗失,以后寻出作为故纸不具有法律效力,即用契约的形式否定遗失契约不可以作为法律上之证据。这是杜绝以后田地纠纷的有效方法,相当于从制度上、法律上杜绝产生土地纠纷的后患。

2. 立戒约

对于争论解决之后,需要当事人立戒约,比如《乾隆元年十二月二十三日刘成芝、潘贵明柴山齐水圳纠纷劝息戒约》:

立戒约人刘成芝,今因在冲脚寨半冲开振田丘与潘贵明二家角口,请刘忠□、潘文星、潘廷聘三人入内查理劝息,其有潘处柴山齐水圳以上管业,其刘处田丘齐水圳以下管业,二彼(比)各管各业,在后不得越禁混占,如有此情,执戒约为照。

代书 潘廷聘

乾隆元年十二月二十三 日立

立合同壹纸存照[半书]②

分家析产时,如果参与分割土地的人在平均分配的基础上,出现某一方亏欠的情况,村民采取一种补救措施,由获得田地较多的一方按田地产量的相差额补给另一方。土地析分之后,当事人按照田地平均产量计算,低于平均量的,由立补人书立字据,把田地差额部分补给另一方或多方。其实这里出现三次产极转移。因为买进该宗土地是一次产权转移,平均分配时该田产一分为二,再次转移部分产权。从偏多的一方补出的土地亦发生产权变更。比如《嘉庆十六四月十六日蒋宗勤补田产约》:

立补田产人蒋宗勤,情因兄弟将到先年得买田山于嘉庆拾陆年二

①张新民主编:《天柱文书·第一辑:全22册》第3册,南京:江苏人民出版社,2014年,第188页。

②张新民主编:《天柱文书·第一辑:全22册》第4册,南京:江苏人民出版社,2014年,第118页。

月初三日揺分二股，宗耀一股亏少。凭族亲宗勤自愿将到土名黄路脚水田壹丘，自己面分一股，收禾壹稨半，补与宗耀名下子孙耕管，日后不得异言。立补约为据。

兄宗惠
凭房长　蒋弟宗敏
侄仕珍
胡文圮
凭亲识　游子捷
胡兴宗
晚子蒋荣登　亲笔

嘉庆拾六四月十六日　立补为据①

3. 立除田地字

这类田地契约用于田地专项用途，比如将田地某处单独列出，用于解决特殊问题，如年轻人娶妻、老年人养老费用。比如《宣统元年九月二十六日杨再荣、杨金福、杨金汉等父子四人除亲地田字》：

立除亲地田字人父杨再荣，子杨金福，次子杨金汉，三子杨金科。今因有金汉、金科二子未配，我父子与房族叔侄谪（商）议，情愿除到坝头田壹丘与杨金汉名下为求亲之用惠（费）。又除到吴公冲口路脚水田四丘与杨金科名下为求亲之用惠（费）。有其余之田地除为父亲杨再荣为一生过老之食用，此系父子、兄弟情愿，并无押别（逼）。若有杨金福不出笃（赌）博乱为，与杨金汉、金科求妻过门，以所除之田地后来一并为众，并无私入一毫。恐口无凭，立字为据。

凭房族　杨占鳌　汉英

大清宣统元年九月廿六日　立②

本契约中，杨再荣将坝头田1丘除与杨金汉作为求亲之费用，把吴公冲口路脚水田4丘与杨金科作求亲之费用，另有一份剩余的田地留作杨再荣养老用。约定如果两人不求亲、杨金福参与赌博，那么所余的田地为众人共有。本契还说明弟兄情愿立除字，并无压逼的情形。此份契约实际上类似分关

①张新民主编：《天柱文书·第一辑：全22册》第9册，南京：江苏人民出版社，2014年，第148页。

②张新民主编：《天柱文书·第一辑：全22册》第3册，南京：江苏人民出版社，2014年，第192页。

书。其核心内容是解决农村老人的晚年生活给养问题。专门列出田地用于老人生老死葬。这是古代社会,国家无力或者说未考虑平民老年生活的见证。老人晚年生活只有依靠分家析产时列出款项来解决。可以视为农村自治的赡养制度——运用字约来维持的家庭财产分配制度。

4. 立遗失契

遗失契是比较特殊的一种契约,订立的目的在于预防田地纠纷。与前述的吐退字的效果大体相同。比如《民国二十六年三月十二日龙儒昌、龙儒模立龙后光田地典契遗失作废证明》:

立失典契字人龙儒昌、龙儒模,今龙后光自乙亥年将猴子凹田六丘典与昌、模二人耕种、收花到丁丑年三月十日,光将钱纳契赎回。其契未知失在何处,恐后寻得,作为废契。恐后无凭,立有失契字约为凭存照是实。

弟笔　龙儒辉

民国丁丑年三月十二日　立失字[①]

此契有别其他契约,当典期到时典当者备足钱物,赎回田地和契约,因原典已遗失,出典者(典主/银主/钱主)书立字据给承典人(典手/借主),作为典当人已赎回田地的凭据。本契中典主龙后光曾于民国乙亥年(1935)典田与龙儒昌、龙儒模,二人耕种收花到丁丑年(1937)三月十日,三月十二日龙后光书立失典契,表明这宗典卖完毕,避免往后纠纷。可见乡民既讲究诚信,更不愿意出现土地争端,对于遗失田地买卖或典当契约,审慎对待,书立契约说明遗失,实为明智之举。

①张新民主编:《天柱文书·第一辑:全22册》第14册,南京:江苏人民出版社,2014年,第217页。

第二章　林地契约文书

一、林地契约文书格式

本章所论的是清水江流域山场林地契约文书和林地卖价，涉及山场契约、林地契约，标的物一般为山场、荒山、荒坪、林地、公地、油山、棉花地、茶山和竹林、油树、茶树等经济林、活木，内容虽杂，但作为一类契约，在格式方面大体有相似性。

（一）明嘉靖至清雍正年间林地契约

清水江流域现存的明代林地契约十分罕见，我们只能举出几例略加说明。比如潘元怀、潘安兴众房等立断卖长坪约，时间属于明代，大约为公元1530年。契约中立断约人数多，其中的"安"字辈在明代出现，落款的时间置于正文之后，立断约人、中证和代笔人位于立约年份之后，根据这些格式特征，我们认为是明代的契约，其原文如下：

> 亮寨长官司［管］下颡寨，立断卖长坪约人潘元怀、潘安兴众房等，缺少银两使用，情愿请中［将］祖公长坪一冲，地名□溪冲，东至百寨坡为界，南至坡为界，北至凉伞坡为界，西至豆地为界，四至分明，凭中出卖与九南陆万龙、陆万忠、龙稳卓、龙传秀四人承断。凭中议作断价银六两五钱整，众人眼同亲领回家用外，其长坪自断之后任从买主子孙［耕种管］业，不许卖主上前争论。有争者，卖主一面承当，二家情愿再不许翻悔。一断一了，二断二了，断根约卖永不归宗，再无异言。今恐人信难凭，立此断约，永远执照用者。
>
> 庚寅年（1530）二月十八日
>
> 立断约人　潘元禄　潘安选　［潘］元林　［潘］安位　［潘］安葵　［潘］安科
> 潘元科　潘宽卓　潘元定
> 潘元召　［潘］安林　潘元季　［潘］元邦　［潘］元忠

中 证 龙传田 [龙]传章 龙传全

代笔人 潘元贵①

明代的契约文书详细记载事主的籍贯、姓名、同卖人、缘由、标的物来源、数量、地名、中人姓名、籍贯和身份；然后记录中人和当事人双方议定的卖价、多名事主的银两分配数，接着标明出卖物的四至、是否涉及赋税，比如下面契约中所说的“断粮浚卖”，即是说不涉及粮赋的转移。契约中还说明违约后将受到经济处罚，而且原契约仍生效。正文末尾文句意思坚决，契约永远作为凭据。立约人、证人、引进中人、中证、寨老、代笔人、同见人等相关人员全部罗列，注明画押和画字人分钱数目，最后加上一句“天理人心，永远子孙收执用者”。比如《（嘉靖三十五年）吴王保石榴山冲荒地卖契》中，倘若买卖中的任何一方翻悔，除了甘愿认罚银 3 两外，还将被罚牛 1 头充官用，原买卖仍然成交。该契约原文如下：

贵州黎平府湖耳司蛮夷长官管辖地崩寨苗人吴王保，同弟吴艮保、吴老二、吴老关、吴老先等，为因家下缺钱使用，无从得处，情愿将到自己祖业管耕一处，土名石榴山冲旷野荒地一冲，请中问到亮寨司九南寨民人龙隐传名下承买为业，当日三面言定议值价钱，吴王保、吴艮保名下银壹两柒钱，吴老二、吴老关名下一股壹两柒钱，一共叁两肆钱整入手回家应用。去讫外其荒地，东抵石榴山，南抵大王坡，西、北抵溪，四至分明为界。断粮浚卖，任从买主子孙开荒修砌管业，再不干卖主之事，亦无房族弟男子侄争论，二家各不许幡（翻）悔。如有一人先行幡（翻）悔者，甘罚生金三两，白水牛一只入官公用，仍旧承（成）交。今恐人心难凭，立此父卖子绝文约永远子孙收照用者。

吴王保名下多银叁钱正。

嘉靖叁拾伍年（1556 年）十一月廿三日

堂 亲：龙阳保（押）

立约人：吴王保（押）

同 弟：吴艮保（押）

同 侄：吴老贰（押）、吴老关（押）

同 男：吴老先（押）

引进、[凭]中：尚金台（押）

①高聪、谭洪沛主编：《贵州清水江流域明清土司契约文书·九南篇》，北京：民族出版社，2013 年，第 335 页。

中　证：龙传勇(押)
寨　老：龙传亮(押)
代笔人：陆国用(押)
同见人：陆进银(押)、杨正富(押)
吴王保、吴艮保共[出]画字[钱]一钱七分
吴老二、吴老关、吴老先共[出]画字[钱]一钱七分
龙祥保[领]画字[钱]壹钱整

天理人心,永远子孙收执用者①

本契约中,立约5人共支付画字钱3钱4分,接受画字钱1人,买方1人,共涉及14人。立契时间后面,列出堂亲、卖方(立约人及其相互关系)、引进人、中证、寨老、代笔人、同见人,并分别画押,包括画字钱,共计8个栏目,突出强调卖方和证人,而买方只在正文中提及。

清代初年林地文书格式有所简化,表现在正文后面的见证人、中人等栏目减少了,主要有凭中、卖方、代笔人等。康熙年间的山场林地契约,开头写明卖出物、事主、然后书明卖地原因。如《康熙三十二年某月十日潘明所卖山地契》:

立卖出地契人潘明所,今因在前于□□年吃通牛肉禾五十斤,今算该壹拾七年,该本利禾肆百七拾五斤,凭中潘华所算明,无从得处,自愿将到土名园头路脚□场一块卖与潘清[宇]为业,凭中言定价钱壹两壹钱正,其银系明所□领讫用度,其山场付与清宇子孙耕管。在后如有房族人等言论,在业主向前理落,不干得业人之事。一卖一了,二卖二休。今欲有凭,立此卖山场契永远管□存照。

凭中　潘华所

康熙叁拾弍年甲戌岁□月初十日　立

卖　潘明所
孙男潘明寿
代笔　石永锡②

①高聪、谭洪沛主编:《贵州清水江流域明清土司契约文书·九南篇》,北京:民族出版社,2013年,第99页。

②张新民主编:《天柱文书·第一辑:全22册》第4册,南京:江苏人民出版社,2014年,第107页。

本契中，落款写在凭中之后，落款之后再列出卖方、代笔人，有点明代契约的遗风。再如《康熙三十五年四月二十日潘洪溪、潘老六父子卖山场契》：

立卖山场契人潘洪溪同男潘老六，今因家下缺少用度无从得处，请中在内，将高坡寨园头□□塘一所，二家争论不异言不明，请凭乡老所卖[与]潘清宇、瑞宇二人承买，当日三面议作卖价纹银陆钱叁分整。其地山场园头付与潘清宇、瑞宇二人耕管，其银付与洪溪亲领入讫，其地山场东南低(抵)清宇、瑞宇，上低(抵)飞声田止，下低(抵)刘三山止，四低(抵)分明，后□不得争论异言。其房族酒席花字不干得业之事。如房族异争论，自于卖主料落。一卖一了，二卖二休。今人不古，立此卖契为照。

凭中 乡导 潘荣宇
龙美轩

康熙叁拾伍年丙子岁四月二十日 立卖山场 潘溪同男潘老六
天理仁(人)心
永远耕种

代笔 吴周祥①

此份契约同样在凭中之后写出落款，不同的是在落款后再写“天理仁(人)心 永远耕种”的带有祝愿和约定意味的话语。之后再列出代笔人。可见，明代契约到清初仍然具有一脉相承的情形。再如《康熙四十年一月九日潘明宇卖播冲契》：

立卖番(播)冲潘明宇，今因家下要银使用无从得处，自己将到马路番(播)冲并茶两□地又连在内卖与贵明，凭中言卖价纹银柒钱整。其银与手亲领度日。其番(播)冲付与贵明耕管，在后不得异言。一卖一了，二买二收。今人不右(古)，立此卖契为照。

卖主 潘明宇
同侄 潘金华 米乙升
孙 潘□寿 米乙升
潘□元 米乙升
代笔 潘应科

①张新民主编：《天柱文书・第一辑：全22册》第4册，南京：江苏人民出版社，2014年，第110页。

康熙肆拾年辛巳岁正月初九日　立契

天理人心①

这份契约就把落款放在代笔人之后，仅剩下“天理人心”的祝福语在契约的最后一栏。我们从中可以看出清代契约在明代契约的格式上有一个因革的过程，似乎祝福语将要消失。例如，《康熙四十九年三月十三日潘福汉、潘孝川叔侄卖荒地契》：

立卖慌（荒）地人潘福汉、潘孝川侄计生，今因家下要银使用无从得处，兄弟商议，将到荒地土名元头路背，欲行出卖，四方招主，凭中问到潘贵明一面承当为业，当日三面凭中议作卖价纹银伍钱伍分正，其亲领入手用度，其慌（荒）地付与贵明子孙永远耕管，在后二家不得憣悔。如有房亲言论，在与主向前□洛（落）。今欲有凭，立卖契存照。

潘福汉

卖主　孝川共三分

□

引进中人　潘文瑞二分

代笔　潘明卿

康熙四十九年□□岁三月十三日　立②

本契中，涉及年代的落款一栏置于契约最后一行，“天理人心”之类的祝福语不复存在了。从此以降，文书写手们亦不再把祝福语写在林地类契约之后了。大概可以推断，从17世纪后半叶开始，清水江流域的林地契约就用这样的简化格式了。越往后，“引进中人”直接变成“中人”或“凭中”了，不过有时契约中增加在场人画押的环节。如《康熙五十六年十一月十九日潘庚保、潘丁丑父子卖杉木山场契》中仅有“凭房亲”和“代笔”两栏，其下就是年代落款。③ 当然，“卖主”“凭中”“代笔”常不可少，最后一栏是双方约定的核心词“子孙永远耕管”，格式上还是在强调所卖的标的物归属受让人，卖方绝不可以翻悔。比如，《康熙五十三年四月八日潘兵宇、潘光耿卖山场契》：

---

①张新民主编：《天柱文书·第一辑：全22册》第4册，南京：江苏人民出版社，2014年，第113页。

②张新民主编：《天柱文书·第一辑：全22册》第4册，南京：江苏人民出版社，2014年，第114页。

③张新民主编：《天柱文书·第一辑：全22册》第4册，南京：江苏人民出版社，2014年，第117页。

立卖山场人潘兵宇，弟潘志耿二人，今因家下要银使用无从[得]处，情愿潘永受，今未粮项，借到潘贵明纹银乙两正，在癸酉年日。今多载二人自愿将山场，土名元头山□□前坪，当日凭中三面议定卖贯(价)纹银四两二钱正。其银入手亲领，其山场付与贵明耕官(管)为东(业)。在不得玉①异[言]番(翻)悔。如有悔者，在与卖主之事。在后如有房亲言仑(论)，在与卖主相(向)前理乐(落)，不与买主之事。一卖一了，二买二收。今人不古，立此卖契存照。

卖主　潘兵宇　潘老耿　二人(押)

凭中代笔　潘展万　(押)

康熙伍拾叁年甲午岁四月初八日　立契

子孙永远耕官(管)②

康熙年间的卖山场林地契约文书，总的看来，使用文言的句式较多，语句不失古朴典雅之风，格式继承明代而又做了革新，可以看作是明清两代过渡的契约格式。有简易的格式而不失古朴的风格。这从侧面见证了清水江流域林地契约缓慢变迁的过程。如《康熙五十六年十一月十七日潘庚保、潘丁丑父子卖杉木播场契》：

立卖杉木番(播)场契人潘庚保同男潘丁丑父子二人，今位(为)收亲许父要盘钱用度无从得出，父子商议，将到土名马路冲杉木□场，请中在内上门投到堂兄潘贵明承买，凭中言定价壹□偳米二斗七升，先壹斗五升六钱三分，并冲寨山扬壹㐌在内，父子亲领用度。其杉木番(播)场付与堂兄潘贵明子孙收理耕管。一卖一了，二买在后，不得异言播悔。今人不古，立此卖契存照。

凭中　潘　代笔　宗
　　　　　中　先明

康熙丙申年十一月十七日　立契

天理人心③

《康熙五十六年十一月十九日潘庚保、潘丁丑父子卖杉木山场契》：

立卖杉木山场寨贤风木人潘庚保同男丁丑，今因收□父要银使

---

①"玉"字拟应为衍字。

②张新民主编：《天柱文书·第一辑：全22册》第9册，南京：江苏人民出版社，2014年，第271页。

③张新民主编：《天柱文书·第一辑：全22册》第4册，南京：江苏人民出版社，2014年，第116页。

用，自将到土名马路林木□块土名山场元头路脚，凭中房亲在内言定价银七钱纹银整，卖入潘贵明，价银庚保亲领用度，不欠分文。一卖一了，二买二休。

先明
凭房亲　潘德明
礼明
代笔　　潘应科

康熙五十六年丁酉岁十一月十九日　卖①

雍正年间的山场林地契约一般不在契文末尾书写“天理人心”“永远耕管”等语，有时把代笔人写作“面请”，比如《雍正三年十二月杨正亮、杨通文叔侄卖山林契》：

立卖山林人杨正亮、侄通文，今将祖山羊墓山林叁副，凭中出卖与刘乔梁名下承买。凭中议定卖价纹银贰两伍钱，叔侄亲手领明。自卖之后任从管理，日后子孙房族人等不得异言。如有不明，□主向前理论，不与买主相干。今有四至，各有界限，照常管理。今恐无凭，立卖契为照。

凭中　值年保长　刘晚惠
刘□□

面请书契生□帙孚（押）

雍正叁年拾贰月□弍日　立契　杨正亮（押）　侄通文（押）②

本例契约中，提及三老，卖主画押，落款在文末端，语句简明，古朴风格已经淡化了。

康熙年间卖山场林地契约的格式大致如下：

立卖×××山场×××寨人×××，今因×××，自将到土名×××一块，又土名×××，凭中房亲在内，言定价×××银×××两×××钱整，卖入×××，价银×××亲领用度，不欠分文，一卖一了，二买二休。

凭房亲×××　×××
代　笔　×××

康熙××年××岁××月××日　立卖/契

①张新民主编：《天柱文书·第一辑：全22册》第4册，南京：江苏人民出版社，2014年，第117页。
②张新民主编：《天柱文书·第一辑：全22册》第9册，南京：江苏人民出版社，2014年，第272页。

天理人心　永远耕管

(二)乾嘉时期林地契约

乾隆、嘉庆时期的山场林地契约的格式进一步简化,没有康熙、雍正时期的古朴风格了,正文一般包括事主、原因、标的物、坐落、数量、卖价、约定、中人、书写人、亲房(证人)、立契时间等项。有时亦有天干地支、皇上等语,标的物四至较常见。如《乾隆六年七月十八日潘廷凤卖白蜡杉木树契》:

立卖白蜡杉木树人潘廷凤,今因要银用度无从得处,□愿将到分洛(落)分上土名凉伞坡脚白蜡杉木树一块,欲行出卖,招到潘国仕一面承买,凭中三面议作卖价纹银壹两壹钱整。其银廷凤亲[领]入手用度。其白蜡杉木林付与买主国仕永远耕管,委是分上之业,并无包卖他人寸土在内。如有来□不明,在于卖主向前理洛(落),不干得业人之事。一卖一了,二买二休。今□有凭,立此卖契为照。

凭中　潘理成
笔中　潘廷才

乾隆陆年七月十八日　立①

再如《姜卧隐冉培太杉木断卖契》:

立断卖杉木约人本寨姜卧隐,今因家下要银度用,无处所卖,自愿卖到杉木一块,坐(落)地名冉培太,议定价银六钱正,亲手收足,不□一分,任从廷德管业。今恐无凭,立此断卖杉木约为据。

亲子　笔

乾隆伍十四年九月廿三日　立②

《乾隆二十一年四月八日潘印应卖油树契》:

立卖油树人潘印应,今因母亲谪(商)议,情愿将到土名马路冲油树壹块,大小彬(杉)木在内,凭中议定卖价纹银壹两零三分。其油树卖与侄潘进林、潘进德兄弟耕管。其银当时亲领得用,与后二家不得异言憣悔。立此卖契存照。

凭中　德成
代笔　赞成

---

①张新民主编:《天柱文书·第一辑:全22册》第4册,南京:江苏人民出版社,2014年,第119页。
②王宗勋考释:《加池四合院文书考释·卷一》,贵阳:贵州民族出版社,2015年,第10—11页。

乾隆二十一年四月初八[日]　　[立]①

此份契约中，在场人、见证人、标的物四至等皆无，《乾隆四十四年六月八日潘尔高卖茶树契》亦相同：

立卖茶树契人潘尔高，今因要银用度无从得处，自己情愿将到马路冲茶树一块，欲行出卖，无人承就。自己问潘进林名下承买，卖价纹银陆钱整。其银亲领入手用度。□茶树卖与进林耕管为业。今欲有凭，立此卖契存。

凭中　潘□荣

刘慎□　笔

乾隆四十四年六月初八日　立②

如《嘉庆五年十二月二十八日吴万秀卖油树地契》：

立卖油树地契人吴万秀，今因家下要银用度无处，将到自己分上土名大禁山油树一块出卖，请中问到房侄玉光名下承买为业。三面言定价银九五色十四两伍钱整。其亲领入手用度。其业玉光子孙耕管，日后不得异言生端。今幸有凭，立此卖契存照。

上抵路，下抵田，左吴圣友油树，右抵吉万油树，四抵分明，并无包卖他人寸土在内。

凭中　李圣能(押)

吴叹元(押)

长男　笔忠(押)

嘉庆伍年十二月廿八日　　卖主吴万秀(押)　立

永远耕管③

这份契约原契文中除用小一号的字体在正文后交代标的物的四至外，还把约定的“永远耕管”四个字写在落款的后面，字体较大。也就是说，这期间仍有使用“永远耕管”作为契文末尾语的情况。

但《嘉庆十四年十月刘乔林父子二人卖山场契》则无“永远耕管”字样置于文书落款之后的情形：

①张新民主编：《天柱文书·第一辑：全22册》第4册，南京：江苏人民出版社，2014年，第124页。

②张新民主编：《天柱文书·第一辑：全22册》第4册，南京：江苏人民出版社，2014年，第132页。

③张新民主编：《天柱文书·第一辑：全22册》第3册，南京：江苏人民出版社，2014年，第233页。

立卖山场人刘乔林二人父子，今因家下要银用□无从得处，自愿将盘马山出卖。自己请中上门问刘茂瑜父子承买。当面三人议定卖价银三两整。其银卖主亲领入手应用。其付与买主耕管为业。后若有山场不明，在与卖主尚(上)前理落，不与买▭事。上界本人，右界戍富，左界五□，右下界为路。今平(凭)中▭卖存照。

亲笔　乔林

嘉庆十四年十月　立卖①

又如，《嘉庆十八年十二月七日吴宏文卖油树地契》：

立卖油树地契人吴宏文，今因少拾人会银六两六钱四分，无从得处，自己请中在内，将自己分上土名大禁山油树三块出卖拾人会上，任从拾人耕种收花，不得异言。又开四抵，其上分上抵秉纲油树，下抵墦，左抵金彩油树，右抵秉纲油树；上抵玉光油树，下抵墦，左抵金彩油树，右抵灿然油树；又上抵立中油树，下抵墦，左抵灿然油树，右抵泽远油树，四抵分明，并无包卖。今欲有凭，立此卖契存照。

其油树在吴秀彩耕管，不干九人之事，吴汉璋笔。

代笔　吴名现

嘉庆拾八年十二月初七日　立②

可见，大体而言，嘉庆年间，“永远耕管”字样从文书最末端逐渐移到文中去了，如上例中的“其油树在吴秀彩耕管”在文中。

此期间还有林地拨换契约的情况，比如《嘉庆十五年二月二十九日刘秀高、刘秀瑜、刘照宗兄弟三人拨地契》：

立拨约人刘秀高、刘秀瑜、照宗三人兄弟，自愿将到土名庶雷山壹坪掉换三吉(截)、鬼六溪由山□股，凭中看过，不得审(翻)悔异言。恐口无凭，立字存照。

秀高、秀瑜、照宗之山中依挖孔，上抵本人山，下抵田，四至分明。

凭中　秀选

代笔　秀实

嘉庆十五年二月廿九日　立　换③

①张新民主编：《天柱文书·第一辑：全22册》第19册，南京：江苏人民出版社，2014年，第7页。
②张新民主编：《天柱文书·第一辑：全22册》第3册，南京：江苏人民出版社，2014年，第236页。
③张新民主编：《天柱文书·第一辑：全22册》第19册，南京：江苏人民出版社，2014年，第8页。

这与林地买卖契约在格式上没有大的区别，只是第一句交代契约类型，书名“拨约”。再如《嘉庆十六年三月二十一日刘祝宗卖柴山契》：

立卖菜（柴）山契人刘祝宗，今因要银使用无处可得，自愿将到土名冲藁有山一块要银出卖。先问亲房人等，无人承买。请中问到本寨刘新华、刘新学兄弟二人名下承买，三面议定价银三两七钱正。其银卖主亲领应用。其山付与买主耕管为业。自卖之后，不得异言。若有来力（历）不明，在与［卖］主向前理落，不与买主相干。一卖百了，父卖子休。如花落地，永不回头。

凭中　二华

岳山　代字

嘉庆拾六年三月二十一日　立①

我们可以这样认为，乾隆、嘉庆时期的林地契约的格式基本上定型，由正文、凭中、代笔、证人（有时无）、立契时间（落款）构成，这是后世林地契约的模板。不过，间有“天理人心/仁信”“永远耕管”等语出现，毕竟清前期的古朴之风仍在清水江流域遗留，书写文化上的影响不可能短时间荡然无存。简易精炼的林地契约格式需要一个演化发展过程，更需要当地文书写手这类文人相互濡染、代际传承。我们亦当注意到，汉字和儒家文化在苗、侗地区逐渐被吸纳并不断地发展着，使用汉语书写的人增多了，其书写水平亦在提高。另外，清前期改土归流在该流域取得成功，通过开辟苗疆六厅，强大的王朝势力进入清水江流域，与此前已经汉化的地区一起，共同推动该区域的经济文化发展。可能是经济文化交流的频率增加，人们不再固守文书格式上的繁文缛节，而是倾向于简单明了，以便更快捷地从事经济文化交流。客观上的地区安定是大背景。清帝国地方政权机构逐步稳固，封建地主经济继续发展，土地交易合法化，土地契约文书是交易证据而已，无须复杂典雅优美，而重要的是准确实用合法，这些都是林地契约格式简化易行的历史条件。

值得注意的是，乾隆时期的山林类契约，涉及山林买卖时，运用外批格式书明所卖之标的物，倘若今后卖主向买主追加价银，按照一定的比例分配所追加的银两（或钱币），这类契约极其少见，比如乾隆五十八年十月初八日

---

①张新民主编：《天柱文书・第一辑：全22册》第19册，南京：江苏人民出版社，2014年，第151页。

《姜廷烈归漫溪杉木卖契》：

立卖杉木字人家十寨姜廷烈。为因家下缺少银用，自愿将父亲所栽之杉山土名归漫下去右边凭岭……此山作是与胞弟兰生、血叔老五所共，实是三股均分。……将名下乙股出卖陆光才名下得买为业。当日议定价银乙两式钱五分。……恐后无凭，立此卖字，手印为据。

外批：约内当加获银多寡，仍然三股均分。[下略]①

在这份契约中，卖主将名下一股以银 1 两 2 钱 5 分的价卖给陆光才为业，由于这份产业是与其胞弟兰生、血叔老五所共业中的三股之一，为此，本契中的外批处，进一步说明以后的加价分配方法，“约内当加获银多寡，仍然三股均分”，意为双方约定，今后如果加价，不论获得银两（包括钱币）的数量多少，仍然由卖主与胞弟兰生、血叔老五三股均分。这里的外批，对于活卖契约的格式之一，具有比较重要的意义，成为以后分配加价收益的依据。当然，本契约所在的加池地区，山林土地契约属于活卖的情况极少，大多数是断卖契。其实，在清水江流域，不论锦屏、天柱或其他地域，找价的土地买卖契约极少，但并非没有。比如，乾隆二十三年四月初八日杨剪包、杨玉□、杨乔所弟兄三人立的契约中，先年其父亲杨龙保出卖与陆盛宇为业，剪包弟兄翻悔。后来请求中人反复劝说，加价断与陆起文、陆宗显、陆爱之弟兄名下承买，复断价为银 15 两。此次复断卖，卖方约定，决根扫断，寸土不留。同时支付中人、代笔费用。该流域的“立扫土复断约”应属于先卖出之后，买主翻悔，加价卖出。不过，此处的加价，并不是卖方向原买方找差价，而是加价后再卖给第三方。这其中，原买方已把所卖之土地退还原主。这种情形与纯粹的找价有区别。原契约《4-6-2-001　杨剪包、杨玉□、杨乔所弟兄立扫土复断约（乾隆二十三年四月初八日）》内容如下：

立扫土复断约人苗馁寨杨剪包、玉□、乔所弟兄三人，今因家下缺少银用无从得出，兄弟谪（商）议，愿将祖业土名平展坡山场乙所，先年父亲杨龙保出卖与陆盛宇为业，剪包弟兄翻悔，请中到扒尚岑捂寨□请中等，苦劝复断与陆起文、陆宗显、陆爱之弟兄名下承加价为业，当日凭中三面议定复断价银拾伍两整，杨乔所收回应用，买主领约执存。其山坡自复断之后，前约出卖阴地贰处、阳宅一基、长冲田丘、荒平（坪）大小冲衮坡岭山场，恁从陆起居住葬坟开垦栽杉管业，上抵平展溪头董所沟

①王宗勋考释：《加池四合院文书考释·卷一》，贵阳：贵州民族出版社，2015 年，第 12—13 页。

为界，下抵污龙姜处田冲为界，下溪，左边□长冲头坡顶深沟为界，右边凭坟山乙岭登梁流水为界，屋场后龙尖坡为界，四至分明，并无包写他人寸土。界内山场田丘荒坪一并扫土尽卖，永世不得异言。如有异言，执赴官自(治)千重罪。一卖一了，父卖子休。高坡滚石，永不回头。决根扫断，寸土不留。今欲有凭，立此复断契约一纸永远存照。

杨显卿
凭□ 龙绍还 四钱四分
潘富美
杨德卿
代笔 杨天造 银三钱五分 (押)

乾隆二十三年四月初八日 立断卖

永远发达①

“立扫土断卖某约”，属于断卖(绝卖)性质。比如：《4-7-1-006 姜德华等立扫土断卖山场约(抄白)(嘉庆十二年七月二十八日)》：

抄白五甲山之契。立扫土断卖山场约人扒硐寨姜德华，同田起贵、有贵、起彬，为因天桥命案一事，父子商议，自愿将到受分之业，土名景良山场一所，其山界限：左凭归来之山大坡月形凭岩为界，右凭飞九岭亚准田坎下与边沙杨文华所共之山为界，上凭界顶除冲头杨槐一岭二冲在外，下凭溪为界，内又除飞九岭架大田坎下小冲至谨良溪口系是飞九文华之山在外，四至分明，请中出断卖与本处众等中寨龙韬九、龙文显、杨全、李玉元五人占一股，下寨姜有珍、有玲、维兰三人占一股，姜有方、有元、绍清三人占壹股，姜学文、绍良二人占壹股，岑梧陆国琦、陆国璋、潘文达三人占一股，众等名下承买为业，当日三面议定价银伍拾柒两，授受分明。其山场自断卖之后，买主照约管业，如有不楚，与买人无干扰。恐人信难凭，故立书约一纸存照。

外批：扒硐存一纸、中寨存一纸、岑梧存一纸、归故存一纸。

外批：岭架田坎下木四株，谨架冲木一株、亚科冲大木一株，以上六株系是飞九之木。此约内山场系是五股均分。亚科上边沟坎下除木二株，系是起贵、枝松二人之木。

又批：岭架盘沟上上边冲系是飞九之山，下边冲系是文显之山。其平

①张应强、王宗勋主编：《清水江文书·第三辑》第10册，桂林：广西师范大学出版社，2011年，影印本，第384页。

处系是文显之山。其陡处系是约内众等之山。谨架冲杨全木一根在外。

凭中　石如山

代笔　杨文华

内除□归色对门沟坎上大木半株谢学。

嘉庆拾二年七月廿八日抄白　立书①

土地交易中,双方涉及财产和钱币的补充约定时,常订立补契。比如,乾隆四十五年七月二十日姜启隆弟兄把杉木数根补与姜茂云,补银一钱五分,原文如下:

立补杉木约人姜启隆弟兄,所有污养溪播东容杉木数根,自愿补与姜茂云公名下承补为业。当日议定补银乙钱五分,其木日后长大发卖,补主不得异言。今欲有凭,立此补字存照。

姜启隆　亲笔

乾隆四十五年七月廿日　立②

补契文中包括补林地、银钱等项,是对双方权益的补充规定。其格式大致为:

立补××××××约人×××,自愿补与×××　名下为业。当日凭中议定补银/钱××××××。×××补主不得异言。今欲有凭,立此补字存照。

凭中　×××

代笔　×××

××××年××月　××日　立

(三)道光至民国年间林地契约

这一百三十年左右的山场林地契约文书格式基本相同,包含正文、凭中、代笔人、立契时间。证人、凭房族、凭亲族、画押等不常见,特别是民国时期这类文字几乎没有。格式上简明、紧凑,事主、内容、中人、代笔人、立契时间这几个要素保留下来,成为林地契约的基本栏目。契与字交替使用,并不作认真的区分。比如,《道光元年四月十三日刘三吉、刘成恩父子卖油山契》:

---

①张应强、王宗勋主编:《清水江文书·第三辑》第10册,桂林:广西师范大学出版社,2011年版,影印本,第516页。

②张应强、王宗勋主编:《清水江文书·第二辑》第3册,桂林:广西师范大学出版社,2009年,影印本,第8页。

立卖油山人刘三吉、子成恩，今因要银使用无处可得，自愿将到登兜油山壹块，左抵刘寄仙之油山，右抵宗举之土冲，上抵路，下土冲，四至分明，要银出卖。先问亲房，无人承买。上门问到刘士仁名下承买，议定价银伍两三钱整。其银卖主亲领应用。其油山卖与士仁为业永管。自卖之后，不得异□。倘若不明，卖主理落，不许（与）买主相干。恐后无凭，卖契存照。

中笔　刘秀瑜

道光元年四月十三日　卖①

这份契约中，中代兼代笔人，写作“中笔”，已经足够简化了。再如《道光二年二月十三日刘必桂卖播土契》：

立卖播土契人刘必桂，今因家下要银度用，无所□得处，自愿将到土名登□壹冲、此苗式冲三处出卖。请中问到平墓□刘茂馀承买。当日三面议定价银式拾两整。其银卖主领讫。其播付与买主耕种为业。自今已后，不得异言。若有不明，卖主向前理落，不关买主之事。恐后无凭，立此卖契是实。

凭中　刘必超

代笔　刘必甲

外有：杉木二根未卖。

道光二年二月十三日　立②

这份契约增加了“外有”，相当于“外批”，补充说明契约内树林的情况。也有在在契约正文后运用“内添”说明文中增加或减少的字。《道光三年二月十五日刘秀葵卖山场契》中有“今人不古，恐后无凭，立字为据”；“内添四字”。③ 事主自己充当书写人，如《道光四年四月十八日龚祥清卖杉山字》使用“亲笔”④，表明本契约由出让人龚祥清书写。

有的契约在“代笔”和立契年代之间交代，如《道光七年二月十三日刘

①张新民主编：《天柱文书·第一辑：全22册》第19册，南京：江苏人民出版社，2014年，第152页。

②张新民主编：《天柱文书·第一辑：全22册》第19册，南京：江苏人民出版社，2014年，第9页。

③张新民主编：《天柱文书·第一辑：全22册》第19册，南京：江苏人民出版社，2014年，第154页。

④张新民主编：《天柱文书·第一辑：全22册》第19册，南京：江苏人民出版社，2014年，第155页。

成元卖祖山契》：

立卖祖山契人刘成元，今因家下要钱使用无从得处，自己情愿将到土名冲鄹一团祖山出卖。本房刘士仁名下承买，当面议定价银参（叁）两整。其银亲领应用。其山付与买主管业。自卖之后，不得异言。若有异言，卖主向前理落，不干买主之事。今恐有凭，立此卖契存照。

凭中　刘福寿

代笔　刘士熙

东抵奚□为界，南抵自为界，西抵田为界，北抵乔龙为界，四至分明。

道光七年二月十三日　立卖契①

自己充当中人，契约中写作“自中”，如《道光十九年八月二十八日刘念恩卖杉木山字》

立卖杉木山人刘念恩，今因要钱使用无所得处，自愿将地名高乔方杉木山一块出卖，自己问到本寨刘安荣承买，言定价钱十千零三百文。上卖杉木下卖地。其木付与买主耕管为业。自卖之后，不得异言。买主不明，卖主向前理落，不干买主之事。怨（恐）后无平（凭），立字存照。内有老兜铜（桐）油一概出卖。

自中

亲笔

道光十九年八月二十八日　立②

由此我们可以知道，这份契约中，实际上只有买卖双方，不存在中人。可见，清水江流域的林地契约格式在道光年间已经简化了，只要双方谈妥，一宗土地买卖就形成了，无须证人、中人等第三方任何人。手续简化，更有利于林地交易。

在语言描述上，常用“立卖山场字约人某某”“立卖山场字约人某某”。有时用“立卖山场文契字”，比如《民国二十五年五月六日吴灿烈卖山场契》中写作“立卖山场文契字人吴灿烈”③，而且数字大小写亦显得不太严格了，比如“壹团”写作“一团”，“壹纸”写作“一纸”；“乙”字代替“一”的情况逐渐

①张新民主编：《天柱文书·第一辑：全22册》第19册，南京：江苏人民出版社，2014年，第157页。
②张新民主编：《天柱文书·第一辑：全22册》第19册，南京：江苏人民出版社，2014年，第165页。
③张新民主编：《天柱文书·第一辑：全22册》第18册，南京：江苏人民出版社，2014年，第277页。

稀少。这种细微的用词变化，反映了村民相互信任度在增加，相互防范的心理有所松弛。

还有落款的年代、时间放在正文后，凭中、写书人置于后面。比如《道光十八年六月二十日粟开林、粟开□卖山林契》：

立卖山林契人粟开林、粟开□，今因家下要钱使用无处可得，自愿将到土名伦土山一团，先问本房，无人承买。问到本寨刘大本承买，当面议定价钱九百整，左抵刘秀八，右抵田，上领（岭）为界，下路为界。不得异言。若有异言，卖主向前礼（理）落，不关买主之事。恐口无凭，立卖契为据。

道光十八年六月廿日　立

凭中　粟荣魁

亲笔　有□①

从类型上看，有断卖契、活卖契（典）、补契、批契、佃契、退契、讨山地契、吐退契、准栽字等。如《5-1-3-008　姜宗烈等立准栽山场字（道光二十三年九月初十日）》：

立准字人平敖寨姜宗烈、文忠、文清叔侄、黄明科、国玕、国望、国是、发渭、东贤等，今因有山，土名党求纲形一□，凭中出准与彭德照、黄明科二人名下栽杉、栽油，杉木伍股，地主叁股，栽手弍股，油树日后观年称租，二比公认，不得争多竞寡，亦不得异言。今欲有凭，立此准字为据。

凭中　杨胜芳

□

□二比发达［半书］

道光廿三年九月初十日　立②

也有书立单独的卖山场的据字。如《5-1-3-059　杨通元等立卖山场据字（光绪三十四年三月初二日）》，开头写作“立此据字人”某某某，然后陈述事由，所涉及的标的物产权变更情况，旨在说明产权明晰，可以出售。结

①张新民主编：《天柱文书·第一辑：全22册》第19册，南京：江苏人民出版社，2014年，第164页。

②张应强、王宗勋主编：《清水江文书·第二辑》第5册，桂林：广西师范大学出版社，2009年，影印本，第8页。

尾用“恐口无凭，立此据是实”，半书“立合同”，书写人、中人亦有，最后是立合同时间。从全文看，属于一种合同。①

咸丰年间卖杉木契，简略到只有正文、亲笔和立契年月，如《咸丰元年六月三日刘孝基、刘孝浦二人卖杉木字》：

> 立卖杉木人刘孝基、刘孝浦二人，要钱使用，无所得处，自愿将到土名廷细波（坡）杉木一团老少出卖。问到堂兄安荣承买，当面言定价钱八百整。不得有误。若有误者，立字为据。
>
> 亲笔
>
> 咸丰元年六月初三日　立②

我们似乎从契约的简略格式看到村民们迫不及待地要把手中的林木卖出去的状态。文字只要准确表达买卖信息，不再需要完整而复杂的契约了。换言之，契约只是买卖木材的形式而已，关键是交易顺畅地进行下去。这种动态场面，从侧面再现了清水江流域从这一时期起，木材贸易的兴隆壮观场面。《咸丰八年七月二十九日刘东亮卖杉木契》记载出让人自己充当中人：

> 立卖杉木契人刘东亮，只因要□使用，自愿将土名高荒杉木出卖十七根，自己问到刘安荣承买，当面议定价钱八百整。其杉木付与买主耕管。自卖之后，不得异言，立卖存照。
>
> 自卖自中
>
> 咸丰八年七月二十九日　立③

《同治四年六月十一日刘代秀、刘恩祥、刘祯轩卖柴山契》亦用“自中”“亲笔”。④ 光绪年间的林地契约与道光时期无多大区别，比如《光绪十一年十二月二十九日刘永乾卖柴山杉木字》：

> 立卖柴山杉木字人刘永乾，今因家下要钱使用无所出处，自愿将到土名盘马杉木柴山一团与亲兄永宽所共二股分派，将我一股，请中上门

①张应强、王宗勋主编：《清水江文书·第二辑》第5册，桂林：广西师范大学出版社，2009年，影印本，第59页。

②张新民主编：《天柱文书·第一辑：全22册》第19册，南京：江苏人民出版社，2014年，第167页。

③张新民主编：《天柱文书·第一辑：全22册》第19册，南京：江苏人民出版社，2014年，第90页。

④张新民主编：《天柱文书·第一辑：全22册》第19册，南京：江苏人民出版社，2014年，第30页。

问见一口承买。当日三面议定价钱壹仟伍百伍十文整。其钱亲领入手，其有杉木柴山付买主耕为业。自卖之后，不得异言。恐口无凭，立有卖[字]为据。

外批四至：上抵路，下抵蕃(沟)，左抵刘宏炳山，右抵刘汉成，四至分明。

凭中　刘永清

代笔　刘邦□

光绪十一年十二月二十九日　立字①

据《光绪二十七年三月二十日刘恩祥、刘灿林卖山地字》所示，林地契约已经成型：

立卖山地人刘宏恩祥、刘灿林，今因要钱使用无所出处，自愿将到土名侯仔洞边山一团出卖，上坻(抵)岭，下坻(抵)溪龙兴华，正右坻(抵)龙兴华为界，四至分明。整中问到龙祥玉名下承买，当日言定价钱一千三百八十八文整。其钱领清。其山付与买主耕管为业。自卖之后，不得异言。恐口无凭，立有卖字存照。

凭中　周家荣

亲笔

光绪式拾七年三月二十日　立②

光绪年间至民国末年的林地契约亦基本上无多大变化，我们略举三例：《宣统三年七月二十六日刘恩祥卖山地字》：

立卖山地字人刘恩祥，今因要银使用无所出处，自愿将到土名盘马山乙团出卖。自己上门问到本房刘明忠承买，二比议定价钱银三两正，及领足。其山付与买主耕管。自卖之后，不得异言。山四至分明，东抵长吉以岭至凹凸，南抵路连秋山，西抵东美以岭到油山为界，北抵上登岭。恐无凭，立有卖字存照。

代笔　刘士和

宣统三年七月二十六日　立③

对于林地纠纷文书，大体也是相近，原契文中采用平齐顶格书写，皇帝

①张新民主编：《天柱文书·第一辑：全22册》第19册，南京：江苏人民出版社，2014年，第48页。

②张新民主编：《天柱文书·第一辑：全22册》第19册，南京：江苏人民出版社，2014年，第184页。

③张新民主编：《天柱文书·第一辑：全22册》第19册，南京：江苏人民出版社，2014年，第57页。

名号高一格,如《刘开厚与刘乔安土地纠纷判决(光绪十年三月十四日)》①,正文采用平齐式,落款时皇帝年号高出正文一格书写。土地纠纷解决之后双方订立的甘结的格式,第一行与正文平齐,第二“大人台前”中的“大人”高出正文两格以示尊敬;自称“民”时,“民”字小于正文字体并靠右,属于谦辞。②

民国时期的林地契约在落款上稍有变动,反映了革故鼎新后人们对国家的称呼情况,如《民国三年三月十六日刘培宗卖沙土字》:

立卖沙土字人刘培宗,今因▭钱使用无处可得,自愿将到土▭冲算沙□□冲出卖,上抵岭,下抵杨藻翔田▭东永山,右抵刘光汉山,四至分▭门问到姚再兴承买,当面议定价钱柒百八十文整。其钱领清。其土付与买主耕种为业。愿卖之后,不得异言。恐口无凭,立有卖字为据。

代笔 刘泽永

大汉民国三年三月十六日 立③

这份契约运用“大汉民国”落款,还有如《民国九年二月十日刘培宗卖沙山字》用“中华民国庚申年”④,用中华民国或民国某年,有时列出天干地支。一般情况下,民国成立,革除了几千年的封建帝制,反映在林地契约文书格式上,较多地使用“民国多少年”,前述用法属于偶尔的情形。“代笔”又称为“讨笔”“请笔”“笔”,是“书写人”演变过来的。“内添”“内涂”“内锁”“内改”等格式仍在使用,说明契约正文中的文字增减属于文书写手所作,体现契约的真实可靠,如《民国三十七年五月十六日刘国璋卖山场地字》

立卖山场地字人刘国璋,今因要谷食用无所出处,自愿将到地名登朋山壹团出卖。其山上抵路,下抵田,右抵田,左抵路,四至分明。请中上门问到本叔刘长吉名下承买,当中三面议价谷贰挑半正。其谷亲领

①龙泽江、傅安辉、陈洪波编:《九寨侗族保甲团练档案》,贵阳:贵州大学出版社,2016年,第206页。

②龙泽江、傅安辉、陈洪波编:《九寨侗族保甲团经练档案》,贵阳:贵州大学出版社,2016年,第207页。

③张新民主编:《天柱文书·第一辑:全22册》第19册,南京:江苏人民出版社,2014年,第106页。

④张新民主编:《天柱文书·第一辑:全22册》第19册,南京:江苏人民出版社,2014年,第75页。

足应用。其山付与买主耕管为业。自卖之后,不得异言。恐后无凭,立有卖字为据。

内图(涂)二字。

凭中　刘光运

亲笔

民国叁拾柒年戊子岁五月十六日　立①

我们从林地契约文书日益简化的情形可以窥探出清代皇权日益松弛的状态,表面上看提及"皇上"二字的是道光以前较多,道光以降极少了;涉及皇帝一栏,一般略高于正文书写。当然整个契约文书的正文都顶格书写、年代亦顶格书写、凭中等人居中靠后排列的主体格式基本未变。换言之,不论其中的栏目如何排列,整篇林地契约文书呈现正方形或长方形格局。是否暗合天圆地方的中国人的文化价值观?我只能提出这种奇想,待今后进一步证明。

当然,我们应当注意佃约的不同情形。傅衣凌指出:佃约大体有三种格式,"一是承佃约。这在闽清有称为'承佃定额'……即系佃户向地主承耕时所立的契约。一是安佃约,这是地主把土地交付佃户承耕的安佃字。……这种安佃字,亦有称为田批式……三为佃户执照。这是佃户'照额送仓交纳,完足给票'的一种凭据。"②傅衣凌认为,庄仆、地仆、地火、伙佃等,社会性质是相同的,"只是同一名词的异称"③。清水江流域的佃约常用写作"立佃帖约""立佃种""立佃栽""立佃",极少字作"立佃帖"。该流域的佃约,主要分为承佃约和招(退)佃约两种方式。承佃约由佃种人立写,是佃户与地主订立的栽修杉木、管理山场及佃田地等其他土地的合约。比如《1-4-3-009　李艮有佃帖约(嘉庆十一年正月二十六日)》:

立佃帖约人李艮有,今因佃到加池寨姜士周之地一块,坐落地名汗祗溪,此山之木分为六股均分,栽手占一股,地主占五股。今恐无凭,立此佃帖存照。

凭中　姜必周

代笔　姜敦□

①张新民主编:《天柱文书·第一辑:全22册》第19册,南京:江苏人民出版社,2014年,第174页。

②傅衣凌:《明清农村社会经济;明清社会经济变迁论》,北京:中华书局,2007年,第63—64页。

③傅衣凌:《明清农村社会经济;明清社会经济变迁论》,北京:中华书局,2007年,第16页。

嘉庆十一年正月二十六[日] 立①

或者直接写作“立佃字人某某”，如《1-4-3-012 陆通模佃种姜士周山场分股契(嘉庆十七年十一月二十一日)》：

立佃字人陆通模、孙松友二人，佃种姜士周名下山场一块，坐落土名皆水也诗，二人栽杉木代老木，言定五股均分。今欲有凭，佃字为据。

陆通模笔

嘉庆十七年十一月廿一日 [立]②

或写作“立佃租人某某”，如乾隆五十六年十二月十八日唐玉周、李明忠佃栽文斗寨姜映翔等杉木，写作“立佃租栽杉人会同县人唐玉周、李明忠”③，其中正文低于“乾隆”一格书写，以及“立租贴合同字”④等。再如《杨文泰江道冲杉木佃契》：

立承任(认)栽杉木人杨文泰，今因家内平(贫)寒，出外行到梨(黎)平府伽什寨，问到兴龙、合龙家内有□壹块，地名江道冲，有山块大股三，兴龙、合龙二股写与杨文泰栽杉木。当日定伍股居(均)分，地主三股，栽手二股，日后木头承(成)林，照股居(均)分。[下略]⑤

招佃约方面，“立招帖字”，如《1-2-7-013 姜朝英、姜世琏等招佃种字(道光八年六月初二日)》：

立招字人加池寨姜朝英、世琏、世爵、之琏四人，□佃纲之山一块，土名从古益，上凭岭大路，下凭岩洞，左凭岭，右凭迫坡，四至分明。今付招与中仰寨陆光成栽杉种粟，日后杉木长大分为二大股，地主占一股，栽主占一股，将栽主乙大股分为二股，姜姓四人占一小股，陆姓光成乙人占乙股，日后不得混争异言。立此招字为据。

招主 姜之俊 笔

---

①张应强、王宗勋主编：《清水江文书·第一辑》第9册，桂林：广西师范大学出版社，2007年，影印本，第359页。

②张应强、王宗勋主编：《清水江文书·第一辑》第9册，桂林：广西师范大学出版社，2007年，影印本，第362页。

③张应强、王宗勋主编：《清水江文书·第一辑》第12册，桂林：广西师范大学出版社，2007年，影印本，第33页。

④张应强、王宗勋主编：《清水江文书·第二辑》第8册，桂林：广西师范大学出版社，2009年，影印本，第441页。

⑤王宗勋考释：《加池四合院文书考释·卷三》，贵阳：贵州民族出版社，2015年，第13页。

道光捌年六月初二日　招①

再如《1-1-3-088　姜源淋招人佃种山场字(民国十八年二月二十二日)》:

立招帖本族姜源淋所有共山一块,地名培行则,界止:上凭江路,下凭岩洞文斗之山,左凭招主山之木,右凭招主之山木,四抵分清。今日招作本族姜继美、姜授培、姜相培三人栽杉种粟,限到五年成林。若有成林,此之栽手五股均分,地主占叁股,栽手占弍股。若有伍年不得成林,栽手无股分。恐后无凭,立此招帖为据。

内添一字。

民国十八年二月二十二日　亲笔立②

行则栽手

退佃字约在格式上与招佃约一样,只是开头写作"立退字人某某",如《1-1-8-046　孙邦彦弟兄等退佃字(道光二十五年十二月二十四日)》:

立退字人孙邦彦弟兄人等,先年得佃加池寨姜凤仪兄弟三人名下之土,地名之石,开山种粟二载,方务(悟)栽不起杉木,自愿登门辞主,在如主家叨(另)招别人栽杉种粟,日后木植长大发卖,孙邦彦兄弟不得异言。口说无凭,立此孙邦彦亲笔承了存照。

姜元方

平(凭)　胡国兴

道光廿五年十二月廿四日　立③

另一方面,俗例渐次被革除,林地契约文书格式的这种变化表明林地活木等交易的量在不断地扩大,任何阻挡商品流通的习惯都会被淘汰。比如"天理仁信,永远耕种""天理人信""一卖一了,二卖二休""一卖一了,二买在后"等类似不许翻悔的约定,在道光年间开始减少,光绪以降林地契约中几乎不再出现。房族人等酒席画字的习惯亦逐渐绝迹。"今人不古"强调诚信的句子亦少了。人们已经习惯用订立契约的方式并按契约履行双方义务,这些字眼能

①张应强、王宗勋主编:《清水江文书·第一辑》第6册,桂林:广西师范大学出版社,2007年,影印本,第13页。

②张应强、王宗勋主编:《清水江文书·第一辑》第1册,桂林:广西师范大学出版社,2007年,影印本,第387页。

③张应强、王宗勋主编:《清水江文书·第一辑》第3册,桂林:广西师范大学出版社,2007年,影印本,第356页。

起何作用？不提倡用了。“今欲有凭，立××契存照”于是成了固定的格式。林地契约在格式上强调的是当事人、标的物、卖价或其他事项清晰、中人和书写人列出，时间写明，双方约定内容完整即可，而不必运用过多的形式，比如亲房、亲族、凭戚、邻居等证人。删繁就简是清水江五百年来林地契约演化的总趋势。

二、林地卖价

（一）清至民国林地卖价

按照朝代顺序讨论林地买卖价。结合银钱比价，我们把清代的土地买卖分为十个时期：康熙（1661—1722）、雍正（1723—1735）、乾隆（1736—1795）、嘉庆（1796—1820）、道光元年至十九年（1821—1839）、道光二十年至三十年（1840—1850）、咸丰（1851—1861）、同治（1862—1874）、光绪（1875—1908）和宣统（1909—1911）。民国虽短，但各时段的林地卖价复杂，故分为四个时段，即民国元年至九年（1912—1920）、民国十年至二十四年（1921—1935）、民国二十五年至三十四年（1936—1945）、民国三十五至三十八年（1946—1949 古历八月初六日）。整体考察的契约文书共 3589 件，交易介质为银、钱、谷，从朝代分布看，乾隆朝以前很少，仅 11 份，乾隆时期 232 份，嘉庆时期 565 份，道光时期 889 份，咸丰时期 177 份，同治时期 217 份，光绪时期 633 份，宣统时期 54 份，民国时期 811 份。详见表 2-1。

我们采取具体一阶段的林地卖价的平均价，作为此时段的每宗林地卖价，然后将这个参数进行比较，主要分析它们之间有何异同，大体得出清水江流域自清初（1644）到民国三十八年（1949 年 10 月 1 日前）的林地单宗买卖价的一般情况。

康熙年间（1662—1722）林地价平均每宗 0.92 两，雍正年间（1723—1735）为 5.25 两，乾隆年间（1736—1795）为 5.02 两。同期河北省的山地价格约为 4785 文/亩①，最高单价 26 两，最低 0.2 两。嘉庆年间（1796—1820）林地价平均每宗为 8.84 两；道光年间（1821—1850）林地价平均每宗价格为 6.79 两，最高一宗 31.538 两，最低一宗 0.45 两。咸丰年间（1851—1861）林地价平均每宗为 0.96 两。同治年间（1862—1874）山场林地价平均每宗为

①戴建兵等：《河北近代土地契约研究》，北京：中国农业出版社，2010 年，本文据第 162—235 页地契资料整理而得。

1.61 两。光绪(1875—1908)年间林地价平均每宗为 1.73 两。宣统(1909—1911)年间林地价平均每宗为 3.04 两。民国时期,民国元年至九年(1912—1920)林地价平均每宗为 3.3 两;十年至二十四年(1921—1935)林地价平均每宗为 6.89 两;二十五年至三十四年(1936—1945)林地价平均每宗为 8.78 两①;三十五年至三十八年(1946—1949)林地价平均每宗为 8.18 两,折合为 62283 文/宗。详见表 2-2。

从交易的币种上说,道光以前的林地买卖,全部使用银两作为介质。道光时期开始出现银两、铜钱和谷物并用,这几种介质混合使用,持续到 1945 年。从 1946 年到 1949 年,银币和谷并用,但铜钱却基本未使用。详见表 2-1。

表 2-1　清至民国清水江流域林地卖价统计表

时期	份数	银(两)	钱(文)	谷(斤)
康熙	9	8.30		
雍正	2	10.50		
乾隆	232	1165.17		
嘉庆	565	4993.98		
道光	889	6017.41	26500	3249.5
咸丰	177	130.17	47789	2076
同治	217	154.90	255158	2502
光绪	633	511.33	791731	6277
宣统	54	98.56	76604	816
民国元年至九年	295	789.84	262690	1243
民国十年至二十四年	340	1995.74	670883	1706

①袁头或袁大头银币以元为单位,民国三年始铸造,与清代币制相同,仍重 7 银 2 分(库平),成色 89%。有民国三年、五年、八年、九年、十年多种版式,成色 88%、89%。民国二十二年国民政府废两改元,根据银本位铸造条例铸造的银元 1 元重量为 26.6971 克,称为“孙头”或“船洋”,常见有二十二年和二十三年两种版式。民国二十四年(1935)11 月 4 日,国民政府进行法币改革,规定法币 1 元等于帆船版银圆 1 元,还等于英磅 1 先令 2 便士半;同年,财政部颁布《兑换法币办法》,要求各地把银币、厂条、生银、银锭或银块等兑换法币。贵州省由于交通不便,银行机构少,边远山区惯用银币、铜钱,兑换较慢。民国二十八年 10 月 17 日贵州省政府公布《贵州省收兑银币、银类办法》。此时银圆 1 元的市场价格为法币 96 元。贵州省地方志编纂委员会编:《贵州省志 · 金融志》,北京:方志出版社,1998 年,第 40—41 页。

续表

时期	份数	银(两)	钱(文)	谷(斤)
民国二十五年至三十四年	119	1030.04	43120	517
民国三十五年至三十八年	57	460.95		770
合计	3589	17366.89	2174475	19156.5

资料来源:唐力、杨有庚、武内房司:《贵州苗族林业契约文书汇编(1736—1950)》(第1—2卷),东京:东京外国语大学国立亚非语言文化研究所,2001/2002年。张应强、王宗勋主编:《清水江文书·第一辑》,桂林:广西师范大学出版社,2007年,影印本。陈金全、杜万华主编:《贵州文斗寨苗族契约法律文书汇编——姜元泽家藏契约文书》,北京:人民出版社,2008年。高聪、谭洪沛主编:《贵州清水江流域明清土司契约文书·九南篇》,北京:民族出版社,2013年。高聪、谭洪沛主编,贵州民族文化宫编:《贵州清水江流域明清土司契约文书·亮寨篇》,北京:民族出版社,2014年。张新民主编:《天柱文书·第一辑:全22册》,南京:江苏人民出版社,2014年,以及锦屏县文斗寨姜启贵家藏契约。

我们认为,从清顺治元年至民国三十八年(1644—1949)的306年中清水江流域林地每宗买卖价变化呈现出一定的轨迹。整体上呈现两高一低一平缓的特征。两高指嘉庆年间和民国二十四至三十五年,分别为每宗8.84两和8.78两;一低指咸丰年间,平均每宗仅卖0.96两;一平缓指同治到光绪年间的近五十年里,每宗大体在1两上下波动。详见图2-1。

第一,该流域每宗山场林地的买卖价变化,表现为由低到高、由高到低、再回高、急剧下降、再降、较平稳朝前推进、再逐渐升高之后又略降的总趋势。清初林地价每宗约1.71两,乾隆年间上升到每宗5.02两,以后继续上升,到嘉庆年间达到每宗8.84两,然后到道光年间下跌为每宗6.79两。咸丰年间降到低谷,每宗0.96两。以后开始回升,同治年间为每宗1.61两,光绪年间每宗1.73两;至宣统年间上升到每宗3.04两;民国元年至九年略上升,仍为每宗3.3两;民国十年至二十四年上升到每宗6.89两,民国二十五年至三十四年达到又一峰值,每宗8.78两,民国三十五年至三十八年每宗8.18两。整体平均每宗林地/木卖价为5.24两。详见表2-2。

第二,排除国际、国内银价、铜价的变化因素,统一使用银两来计量清水江流域的每宗林地买卖价,我们描出了这306年中土类变化的轨迹图,每宗林地买卖价平均为5.25两,与田价不同,清水江流域的林地价格波动幅度较大。究其原因,涉及林地买卖时的面积大小、种类,比如山场、林地等,以及是否有林木或其他经济林木在内等各种复杂的事项;还有买卖嫩木、栽手,其中交易的量很小,每宗仅为银 0.05 两;而大宗林地买卖有时达数银百两。单宗林地交易的价格落差很大。

第三,林地买卖,在清水江流域的数百年历史演进中同样起着经济发展助推器的历史作用,交易频繁,周转迅速,透过这些山场林地买卖文书,我们看到了清水江流域区域经济发展的内在动力和支柱,那就是林地交易产生的收益。不管所卖的山场林地面积有多大,其所附着的作物有多少,只要村民需要资金,就可以通过买卖、断卖、典、当等形式变成现金用于生计。特别是其中的林木交易非常活跃,一宗交易达数百两,这样的经济效益刺激了村民经营土地的强烈欲望,促进了人工林的培育。林地经营是一个异常复杂的课题,本书仅能作宏观的勾勒,不可能穷尽所有个案以求全微观的描述。总之,林地买卖在为村民提供便捷的资金周转中的作用是不可低估的,它有力地推动了区域社会经济的发展。

表 2-2 清至民国清水江流域林地买卖均价统计表 单位:(银)两

时期	宗数	折银	均价
康熙	9	8.3	0.92
雍正	2	12.5	5.25
乾隆	232	1165.17	5.02
嘉庆	565	4993.98	8.84
道光	889	6035.87	6.79
咸丰	177	169.2	0.96
同治	217	349.31	1.61
光绪	633	1095.1	1.73
宣统	54	163.91	3.04
民国元年至九年	295	973.26	3.30
民国十年至二十四年	340	2342.56	6.89
民国二十五年至三十四年	119	1044.39	8.78
民国三十五年至三十八年	57	466.08	8.18
合计	3589	11819.63	5.24

资料来源:唐力、杨有庚、武内房司:《贵州苗族林业契约文书汇编(1736—1950)》(第1—2卷),东京:东京外国语大学国立亚非语言文化研究所,2001/2002 年。张应强、王宗勋主编:《清水江文书·第一辑》,桂林:广西师范大学出版社,2007 年影印本。陈金全、杜万华主编:《贵州文斗寨苗族契约法律文书汇编——姜元泽家藏契约文书》,北京:人民出版社,2008 年。高聪、谭洪沛主编:《贵州清水江流域明清土司契约文书·九南篇》,北京:民族出版社,2013 年。高聪、谭洪沛主编,贵州民族文

化宫编:《贵州清水江流域明清土司契约文书·亮寨篇》,北京:民族出版社,2014 年。张新民主编:《天柱文书·第一辑:全 22 册》,南京:江苏人民出版社,2014 年,以及锦屏县文斗寨姜启贵家藏契约。

综合清代、民国时期的林地每宗买卖单价,制成图 2-1。

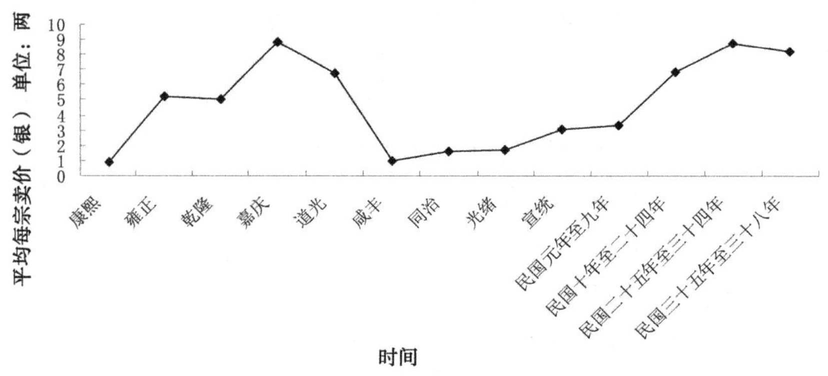

图 2-1　清至民国清水江流域林地买卖均价图

(二)十年为段林地卖价

以十年为段讨论林地卖价。根据林地契约文书中关于山场林地交易的价格作详细统计,分段按时间制成平均每宗买卖的单价。当然,这些买卖是一个随机事件,其偶然性和随意性很大,但通过这种方式,既可大致求得一个时间段的交易总量,亦可从平均单价来探求其中的规律,可以揭示清水江流域山场地土类的买卖逐渐由大宗变为小宗、交易频率增加、交易范围的深度和广度不断扩大的总规律。对于没有资料可计算的时段,我们保持空白,不乱作推测。诚如郭沫若所说:"无论作任何研究,材料的鉴别是最必要的基础阶段。材料不够固然大成问题,而材料的真伪或时代性如未规定清楚,那比缺乏材料还要更加危险。因为材料缺乏,顶多得不出结论而已,而材料不正确便会得出错误的结论。这样的结论比没有更要有害。"①我们务必客观地,忠实地根据材料进行分析。由此得出的结论,方能有说服力。

以十年为阶段,我们对清水江流域的田价进行讨论,可以勾勒大体情况。详见表 2-3。

①郭沫若:《古代研究的自我批判》,《郭沫若全集》历史编,第 2 卷,北京:人民出版社,1982 年,第 3—4 页。

表 2-3　1691—1949 年清水江流域分段林地买卖均价统计表

时间(年)	平均卖价　　　(两/宗)
1681—1690	0.53
1691—1700	0.865
1701—1710	0.625
1711—1720	1.96
1721—1730	5.25
1731—1740	24.00
1741—1750	3.93
1751—1760	4.91
1761—1770	3.32
1771—1780	2.42
1780—1790	1.75
1791—1800	2.75
1801—1810	6.64
1811—1820	7.03
1821—1830	7.64
1831—1840	8.29
1841—1850	2.73
1851—1860	1.10
1861—1870	1.04
1871—1880	1.49
1881—1890	1.69
1891—1900	1.99
1901—1910	1.93
1911—1920	3.92
1921—1930	5.54
1931—1940	10.68
1941—1949	8.49
平均	4.54

资料来源:唐力、杨有庚、武内房司:《贵州苗族林业契约文书汇编(1736—1950)》(第 1—2 卷),东京:东京外国语大学国立亚非语言文化研究所,2001/2002 年。张应强、王宗勋主编:《清水江文书·第一辑》,桂林:广西师范大学出版社,2007 年,影印本。陈金全、杜万华主编:《贵州文斗寨苗族契约法律文书汇编——姜元泽家藏契约文书》,北京:人民出版社,2008 年。高聪、谭洪沛主编:《贵州清

水江流域明清土司契约文书·九南篇》,北京:民族出版社,2013年。高聪、谭洪沛主编,贵州民族文化宫编:《贵州清水江流域明清土司契约文书·亮寨篇》,北京:民族出版社,2014年。张新民主编:《天柱文书·第一辑:全22册》,南京:江苏人民出版社,2014年,以及锦屏县文斗寨姜启贵家藏契约。

从1681至1949年,共计269年,整体上看,林地价平均每宗4.54两,若以十年为期,平均每十年每宗卖价为4.54两。考察文书累计有3589份,表示面积的单位有团、幅、块等。

从上面的讨论,我们认为,清水江流域1681至1949年的林地平均卖价,总体上呈现一定的规律:一是随着时间的推移,每宗林地的卖价由高向低变化,落差较大;二是交易的宗数日益增多。我们认为,林地卖价变化的总趋势归纳为三高期和三平稳期:三高期指1721至1730年、1801至1840年、1931至1949年;三个平稳期指1691至1720年、1761至1800年、1851至1910年。具体地说:

其一,从1751至1760年,平均每宗林地卖价大体为4.91两。相对于前一时期的每宗3.93两,高出24.9%。从1801至1840年,平均每宗林地卖价从6.64两,缓慢上升到8.29两。从1921至1949年,平均每宗林地卖价从5.54两,上升到每宗10.68两,后又下降到8.49两。

其二,从1691至1720年,林地每宗平均卖价大约在0.6至2两之间。从1741至1800年,林地每宗平均卖价在3两内。从1851至1910年,林地每宗平均卖价维持在1两至1.99两之间。这269年间的林地每宗平均卖价为4.67两,详见表2-3。

其三,清水江流域林地买卖十分活跃,可以说,它是该流域农村经济的一个重要支柱。从每宗买卖少到仅0.02两,多到每宗数百两,可以推知,几百年里,林地交易的鲜活状态。当然,我们只能运用公布的文书进行分析。与田地买卖相比,林地更便捷,更易于选择,不受天气影响,干旱与水涝对林地影响不大。田地则不然。旱与涝直接影响收益。林地买卖是田地买卖的重要补充。从该流域的发展史来看,林地买卖是其经济主体,是家庭经济的主要来源。

其四,同样,清水江流域林地交易还与中国历史的大背景有密切关联。清代改土归流以前(1727年),该流域的林地平均每宗卖价不足1两。之后,随着该流域逐渐被纳入清王朝的版籍,林地平均每宗卖价超过1两,此后并未低于此数。说明清王朝的政治军事等势力对于该流域的经济具有一定的推动作用,区域经济与外域的互动,进一步激活了林地交易,使其在更广阔的地域上发展起来。鸦片战争之后，清王朝统治下的中国沦落为半殖民地半封建社会，经济的衰落与缓慢发展这一状态，可以从林地的买卖价格体现出来。从 1851 至 1910 年的 60 年，平均每宗林地买价大体保持在 1 两至 2 两之间，虽然交易频繁，但交易的单宗价格不高，交易的总额度受到限制。换言之，区域经济收益的总量并不高。我们只是作历史学方面的推断，并非经济学意义上的解释。

整体而言，林地买卖的平均卖价变化比较平稳，起伏不大，269 年里，围绕每宗 5 两上下波动，详见图 2-2。总之，它与国际国内银钱比价、中国的历史背景、区域的经济发展状况有关，还与苗、侗民族林地经营方式等相关。

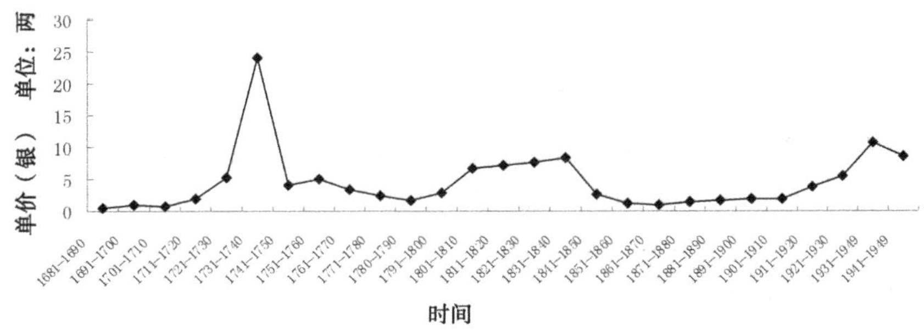

图 2-2　1681—1949 年清水江流域分段林地买卖均价图

三、林地经营

(一)卖、分栽手

1. 卖栽手

清水江流域林地经营方式多种多样，我们举其重要的几项加以说明。首先就是卖栽手，何谓卖栽手？这里指佃种人将地主的林地租佃之后，所租之地分成若干股份，佃种人将幼苗栽好，与地主定好分成方法，比如某块地所栽之木共 10 股，那么地主占多少股，栽手占多少股，二者共同拥有所栽之木。当佃种人（栽手）把自己的股份出卖给他人时，这种转卖在当地被称为卖栽手。由此，所订立的契约文书常称为卖栽手契约或卖栽手合同。幼木股份转让实际上也是地权转移的方式之一，有点类似江浙地区的卖田皮。其特色是出卖股份，而且这种股大小不一。一块大的林地被分作六七十股乃至更大。如果栽手只转让自己的一股,那是比较小的份额。卖栽手这种经营方式林地栽种的普遍性和佃种人对资金的需求度较高,比如《杨昭贵迫南乜大与乌什溪边杉木栽手断卖契》:

立断卖杉木约人天柱县杨昭贵。为因家下缺少银用,无处所出,自愿将得栽迫南乜大与乌什溪边二处之木,分为五股,地主占三股,昭贵栽手占乙股,出卖与姜廷德名下承买为业。当三面二处议定价银六两正,亲手领回应用。其艮(木)自卖之后,应(任)从买主上山管业,卖主兄弟不得异言。今恐无凭,立此断卖乙纸为据。

外妣(批):言定卖主修理四年。

凭中　孙松友代笔

嘉庆二十三年二月二十七日　立①

杨昭贵卖掉自己的栽手,价值银 6 两,所涉及的两处木股值时价银 30 两。再如姜廷华把自己作为栽手的 1 股卖给地主姜廷德,价值银 0.8 两。按 100 株计,每株值 0.008 两,见《姜廷华父子五人培丢等处杉木栽手断卖契》原契文如下:

立断卖栽手杉木约人姜廷华父子五人。为因家下缺少银用,无出,自愿将先年所栽廷芳、廷德土名培丢杉木一块,又将迫南之谟大田坎脚杉木一块,二处共计一百余株。此木分为弍股,地主占一股,栽手占一股。本名栽手一股出卖与地主姜廷德名下承买为业。当日凭中议定价银捌钱整,银契两交。其栽手杉木自卖之后,任凭买主修理蓄禁管业,卖主子孙日后不得番(翻)悔。恐后无凭,立有卖约存照。

凭中　姜映文
廷香

依口代笔　杨枝华

嘉庆二十五年六月十四日　立②

再如《孙松友大田坎脚杉木栽手断卖契》所示:

---

①王宗勋考释:《加池四合院文书考释 · 卷一》,贵阳:贵州民族出版社,2015 年,第 176—177 页。

②王宗勋考释:《加池四合院文书考释 · 卷一》,贵阳:贵州民族出版社,2015 年,第 192—193 页。

立断卖杉□约人天主(柱)县孙松友。为因家中缺少粮食，自愿将得栽杉木，□落地名大田砍(坎)却(脚)之木杉木下乙块，分为五股，地主三股，栽手二股，出卖与姜廷德名下承买为业。当日凭中三面义(议)定断价银七钱二分正，亲手领回。自卖之后，应(任)从买主修理管业，卖主不得异言。倘有栽手不□，具(俱)在卖主里(理)落。今欲有凭，立此断约为据。

凭中　光玉

孙松友

道光元年正月二十八日　立①

本契约中，栽手孙松友所卖的1股值银3.51两，所栽木之土块股份估计共值银17.55两。如《道光二十二年五月二十九日姜老贵断卖栽手杉木红契》中的1股值时银0.64两，整块值银3.2两。

立断卖栽手杉木字人姜老贵，为因要银使用无处寻出，自己将到先年佃栽姜载渭、姜钟英二人名下山场一块，地名皆从湧汪，此山地主栽手分作五股，地主占三股，栽手占二股。今将我老贵本名所占之一股栽手请中出卖与本房姜钟英、世豪名下承买为业。当面凭中议定价纹银六钱四分，其银亲手领回应用。自卖之后，恁凭买主修理管业，卖主房叔弟兄不得异言。倘有不清，俱在卖主理落，不关买主之事。恐后无凭，立此断卖栽手为据。

外批：界限，上凭买主，下凭盘路，左凭载渭，右凭冲，四至分明。

凭中　姜邦彦 朝伟

代笔　姜昌后

道光二十二年五月廿九日　立②

《道光二十三年二月十二日杨老麻断卖杉木栽手约》中，杨老麻所卖的栽手则未分股数，直接卖给地主为姜凌云管理，价值银1.2两。原文如下：

立断卖杉木约人杨老麻，为因要银用度，自愿将到先年所栽姜凌云之山一块，地名培番，此木上凭屋地坪，下凭路，左凭嫩木，右凭姜老齐

①王宗勋考释：《加池四合院文书考释·卷一》，贵阳：贵州民族出版社，2015年，第200—201页。

②安尊华、潘志成校释：《土地契约文书校释·卷二》，贵阳：贵州民族出版社，2016年，第172页。

所栽之木，界址分明，今断卖与地主姜凌云畜（蓄）禁为业，议定价银壹两二钱。自卖之后，任地主管业，日后老麻不得再分栽股之分。立此断卖栽股之字与凌云为据。

代笔　　朝干
凭中　姜大受

道光二十三年弍月十二日　立①

《道光二十四年八月一日刘金珠、刘金六兄弟二人卖杉木契》中，兄弟二人卖掉栽手 1 股，卖价 17000 文，折合银 8.5 两，按此估算，此宗杉木值银 17 两：

立卖杉木人刘金珠、刘金六兄弟弍人，今因要钱使用无从得处，自愿将到土名王家冲杉木一块、地主一股、栽主一股，今将栽主一股出卖。请中问到房内安荣承买，当面议定价钱一拾柒千整。其亲手领足。其木付与买主耕管畜（蓄）禁。自卖之后，不得异言。恐口无凭，立卖存照。

内添弍字。

亲笔　刘安甸
凭忠　刘玉乔

道光弍拾肆年八月初一　立字②

《咸丰十年十二月初三日李老明、姜老根卖栽手杉木契》中，栽手 2 股卖出 1.02 两，此块杉木地主股份值 3.06 两。但因买主非地主本人，所以约定地主房族不得异言，也就是栽手转让时必须权益清楚，原文如下：

立卖栽手杉木字人李老明、姜老根二人，为因要纹银使用无处得出，自愿将到先年佃栽买主之山一块，土名补两卧诗，界趾（至）：上凭大路，下凭路与木洪为界，左凭岭，右凭买主老木，四至分清。地主栽手分为伍股，地主占叁股，栽手占弍股。今将栽手弍股出卖与主家姜世模、姜世俊弟兄名下承买为业。当面凭中议定价纹银一两零弍分，亲手领足应用。其木自卖之后，任凭买主修理管业，卖主房族不得异言。倘有界限不清，俱在卖主理落，不干买主之事。恐口无凭，立此

---

①安尊华、潘志成校释：《土地契约文书校释 · 卷二》，贵阳：贵州民族出版社，2016 年，第 180 页。
②张新民主编：《天柱文书 · 第一辑：全 22 册》第 19 册，南京：江苏人民出版社，2014 年，第 166 页。

卖字存照。

凭中　姜凤桥
　　　罗廷瑞

咸丰十年十二月初三日　立①

本契中,栽手有两人,即李老明、姜老根,所卖的栽手占总幼木的五分之二,卖给主家即地主银1.02两。光绪至民国年间村民仍然出让栽手,比如《光绪三年十二月二十七日龙启魁卖杉木栽手契》:

立卖杉木栽手字人下房龙启魁,为因要钱使用无出,自愿将到先年父亲所栽之山一块,地名松离,界限:上登顶抵李姓之山,下凭坎,左凭冲,右凭李姓之山为界,四至分明。其山之木分为伍股,地主占叁股,栽手占弍股,今将栽手出卖与姜世模、姜世俊弟兄叔侄名下承买为业。当面凭中议定价钱玖伯(佰)捌十文,亲手收足。口说无凭,立此卖字据。

内添三字。

凭中　姜凤乔

光绪三年十二月廿七日　亲笔　立②

本契约中,栽手所卖的2股值铜钱980文,合银0.65两。《民国三年二月十六日姜树芬弟兄断卖山杉并栽手契》中,栽手股份很复杂:

立断卖山场杉木并□手字人姜树芬、姜树芳弟兄,为因要钱应用无处得出,自愿将到祖遗山场杉木一块,地名皆张基,界趾(至):上凭小盘路以禁山老树为界,下抵土垦抵从皆又水沟为界,左凭姜登泮荒田角,右凭冲以下□姜登熙、如相之田为界,四抵分清。此山原来分为四大股,我此边公私占一大股余,共三大股,又占一大股,我边公共占弍大股以作十二小股,我叔侄共一小股,又作二小股,我弟兄□一小股,今将凭中登门出断与姜世美名下承买▭中三面议定价钱伍佰〇八文,亲手收足应用。其山自卖之□,任凭买主修理管业,我卖主弟兄不得异言。如有不清,俱在卖主理落,不干买主之事。今欲有凭,立此断卖字存照,永远发达。[下略]③

本契约中,标的物山场杉木一块共分为4大股,一大股之下又分为12

①安尊华、潘志成校释:《土地契约文书校释·卷二》,贵阳:贵州民族出版社,2016年,第300页。
②安尊华、潘志成校释:《土地契约文书校释·卷二》,贵阳:贵州民族出版社,2016年,第350页。
③安尊华、潘志成校释:《土地契约文书校释·卷二》,贵阳:贵州民族出版社,2016年,第414页。

小股,小股之下,又分为 2 小股。这一小股卖价为铜钱 5508 文,2 小股计 11016 文,12 小股值 132192 文,这块山木估价共值 528768 文,合银 353 两。可见,出卖股份是比较科学且又便于计算收成的明智之举。如果要估算该流域各县所卖杉木股份的经济总量,那是十分困难的。只待今后另著文论述。

卖栽手时,通货除了有银两、铜圆外,还有谷、米等。例如民国三十五年四月二十一日龙海波断卖山场杉木栽手时,5 处栽手股份卖得谷 400 斤。[①]

出卖栽手股份的原因很多。其中换取粮食是重要的原因之一。比如光绪十五年八月十二日姜显祖卖 1 股栽手,得谷 40 斤,解决粮食无出的问题。[②] 按此计算,栽手共 3 股,值谷 120 斤,折合银 0.8 两。缺少粮食,卖栽手换谷物。如民国三十四年六月初六日姜元清断卖山场杉木栽手,卖出十股之一和五股之一,得洋 650 元。[③]

亲人去世亦是原因之一。光绪二十年九月十八日姜前发卖栽手 2 股(五股之二)得钱 980 文,原因是"先父亡故"。[④] 此山 5 股中,地主占 3 股,栽手占 2 股,可推算杉木栽手共值 5100 文。其他还有缺少用费等,"为因缺少洋用,无处所出"。民国三十五年十月初一日姜文智断卖山场杉木栽手 2 股,价洋 2208 元,可测算这块共 5 股的山土杉木可值 5520 元。[⑤] 当然还有起造新房无钱等原因。[⑥]

文字表述上,卖栽手契约与其他土地买卖契约明显的区别是,前者用"修理管业",后者用"耕种管业",以及卖栽手时拥有的股份权益发生转移,而不是土地本身发生转移。股份买卖实际是经营权的转移,这是清水江流域林地经营的主要特征。林木经营是该流域的主要经济来源,因此这类契

---

①张应强、王宗勋主编:《清水江文书·第一辑》第 11 册,桂林:广西师范大学出版社,2007 年,影印本,第 122 页。

②张应强、王宗勋主编:《清水江文书·第一辑》第 1 册,桂林:广西师范大学出版社,2007 年,影印本,第 68 页。第 70 页,王玉山卖栽手 2 股(五股之二)得谷 180 斤,原因仍然是缺少粮食。

③张应强、王宗勋主编:《清水江文书·第一辑》第 11 册,桂林:广西师范大学出版社,2007 年,影印本,第 118 页。

④张应强,王宗勋主编:《清水江文书·第一辑》第 2 册,桂林:广西师范大学出版社,2007 年,影印本,第 109 页。

⑤张应强、王宗勋主编:《清水江文书·第一辑》第 11 册,桂林:广西师范大学出版社,2007 年,影印本,第 124 页。

⑥张应强、王宗勋主编:《清水江文书·第一辑》第 1 册,桂林:广西师范大学出版社,2007 年,影印本,第 233 页。

约量大,我们只能略举数例以见一斑。

从栽手可以买卖可知,栽手实际上是佃户,栽手与地主的关系就是地主与佃户的关系。这种关系是生产资料的私人占有制形式,地主所有制形式下,地主的收益除了林木的股份外,林地本身属于地主,即生产资料属于地主。在这种所有制下,栽手(佃户)的权益可以出让,卖出的是管理权、收益权,而不是林地本身。实际上地主只需要出租林地即可以获得至少50%的收益。因为佃户与地主的分成一般是佃二地三,四六分或二股均分次之,还有三七分等。

清水江流域存在的卖栽手或栽手地股,实际上出卖的是林地经营权,而卖地、卖地股则是转让的林地所有权。林地经营权可看作地面权,林地所有权可看作地底权。所以我们认为这十分类似一地二主的情形。其中栽手或地主有时皆按照股份分成,掌握了林地的地面权,地主掌握了林地的地底权,而且得到认可,逐渐上升为一地方习惯。

根据清乾隆十二年(1747)清水江流域文斗寨姜文襄为其《姜氏族谱》写序时说,当地居民于明万历年间(1573—1620)"只知丌坎砌田(造梯田)挖山栽杉"①,可以推断清水江流域的人工造林已有400多年的历史。所以栽手股份制这种股份租佃制度发展得烂熟就不奇怪了。也正是由于数百年的育林、造林与木材经营,一种比较完善的租佃制度长期发展并传承下来。另外,山高坡陡、沟壑纵横的地貌不宜开垦田地以种植稻禾,而适合林木生长,林地在清水江流域所占的比例较大,所以田地经营中租佃制虽然存在却不发达。

要而言之,清水江流域的卖栽手,多数情况下是在栽手(佃户)之间进行,亦有把栽手卖给地主的情形。也就是说,卖栽手是租佃转让,这是清水江流域林地契约的一大特色。杨国桢指出,"契约本身所反映的地权转移形式,与一般的土地买卖并无二致,都是一种独立的土地所有权的转让。但是,由于买卖的对象是佃耕的土地,因之采用了'退帖'、'杜顶首'、'寄佃'等特殊的契约形式,以示与一般的土地买卖有所区别","顶"和"退"、"寄"最初只是在佃农之间"私相授受",但随着时间的推移,逐渐得到社会的公认,"成为一种独立的地权转移形式"。② 由此可以说,清水江流域林地契约中的卖栽手是一种独立的地权转移方式。

---

①单洪根:《锦屏文书与清水江木商文化》,北京:中国政法大学出版社,2017年,第28页。

②杨国桢:《明清土地契约文书研究》修订版,北京:中国人民大学出版社,2009年,第82页。

2. 分栽手

当然，并非栽手栽好幼木之后都想转让，幼木一般三至五年成林。成林之后，地主收回自己管业。如果栽手与地主（有的文书亦把地主称为土主）一起等到幼木长大，那么他们是要分成计算收益的。双方订立契约，明确地主和栽手各自占有的股数，即分成比例。有时还约定每年的林木修理由栽手负责。比如《道光十年二月初十日龙长生、姜乔奉分栽手股份合同》：

立分合同字人加什寨龙长生、姜乔奉二人，先年佃到文斗姜映辉、绍滔、绍吕、相清、相德等二家之山，地名党央水沟上，界限：上凭顶，下凭水沟，左凭岭，右凭岭，此木分为五股，地主占三股，栽手占二股，今木植长大，股数分清，日后不得异言，逐年俱在栽手修理，不得荒芜。欲有出卖之日，先问地主承买。今欲有凭，立此合同为据。

代笔　姜邦彦

凭中　龙绍元

立分合同二纸合执一纸[半书]

道光十年二月初十日　立①

《道光二十年十二月二十五日姜三绞、姜老元分栽木合同》则强调姜三绞、姜老元二人佃栽之幼木长大成林自愿按股数分成，即 5 股中，两人各分得 1 股，原文如下：

立分合同字人姜三绞、姜老元二人，先年佃栽姜述圣老爷山场一块，土名党楼，栽地五股均分，栽手占二股，地主占三股，上凭田，下凭黎嘴，左凭载渭，右凭姜本望、宗智木。今木长大成林，二比自愿照股数分，合同为据。

立分合同各执壹纸为据[半书]

代笔
凭中　姜本望

道光廿年十二月廿五日　立②

咸丰、光绪年间的分栽木合同亦是在姜老胖、范钟灵、姜凤桥、范锡荣所栽之木长大成林后订立，按照股份分成，“日后不得混争”。比如《咸丰十一年五月十三日姜老胖等分栽木合同》：

---

①安尊华、潘志成校释：《土地契约文书校释・卷一》，贵阳：贵州民族出版社，2016 年，第 396 页。

②安尊华、潘志成校释：《土地契约文书校释・卷二》，贵阳：贵州民族出版社，2016 年，第 122 页。

立分合同字人姜老胖、范钟灵、姜凤桥、范锡荣，先年佃到姜世模、姜世俊弟兄之山，地名荣假堆。此山地主栽手分五股，栽手占弍股，地主占叁股，栽手之弍股又分为四小股，老胖之小股先年凭中出卖与地主，余叁股自存。今木植长大成林，二比自愿分合同，日后不得混争。今欲有凭，立此合同为据。

凭中　龙生隆
代笔　姜钟芳

合同永远发达存照[半书]

姜 世模　存一纸
　 凤桥　存一纸

咸丰十一年五月十三日　立①

《光绪二十年二月初三日范德生弟兄分杉木栽手合同》则地主与栽手约定，杉木长大成林，按地主3股栽手2股分配。如果栽手出卖自己的股份，地主享有优先权，即"日后栽手出卖，先问地主，后问他人"，原文如下：

立分合同字人岩弯寨范德生、范宽生弟兄二人，佃到文斗姜世俊、姜世龙弟兄叔侄等之山一块，地名翁罢枉，其山界限：上凭岭以路为界，下凭大河，左凭冲以镜湖之山为界，右凭冲以范镜湖之山为界，四至分明。今杉木长大成林，此山地主栽手分为伍股，地主占叁股，栽手占弍股。日后栽手出卖，先问地主，后问他人。恐后无凭，立此合同为据是实。

内添一字。

立分合同为据[半书]

凭中代笔　姜登榜

光绪二十年二月初三日　立②

分栽手是林地股份收益的分配，其一是这类合同中最重要的佃户与地主的分成比例是多少；其二是佃户如果卖其股份，地主享有优先购买权，某种意义上，地主占据了处分栽手的部分权利。

（二）卖林地

清水江流域村民卖山林，包括卖林地，山、山场，其实都是指可以种树木的

①安尊华、潘志成校释：《土地契约文书校释·卷二》，贵阳：贵州民族出版社，2016年，第306页。
②安尊华、潘志成校释：《土地契约文书校释·卷二》，贵阳：贵州民族出版社，2016年，第372页。

山地,只是订立契约时写法约有不同而已。村民卖山坡亦在此类。比如《25-1-1-001　吴告良立断卖杉山坡地蜡树约(康熙四十三年二月十三日)》:

立断卖杉山坡地蜡树字人吴告良,为因缺少用度无出,情愿将面分祖业杉山蜡树坡地壹幅,今凭中出断卖与乌山寨吴相宇为业。当议断价作禾六秤,每秤六十斤,亲手领回。此山自断之后,恁从吴姓永远管业,不与弟兄房族寨内人等相干。一断百了,永无异言。恐后无凭,立此断约存照。

凭中　吴化钦　禾一手

计开四至:

上平(凭)岭路,下平(凭)□冲,左平(凭)小岭,右平(凭)小冲。

代笔　杨起庐　禾一手

康熙四十三年二月十三日　立①

这幅山坡卖价为禾360斤,且支付凭中和代笔人禾各一手。也就是说,该例卖山坡选择糯禾作为通货。这是清水江流域的一大特色。比如《25-1-1-002　龙南依立断卖山坡约(雍正八年五月十二日)》:

立断卖山坡约人苗举寨龙南依,为因家下缺少,自愿祖业山坡一所,坐落土名定包,上平(凭)田水勾(沟),下平(凭)溪,左平(凭)勾头冲,右走路岭。平(凭)中卖与乌山小苗光吴文明、有才、富才、得先、才英名下得买。义(议)定银八两,亲手收回应用。恐后无平(凭),立此断字是实。凡有约在□堂□手保管。

凭中　龙艮包
　　　吴翻化

代笔　杨起梦

雍正八年五月十二日　立②

此例中,一所山坡卖得银8两,并且由5人共卖。再如《3-1-1-001　姜闵刚立卖山场杉木约(雍正九年十月十八日)》:

立卖山场杉木约人姜闵刚,为因家下缺少用度无处得出,自愿将遗

①张应强、王宗勋主编:《清水江文书·第三辑》第3册,桂林:广西师范大学出版社,2011年,影印本,第312页。

②张应强、王宗勋主编:《清水江文书·第三辑》第3册,桂林:广西师范大学出版社,2011年,影印本,第313页。

祖山场杉木乙所，坐落地名九桑，作四股均分，本名占一股，请中出卖与姜相云、姜茂云兄弟名下承买为业。当日凭中三面议定价银二两正，亲手领回应用。其山场杉木自卖之后，恁凭买主二人永远管业，不许房族外人争论。今恐无凭，立此卖约永远存照。

凭中　姜利两　受银五分

代笔　姜邦奇　受银五分

雍正九年十月十八日　立①

此例中，1股山林卖得银2两，可知此山林总价约银8两。契中把付与凭中的小银5分列出。例如《乾隆十六年四月二十六日姜凤章弟兄卖山场契》：

立卖山场人姜凤章弟兄，为因要银使用，自己将山出卖，地名番故颓，山分五股，名下占弍，今出卖半股与姜富宇名下承买为业，当日凭中议定价银弍两二钱。其山自卖之后，恁从买主管业，日后不得争论。如有来路不明，俱在卖主理洛（落），不与买主相干。恐后无凭，立此约远永（永远）存照。

代书　姜得中　银五分

乾隆十六年四月廿六日　立②

该份契约的标的物为山场，分为5股，当事人姜凤章兄弟卖出2股获得银2.2两，这一块山场大约值时银5.5两。再如《乾隆二十九年十二月二十五日姜潘保等卖山场契》：

立卖山场约人中房姜潘保、姜潘藐，为因家下要银使用，亲身问到，将祖遗山场一处，土名坐落番固德，作为五大股均分，今名下一股出卖与姜富宇名下承买为业。当日凭中面议价银四两三钱正，亲手领回用，其银交明，不得短欠。自卖之后，凭从买主子孙管业，卖主兄弟以并外人不得异言番（翻）悔。不清，俱在卖主尚（上）前理落，不与买主何干。今欲有凭，立卖山场约存照。

度中　绞苟

凭中　姜文科

代书人　文炯

---

①张应强、王宗勋主编：《清水江文书·第二辑》第1册，桂林：广西师范大学出版社，2009年，影印本，第1页。

②安尊华、潘志成校释：《土地契约文书校释·卷一》，贵阳：贵州民族出版社，2016年，第2页。

乾隆二十九年十二月廿五日　立[①]

两份卖契约的原因都是家中要银使用,也就是要把林地变成现银解决家庭经济困难。这种原因描述在整个清水江流域的林地买卖契约中占绝大多数。1 股卖得银 4.3 两,可知这块林地大约值银 1.5 两。嘉庆期间林地卖契亦列出卖地原因、标的物四至,如《嘉庆十四年十月刘乔林父子二人卖山场契》列出原因为“今因家下要银用□无从得处”,所卖山场“上界本人,右界戊富,左界五岩,右下界为路”。[②]

《嘉庆十六年三月二十一日刘祝宗卖柴山契》载山 1 块,卖价银 3 两 7 钱。[③]《道光元年四月十三日刘三吉、刘成恩父子卖油山契》记载 1 块油山卖银 5 两 3 钱。[④] 道光二年六月二十日刘必文、刘必用兄弟卖山场 1 块,卖价银 1 两。[⑤]《道光七年二月十三日刘成元卖祖山契》记载土冲 1 团卖银 3 两。[⑥]

可见,嘉庆、道光年间的林地买卖,银钱并用,林地可团、块作量词来表示,并不能计算其面积。《道光十八年十二月刘福保卖山契》中,一团山场卖价为 1200 文,大约银 1 两,该契约原文如下:

立卖山契人刘福保,今因要钱使用无处可得,自己将到土名冲岩山一团出卖。先问房族,无人承买。问到刘茂瑜承买,当面言定价钱一千二百文正。不得异言。立有卖契存照。

凭中　□

代笔　刘士朝

道光十八年十二月□□日　立[⑦]

《道光十□年五月十九日刘乔元卖山林契》:

立卖山林契人刘乔元,情因要钱使用,自愿将到土名高方一团出卖,东抵李清应,南抵刘茂元,西抵刘秀伯,北抵刘坤山为界,四至分明。

①安尊华、潘志成校释:《土地契约文书校释·卷一》,贵阳:贵州民族出版社,2016 年,第 8—9 页。

②张新民主编:《天柱文书·第一辑:全 22 册》第 19 册,南京:江苏人民出版社,2014 年,第 7 页。

③张新民主编:《天柱文书·第一辑:全 22 册》第 19 册,南京:江苏人民出版社,2014 年,第 151 页。

④张新民主编:《天柱文书·第一辑:全 22 册》第 19 册,南京:江苏人民出版社,2014 年,第 152 页。

⑤张新民主编:《天柱文书·第一辑:全 22 册》第 19 册,南京:江苏人民出版社,2014 年,第 153 页。

⑥张新民主编:《天柱文书·第一辑:全 22 册》第 19 册,南京:江苏人民出版社,2014 年,第 157 页。

⑦张新民主编:《天柱文书·第一辑:全 22 册》第 19 册,南京:江苏人民出版社 2014 年,第 13 页。

先问亲房，无人承买。自己登门问到刘士仁名下承买，当面议定价钱陆百六十文正，即日领足无欠。其山林付与买主管业。自卖之后，不得异言。若有异言，立有卖契永远存照。

刘国珍　字

道光十□年五月十九日　立①

咸丰同治年间，使用铜圆作为通货较多。比如《咸丰六年四月二日龙氏昭妹卖山场地土字》中，1 团山场卖价 2100 文：

立卖山场地土人□龙氏昭妹，今因要钱使用无从得处，自愿将□一团，下抵田坎，上抵刘光伍，左抵田坎并光伍，右刘士忠共山为界，四至分明，要钱出卖。请中问到刘里孝、明珠二人承买。当面议定价钱弍千一百文正。其钱卖领清。其山场地土付与买主耕管为业。自卖之后，不得异言。今有凭，立有卖字存照。

凭中　刘承忠

代笔　刘士和

咸丰六年四月初二日　立②

《同治二年五月二十日龙毛内卖油山契》：

立卖油山人龙毛内，要米所食无处所出，自愿将到土名泥塘油山一块出卖。自己问到本寨刘安荣承买，当面议定价米五升正。自卖之后，不得异言。恐后无凭，立有卖是实。

东抵刘□□油，南抵刘交来土，西抵刘必恩油，北抵岭。

凭中　自己

代字　刘以慈

同治二年五月廿日　立③

《同治三年二月六日刘遂珠卖山契》记载山 1 块，卖价钱 3440 文。④ 再如《同治四年七月二十六日刘恩祥卖山地契》：

立卖山地人刘恩祥，今因要钱使用无所出处，自愿将到土名盘马山

①张新民主编：《天柱文书·第一辑：全 22 册》第 19 册，南京：江苏人民出版社，2014 年，第 89 页。
②张新民主编：《天柱文书·第一辑：全 22 册》第 19 册，南京：江苏人民出版社，2014 年，第 19 页。
③张新民主编：《天柱文书·第一辑：全 22 册》第 19 册，南京：江苏人民出版社，2014 年，第 170 页。
④张新民主编：《天柱文书·第一辑：全 22 册》第 19 册，南京：江苏人民出版社，2014 年，第27 页。

乙团出卖。自己上门问到本房刘明忠承买。二比义(议)定价钱三百文正,其领足。其山付与买主耕管。自卖之后,不得异言。恐无凭,立有卖字存照。

代笔 刘士和

同治四年七月二十六日 立①

《光绪十六年十二月十五日龙氏妹娥卖柴山字》:

立卖柴山字人龙氏妹娥,今因要钱使用无处可得,将到地名高景坡柴山一团出卖。请中上门问到本房刘永宾名下承买。当日议定价钱乙千四百五十文正。其钱亲领应用。其柴山卖与买主耕管为业。自卖之后,不得异言。恐口无凭,立有卖字存照。

计开四至:

上抵刘士南为山界,下抵路,左抵壕沟,右抵[下略]②

《光绪二十一年一月二日刘东美、龙氏玉月、龙氏章连母子三人卖柴山契》:

立卖柴山契刘东美、龙氏玉月、龙氏章连母子三人,今因要钱使用无所出处,自愿将到土桂二团出,请中问到刘东甲承买。当日议定价一千四百文整,其领足。其柴山付与买主耕管为业。自卖之后,不得异言。恐口无凭,立有□□为据。

凭中 刘海彬
代笔 刘恩文

光绪廿一年□月初二日 立③

《光绪二十七年三月二十日刘恩祥、刘灿林卖山地字》记载山1团,卖价钱1388文。④《宣统三年七月二十六日刘恩祥卖山地字》:

立卖山地字人刘恩祥,今因要银使用无所出处,自愿将到土名盘马山乙团出卖。自己上门问到本房刘明忠承买,二比议定价钱银三两正,

①张新民主编:《天柱文书·第一辑:全22册》第19册,南京:江苏人民出版社,2014年,第31页。

②张新民主编:《天柱文书·第一辑:全22册》第19册,南京:江苏人民出版社,2014年,第50页。

③张新民主编:《天柱文书·第一辑:全22册》第19册,南京:江苏人民出版社,2014年,第54页。

④张新民主编:《天柱文书·第一辑:全22册》第19册,南京:江苏人民出版社,2014年,第184页。

及领足。其山付与买主耕管。自卖之后，不得异言。山四至分明，东抵长吉以岭至凹凸，南抵路连秋山，西抵东美以岭到油山为界，北抵上登岭。恐无凭，立有卖字存照。

代笔　刘士和

宣统三年七月二十六日　立①

从上面的例子我们可以得知关于林地契约，订立契约的人的类别比较多，单独作为卖主的占多数，另有合伙人，比如父子、兄弟、房族人等。还有社团组织，例如桥头会、南岳会、土地会、十人会等。林地来源，契约中一般加以说明，大致有以下几种情形：第一，祖遗的产业，这是先祖、祖父、父亲等留下的产业；第二，家族或村寨公山或共山中分得的股份；第三，从卖主手中买入的林地，常写作"先年得买"；第四，通过佃种他人的山场林地之后，分到手中的股份；第五，与其他人合伙购买林地，分到自己名下的股份；第六，经过官府判决之后分到的产业；第七，由民间权威组织，如家族、地缘性的款组织处置的产业；第八，绝亡户、外逃户遗弃林地，自动将其据为己有的林地。如《民国四年一月七日杨二发卖柴山杉木地土字》：

立卖柴山杉木地土字人杨二发，今因家下要钱使用无所出处，自愿将到地名[树]垄山地一团杉木一概出卖，上抵砍(坎)，下抵刘发祥田、东甲山，左抵刘先甲，右抵刘东贵兄弟二人山，四至分明。请中上门问到四川木杉姚老权承买，当日凭中议定价钱一仟陆佰四十八文正。其钱亲手领足入手应用。其业付与买主耕管为业。自卖之后，不得异言。恐口无凭，立有卖字是实。

外批：内添二字。

凭中　□□□
请□

中华民国四年正[月]初七日　立②

又如《民国六年闰二月六日龙球芳卖山场沙土字》中，把山场与沙土一并出卖，作为一个整体，卖价2500文：

立卖山场字人本寨龙球芳，今因要钱使用无所出处，自愿将到土名中伦山场并沙土壹团，上抵登领(岭)，下抵田、抵路为界，左抵现学山沙

①张新民主编：《天柱文书·第一辑：全22册》第19册，南京：江苏人民出版社，2014年，第57页。
②张新民主编：《天柱文书·第一辑：全22册》第19册，南京：江苏人民出版社，2014年，第107页。

土喜森山为界，右抵喜祥山，字(四)至分明，要钱出卖。请中上门问到本寨龙喜魁名下承买，当日凭中言定价钱二[千]阡(仟)伍百捌拾文整。其钱领足入主应用。其山场付与买主耕管为业。自卖之后，不得异言。恐口无凭，立有卖字为据。

内添二字。

亲笔
凭中　喜焕

民国丁巳年后二月初六日　立①

卖杉山、柴山的契约很相似，仅标的物不同。如《民国八年五月十一日薛祥辉卖柴山字》：

立卖柴山字人薛祥辉，今因家下要钱使用无处可得，自愿将到山名高景山□团出卖。请中上门问到东甲承买。当日言定价钱乙千〇八十文整。其钱领足。其山付与买主耕管为业。自卖之后，不得异言。恐口无凭，立有卖字是实。

外批四至：上坻(抵)路，下坻(抵)祥寿，左纸(抵)占甲山，右纸(抵)宠兴山。

凭中　龙再文
亲笔

民国八年五月十乙日　立②

又如《民国二十八年十月五日刘凤鸣卖杉山字》：

立卖杉山字刘凤鸣，今因家下要钱使用无所出处，自己请中上门问到本寨姚正驭名下承买，当中议定价钱壹佰零肆仟捌百文正。自愿将到地名占来庙背杉山一团出卖，所有阴地与共。其山左抵刘启林山为界，右抵龙通顺山为界，上抵大路正岭为界，下抵沟。四至分，要钱出卖。其钱领清。其山付与买主耕管为业。自卖之后，不得异言。恐口无凭，立有卖字为据。

凭中　龙运河
亲笔　刘凤鸣

①张新民主编：《天柱文书・第一辑：全22册》第14册，南京：江苏人民出版社，2014年，第11页。
②张新民主编：《天柱文书・第一辑：全22册》第19册，南京：江苏人民出版社，2014年，第61页。

民国廿八年十月初五日 立①

此份杉山含有阴地一起出卖,所以卖价不菲,达到104800文,合白银17.5两。又如《民国三十二年一月十九日刘凤成卖杉木山场字》:

立卖杉木山场字人刘凤成,今因要洋用度无所出处,自愿将到地名菜乌兄弟六人共山一团凤成之股出卖。其上抵路,下抵刘绍丰、长吉等共山,左抵胡翠元山冲砍(坎),并东美田及绍丰山,右抵刘东美山,四至分明。清(请)中上门问到本房刘启蔚名下承买,当面议定价洋贰佰叁拾元零捌角正。其洋亲手领清。其山付与买主耕管为业。自卖之后,不得异言。恐后无凭,立有卖字为据。

外批:此山除木三根与刘荣宗砍伐。

代笔 刘国璋

凭中 刘景云

民国叁拾贰年正月拾玖日 立②

民国三十六年十一月二十五日刘定川卖山上契,盘马田1团卖价达到钞洋450000元③,合银30.485两。

因为通货膨胀,村民有时选择粮食作为通货。比如《民国三十七年五月十六日刘国璋卖山场地字》中,山1团卖价为谷2.5挑,按每挑100斤计算,为谷250斤。④ 再如《民国三十七年九月十四日刘定杰卖杉山字》:

立卖杉山字人刘定杰,今因家下要洋使用无所得,自愿将到地名圭金杉山一团,其杉山出卖,右抵粟宏钧为小沟界,左抵粟宏钧边冲界,下抵溪,上抵土坎为界,四至分明。先问亲房,无人承买。要洋自愿杉山出卖,请中问到本寨刘定寰名下承买,当中议定价洋弍拾肆万捌仟元正。其洋亲手领清。其杉山付与买主耕管为业。自卖之后,不得异言。恐口无凭,立有卖字为据。

---

①张新民主编:《天柱文书·第一辑:全22册》第19册,南京:江苏人民出版社,2014年,第146页。

②张新民主编:《天柱文书·第一辑:全22册》第19册,南京:江苏人民出版社,2014年,第100页。

③张新民主编:《天柱文书·第一辑:全22册》第19册,南京:江苏人民出版社,2014年,第148页。

④张新民主编:《天柱文书·第一辑:全22册》第19册,南京:江苏人民出版社,2014年,第174页。

内改"边土坎"三字,即刘景模改,因此契四至与粟宏钧交涉。凭父老刘东富、粟用熙、刘东贵、刘宗清、粟用九及凭中刘奶模面结改就。此批。

凭中　刘奶模

亲笔

民国三十七年九月十四日　立①

林地还包括竹园。村民认为,只要能卖掉,换取钱以解决经济困难,并不考虑标的物种类。比如嘉庆十年十二月二十五日姜绍能弟兄 3 人断卖竹园 1 团,该竹园共分为 2 股,四至载明,姜绍能等所卖之股获得银 1 两,并且约定所卖之物"任从买主子孙管业,卖主不得异言"。②

民国末年,国统区通货膨胀,村民卖地时选择的通货较多的是谷物。比如《民国三十八年八月十一日俞永发卖播字》:

立卖播字人俞永发,今因家中要钱用度无从处,自己商议,今原(愿)将到土名宗运坡当上播地壹团,上抵买主的油树,下抵卖主桑俩人抵播断,左抵杨佰林的播,右抵买主的播,四抵分明,要行出卖,无人就。请中上门问到亲戚杨德发名下买,当日凭中言定卖价谷子壹石伍斗伍升。其钱亲领入手用度,卖主一卖了,二卖休。买主永远耕管为业,日后不得意(异)言。恐口无凭,立卖播地是实。

杨德发得宗连播地,卖主照契一变(并)领清。

凭中　梁光前
　　　杨金毫

请笔　杨克芳

中华民国卅八年八月拾一日　立③

用林地作为抵押物,借款、借粮食。这种方式可以理解为卖林地的特殊方式,因为村民运用林地作抵押,获得了他们需要的钱和物。这对于村民渡过难关具有非常重要的意义。如果到期本利不归还,借抵字人所抵押的林地则任凭谷主修理管业。比如民国三十年九月十二日姜文载借谷 225 斤,

①张新民主编:《天柱文书·第一辑:全 22 册》第 19 册,南京:江苏人民出版社,2014 年,第 72 页。

②张应强、王宗勋主编:《清水江文书·第一辑》第 12 册,桂林:广西师范大学出版社,2007 年,影印本,第 249 页。

③张新民主编:《天柱文书·第一辑:全 22 册》第 3 册,南京:江苏人民出版社,2014 年,第 146 页。

用抵油山作抵押，按月支付5%的利息。①

卖地主，这是转让土地所有权的契约，亦称为卖土股、卖山股。如光绪二十三年十一月二十五日姜发科断卖地主，原因是缺少钱用，不得不卖三大股之一的三分之一，即卖出整个地块的九分之一，得钱1088文，买主获得该地主的修理管业权。②

重视林地的权属关系，村民往往在契约中附上简图，便于查看和作为今后的凭证。如图2-3、图2-4：

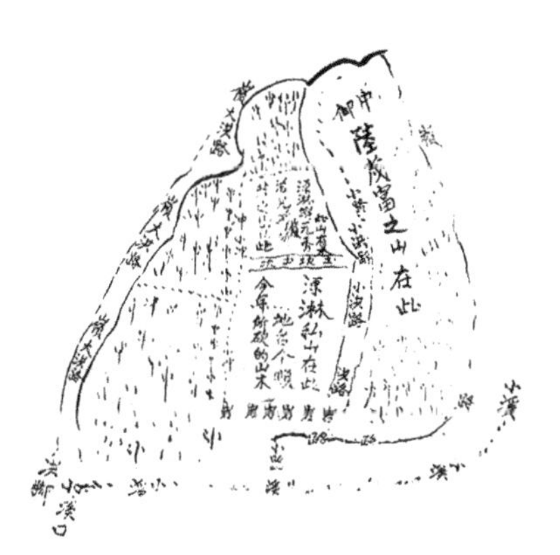

图2-3　姜源淋等山界草图③

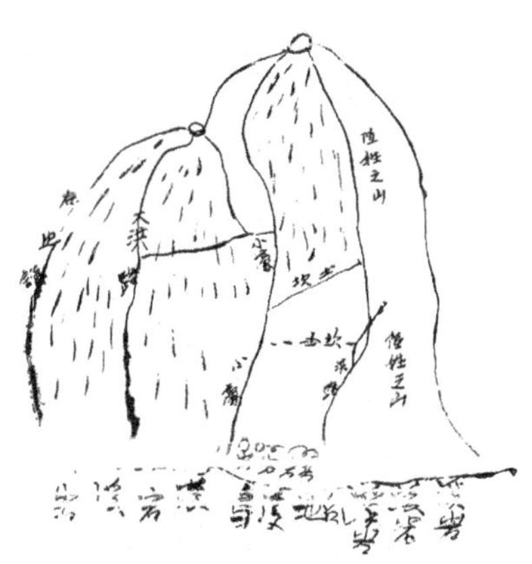

图2-4　山界图④

(三)卖木

买卖杉木及其他经济林木是清水江流域村民林业经济的重要特征。卖木的方式多种多样，可卖活木、幼木、已砍伐的林木、已加工的木材等。比如《乾隆三十二年七月初九日姜文进断卖杉木约》所断卖之木为活木，姜文进卖与姜富宇蓄禁修理和管业。16根木材卖出价为银1.3两，单价为0.081两/根。原文如下：

①张应强、王宗勋主编：《清水江文书·第一辑》第8册，桂林：广西师范大学出版社，2007年，影印本，第147页。

②张应强、王宗勋主编：《清水江文书·第一辑》第8册，桂林：广西师范大学出版社，2007年，影印本，第276页。

③张应强、王宗勋主编：《清水江文书·第一辑》第1册，桂林：广西师范大学出版社，2007年，影印本，第415页。

④张应强、王宗勋主编：《清水江文书·第一辑》第1册，桂林：广西师范大学出版社，2007年，影印本，第441页。

立断卖杉木约人姜文进，今因家下要银，分争木头乙十六根，土名坐落番故怼山，房族入中理清，自将名下之木山断与本房姜富宇名下承买、蓄禁修理管业。当日凭中面议价银乙两三钱正，亲手领回受用，其银交完，不得短欠。自卖之后，恁从买[主]管业，卖主兄弟以并外人不得异言番(翻)悔。一卖一了，父断子丢。今恐日后人信难凭，立此断约永远存照为据。

凭中　理明　姜德宇 宗保

卖主　姜文进(押)

代书　姜文炯

乾隆三十二年七月初九日　立①

《道光九年六月二十九日刘玉乔、刘玉科卖杉木契》：

立卖杉木人刘玉乔、刘玉科，自愿将到土名美亚杉木乙块，问到房内刘安荣承买，议定价银式两八钱正。其银卖主领足。其杉木付与买主畜(蓄)禁，不得异言。若有异言，立有卖契存照。

刘士宏　字

道光九年六月二十九日　立②

本契约中所卖出的杉木活立木，可以继续生长、蓄禁，待到买主需要时即可砍伐。有时还会对杉木根部即树即林地做出是否一起卖。此约只涉及出卖杉木。下一份约定十分详细，卖主刘念恩卖木不卖地，只是把杉木山一块的耕管权出卖给刘安荣，杉木长大发卖的收益归买主，并注明老兜桐油一概出卖，见《道光十九年八月二十八日刘念恩卖杉木山字》：

立卖杉木山人刘念恩，今因要钱使用无所得处，自愿将地名高乔方杉木山一块出卖，自己问到本寨刘安荣承买，言定价钱十千零三百文。上卖杉木下卖地。其木付与买主耕管为业。自卖之后，不得异言。买主不明，卖主向前理落，不干买主之事。怨(恐)后无平(凭)，立字存照。内有老兜铜(桐)油一概出卖。

自中

亲笔

①安尊华、潘志成校释：《土地契约文书校释·卷一》，贵阳：贵州民族出版社，2016年，第12—13页。
②张新民主编：《天柱文书·第一辑：全22册》第19册，南京：江苏人民出版社，2014年，第158页。

道光十九年八月二十八日　立①

也可以把蓄禁成林的杉木按团或根数出卖，变成现金，解决用度困难。如《道光二十六年十二月二十日刘必林、刘必聪卖杉木蓄禁字》：

立卖杉木畜（蓄）禁人刘必林、刘必聪，今因要钱使用无所得处，自愿将到下圭地发宝乔溪上边杉木一团出卖。请中问到平墓寨刘茂瑜承买，当日三面议定价钱叁十四千文整。其钱卖主领清。其杉木付与买主□业。其四至，上边抵刘必贞、刘必林共木，下至抵河。自卖之后，不得异言。若有来历不明，卖主向前理落，不干买主之事。恐口无凭，立有卖字为据。

凭中　刘□□
代笔　刘必跃

道光二十六年十二月二十日　立卖字是实②

《咸丰元年六月三日刘孝基、刘孝浦二人卖杉木字》中，杉木 1 团，卖得钱 800 文，所卖之木包括老、嫩木。③

咸丰八年七月二十九日刘东亮卖杉木 17 根，自卖自中，卖价钱 800 文。约定杉木付与买主刘安荣耕管。④《同治四年十月三十日刘有元、刘有恩、刘滨银兄弟四人卖杉木字》则为 4 人合卖：

立卖杉木人刘有元、刘有恩、刘滨□、刘滨银四人兄弟，今因要钱使用无所得处，自愿将土名岑冲串坡杉木一团出卖。先问亲房人承买。□中问到刘明中承买，当面言定价钱七百文正。其钱领足。其杉木付与畜（蓄）禁为蒿（业）。恐后无凭，立有卖字为据。

凭中　刘太荣
代字　刘士恩

---

①张新民主编：《天柱文书・第一辑：全 22 册》第 19 册，南京：江苏人民出版社，2014 年，第 165 页。

②张新民主编：《天柱文书・第一辑：全 22 册》第 19 册，南京：江苏人民出版社，2014 年，第 16 页。

③张新民主编：《天柱文书・第一辑：全 22 册》第 19 册，南京：江苏人民出版社，2014 年，第 167 页。

④张新民主编：《天柱文书・第一辑：全 22 册》第 19 册，南京：江苏人民出版社，2014 年，第 90 页。

同治四年十月三十日　立①

柴山、杉木可以单独转让，也可和林地合在一起断卖。光绪十一年十二月二十九日刘永乾将柴山杉木 2 股分派中的 1 股转让与兄，卖价钱 1550 文。②

光绪十九年二月二十日潘氏金连将柴山、杉木和土一起卖与刘丙奎、刘海彬二人，产业转移到 2 人手中。③ 民国年间更是如此，比如《民国二十六年一月二十五日龙显书卖蓄禁杉木字》：

立卖蓄禁杉木字人龙显书，今因需用在急无所出处，自愿将到地名冲沟杉木壹根出卖，自己上门问到堂弟龙显发承买蓄禁，当面议定价钱柒拾壹千捌百文整。其钱即日亲手领足。其木不限远近蓄禁。自卖之后，别无异言。恐口无凭，立此卖字为据执照。

代笔　龙宪田

中华民国二十六年正月二十五日　□④

林木买卖的丰富性，例子不胜枚举。本书只能略陈数例，以见一斑。比如锦屏县加池寨姜绍卿藏 21 份卖油山契约，从嘉庆十五年五月初五日到宣统二年十二月二十日，每根木卖价折银分别为 0.88，9.6，8，1.5，2.1，0.9，2.4，7.5，4.4，0.53，0.19，3.5，1，4.5，3.5，7.5，0.94，2.92，0.79，0.68，0.59 两，折合银两共计 63.92 两，平均每宗银 3.04 两。⑤ 实际上，林木买卖作为窗口，从中我们可充分看到清水江流域的林地转让的活跃程度，也正是如此迅速的产业转移，带来了林业经济的发达。

（四）佃山栽种

1. 佃种林地

佃农可以承包地主山林的修理工作，获得资金、粮食等。民国二十四年二月十二日姜春茂承包修理栽手 1 股，约定价为谷 21 斤。如果折算成银

①张新民主编：《天柱文书·第一辑：全 22 册》第 19 册，南京：江苏人民出版社，2014 年，第33 页。
②张新民主编：《天柱文书·第一辑：全 22 册》第 19 册，南京：江苏人民出版社，2014 年，第48 页。
③张新民主编：《天柱文书·第一辑：全 22 册》第 19 册，南京：江苏人民出版社，2014 年，第87 页。
④张新民主编：《天柱文书·第一辑：全 22 册》第 16 册，南京：江苏人民出版社，2014 年，第120 页。
⑤张应强，王宗勋主编：《清水江文书·第一辑》第 1 册，第 2 册，第 3 册，桂林：广西师范大学出版社，2007 年，影印本，第 165 页；第 212、225、228、234、236、237、239、240、270、315 页；第 51、73、178、184、192、100、217、231、234、246 页。

两,当时按 1 两银换 150 斤大米计算,21 斤谷约合大米 14.7 斤,合银 0.1 两,合铜钱 200 文。修理山场的要求不低,佃农必须做到“四界修完,不得抛荒”①,否则将会影响以后的佃种生计。

佃农也可以承包林木的砍伐工作,通过订立契约,在约定的时间内完成砍伐,有时还涉及运输等。这种承包工作,一般按照计件承包工资。比如民国三十七年农历三月初三日姜纯经、姜根保等以每根杉木 5480 元的价格砍伐本寨姜盛富的树(毛木两根算一根)。② 佃种山场土地栽种杉木、栗木等是清水江流域土地经营的重要方式。租佃林地是比较成熟的地主所有制。如《1-2-3-185　范德泽叔侄等招种山友字(民国三十六年二月二十四日)》,姜盛贵等佃到榕翁加什南路等这地一幅,四至清楚,限定五年成林,这山分为 5 股,地主占 3 股,栽手占 2 股,双方约定“成林之后,二比不得争论等语,特立招帖壹纸为据是实”。③ 再如《嘉庆十三年三月三日潘爵熙、潘芳万兄弟栽杉木合约》:

立合约栽杉人潘爵熙、潘芳万兄弟,今因有荒播地土壹块,在于土名淘金冲上蟠(播)路下,伙与潘常山兄弟耕锄栽杉,言定弍股均分,土主爵熙、芳万兄弟一股,栽主常山兄弟一股,不得异言翻悔。杉木阴地五年同修,日后成林发卖或留禁或砍伐,二家心愿,其地仍归土主。今人不古,立此合约弍张各执一张为据。

合同二张为据[半书]

凭中　潘子相

潘明达　笔

嘉庆十三年三月初三日　立④

《同治三年四月十日杨昌立租园圃小田字》:

立租园圃小田耕种人杨昌立,今因租到蒋在学园圃小田长田角地土,每年租包谷二升,柿子买主□分,租主二分。今欲有凭,立租是实。

粗(租)主　亲笔

---

①张应强、王宗勋主编:《清水江文书·第一辑》第 1 册,桂林:广西师范大学出版社,2007 年,影印本,第 268 页。

②张应强、王宗勋主编:《清水江文书·第一辑》第 3 册,桂林:广西师范大学出版社,2007 年,影印本,第 434 页。

③张应强、王宗勋主编:《清水江文书·第一辑》第 4 册,桂林:广西师范大学出版社,2007 年,影印本,第 499 页。

④张新民主编:《天柱文书·第一辑:全 22 册》第 4 册,南京:江苏人民出版社,2014 年,第135 页。

同治三年四月初十日　租①

《民国二年六月十九日龙则科、龙则奎、龙则林等与刘永乾父子四人共栽杉木分股合同》

立合同字人高获村龙则科、龙则奎，龙则林、龙则伴，今因祖父遗有地土壹团，分为四大股，在居仁里界内，土名美弄坡，上下抵栽主，左抵彦寿山，右抵地主山，四至分明。情因于癸丑年佃与地棉村刘永乾父子四人开垦，当日凭中议定栽成嫩杉，自愿料理三年，恐兄弟各居，或有不同心协修，彼股自愿丢息。及三年已满，栽主地主二彼同修，日后杉木长大，地主、栽主二股均分。此杉木出，山地归原主。恐后无凭，立有合同为据。

讨笔　龙照恩
凭中　龙绪彬

立合同字二彼各据存照[半书]

天运癸丑六月十九日　立②

《民国四年某月七日龙耀林、龙启汉、龙祖汉等栽木砍卖合同》：

立合同□[半书]

立合同字人龙耀林……内有老榆、杉木，砍伐依旧同管，或砍用卖▭同，或者山内出有杉木，下河售卖银钱多少，兄弟▭兄七股均派。不论谁人去山内挖地栽杉，若▭卖木，不许卖地。若木地土全卖，众兄不依。不论何团▭兄弟皆当。其共山未上分关仍旧同管。以上分关各□各业。祖留五处山墙(场)不准谁人为私。倘有别人进来挟蛮□争，兄弟同心协力，有福同养(享)，有祸同当。谁人有事，不▭与兄争端，永远私毫无分，惟我兄弟商议，是此言□□翻悔无凭。立有合同执照为据。

亲笔　□□汉　字

民国四年岁次乙卯□□月初七日　立③

上引数例可以得出规律，一是立合同人必须确认标的物数量、地名及四

①张新民主编：《天柱文书·第一辑：全22册》第7册，南京：江苏人民出版社，2014年，第254页。

②张新民主编：《天柱文书·第一辑：全22册》第19册，南京：江苏人民出版社，2014年，第276页。

③张新民主编：《天柱文书·第一辑：全22册》第13册，南京：江苏人民出版社，2014年，第160页。

至;二是双方或多方对于标的物的股份占有量,比如租主与地主,即佃户与地主之间的分成比例;三是同为佃户,合伙人之间的约定和股份额。另,其他约定条款。一般地说,租佃契约较少涉及土地所有权的变更。

承包栽树分股合同有时写作某某承认合同,重点在于强调佃户(栽手)与地主关于股份分成、栽木的管理时间,如三至五年,以及树木砍伐之后,脚木归地主所有,林地所有权自然归地主所有等。比如《民国二十四年十二月五日吴启义栽树分股承认合同》:

立承伦(认)字人吴启义,今因承到甘溪冲头龙炳锦、龙炳文二人所有三包方播土壹团,上抵圳抵田,下抵溪,左右抵吴姓山,四抵分明,今原栽成杍杉木成团,每仟木种地山主帮本四拾千文正。其木三年满期,双方合修成林一斧坎(砍)伐下河,二股今(均)分。留有脚木原归地主耕管,不得异言。今古有凭,立有合同各承(存)一张为据是实。

合同发达[半书]

凭中讨笔　龙瑞廷

民国二十四年十二月初五日　立付①

又如《民国三十二年一月十三日唐和太承认栽木合同》所示:

立承任(认)字人唐和太,今因承任(认)石榴坡播土一团,上下左右抵荒山,老脚木除外不在内。龙炳元付栽子木,四年同休(修),二股均分,蓄禁艻大坎(砍)伐下河,剩下脚木任(仍)归地主,不得异言。今幸有凭,立有合同为据。

立合同为据[半书]

凭中　龙荣强

代笔　龙炳德

民国癸未年正月十三日　立②

2. 招佃

清水江流域的土地招佃,不仅招外乡、外县人,亦招本寨本族人佃种。如《民国五年十二月二十五日龙荣富付约合同》:

立付约合同字人龙荣富,情因先年壬子岁,今有土名甘溪冲芭芭冲头荒山壹团,上抵荒山,下抵水沟,左抵水沟,右抵荒山,四抵分明,付与客人

①张新民主编:《天柱文书·第一辑:全22册》第16册,南京:江苏人民出版社,2014年,第259页。

②张新民主编:《天柱文书·第一辑:全22册》第16册,南京:江苏人民出版社,2014年,第261页。

周老伍名下承认开锄栽成杉木，三年以后栽主、地主同心修锄，不得推搪一人。恐有推搪误锄，谁孰见工钱式百伍拾文壹天，周年修清约算补还。其木蓄禁长大成林，四股均分，栽主壹股，地主三股。日后出卖，先问地主。砍伐下河，壹斧砍过，剩下脚木仍归地主。恐口无凭，立有付约为据。

添三字。

立卖合同为据[半书]

笔　王家臣

民国伍年丙辰岁十二月廿五日　立付约①

又如民国十八年二月二十日(1929)姜源淋本族姜继美、姜授培、姜相培三人栽杉种粟，双方约定五年成林，地主3股、栽手2股进行分成。②

地主自愿将地放与佃户栽种树木，亦可以看作是招佃合同。比如《民国十二年二月一日刘邦闻放屋基与姚再清栽桐合同》：

立合同人刘邦闻，情因祖人遗有平墓屋基数坪，自愿放与姚再清栽桐，有□□坪开田，并平墓对门山一团亦放与姚再清栽杉并竹。二面议定三年一同修薅，桐亦三□同捡，田到五年方分粗(租)谷。务希努力勇(踊)跃，不得半途而废。恐后无凭，□□有合同各持一纸为据。

□中　刘先甲

亲笔

永远合□[半书]

民国十二年二月初一日　立③

应当指出，该流域的土地股份制发展比较成熟，族人内部多用契约形式进行经营管理。当然，佃户可以订立退佃字与退还土地契约。如嘉庆十六年十月初一日姜包粟退还山场土木与姜佐兴管业，订立退还字④、道光二十五年十二月二十四日孙邦彦等退佃不再为主家姜凤仪等栽杉种粟，双方订立退佃字⑤。

---

①张新民主编：《天柱文书・第一辑：全22册》第16册，南京：江苏人民出版社，2014年，第241页。

②张应强、王宗勋主编：《清水江文书・第一辑》第1册，桂林：广西师范大学出版社，2007年，影印本，第387页。

③张新民主编：《天柱文书・第一辑：全22册》第19册，南京：江苏人民出版社，2014年，第115页。

④张应强、王宗勋主编：《清水江文书・第一辑》第5册，桂林：广西师范大学出版社，2007年，影印本，第336页。

⑤张应强、王宗勋主编：《清水江文书・第一辑》第3册，桂林：广西师范大学出版社，2007年，影印本，第356页。

3. 抵押佃种

用田作抵押，然后佃种地主的山。比如同治三年九月初十日姜兆祥、姜兆佳弟兄用乌榜溪桥头约谷 7 担田 1 丘作抵，佃到文斗寨姜钟琦叔侄的山场加什塘从蜡夏之山，等待木树成林，地主自愿退抵字与姜兆祥、姜兆佳二人。[①] 从这例可以看出，佃农如果手中无财产，佃种地主的山耕种或栽木都是非常困难的。这就是封建经济社会的地主与佃农的矛盾。

佃栽幼木，还要用其他栽手的份额或股份作抵押，以保证所佃栽之木按约定年限内长成林，如《咸丰三年十一月二十四日蒋仲华、王老寿佃抵契》：

> 立佃栽杉木字人蒋仲华、王老寿二人，今因佃到文斗下寨姜钟英老爷、侄世俊叔侄山场壹块，地名冉忧，界至：上凭正福山与土坎为界，下凭污堵溪，左凭领（岭）以下冲绍齐共山为界，右凭相荣山为界，四至分明。此山地主栽手五股均分，地主占叁股，栽手占弍股，自愿先年佃栽主家山场壹块，地名九龙山作祗（抵），王老寿自愿先年得买姜老春之山栽手壹块，地名冲九作祗（抵）。佃栽杉木限至五年内成林。如有不成林，栽手无分，恁凭弍处之山主家管业。恐后无凭，立此佃祗（抵）字为据。
>
> 咸丰三年十一月二十四日　仲华亲笔　立[②]

佃种山土须向主家交付一定的经费。还有租柴山的契约。如乾隆三十三年四月二十三日罗岩保弟兄租柴山使用，租期 10 年，租金 3.1 两，油树除外。[③]

土地所权属于山主（地主、自耕农）。合伙经营山林，山主的土地所有权表现为山林的收益权。这种收益是多种方式的，有卖土股、卖山股、卖栽手、卖幼林、卖活木、卖成木等。

清水江流域山林经营分化成若干股，每一股东都是土地所有者和经营者，他们共同所有土地，共同经营，土地所有权体现为股份收益；个人拥有招佃、可出售自己的股，个人享有股份内林地的占有权、使用权和处分权。当然其中未分化成股的多人共有林地，个人没有独立的专有的占有权、使用权和处分权。这是其中的极少数。

---

①张应强、王宗勋主编：《清水江文书·第一辑》第 12 册，桂林：广西师范大学出版社，2007 年，影印本，第 125 页。

②安尊华、潘志成校释：《土地契约文书校释·卷二》，贵阳：贵州民族出版社，2016 年，第 254 页。

③张应强、王宗勋主编：《清水江文书·第三辑》第 1 册，桂林：广西师范大学出版社，2007 年，影印本，第 434 页。

我们抽样发现。清水江流域的林地佃种中，地主与栽手的分成方式，主要采取五股均分方式。其中，地主占三股、栽手占二股。地主凭借土地所有权，稳定地获得收益。详见表 2-4。

表 2-4　地主与栽手分成

分成方式	二股均分	五股均分	十股均分	三股均分	三股均分
地载分股	地栽各一	地三栽二	地五栽五	地二栽一	地一半栽一半
份数	17	115	1	7	1
百分比	10.6	71.43	0.62	4.34	0.62

分成方式	四股均分	五股均分	十股	五股半	七股均分	无记载	合计
地载分股	地三栽一	地四栽一	地六栽四	地四栽一股半	地四栽三		
份数	4	6	2	1	1	6	161
百分比	2.5	3.72	1.2	0.62	0.62	3.73	100

资料来源：王宗勋考释：《加池四合院文书考释・卷三》，贵阳：贵州民族出版社，2015 年。

从山林经营的例证可知，清水江流域土地私人所有权在横向结构上权能分化，表现形式为股，各种股，多达 64 股或更多。不论有多少股，从横向上分化，就像数学上的极限无穷地分化下去，都不可能改变土地私人所有权的性质。换言之，从明代到民国数百年间的山林经营属于私人所有权，即令局部意义上有家庭、宗族共有的性质。详见图 2-5。

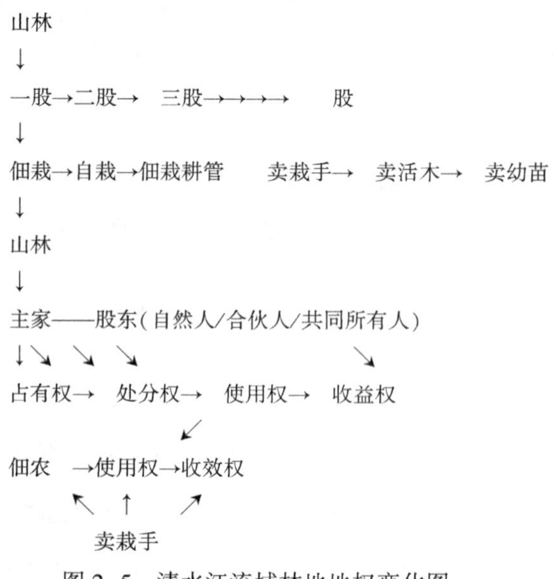

图 2-5　清水江流域林地地权变化图

由图2-5大致可知，山林佃种之后，收益权、使用权被部分地分割出去，来到佃户名下。一旦佃种周期（三至五年）完成，山林的全部权益又收回到股东名下（主家）。山林主又称为主家、东家、地主、土股等。

山林的所有权纵横所有者，大致如下：

国家——国家

家族/宗族——家族或宗族共同体成员

山林主——山林各股东/主家/东家/土股/地主/共同所有人，

如果土地所有权纵向发生变化，私人土地所有权的性质未变，权能发生分离，土地所有权会出现新的分割。

（五）拨换与借讨

林地拨换在清水江流域是土地拨换内容之一。比如乾隆四十五年正月二十六日姜映龙将山场换与姜佐章，约定“各人管业修理”，并半书“立合同为据”，杜绝以后土地争论。① 又如《嘉庆十五年二月二十九日刘秀高、刘秀瑜、刘照宗兄弟三人拨地契》：

立拨约人刘秀高、刘秀瑜、照宗三人兄弟，自愿将到土名庶雷山壹坪掉换三吉、鬼六溪由山□股，凭中看过，不得审（翻）悔异言。恐口无凭，立字存照。

秀高、秀瑜、照宗之山中依挖孔，上抵本人山，下抵田，四至分明。

凭中　秀选

代笔　秀实

嘉庆十五年二月廿九日　立　换②

这里涉及讨山过路的问题，于是出现讨山、地等过路契约文书。清水江流域的村民在土地买卖等事务中，为了过路方便或房屋之间出行通畅而订立契约，涉及借讨山、地过路的情形。我们亦归之为讨路这一类契约。例如，道光十八年九月二十五日王永祥、文大亨借讨契中，由于王、文二人砍伐树林之后，无路可过，只得与姜绍熊等订立契约，讨路经过。所订之契约，称为借讨字。《王永祥、文大亨借讨契》内容如下：

立借讨字人王永祥、文大亨，今因砍白号山之木，欲经翁扭之山，奈

①张应强、王宗勋主编：《清水江文书·第一辑》第8册，桂林：广西师范大学出版社，2007年，影印本，第11页。

②张新民主编：《天柱文书·第一辑：全22册》第19册，南京：江苏人民出版社，2014年，第8页。

无老路所过,只登门借讨姜绍熊、绍齐、相清、相德所共左边岭之山,下栽又与姜连合所共右边之山。我王、文二姓夫子细心拖拉,不得推坏。恐口无凭,立此借讨字为据。

凭中人 朱和具兄
苏荣光兄

依口代笔 潘道生

道光拾八年九月廿五日 立讨借字 仝前①

林地拨换使事主的标的物产权发生了转移,带来的是林地各自业主的权益变化。讨山过路只是因为木材运输不便而被迫与林地(土的所有人)订立的契约,旨在获得过路权,并且不可以损坏土地。讨地过路不涉及土地产权变化,是暂时的,但有承担经济损失的情形。

(六)处理林地争端的方法

林地关乎每一个家庭,特别是清水江流域的锦屏、天柱县,对于林地经营具有较长的历史,在林地经营过程中,不可避免地会触及其他人的利益,同时林地的发展变化亦会引起诸多纠纷,因此,清水江流域的林地纠纷是一个比较常见的问题。一般而言,针对小的林地纠纷,关键是涉及林地权属和利益,当事人双方都比较重视,一般采取下列第一至第四种方式解决纠纷,第五种方式是纠纷升级,超越村民自行解决的能力情况下,不得已而为之的事情。此种情形只能依据国家法律法规并结合地方习惯法协同方可解决。

第一种,订立杜后交涉合同。针对祖遗下的山业,即令均分妥当,但后代可能出现恃强凌弱的情形,在亲族的见证下,订立这类合同,不论田、阴地、山场皆通过契约来管业。其合同是在原有合同的基础上订立的杜绝土地纠纷产生的合同,如出现强争强占,"任从中人据实禀究",直到报官府处理。实际上,杜后交涉合同是民间社会自发维系土地权益的有效方式之一。例如《民国二十六年三月九日伍绍南、伍绍先、伍绍银等兄弟杜后交涉合同》:

立杜后交涉合同字人兄弟伍绍南、伍绍先、绍银、绍全、绍钟等,情因曾公荣宗遗下山业,曾经兄弟等当凭亲族均分妥决后,恐有丁多心

①陈金全、杜万华主编:《贵州文斗寨苗族契约法律文书汇编——姜元泽家藏契约文书》,北京:人民出版社,2008年,第345页。

异，以强争弱等弊，今特再凭亲族人等，依原议分业，逐如次以地名。故岴冲、能冲论右边山各团阳地分落绍银，但阴地共葬。以冲论左边山一团分落绍全。又括冲山一团，不论阴阳两地，均系兄弟五人等共。此外所有冲免养老田二丘，上丘归绍银、下丘归绍钟二人管业。至当冲免养老田二丘，以前禾花及坝上绍银私人田便卖，作为超荐之费不敷，故将富架德棍之田作补。绍南、绍全以昭平允，以及私人新买田山者，无论阴阳两地，各以照契管业，不得互相强争。如有此情，任从中人据实禀究。除原立分关各执外，特再立有杜后交涉合同二纸，各执一纸存照。

贤
永刚　　龙运堂
凭族人　伍　贵　　刘永定
略　凭亲　胡启熙　胡国校笔
星一

人财两发[半书]

民国二十六年二月初九日　立①

第二种，在当事人双方主动协商和解林地争端无效的情况下，当事人双方参与，请中人到场作证，中人“理讲”，说服双方，解决纠纷。

第三种，请寨中乡中耆老、族长，他们德高望重，又熟悉当地山场林地情形，由他们出面，作为中人、证人，裁决纠纷。比如，“以前四处共山，自后内有杉木弍股均分，栽手收一股，地主收一股。其有杂本(木)俱在公众。如有私卖山场杉木，禁止，众罚入公”②。对于当祖上屋宇，“如有纹银当祖宇，责备十五板。……我族内有争论杉山、田地、纹银两等件，必欲听顺族长排解。不准外人入内唆拨。如有犯者全□入谱”③。这是龙氏族谱，即“乾隆伍拾玖年八月初一日同心立历代龙氏宗谱”④，可见，族长和公众约定是处理土地纠纷，约束村民和谐的重要力量。

第四种，通过祭祀方式，请求神灵来判决。如“砍鸡砍狗”“捞油锅”。

①张新民主编：《天柱文书・第一辑：全22册》第12册，南京：江苏人民出版社，2014年，第17页。

②张应强、王宗勋主编：《清水江文书・第一辑》第13册，桂林：广西师范大学出版社，2007年，影印本，第359页。

③张应强、王宗勋主编：《清水江文书・第一辑》第13册，桂林：广西师范大学出版社，2007年，影印本，第359页。

④张应强、王宗勋主编：《清水江文书・第一辑》第13册，桂林：广西师范大学出版社，2007年，影印本，第360页。

作为一种不得已的解决方式,请求神灵得到民间认同,具有一定的效力。用这些方式解决林地纠纷,在目的方面具有共同性,即保障当事人双方平安,排斥武力;避免采取上告官府而引起的麻烦。毕竟是乡里乡亲,见面时间非常多,诸多事情需要协作。这些方式有利于团结。基本上都请中人到场作证,当面订立契约,用契约文书记录处理情况,做到有案可查,有约可依,尽可能杜绝林地权属纠纷再度发生。①

第五种,向官府上诉,请求官府判决。这是双方土地争端升级所致。土地争端已经超越了村民各种处理机制,矛盾不可调和,只有官府判决才能最终定案。这类事件在清水江流域时有发生,清水江文书关于此种情况亦有一定数量的记载。

康熙年间的采取详查书立甘结的办法。民人状纸呈送官府之后,由官府差人核查,在中人协调下,原告写"具遵依",同意处理,被告书写"具甘结"。比如潘通仁为串合混争事具控姜德才、姜相矮等一案,"父母太爷台前作主详究施行",姜故保得买鄙保山场管业多代,姜相矮串合他人私偷发卖该业,系是混争,"差提到案",中人劝其将"砍伐之木送伊与甑问姓之赀",脚木归潘通仁,姜德才当堂书立招佃合同,木材长大发卖,与地主潘通仁二股均分,姜相矮不得分成。"具甘结"如下:

[前略]具甘结高沙寨姜相矮,今结到

父母太爷台前。因潘通仁等具控蚁等串合混争一案,蒙恩差□到案,中等不忍坐视,求出在外排解,虫(蚁)等姜故保出卖山场土名鄙保与俾爹寨潘通仁等之高祖名爱先管业多代,虫(蚁)等混争,自知悔过,中等处断,将砍伐之木送蚁与□姓赎约之赀,其有脚木通仁等与栽主姜德才书立招佃合同,发卖二股均分,蚁等并无系分,日后不得滋事。所具甘结是实。

□

古州司正堂太爷杨再昌呈案

格东寨姜起盛
磨王 陆成著
求禀劝中 吴起荣
姜 国才
姜 远胖

①单洪根:《木材时代:清水江林业史话》,北京:中国林业出版社,2008年,第97—99页。

□康熙五十二年六月初一日　老文契　通朝手收①

土地纠纷属于民事案件,清代官府派员核实,会同地方中人联合解决。其中最重要的环节是对案情认真细致的调查,在此基础上做出合乎情理与法理的处理,当事人双方都能够接受。

民国时期由乡公所出面协调解决,如《民国十九年三月二十七日伍华奎卖山场杉木字》:

立卖山场杉木字人伍华奎,今因家下要钱使用无所处,自愿将到土名纯上山场一团,上抵汤姓,下抵龙塘,左抵汤姓,右抵汤姓,四至分明,要钱出卖。先问亲房伍华德名下承买,当日凭中言定价钱拾壹仟零式百文整。其钱亲手领足。山场付与买主耕管为业。自卖之后,不得异言。恐口无凭,立有卖字据为。

此山场内因界限不清,双方具由到所,经所依理抗论,伍华奎乃有播土一坪,汤克仁应补华德原价。其山场播土概归克仁管有。此评。

代笔
凭中　伍华贵

民国廿二年七月十六日(印)　凭乡长　龙登泽

父老　龙才鉴

姚俊洗笔

民国庚午年三月廿七日　立字②

伍华奎于民国十九年三月十七日以卖价 11200 文将山场 1 团卖给伍华德。所卖之山场杉木因界限不清,引起产权争论。买主双方和界限相关的汤克仁三方到乡公所进行理论双方具由到所,经所依理抗论,于民国二十二年七月十六日经乡长龙登泽和父老龙才鉴等调解。伍华奎乃有播土 1 坪,汤克仁应补华德原价。其山场播土概归克仁管有。故在原契基础上增加乡公所调解的契约。

如果林地纠纷扩大,超越了寨主、款首解决的范围,那只能报告官府来解决。比如《刘开厚与刘乔安土地纠纷判决(光绪十年三月十四日)》,该文书原文如下:

①张应强、王宗勋主编:《清水江文书·第三辑》第 3 册,桂林:广西师范大学出版社,2011 年,影印本,第 466 页。

②张新民主编:《天柱文书·第一辑:全 22 册》第 14 册,南京:江苏人民出版社,2014 年,第 137 页。

据呈所争勇价杉山地土一所，今本府当堂审讯查验，二比并无契约凭据。今念刘开厚内中有祖文（坟）屋平（坪），上下左右归与开厚耕管，然刘桥安等一盖盘开之地解片地土杉木，堂讯断片土木分为三股，派二股归与开厚、桥安等占一股，仰中正人等栽岩定界，以免后人争端。二比倘有一人不争（遵），中等当即乡团捆送，照实禀明堂讯究办。

二月廿日进

光绪拾年三月十四日断结①

从中知官府对此案的处理方法：一是官府审讯查验是否有凭据；二是双方无凭证，根据是否有祖坟，祖坟周围归其后人管业；三是把所争的土地分成股份，判与当事人，再请中人埋岩定界以杜绝后患；四是对于不遵守堂判，滋生土地争端，中人等可扭送官府追究。

同日（光绪十年三月十四日），对于霸砍林木，刘开厚等甘结，认为所争端的勇价山土地双方虽无凭据，但管有坟稼多年，砍伐树木多次，现断为三股，开厚等占二股，刘乔安占一股，并由地方正人采分地址，设立界限，承认此审判结果，双方“心平悦服”“永杜争端”。②

对于寨与寨之间的林地纠纷，有的涉及县与县之间的林地权属问题，十分复杂，比如《孟节山林纠纷禀稿一册》（民国三年四月），该稿于民国三年四月吉日订立。该纠纷的缘由是锦屏县小江龙芝庆、龙家远等看见孟节山加蔸木长势良好，打算向团正购买而未成，于是暗中纠集龙显亮等人强行砍伐，开设自治所守候。涉及伪造两份伪约，越界砍伐。其中孟节杉山属黎平，天柱所属的柳寨以孟节河为界。附有粘单、地图各一份。总办三江木植统征百货兼弹压府黄德坚断结，孟节山“条木毛木归民等柳寨售卖砍伐，一尺不登归石引禁蓄，此次系关山之后所余子杉及地土断归黎属石引寨众管业，上抵凹田、下抵河、左抵龙大楷、右田路以河为界，免插花混乱”③。其中断两份伪契约，一是乾隆五十八年七月初二日立系柳寨假

①龙泽江、傅安辉、陈洪波编：《九寨侗族保甲团练档案》，贵阳：贵州大学出版社，2016年，第206页。

②龙泽江、傅安辉、陈洪波编：《九寨侗族保甲团练档案》，贵阳：贵州大学出版社，2016年，第207页。

③龙泽江、傅安辉、陈洪波编：《九寨侗族保甲团练档案》，贵阳：贵州大学出版社，2016年，第225页。

合同,首人是陆明选等,凭中是杨政玉等,代笔为陆治泰,此人是道光二年所生,时间不符合;二是咸丰二年三月初十日所立合同系柳寨的假契约,属于白约。①

处理这类纠纷,官府与当事人之间实际上是一种博弈,官府除了现场勘验外,还要甄别契约文书的真伪。因为纠纷的一方可能仿造契约文书。这其中必须有足够的智慧,还要凭法律、科技手段、逻辑推理等各种方法才能厘清纠纷,最终得出令双方都认可,乃至信服的结论。

林地纠纷之解决方式主要有上述几种,在实际生活中,村民围绕林地应当还有更智慧的处理矛盾的方式,囿于学识有限,本书仅举其大略,抛砖引玉。我们知道,无论何种土地所有制,其内部皆可能出现一定矛盾,而作为直接从事生产的地主,受到土地所有制强制性和野蛮性的约束,不会因为土地所有者身份不同,或阶层不同,而减轻对佃农的压迫和剥削。正如傅衣凌指出:"不会出现耕种非身份性地主土地的农民,比耕种身份性地主土地所受压迫为轻的现象。就是我们不能以阶层来代替阶级分析,从中得出某些阶层优于某些阶层的结论。实际上,一般中小地主,他们多系乡居地主,比较熟悉农情,其对于农民所能加予的剥削,绝不解松。所谓'中小地主或庶族地主进步性'的论点,值得商讨。"②清水江流域林地纠纷实质上是地主土地所有制的产物。佃户(栽主)与地主(土股)之间在权益分配上永远不可能平等,这是矛盾产生的根源。该流域拥有林地股权的中小地主无数,作为一个阶级,其维护土地所有制的目的始终是一致的,因而其进步性从何谈起。大量的林地纠纷案件可以证明地主对佃农的剥削。当然,地主所有制最终被新的所有制取代,这是历史必然。

(七) 林地买卖与月份关系

林地买卖与月份的关系此处单列,旨在探讨村民出卖林地与林木是否有一定的时间规律。我们认为,土地契约文书大多在农闲时订立而非青黄不接时,当然,农忙时也订立,但不是主要趋势。为此,统计 6684 份林地契约文书的订立月份,通过 X^2 分布检验:土地契约文书在农闲时订立偏多,在农忙时订立偏少(表 2-5)。由此说明土地契约文书的生产性存在一定的规律,并非是青黄不接、乘人之危,而是农闲时为较多,农忙时偏少。土地买卖

---

①龙泽江、傅安辉、陈洪波编:《九寨侗族保甲团练档案》,贵阳:贵州大学出版社,2016 年,第 226 页。

②傅衣凌:《明清封建土地所有制论纲》,北京:中华书局,2007 年,第 13 页。

不存在固定的时间区间。

表 2-5　林地契约文书订立农历月分统计　　观察份数：6684

月份	计数	计数	计数	计数	计数	计数	计数	总计	N/12	$(X)^2$
一	62	19	21	218	9	36	21	386	557	29241
二	146	53	57	375	18	84	34	767	557	44100
三	142	36	37	314	16	83	49	677	557	14400
四	107	27	35	190	14	66	26	465	557	8464
五	116	52	36	287	9	89	37	626	557	4761
六	145	58	44	312	10	106	27	702	557	21025
七	87	35	32	298	8	75	26	561	557	16
八	58	15	35	138	5	37	18	306	557	63001
九	77	19	20	146	10	39	31	342	557	46225
十	91	22	33	218	8	41	25	438	557	14161
十一	110	22	38	224	18	51	34	497	557	3600
十二	152	63	63	449	24	105	61	917	557	129600
总计	1293	421	451	3169	149	812	389	6684		378594

资料来源：张新民主编：《天柱文书·第一辑：全 22 册》，南京：江苏人民出版社，2014 年，以及锦屏县文斗寨姜启贵家藏契约。王宗勋考释：《加池四合院文书考释》（卷一至四），贵阳：贵州民族出版社，2015 年。陈金全、梁聪主编：《贵州文斗寨苗族契约法律文书汇编——姜启贵等家藏契约文书》，北京：人民出版社，2015 年。张应强、王宗勋主编：《清水江文书·第一辑》，桂林：广西师范大学出版社，2007 年，影印本。高聪、谭洪沛主编：《贵州清水江流域明清土司契约文书·九南篇》，北京：民族出版社，2013 年。高聪、谭洪沛主编，贵州民族文化宫编：《贵州清水江流域明清土司契约文书·亮寨篇》，北京：民族出版社，2014 年。唐力、杨有庚、武内房司：《贵州苗族林业契约文书汇编（1736—1950）》（第 1—2 卷），东京：东京外国语大学国立亚非语言文化研究所，2001/2002 年。陈金全、杜万华主编：《贵州文斗寨苗族契约法律文书汇编——姜元泽家藏契约文书》，北京：人民出版社，2008 年。

我们引入随机变量 X，以 $X=i$ 表示土地契约文书在第 i 月订阅，$i=1,2,3,4,5,6,7,8,9,10,11,12$；这里的月份指农历（阴历）月份。尽管中华民国成立后，运用公元纪年，但清水江流域的村民仍然运用农历来纪月份和天数。如果村民订立的土地契约文书是随机事件，也就是契约文书在每年的 12 个月中平均分布，那么 $P=1/12$，$(X=\mathrm{i})$。如果我们认为林地契约文书大多在农历的六、七月青黄不接时期订立，那么六、七月里所订立的土地契约相对多，并且它们都能够通过统计检验。

我们进行检验假设 HO：$P=1/12$，$(X=i)$，$i=1,2,3,4,\cdots,10,11,12$，构造统计量 $V=\sum_{i=1}^{12}\frac{\left(\lambda-\frac{N}{12}\right)^2}{\frac{N}{12}}$其中，$\lambda$ 为第 i 月所订立的林地契约文书总量，即 2-5 表中的“总计”栏，N 是样本数量，N=6684。

如果假设成立，那么 V 近似服从自由度为 11（12 个月分组减去 1）的 X^2 分布，V=378594÷335=679.70。在 0.001 显著水平下，自由度为 11 的 X^2 分布关键值为 24.72，也就是 $X^2_{0.001}(11)=24.72$。因此，在 $\alpha=0.001$ 显著水平下，V=679.70>24.72，原假设 HO 不成立，即林地契约文书的订立与月份有关。

在表 2-5 中，农忙与农闲对于土地契约文书的订立有一定的关系。我们知道，最忙的时间一般是农历的四、五月，耕种土地、栽杉种粟、插秧、种玉米等一系列农事都要完成。七、八月也是农忙的月份，此时村民必须收割，包括玉米、谷物。

其一，农历十二月中所订立的林地契约文书最多，为 917 份，这与当月农闲有关，同时春节来临，需要资金购买年货，还与村民对来年的生产规划有关。如果认为六、七月份青黄不接，穷人被迫出卖资产以换取粮食度日，这是站不住脚的。因为这两个月里所卖出的林地并不是最多的。

其二，通过林地契约文书的月份分析可知，清水江流域土地契约文书具有生产性、非剥削性，土地契约文书所反应的交易与生产有一定的关联，比如二月份订立的林地契约文书为 767 份，位列第二。然而一月，土地契约中习惯用正月，村民所订立的土地契约文书仅 386 份，说明村民按照习俗，大多重视走亲访友，很少把资金用于买卖土地。跨过正月，二、三月土地交易则活跃起来，二月成为次最多的月份。这说明二、三月是谋划新年事业的最佳时节，是一个土地高频的交易期，是清水江流域的生产准备期，是新年度劳动—土地相结合的关键。八月 306 份最少，九月 342 份次之，说明这两月，特别是八月，是最忙的月份。因为庄稼必须收割、晒干、完税，还要准备秋种等。

其三，生产准备期一般为十二月、二月、三月，此期间村民订立的土地契约文书亦最多。这是接近该流域实际生产情形的，村民可以充分预期而成交最活跃。七月、八月、九月属于农忙时节，特别是八月，土地交易最少，这亦符合该流域的村民实际生产情况。因此，我们认为，土地契约文书的订立很大程度上与村民的生产有关,土地的剥削关系则次之。

马克思指出,“资本主义生产实际上是在同一个资本同时雇用较多的工人,因而劳动过程扩大了自己的规模并提供了较大量的产品的时候才开始的。较多的工人在同一时间、同一空间(或者说同一劳动场所),为了生产同种商品,在同一资本家的指挥下工作,这在历史上和逻辑上都是资本主义生产的起点。”①恩格斯对其产生的条件作出解释:“当生产资料所有者找到了自由的劳动者——不受社会束缚和没有自己的财产的劳动者——来作为剥削对象,并且为生产商品而剥削劳动者的时候,只有在这个时候,在马克思看来,生产资料才具有资本的特殊性质。”②

清水江流域林地经营中,是否有资本主义的生产关系?关键在于其特殊性质和条件。多数学者持有“中国从十六世纪起就产生了资本主义萌芽”的观点。在考察清水江流域的林地经营中,其中租佃(租赁)是比较多的一种生产方式。如果一定要用资本家和工人这种模式去衡量,这里的林地经营不属于资本主义的生产方式。特别是马克思所说的“特殊商人阶级”,林地经营者尚未成为特殊商人阶级,至少在清代还未变成。林地拥有者未能达到商业资本家的程度。但这种经营方式在县域、乡域之间形成一定的规模,租佃制度亦发展得比较成熟,处于资本主义生产方式的边缘,以明代、清两代论。该流域的林地经营乃至所有的土地经营不自觉地以实现资本主义化为目的。按照马克思主义理论,任何民族迟早皆会现代化,但不必一定要经由资本主义社会这个历史阶段。苗、侗民族如此,世界上其他民族亦然。苗、侗民族的生产方式在封建、半封建半殖民地状态下发展着,“这是一种‘现代化即市场经济’的假说”③,我们可以把清水江流域的土地经营中的一些特征表述为明清民国时期出现并发展着新的经济因素。

---

①马克思:《资本论》,《马克思恩格斯全集》第23卷,中共中央马克思、恩格斯、列宁、斯大林著作编译局译,北京:人民出版社,1972年,第358页。

②恩格斯:《反杜林论》,中共中央马克思、恩格斯、列宁、斯大林著作编译局译,北京:人民出版社,1993年,第214页。

③吴承明:《现代化与中国十六、十七世纪的现代化因素》,《中国经济史研究》1998年第4期,第6页。

第三章　房地阴地契约文书

一、房地契约文书格式①

（一）清前期房屋地基契约

清水江流域清代前期（道光以前）的房屋地基契约，格式方面略微保留了明代的古朴风格。涉及立卖人、原因、标的物来历、议定的卖价、通货的选择等。标的物四至写清。另有招请凭中、证人、代笔人等各种参与人身份、画押手续。有的契约对于违约之人规定惩罚标准等，比如《康熙四十八年六月二十五日蒋永年卖宅基契》（1）（2）：

立契卖宅基人蒋永年，今因收媳时岁饥馑无处出备，父子商议，情愿将到自己分上上屋宅基龙边一间，要行出卖。在外请凭中人召到房孙蒋通道一面承当，三面议作纹银买价叁两整，言定酒席画字一并在内。来理不明，业主向前理落。砖墙边除沟坑，其宅横言定一丈二尺□为定。其银凭中交与卖主亲领入手，其宅基付与银主永远耕管。东抵砖墙断，南抵本主屋，北抵世祥小屋。价足契明，并不缺少分毫。硕卖硕买，并不短少分厘。二家成交之后，不许番悔。若有一人悔者，内枝（支）契内价银一半入众工用。今人难信，恐后无，立此卖契为照。一卖一了，二卖二休，永不回头。恐有不仁，上有神天鉴之，文契可据。

长男　蒋世用（押）
立契人　蒋永年（押）
二男　蒋世泰（押）
见钱人　蒋世文（押）
召帐人　蒋世葵（押）
乡导　蒋梦华（押）
代笔人　蒋永朝（押）

---

①阴地与房地两类都属于人所使用，具有共性，单价方面也有一定的可比性，这是安排在本章的缘由，但二者又有区别，不宜放在一起讨论，所以本章前二节讨论其格式，后二节讨论其经营。

康熙四十八年己丑岁六月廿五日　立

永远耕官(管)①

这份契约为我们展示了清初年宅基地买卖的格式。其最大的特点是对违约人的处理,把卖价银一半拨约所有证人使用。其次是誓言之类作为确保诚信的约定,“上有神天鉴之”。然后是在场人画押认可。

乾隆年间的房屋地基买卖契约则比较简明扼要了,比如《姜得中卖地基契(乾隆三十年六月初八日)》:

立卖地基人姜得中,今因要银使用,请中问到族兄姜富宇名下,自将己分内穷翁田角左边仓地一间出卖与富宇承买与子孙管业。当日三面议定价银伍钱正,亲手收银归用。其地自卖之后,任从买主管业,卖主子孙不得异言。如有来路不明,具在卖主理落,不与买主何干。今欲有凭,立此卖契为照。

凭中　姜老牙(押)

得中　亲笔

乾隆卅年六月初八日　立②

本契原契文的格式比较平齐,整体造型近正方形;开头顶格,落款“乾隆”等一行顶格书写,可以称为平齐式;最后“立”字与其他各行基本对齐;“凭中”二字靠中偏后,书写人与凭中对齐。这份仓地卖契格式简略。

有时写作“立卖屋场地基契”,如《嘉庆九年七月初五日姜楼包卖屋场地基契》:

立卖屋场地基人姜楼包,为因家下要银用度无处寻出,自愿将到祖父遗下屋基半间出卖与　陆云辉名下承买。当日三面议作卖价银壹两捌钱,其银卖主亲领入手。其地恁从买主永远管业。上下俱凭买主园屋,左凭路,右凭买主屋,四至分明。一卖二了,永不思归。恐后无凭,立此卖字存照。

约内添字二个。

凭中　代笔　阳肇伦

①张新民主编:《天柱文书·第一辑:全22册》第7册,南京:江苏人民出版社,2014年,第159—160页。

②张应强、王宗勋主编:《清水江文书·第一辑》第12册,桂林:广西师范大学出版社,2007年,影印本,第235页。

嘉庆九年七月初五日　立①

本契中，提及“卖与”某某时，买主与“与”字之间相隔一字的距离。并运用“内添”格式，在正文之后标注添加的字数。又如《嘉庆二十五年十一月二十八日姜氏香谬等断卖地基契》：

立断卖地基字人姜氏香谬、甥姜保长二人，为因缺少银用，自愿将到先年得买映科老霞老乙之地一块，土名羊报，东抵玉兴屋坎，西抵坎，左抵映科屋，右抵绍兴屋，请中出卖与姜维新名下为业，当面言定价银四两八钱，亲手领回应用。其地自卖之后，任从买主管业，卖主房族不得异言。今欲有凭，立此卖屋地坪字为据。

凭中　老霞
代笔　映科

嘉庆廿五年十一月廿八日　立②

（二）道光至清末房地契约

道光年间房屋基地契约格式与乾隆嘉庆时期的同类契约无大的区别，原契文中通常落款处与正文平齐，有时书写将其置于略高于正文之处。其余事主、买卖缘由、标的物坐落及四至、卖价及通货、约定等项目一般俱全，比如《道光七年十一月二十日姜老霞叔侄断卖老屋地基和菜园约》：

立断卖老屋地基、菜圆（园）约人姜老霞、侄姜昌荣叔侄二人，为家中缺少银用无处得出，自愿将到地名羊抱老屋地基□□至，上凭连合屋场，下凭先年得买菜圆（园），左凭玉兴菜园，右凭金五菜园，四至分明，今将自愿请中出卖与本房姜维新名下存（承）买为业。当日□□议定价银四两六钱，亲手领回应用。其园自卖之后，任从买主耕种菜园管业，卖主房族弟兄并不得异言。如有异言，俱在卖主向前理落，不干买主之事。今欲有凭，立断卖屋地基菜园是实。

内添五字。

凭中
代笔　姜绍牙

①安尊华、潘志成校释：《土地契约文书校释·卷一》，贵阳：贵州民族出版社，2016年，第84页。

②安尊华、潘志成校释：《土地契约文书校释·卷一》，贵阳：贵州民族出版社，2016年，第286页。

道光七年十一月廿日　　卖主叔侄二人　立[①]

再如《道光十六年三月十六日刘必达卖油树地基契》：

立卖油树地基契人刘必达，今因家下要钱使用无从得出，自己将到分上祖业土名梁伞冲油树乙块，开明四抵，上抵领（岭），下抵茶山，左抵刘芳（荒）山，右抵芳（荒）山，四抵分明，并无包卖他人寸土。欲行出卖，无人承受。自己请中上门问到杨开瀑名下承为业。当日凭中言定价钱四仟四百八十文正。其钱亲领入手。其业任从买主耕管为业，日后不得易（异）言。今幸有凭，立此卖契为据。

其价钱当日随契领清，
领不另书，所领是实。

房亲　刘必祥（押）
凭中　刘世忠（押）
亲笔　刘必达（押）

道光十六年三月十六日　立卖[②]

本契约原契文中，正文自成一段，但关于价钱领清的补充交代，置于正文之后，排成两行。房亲、凭中和代笔人皆画押。事主又是代笔人。

同治年间的房屋地基契约更显得简略，如《同治二年十月十二日龙照和、龙照仁卖屋地契》所示：

立卖屋地契人龙照和、龙照仁，今因家下要钱使用无所出处，自愿将到寨内屋地三□三间出卖。问到□族龙海光、龙海吉、龙海太、龙海金四人兄弟名下承买，当□凭中议定价钱二千四百文正。其钱亲手领兄（足）入手应用。其屋地卖与买主耕管为业。自卖之后，不得异言。恐口无凭，立有卖契存照。

内忝（添）二字。

凭中　龙仁交
　　　　福金

亲笔

①安尊华、潘志成校释：《土地契约文书校释·卷一》，贵阳：贵州民族出版社，2016年，第368页。

②张新民主编：《天柱文书·第一辑：全22册》第5册，南京：江苏人民出版社，2014年，第160页。

同治二年十月十二日　立①

本契中,标的物是屋地三间中的一间,但无四至。契约中文字的整体布局仍然是平齐式。再如《同治七年闰四月十九日龙海金卖屋地契》:

立卖屋地契人龙海金,今因要钱使用无所出处,自愿将到老屋地乙间半,并左边门口大路出卖。上抵坎,下□路,左抵仁交三间,又左上路口依仁交屋地高屯分界,右抵海光,四至分明,要钱出卖。请中上门问到堂弟龙海泰名下承买,当面议定价钱一仟八百文正。其钱亲手领足。其屋地永卖与买主为业。自卖之后,不得异言。恐后无凭,立有卖字为据。

内添二字。

凭中　龙福金

亲笔

同治七年后四月十九日　立②

本契整体下呈一正方形状。事主、事由、标的物坐落及四至、卖价及通货、凭中、落款等皆具备,使用了"内添",但凭中、事主并未画押。当然,契约在习惯上仍提及亲房有优先购买原则的,并不多见。比如《同治十二年六月二十二日刘恩文卖屋地基字》:

立卖元屋地基人刘恩文,今因要钱使用无处可得,自愿将到土平墓寨元屋地基二团出卖。上抵本人,下抵刘永怀,左抵刘永泽,右抵刘万来,四至分名(明)。先问亲房,本房承买。请中问到刘明忠承买,当日言定价钱八千五百八十文。其钱村(付)与买主管为业。自卖之后,不得异言。恐口无凭,立有卖字为据。

凭中　刘宗明

亲笔

同治十二年六月二十二日　立③

《光绪二年五月十五日龙林东卖屋地基契》:

立卖屋地基人本房堂公龙林东,今因要钱使用无从得处,自己上门

---

①张新民主编:《天柱文书·第一辑:全22册》第13册,南京:江苏人民出版社,2014年,第117页。

②张新民主编:《天柱文书·第一辑:全22册》第13册,南京:江苏人民出版社,2014年,第118页。

③张新民主编:《天柱文书·第一辑:全22册》第19册,南京:江苏人民出版社,2014年,第41页。

问到孙龙长玉屋地一间，当日议定价钱玖伯（佰）文正。其钱卖主亲领入手应用。其屋地基买主管理为业。自卖之后，不得异言。今人不古，立卖屋地契存照。

东至林东　　南至路
西至保林　　北至本人

代笔　现鲤

光绪二年五月十五日　立契①

本契的格式特点是标的物四至采用了双行联写的方式，并置于正文之后。另外，本契约没有凭中，事主自己问到买主龙长玉承买而订立的契约。原契文中落款皇帝年号高于正文一格，这说明重视帝号高于正文，即对皇帝的尊敬习惯仍然存在。

光绪初年的房屋地基契约，有事主、立卖原因、卖出价价，双方约定。但是，格式上，把标的物四至单独开列在契文后面。另外，凭中、买卖双方不一定都画押，时间写明帝号。如《光绪六年二月十三日吴会通、吴会进卖屋地基契》：

立卖屋地基契人吴会通、吴会进，今因家下要钱用度，是以兄弟商议，将到己分之业中心平头棑塘边屋基左边壹接（截）处卖，无人承就。请中问到房弟吴会贤叔侄名下承买为业。当日三面言定价钱壹仟陆伯（佰）廿文正。其钱亲领入手，领不另书。其屋地基任凭买主竖造房屋居坐，日后不得言论。如有人等言论，不干买主之事。恐口无凭，立此卖契为据。

外开四抵：上抵买主神喜屋地基，下抵运岩塘并古路，左抵买主塘基，右抵卖主屋地基。其有买主塘基边右边下接（截）神喜半干不在内。四抵分明，并无包卖他人寸土。

凭中　吴会心（押）

光绪六年二月十三日　　卖主亲笔　吴会通（押）
吴会进（押）　立②

《光绪十五年十二月十日龙现江卖屋地契》：

立卖屋地契龙现江，今用（因）要钱使用无所出处，自愿将到老寨屋

---

①张新民主编：《天柱文书·第一辑：全22册》第19册，南京：江苏人民出版社，2014年，第175页。
②张新民主编：《天柱文书·第一辑：全22册》第3册，南京：江苏人民出版社，2014年，第253页。

地二间，上抵沟，下依坎，左抵秀法，右抵孝魁屋，四至分明，要钱□□。请中问到本房龙海太承买，当日凭中议定价钱伍千弍百文整。其钱亲领。其屋地卖与买主耕管为业，立契之日一并交清。恐后无凭，立有卖字存照。

凭中　龙秀来

龙现江　亲笔

光绪拾伍年十二月初十日　立①

《光绪十六年十月十七日某某卖房屋地基字稿》：

立卖房屋地基字人幺，今因要钱使用无所出处，自愿将到土名地隋老屋堂构半间，连凡（瓦）、板擗（壁）、树枋、地、地基一揽出卖，上抵伍永泰坎为界，下抵路为界，左抵买主为界，右买主，四至分明。请中上门问到堂中伍华胜名下承买，当日凭中议定价钱乙千整。其钱付与买主领足应用。其房屋地基付与买主耕管永坐。恐口无凭，立有卖字存照为据是实。

光绪十六[年]十月十七日　立契②

《光绪十七年十月十六日潘闰庆卖油树杉木杂木地基契》：

立卖油树杉木杂木地基契人潘闰庆，今因家下要钱用度无从得处，自己情愿将到分上土名黄蜡界左边油树壹块，上抵古路，下抵李人思播冲，左抵潘姓油树毛山，右抵潘姓毛山，四抵分明。欲行出卖，无人承受。自己请中上门问到刘常开兄弟承买，当日凭中言定价钱柒伯（佰）八拾文整。其钱亲领入手支用。其油树任从买主耕管为业。来理不明，在与卖主立（理）落，不关买主之事，日后不得异言。今欲有凭，立此卖契存照。

其价随契领足是实。

凭中　潘应德（押）

常（押）

房亲　潘应高（押）

沼（押）

请笔　潘应光（押）

①张新民主编：《天柱文书·第一辑：全22册》第13册，南京：江苏人民出版社，2014年，第132页。

②张新民主编：《天柱文书·第一辑：全22册》第12册，南京：江苏人民出版社，2014年，第112页。

光绪拾柒年十月十六日　立契

永远发达①

以上几份房屋地基契约格式基本相同,说明光绪年间这类契约基本定型。仅后一份将吉祥祝福语后置,单独成行,这与清代初年的契约格式类似。再如《光绪二十年八月二十一日龙全恩、龙现田卖屋地字》:

凭中　全山　　亲笔　现田

立卖屋地字人本房龙全恩、龙现田,今因家下要钱使用无所出处,自愿将到土名寨上屋地弍间半出卖,上抵坎,下抵本人,左本人,右抵路为界,四至分明,要钱出卖。请中上门问到亲房龙海太(泰)名下承买,当日凭中言定价钱弍千七百八十文整。其钱亲主领足入手应用。其屋地卖与买主耕管为业。自卖之后,不得异言。恐口无凭,立有卖字为据。

光绪二十年八月二十一日　立字②

本契中将凭中和代笔人置于正文前面,是一个特例。这种格式极少见。又如《光绪二十六年十月十八日龙光朝卖屋场地契》:

立卖屋场地契人龙光朝,今因家下要钱使用无从得处,自己情愿将到土栗木坪寨因屋场弍间出卖,无人承就。自己请中上门问到龙颜森名下承买,当日凭中言定价钱陆仟陆佰弍十六文整。其钱亲手领足。其业买主子孙永远发达,日后来立(历)不明,卖主里(理)落,不干买抵(的)事。今辛(幸)有凭,立此卖据存照。

外批四抵:上抵龙颜武屋场地,下抵路,左抵沟,右抵路,四抵分明,并无抱(包)卖他人□土在内。

凭　房亲　龙明仕、发、德、秀

中　龙颜举

笔　龙颜武

①张新民主编:《天柱文书·第一辑:全22册》第5册,南京:江苏人民出版社,2014年,第173页。

②张新民主编:《天柱文书·第一辑:全22册》第13册,南京:江苏人民出版社,2014年,第136页。

光绪弍十六年十月十八日　　立卖[1]

《光绪三十一年四月二日甫昌甲、甫昌还兄弟二人卖屋地契》：

立卖屋契地人□□甫昌甲、甫昌还兄弟二人，今因要钱使用无所出处，自愿将到土名□□屋地乙间，上抵买主，下抵伍姓，左抵买主，右抵耀魁为界，四至分明，要钱出卖。先问本房，无钱承买。自己请中上门问到大寨龙海泰名下承买，当日凭中言定价钱二千零八十文整。其钱亲手领足入手应用。其屋地卖与买主耕管为业。自卖之后，不得异言。恐口无凭，立有卖字为据。

内添乙字。

凭中　伍荣宽
请笔　龙祖益

光绪三十一年四月初二日　立字[2]

《光绪三十四年三月二日王孟法卖屋地字》：

立卖屋地基字人王孟法，今因缺少贸意（易）本钱，自愿将凸福林房屋肆间，石颡、岩头一概在内出卖。上抵玉本坎脚，左抵龙作焕，右抵井沟，下抵买主，四抵分明，要钱出卖。自己请中上门问到本寨宋玉芳名下承买为业，当日凭中议定价钱壹拾贰仟捌伯（佰）零八文整。其钱亲手领出为本。其房屋肆间付与买主永远发达管业。自卖之后，不得异言翻悔。恐口无凭，立有卖字为据。

凭中　黄老者
代笔　刘乙烈

光绪三十四年三月初二日　立卖[3]

纵观光绪年间的房屋地基契约，基本采用平齐式，凭中、代笔、房亲等列在正文之后并靠右排列，用“立卖”或“立断卖”表明断卖房屋。契约内标的物四至、卖价、约定及“永远管业”“不得异言翻悔”等俱全，说明光绪年间清水江流域的房屋地基契约已经成型，语言比较简练，古朴之风几乎丧失。在场人画押手续亦时有时无，不一而足。至于凭中、代笔人收受中介费，即酒席画字之类，亦极其少见。这些表明光绪年间的房屋地基契约总趋势是朝

---

①张新民主编：《天柱文书 · 第一辑：全 22 册》第 5 册，南京：江苏人民出版社，2014 年，第264 页。
②张新民主编：《天柱文书 · 第一辑：全 22 册》第 13 册，南京：江苏人民出版社，2014 年，第146 页。
③张新民主编：《天柱文书 · 第一辑：全 22 册》第 18 册，南京：江苏人民出版社，2014 年，第291 页。

着简单明了方向发展。再看看清末的房屋地基契约,如《宣统三年十一月二十二日蒋昌汉卖屋场地基契》:

立契卖屋场地基人蒋昌汉,今因要钱用度无从得处,夫妻商议,情愿将到分落自己面分地名竹园屋场下塆塘边中间地基壹间半,先尽亲房无人承买。自己请中招到族内堂兄蒋昌凤名下承买为业。当日凭中三面言定卖价钱壹拾□仟叁百捌拾文足。内开四至:左抵政大理岩为界,右抵买主,内抵买主,外抵塘除路四尺在众,四至分明,要行出卖,并不包卖他人寸土在内。若有来历不明,卖主理落,不干买主之事。其钱卖主亲手领清,并不下欠分文,外不另立领字。其阳宅地基任从买主子孙竖造耕管,卖[主]不得异言阻当(挡)。恐口无凭,立卖字为据。

内添叁字。

卖主　蒋昌汉(押)

自请凭中代笔　蒋昌朝(押)

宣统叁年辛亥岁十一月二十二日　立①

从本契格式可知清末的房屋买卖契约基本定型,事主、事由、标的物详细信息、中人、卖价、通货、约定、内添、卖主、代笔中、中证、立契时间等样样俱全,而且卖主与凭中、书写人皆画押。

(三)民国时期房地契约

格式方面,民国初年的房屋基地买卖契约与晚清无异,包括事主、买卖屋地基缘由、屋地信息、卖价、买方、约定、见证人、凭中、书写人、内添、外批、立契时期等。民国建立,数千年的封建专制统治结束,皇帝庙号在契约中荡然无存,改成了中华民国或民国。如《民国四年龙万清卖地基字》:

立卖地基字人龙万清,今因家下要钱使用无所出处,自愿将到土名等冲地基一间,上抵共地,下抵沟,右抵共地并大路,四至分明,要钱出卖。请中上门问到本房龙显发、龙显什兄弟二人承买,当日凭中议定价钱钱伍仟四百八十文九一钱。其地基交与买主耕管为业。自卖之后,

①张新民主编:《天柱文书·第一辑:全22册》第7册,南京:江苏人民出版社,2014年,第151页。

不得异言。恐口无凭，立有卖字是实。

凭中　龙万明

亲笔

中华民国乙卯年[空白]①

房屋排水，特别是农村木结构房依靠瓦作为屋顶，排水成为房屋地基购买时不可忽略的事项。契约中必须交代是否与他人共用阳沟排水，或者排水的方向、沟的长度、宽度、深度等等，免除后患。如《民国五年二月二十六日刘昌琪、刘良创、刘良文父子三人卖屋场地基契（附：刘昌琪等领卖屋场地基钱子）》说明阳沟。② 再如《民国七年十一月十二日龙定邦拨卖房屋地契》：

立拨卖房屋百并在内地契人龙定邦，名下今有土名本寨左边房屋壹间，内开四抵，内抵龙全安屋场，外抵堂兄龙世林、龙雨林二家房屋，左抵沟，右抵古路，中抵青天，四抵分明，欲行拨卖。自己问到堂弟龙世林名下承拨，当日凭中证议定拨价钱壹拾玖仟零八文整。其钱壹并领清。其房屋壹间百并在内任从堂弟龙世林名下永远耕管，子孙发达，万代兴隆，日后不得番（翻）匪（悔）。口说无凭，立此拨卖字为据实是。

立此拨卖合同为据[半书]

凭　堂兄龙雨林

笔　龙颜美

民国七年岁次戊午十一月十二日　立拨卖③

本契中，一是标的物四至之外，增加“中抵青天”的独特写法。二是契约采用“拨卖”方式，某人愿意接受称为“承拨”，在正文后面用半书形式说明本契为拨卖合同。有“子孙发达，万代兴隆”吉祥语。受让人龙世林另起一行高一格书写，落款年号“民国”二字高于正文。“立拨卖”三字置于立契时间之后，同为一行，与其他行字平行。这份契约格式非常特别，是清水江流域比较罕见的房屋地基类契约。

再如《民国七年十一月十五日龙乙林、龙石林兄弟议定房屋地契》：

---

①张新民主编：《天柱文书・第一辑：全22册》第16册，南京：江苏人民出版社，2014年，第101页。

②张新民主编：《天柱文书・第一辑：全22册》第9册，南京：江苏人民出版社，2014年，第48页。

③张新民主编：《天柱文书・第一辑：全22册》第5册，南京：江苏人民出版社，2014年，第271页。

立仪定房屋地契人龙乙林、龙石林兄弟二人，仪定本寨左边房屋二间，内边房屋柱基洪门壹个，中间凭中堂内边洪门壹个半，龙石林耕管。恐口无凭，立此仪定为据实是。

永远发达[半书]

笔　龙定高

民国七年岁次戊午十一月十五日　立仪①

本契为仪定房屋地基契，属于弟兄之间房地产权的变更，涉及标的物数量及以后转移到某人名下耕管，正文后有吉祥祝福语，另有书写人、立契时间等项。总的说来只有事主、标的物、约定、书写人和立契时间等，与房屋地基买卖契约有区别。再如《民国十年九月二十二日胡贤华、胡贤祥卖地基契》：

立契卖地基字人胡贤华、胡贤祥，今因家下要钱用度无从得处，兄□谪（商）议，自愿将到分落自己□分土名老堂屋壹股，内开四至：内抵贤玉，外抵买主，左抵启□，右抵贤玉坎，四抵分明，要行出卖。先□亲房，无人□胡贤卿彬二人名下承买为业。当日凭中言定卖价钱拾式仟八百八十文正。其即日领清，并不下欠分文。若有来理不明，卖主向前理落，不与买主相干。今欲有凭，立卖字为据。

喜元
凭中　胡启明
和
代笔　贤荣

民国拾年九月廿二日　立卖②

《民国十二年六月二日潘林芳卖瓦屋地基契》：

立卖瓦屋地基契人潘林芳，因家下要钱用度无从得处，自己情愿将到面分一坐屋大半间，又小半间，今开四抵，上抵沟坎，外抵元信屋基，右抵古路，左抵光槐屋基，四抵分明。欲行出卖，无人承受。自己请中上门问到堂兄光世名下承买，当日凭中言定价钱捌拾式仟零八文整。从立契之日起，林芳及其子孙不再耕管，瓦屋及地基任从买主永远耕管，恐日后另有理论争吵之事，在于卖主理落，今幸有凭，立此卖契

①张新民主编：《天柱文书·第一辑：全22册》第5册，南京：江苏人民出版社，2014年，第272页。
②张新民主编：《天柱文书·第一辑：全22册》第8册，南京：江苏人民出版社，2014年，第225页。

为证。

外批：瓦板枋火炉并岩板百并在内。

凭房亲　光和
光信

凭中　通尧
光全

请笔　通□

民国十二年陆月初二日　林芳立卖①

此份契约在格式上属于平齐式。采用外批补充说明标的物包括的内容，使用凭亲房、凭中、代笔等格式，但无画押。这说明卖房屋地基属于大事件，一定需要亲人、亲族、中证等人在场见证，避免以后的争论。《民国十六年三月十二日胡志高、胡志鳌、胡志□等四人地基合同》：

立合同字样人胡志高、胡志鳌、胡志□、胡志□，今有瓮洞街背新市镇祖遗留下上下地基四间，若有豪强估摆竖造房屋，倘若争讼用去多少费用，四公照名垫出，不得闪卸。特立合同字样四纸，各执一纸为据。

立合同四纸各执一纸[半书]

荣收
胡启明收　胡贤贵收
钊收

民国拾陆年叁月拾弍日　公立②

本文书直接运用合同方式，包含立合同人、事由、约定、画押、立合同时间等项目，说明民间开始运用合同处理土地事务，采用平齐式，正文、半书、时间平齐。又如《民国十九年龙显乾卖房屋字》：

立卖房屋约字人本房龙显乾，今因缺少度日无所出处，夫妻商议，自愿心甘其屋出卖，瓦屋间三并无留处，一概出卖。请中问到房内堂兄龙显发承买；又煎冲钓艮土乙团，上抵显祥油山为界，下抵上花共山并见德山为界，左抵显书艮土有坎为界，四至分明。不得异言，二柱心甘，

①张新民主编：《天柱文书・第一辑：全22册》第4册，南京：江苏人民出版社，2014年，第159页。

②张新民主编：《天柱文书・第一辑：全22册》第8册，南京：江苏人民出版社，2014年，第232页。

不得后悔。今日当面议定价钱伍拾肆仟捌百八十文正，其钱亲领入手应用。其艮土永远耕管并屋发达兴旺。高坡滚岩，永不回头，卖字不悔。恐口无凭，立有屋、艮土二字出卖为据。

内添二字。

凭中
代笔　显德

中华□国壹拾玖年岁次庚午□□　立[①]

这份卖契与前述契约一是在格式上的区别，如有吉祥祝福语、强调不许翻悔的习惯语“高坡滚岩，永不回头”；二是本契无亲族证人。也就是说，参与见证房屋买卖的人并非一定需要。另外，从格式简化映射出房屋买卖逐渐多起来。又如《民国二十年十月十九日龙万明、龙显书、龙显德等卖屋地基字》：

留遗祖业屋基三间，因为祠款无所出处，众等将议，将遗祖业，立卖屋地基字人龙万明、龙显书、龙显德、显祥、显仁、显辉、显什、显云、显球、显坤、显和、显坪、显福、宪文、宪管、启元、德炳、德清、建魁众人等，要钱使用，无所出处，自愿将到土名登冲寨屋地基三间出卖，上抵龙显辉屋地，下抵龙宪增屋地，左抵龙万明屋地，右抵龙令嗣圆(园)地，四至分明，要钱出卖。请中上门问到旁(房)内龙显发承买，当日凭中议定价钱肆佰伍拾仟零捌佰文整，其钱交与众人等领足应用，其屋地基交与买主耕管为业。自卖知(之)后，不得异言。恐口无凭，立有卖字永远存照。

凭中　龙德清
代笔　龙宪材

民国二十年岁次辛未十月十九日　立卖[②]

《民国二十年十月二十日龙见明卖屋地基字》：

立卖屋地基字人龙见明，今因家下要钱使用无所出处，自愿将到土名可课屋基一坪，其地上抵路，下抵见德地，左抵见德、见忠二人地，右

---

①张新民主编：《天柱文书·第一辑：全22册》第16册，南京：江苏人民出版社，2014年，第117页。

②张新民主编：《天柱文书·第一辑：全22册》第16册，南京：江苏人民出版社，2014年，第119页。

抵宪魁地,四至分明,要钱出卖。先问亲房,无钱不买。亲自请中上门问到等冲村龙宪模名下承买,当面凭中言定价钱叁佰壹拾贰仟捌佰文整。其钱亲手领足应用。其地交与买主耕管为业。自卖之后,不得异言。口说无凭,立有卖字为据是实。

凭中　龙令勤

子笔　龙昭齐

民国弍拾年岁辛未十月二十日　立卖①

《民国二十二年三月八日龙炳圭、龙炳祥、龙炳泮等卖屋基字》:

立卖屋基字人求富龙炳圭、龙炳祥、龙炳泮、龙文藻、龙文炳等,今因要钱使用无所出处,自愿将到地良大寨屋基弍间,上有一小平(坪),上抵路,下抵耀恩、耀德屋基,左抵买主屋基,右抵耀恩、耀德屋基,四至分明,要钱出卖。请中上门问到亲房龙钦汉、云汉兄弟二人承买,当日凭中言定价钱壹百弍拾千零捌百文正。其钱领足入手应用。其地基卖与买主耕管为业。自卖之后,不得异言。恐口无凭,立有卖字为据。

凭中　王培才

笔　龙文炳

民国癸酉年三月初八日　立②

《民国二十六年十二月八日吴灿昌、吴森魁父子二人卖房屋字》:

立卖房屋字人吴灿昌、吴森魁父子二人,今因鈌(缺)少钱用无所出处,自愿将到三间树子、过枡、传皮、令(领)楼一起,少瓜、板、前面天川以下板一起在内。自已请冲(中)上门问到本房邦寨吴灿什名下承买,当面凭冲(中)言定价钱大洋贰拾壹圆陆角捌仙文正。买主其钱付与卖主领足应用,卖主其房屋付与买主,子孙永远发达兴旺,不得异言。恐口无凭,立有卖字为据存照。

内添乙字。

凭中　吴发添

亲笔

①张新民主编:《天柱文书·第一辑:全22册》第16册,南京:江苏人民出版社,2014年,第148页。

②张新民主编:《天柱文书·第一辑:全22册》第13册,南京:江苏人民出版社,2014年,第182页。

民国丁丑年十二[月]初八日　字①

《民国二十七年六月二十五日刘定虞卖屋基字》：

立卖屋基字人刘定虞，今因家下要钱使用无处所出，自愿将到屋基一坪出□□抵坟墓，南抵刘定川地，西抵刘定川地，北抵刘启林地，□□□明。请中上门问到本寨姚正魁名下承买，凭中议□□钱壹佰仟文正。其钱领足应用。其地除淰地外。自卖之后，不得异言。恐口无凭，立有卖字为据。

凭中　刘奶阁

亲笔

中华民国弍拾柒年六月弍十五日　立②

此份契约没有见证人。下两例亦无见证人或在场人，如《民国三十年二月二十三日伍绍钟卖地基并微荒山字》：

立卖地基并微荒山字人伍绍钟，今因家下要洋使用无所出处，自愿将到土名白蜡冲基地一间，上抵登岭抵伍姓交土，下抵买主基坪，左抵买主基坪及抵杨姓坟山，右抵伍绍银山坎为界，四至抵清。其此山内绍银之股仍在。其绍钟之微股出卖与堂兄伍绍全承买为业。当凭说合，价洋贰拾弍元八角整。其洋当日凭中收讫。其契交与买主永管为业。是卖之后，靡得异言。恐口无凭，立此卖字为据。

人财两发

凭笔　伍永贤

中华民国卅年岁次辛巳二月廿三日　立③

《民国三十一年五月二日刘光泮卖房字》：

立卖房子字人刘光泮，今因家下洋使用无所出处，自愿将到本保寨边湾房子中一间本人所有四分之一，连瓦、瓦板、搞子及板于地脚一概出卖。先问本房，无人承买。请中上门问到本族刘国瑞名下承买，当中议定价洋陆拾捌元正。其洋领清。其房与买主永远居住为业。自卖之后，不得异言。恐后无凭，立有卖字为据。

---

①张新民主编：《天柱文书·第一辑：全22册》第18册，南京：江苏人民出版社，2014年，第279页。
②张新民主编：《天柱文书·第一辑：全22册》第19册，南京：江苏人民出版社，2014年，第145页。
③张新民主编：《天柱文书·第一辑：全22册》第12册，南京：江苏人民出版社，2014年，第19页。

外批：陆上板壹概，土光模的。

凭中　石老力
代笔　子国宝

民国卅一年五月初二日　立①

这份契约的格式与前相同，事主、事由、标的物、卖价、中人、书写、时间等项目皆有，并用外批方式补充说明所卖的范围。可能是写书人的原因，原契中落款时"民国"还低于正文排列，这是极少见的，落款至少与正文平齐。

对于远处难于管理的屋地基出卖，以资家用，如《民国三十五年一月十三日龙章理、龙章明、龙章德等卖基地园圃字》：

立卖基地园圃字人龙章理、龙章明（印）、龙章德、龙章号、龙云洲（印）、龙万臣、龙炳章（印），今因远居难管，特将汉芝公遗下分受高酿□□之基地贰幅，连基后园圃壹连贰块，东抵开顺园埂，西抵宪模屋基后檐沟，南抵"智"字号屋基，北抵古路，四抵分明。自愿干（甘）心凭中出卖与龙均元、龙均贵兄弟名下承买为业，当面议定市用国币壹拾壹万捌仟元整。其币当时亲手收清，无欠分角。自卖后任从买主建屋耕种管理，卖主全族人等永无异言生枝。恐口无凭，特立永卖字壹纸为据。（并附分书壹纸）

□□□（印）
龙宪魁（印）　龙建魁（印）
凭中　龙宪模（印）　龙德炳（押）
龙章荣（押）

民国三拾五年正月拾三日　龙章理亲笔立②

《民国三十八年闰七月七日胡氏杨妹暨孙蒋启发卖屋场地基契》：

立契卖屋场地基字人胡氏杨妹、孙蒋启发，今因家下要钱使用无从得处，婆孙谪（商）议，自愿将到土名竹山井塘边左边屋场地基中间一涧（间），内开四至：内抵路，外抵昌魁、昌吉，左抵政成，右抵太早，四至分明，要行出卖。自己请中招到蒋泰钦名下承买为业，当日凭中三面言定卖价米老斗壹斗陆升正。其米即日凭中照契一概领楚，并不下欠升合。其墦屋场自愿卖之后，任从买主竖造耕管，卖主不得异言阻挡（挡）。恐

①张新民主编：《天柱文书·第一辑：全22册》第19册，南京：江苏人民出版社，2014年，第77页。
②张新民主编：《天柱文书·第一辑：全22册》第16册，南京：江苏人民出版社，2014年，第122页。

后无凭，特立卖契一纸存照为据。

内添二字。

凭中 □□魁
杨思乐

自请蒋太梅代笔

中华民国三十捌年又七月初七日 立①

这份契约格式上仍然是平齐式。原契中采用内添方式，内添二字仅正文字的四分之一，并与正文之间空隙很大；凭中、代笔人在内添之外，与正文之间有大的空白；落款一行与正文平齐。契约整体呈长方形。从中可以看出民国末年村民对土地产权转移十分小心，买卖双方的约定及相关信息准确，旨在确保以后无纠纷。

先亲房后地邻的土地买卖习惯在房屋地基买卖中仍然持续。作为中国文化，讲究的是人文关怀，重血缘关系，其次才论地缘关系。血缘是维系家庭、家族的纽带，脱离了它，其他皆失去意义。为此，民国时期的房地契约亦部分地保留此习惯。当然不是每一份契约皆写上几句"先尽亲房，无人承受"的句子，例如《民国六年四月二十一日吴会昌卖屋场地基契》写作"无人承受"②。《民国六年七月一日龙丙河卖房屋地契》很正式地写作"先问房亲，后问近邻"③。房屋地基契约末尾亦保留祝福语，如"万代兴隆，永远发达"④。

民国时期清水江流域的房屋地基买卖契约在格式上既不完全丧失明清以来所形成的契约特色，保留关键契约要素，诸如事主、标的物数量及四至、产权发生转移的原因、买卖等价钱、通货、双方约定、中人、代笔人、立契时间等俱全。至于外批、内添、画押、房亲、在场人等栏目则是根据双方需要而罗列于契约中。其中，重要的一点是对于物权及其描述更准确、细致。因为房屋地基是人们赖以生存的物质条件之一，举凡关乎房屋的四至、面积、朝向、水沟、道路，无一不认真对待。处理失当会带来不便甚至引发争端，灾祸难免。因此交易时务必把所有因素通盘考虑，使其完美，双方带来福祉。作为交易双方的目标，这从客观上反映了民国时期法制观念有所加深，人们对法律的认识有所提高，对于长期以来清水江流域所处的字约社会，民国时期继

①张新民主编：《天柱文书·第一辑：全22册》第7册，南京：江苏人民出版社，2014年，第9页。

②张新民主编：《天柱文书·第一辑：全22册》第3册，南京：江苏人民出版社，2014年，第261页。

③张新民主编：《天柱文书·第一辑：全22册》第5册，南京：江苏人民出版社，2014年，第270页。

④张新民主编：《天柱文书·第一辑：全22册》第5册，南京：江苏人民出版社，2014年，第270页。

续向前推进，为此我们大致可以说，清水江流域俨然是一个字约维系的苗、侗族社会。

民国时期房屋地基契约对于钱、物是否交付很重视，常在契约中写出“当日随契分文领足，领不另书，所领是实”。“外批”格式旨在交待数量、附加条件等。如《民国三十八年十二月十四日潘光汉卖房场地基契》的“地基正身叁丈弍尺”。①

画押是产权转移过程中双方务必遵守的手续之一。清水江流域亦很常用，这是一个法律手续，村民长期使用，比如《民国十一年一月二十六日吴恒珍卖房屋地基契》事主、凭中、证人、代笔人和房亲都画押。② 不过，随意印章普遍流行，民国时期有一部分房屋地基契约使用了个人印章。如果遇到古路，房屋地基契约中一般单独约定条款，因为古路是重要的交通要道，不许人私自占有，如《民国六年四月二十一日吴会昌卖屋场地基契》特别约定“前古路通行，不得阻当（挡）”。③ 当然，画押虽然较多地使用，但并非每份买卖房地契约都俱全。

大致说来，清水江流域的房屋基地契约书写格式具有一脉相承的风格，各时代基本保留前一时代的款式，新的栏目渐次加入，呈现出一直发展着的状态。文风上从古朴向浅显易懂发展，表达更准确简明，这点体现了在中国传统文化向现代化转型大背景下，苗、侗人民亦向现代化逐渐过渡，显现出崭新的面貌。

数百年来在书写格式和内容上的根不变，诚信的精神在房屋地基契约中自始至终是核心。见证人、族老、凭房族、凭亲族等证人群众在契约中逐渐消减，仅留中人、代笔人。甚至用“自卖自中”“亲笔”。但千百年来，房屋地基契约与田地、山林契约一样，诚实守信、公平交易、遵守款约、和谐相处、共同进步是清水江流域契约格式所体现的永恒精神。

（四）中华人民共和国成立初期

中华人民共和国成立后的换地基契约，格式比较简明，开头写明“立换

---

①张新民主编：《天柱文书·第一辑：全22册》第5册，南京：江苏人民出版社，2014年，第157页。

②张新民主编：《天柱文书·第一辑：全22册》第8册，南京：江苏人民出版社，2014年，第249页。

③张新民主编：《天柱文书·第一辑：全22册》第3册，南京：江苏人民出版社，2014年，第261页。

字某某”，然后写换屋地的缘由“情因什么”，写清双方所换地基的数量、面积，约定“双方自愿，不得异言”。正文后面，列出凭中和代笔人，最后书明时间，用公元纪年。除了凭中、代笔两栏外，契约正文和时间皆平行排列，如《民国三十八年十月二日吴李氏寅香卖地基契》：

立卖地基契人吴李氏寅香，今因家下要洋使用无从得出，是以自己商议，情愿将到自己分上之业，土名黄土丘地基半间，内开四抵：上抵恒锦地基，下抵买主田，左抵恒锦地基，右抵买主田，四抵分明。欲行出卖，无人承受。自己请中问到侄男吴恒鼎名下承买，当日凭中三面言定卖价光洋壹元捌角正。其洋卖主亲领入手。其业任从买主耕管，不得反悔异言。今幸有凭，立此卖契为据。

内添五字。

其契内之洋领清是实。

凭　房亲笔　吴恒锦（押）
　　中　吴会德（押）

民国卅八年十月初二日　立[①]

《民国三十八年十二月十四日潘光汉卖房场地基契》：

立卖房场地基契人潘光汉，今因家中要钱使用无从得处，是以父子商议，情愿将到自己分上之业，土名旱田冲塝内屋场壹桃（排），上抵卖主，下抵卖主，左抵通福，右抵买主大燈，四抵分明，欲行出卖，无人承就。请中上门问到房侄潘积华名下承买屋场为业，当日三面言定卖价大洋捌圆四角八仙整。其洋亲手领足。其地基任从买主耕管为业。日后如有房亲人等言论生端，来理不明，不干买主之事，卖主一面承当，不得异言。今幸有凭，立此卖契一张为据。

内添壹字。

外批：地基正身叁丈式尺。

华（押）
房亲　光
凭　美（押）
中　刘荣江（押）

---

①张新民主编：《天柱文书・第一辑：全22册》第5册，南京：江苏人民出版社，2014年，第200页。

永远耕管

民国叁拾捌八年腊月十四日　亲笔(押)　立①

这两份房屋地基契约格式齐全完整，内添、外批俱全。又如《6-4-1-026　龙爱良立换屋地基字(公元一九五三年九月十六日)》，原文如下：

立换字人本寨龙爱良，情因将屋地基左边换五尺分界，双方自愿，不得异言。恐口无凭，特立换字为据是实。

凭中　五德润

笔人　王德风

公元一九五三年九月十六日[半书]　[立]②

(五)其他

此外，从类别上看，房屋地基契约格式亦大体相似。

一是讨房屋地基字据。不过，还有讨房屋地基的字据，作为一种单契，仍属于契约文书类。即在中华人民共和国成立后的20世纪80年代，其格式仍无大的变化。其格式为开头用“立讨字人某某”，接着写“讨到某人地基、面积”、四至、双方约定、落款等。如《6-4-1-027　龙爱良立讨地基字(公元一九八五年九月初六日)》所载如下：

立讨字人龙爱良，今讨柒尺地箕(基)，上抵花开路，下抵老坎，左抵送字人正桥，右抵讨字人屋为界。双方并无意(异)言。若不坐，地归送字人。立有讨字为据。

讨笔人　王德风

公元一九八五年九月初六日　同立③

讨房屋地基字，从另一个角度看，是一送地基字，但因立字据一方为接受地基者；从接受者角度看，用“讨”字显得更雅、更得体。1998年的一份讨字据，没有中人、代笔，格式上亦未用“立讨字人某某”，亦无双方的约定，落款处出现“此据”一栏，具有现代意义上的单据格式。如《6-4-1-028　王耀

---

①张新民主编：《天柱文书·第一辑：全22册》第5册，南京：江苏人民出版社，2014年，第157页。

②张应强、王宗勋主编：《清水江文书·第二辑》第6册，桂林：广西师范大学出版社，2009年，影印本，第26页。

③张应强、王宗勋主编：《清水江文书·第二辑》第6册，桂林：广西师范大学出版社，2009年，影印本，第27页。

远立讨字(公元一九九八年冬吉日)》所载:

讨字据

今有讨人王耀远,因建设造房之用,特向本[村]王政桥讨地基壹块为建造地,地归一屋间坎下,望送主给予支持为荷。

此据

讨地人　王耀远

玖捌冬吉日①

这份字据中始终未变的格式是事主、事由、所讨之地数量和处所、落款;另有一点是仍未使用新式标点。

另有借水沟以备修造房屋。光绪三年十月十一日,彭某为因起造房屋地基,请中上门借到其侄彭高祥、彭高怀、彭高显等地沟埌,用于落柱(放立柱头),约定允许其侄以后挖土整理水沟。② 其格式大致为:

立借××××××字人×××,为因××××××,××××××商议××××××,请中上门问到×××名下×××××××,日后从任××××××,不得籍故生端。若有异言,自愿退还。今欲有凭,立此借字永远子孙存照。

凭中　×××

代笔　×××

外批:××××××

××　××年××月××日　　立

二是拨换地基。除了借地,还有兑换地基的契约。亦称"相换约""掉换约",比如《同治十一年七月二十七日刘万贵拨换屋基字》:

立拨焕(换)屋基字人刘万贵,情因两得其变(便),二比自愿拨焕(换)。恐口无凭,立有焕(换)字为据。

各执一纸存照[半书]

凭中　刘承模

代笔　刘忠焕

①张应强、王宗勋主编:《清水江文书·第二辑》第6册,桂林:广西师范大学出版社,2009年,影印本,第28页。

②张应强、王宗勋主编:《清水江文书·第二辑》第5册,桂林:广西师范大学出版社,2009年,影印本,第34页。

同治十一年七月廿七日　立①

再如《民国二十一年十二月二十二日伍绍银拨换屋地基字》：

立拨焕(换)字人伍绍银，今因毫蜡冲屋地基两间，上抵坎，下抵伍绍全屋，左抵伍华庭园坪，右抵伍绍钟地基，再其坎上中间山上登岭，下抵伍绍钟地基，左抵绍银、绍先共山，右抵绍银山坎为界，四至抵清，所为方便，只特二比面商拨焕(换)。其毫蜡冲地付与伍绍全耕管为业，从今之后，不得异言。恐口无凭，立有拨焕(换)为据存照。

内添乙字。

亲笔

民国壬申年十二月二十二日　立②

此契约只有事主、凭中、代笔人、时间，未书明拨屋基的四至、与谁拨换，十分简洁。

三是租赁房屋地基。这类主要用于造房开店营业。如《民国三十四年九月十八日龙广明租龙令钦店基字》：

立租店基字人龙广明，情因生逢商战时代，无地起造营谋，亲自上门问到演大寨龙令钦名下有地可以创造，应允出租壹间，右与龙盛荣为邻，左抵荒坪，前抵马路，后抵隔断田坎直线。明今愿当壹间租谷，议定十六两老称壹佰肆拾斤，其谷限每年九月二十日完付，不得今三明四延拖。其地任凭承租人创造营业。倘后若有更变，先问地主有无能力，亦不得擅常地上权私作第二人固定法定果实以阻地价。恐口无凭，立有租字付与为据。

证左　龙祥贵

亲笔　龙广明

民国叁拾肆年夏历玖月拾捌日　立③

《民国三十四年九月十八日姚俊杰租龙令钦店基字》：

---

①张新民主编：《天柱文书 · 第一辑：全 22 册》第 19 册，南京：江苏人民出版社，2014 年，第 40 页。

②张新民主编：《天柱文书 · 第一辑：全 22 册》第 12 册，南京：江苏人民出版社，2014 年，第 7 页。

③张新民主编：《天柱文书 · 第一辑：全 22 册》第 16 册，南京：江苏人民出版社，2014 年，第 53 页。

立租店基字人隆寨姚俊杰，情因生逢商战时代，无地起造营谋，亲自上门问到演大寨龙令钦名下有地可以创造，应允出租壹间，左与罗世贤、潘万寿为邻，右与林昌锡为邻，前抵马路，后抵隔断田坎直线。杰今愿当壹间租谷，议定拾陆两老秤，共壹伯(佰)肆拾斤整。其谷限每年九月二十日完付，不得今三明四延拖。其基任凭承租人创造营业。倘后若有更变，先问地主有无能力，亦不得擅常地上权私作第二人固定法定果实以阻地价。恐口无凭，立有租字付与为据。

证人　龙令珍

亲笔

民国三十四年玖月十八日　立①

《民国三十六年二月五日姚俊溪租龙令钦店基字》：

立租地基店字人隆寨姚俊溪，情因生逢商战时代，无地起造营谋，亲自问到演大寨龙令钦名下，有地綦(基)可以创造，应允出租地壹间半，左与龙令珍为邻，右抵姚俊奇为邻，前抵马路，后隔断田坎直线。溪今愿当间租谷，议定拾陆两老秤共式佰壹拾斤整。其谷限每年九月廿日完付，不得今三明四延拖。其基任凭承租人创造营业。倘后若有更变，先问地主有无能力，亦不得擅常地上权私作第二人固定法定果实以阻地价。恐口无凭，立有租字付与为据。

亲笔

民国三十六年二月初五日　立②

房屋租佃契约的格式与前述买卖契约有区别，表现在：其一契约正文开头用“立租地基店字人某某某”；其二是租金，运用实物或货币，如上面三例皆选择谷物作为租地费用，契约中写作“租谷”多少斤。约定中强调不论地主有无能力，租佃人不可以所修造的建筑物阻拦地主议定地价。其他代笔人、证人亦具备。

当然房屋地基契约的格式还涉及房地争端状词，又如《1-3-5-146　告阻路毁房状词(时间不详)》分作两段，平齐式的两段，第一段详细数落阻路人、毁坏房屋原委，开头“为阻路毁房及子继恶告恳严究”，叙述过程，涉及多家产业，民人无路可行；第二段“台前作主………差拘严究……安良善”；后

①张新民主编：《天柱文书·第一辑：全22册》第16册，南京：江苏人民出版社，2014年，第54页。

②张新民主编：《天柱文书·第一辑：全22册》第16册，南京：江苏人民出版社，2014年，第57页。

有官府批语“批准传讯案究买契审呈”。① 因无时间,不知落款排列方式。

总体而言,房屋地基的格式向着简明扼要的方向发展着,但事主、标的物、价目和通货、立约时间以及书写人、中证等要目基本未发生变化,其格式变化是在主流文化发展变化的框架下进行的。不过我们可以看出清水江流域村民在房地契约格式上把握了总体原则,又能够因革变化,适应经济社会发展变化的实际需要,以及用比较恰当的格式去记载丰富多彩的房屋地基交易等方方面面的信息。这其中蕴含了地方文化中知识群体的聪明智慧。

二、阴地契约文书格式

格式方面,阴地契约与房屋地基契约比较类似,除事主、事由、标的物及其坐落和四至、凭中、代笔人、立契时间等项具备外,最重要的是标的物的大小、数量和双方约定款项。

(一)阴地买卖类

阴地买卖是与房屋地基有对照意义的事项。比如:《嘉庆十二年七月二十四日吴茂珍、吴士朝卖阴地契》:

立卖阴地契人吴茂珍、吴士朝,今因要银无处,兄弟商议,将到自己分上土名八角塛凤形阴地壹形,出卖与吴玉光名下承买,三面作卖价银九三色叁两八钱正。其银当日兄弟亲领入手用度,内除式排老祖壹堆,长六尺,宽四尺,在我兄弟祭扫,不得进葬。其阴地周围上下任从玉光兄弟进葬,不得异言。如有房亲人等言论,在卖主理落,不干买主之事。今欵(欲)有凭,立此卖契存照。

计开四抵:上抵岭,下抵墶,左右抵塄,四抵分明,并无包卖。

内添四字。

凭中　吴立中(押)
绍周(押)
代笔　吴建中(押)
卖主　吴茂珍(押)
士朝(押)

①张应强、王宗勋主编:《清水江文书·第一辑》第8册,桂林:广西师范大学出版社,2007年,影印本,第334页。

嘉庆十二年七月二十四日　立①

清前期的阴地买卖契约,落款进皇帝年号略高于正文。整体契约文字呈长方形。采用计开、内添等方式交代标的物四至和增减的字,其余事主、事由、标的物、卖价、通货、凭中、代笔人皆列出。契约中,凭中、代笔和卖主皆画押的情况并不常见。

道光以下的阴地契约格式上与清朝前期相同。比如《光绪九年十一月八日杨旺廷卖阴地字》:

立卖阴地字人杨旺廷,今因家下要钱使用无所出处,自愿将到土名林院阴地叁土,上抵卖主,下抵路,左抵卖主,右抵杨佑来买主为界,四□分明。先问亲房不买。自己上门问到杨佑来名下承买,当日凭中言定价钱六百八十文整。其钱交足,亲领入手应用。其阴地土卖与买主管为业。自卖之后,不得异言。恐口无凭,立有卖字为据。

凭中　杨旺明

笔　杨炳祥

光绪九年十一月初八日　立②

《光绪二十九年十月十六日龙永太卖阴阳山地字》:

立卖阴阳山地字人龙永太,今因家下缺钞钱用无所得处,自愿将到土名小比里茶柴杉等山一团,上抵永陞方田,下抵会田,左抵溪□水流下壕上为界,右抵显德上花山,四至分明,要钱出卖。先问房□,无人承买。请中上门问到演大寨龙喜泰承买,当日三人议定价钱叁仟陆伯(佰)捌拾文整。其钱入手应用。其山交与买主耕管为业。自卖之后,不得异言。口说无凭,立有卖字是实存照。

内添一字、内添八字。

亲笔

凭中　龙照基

光绪廿九年十月十六日　　立字③

这份契约将“亲笔”即书写人置于凭中之上,一般情况下,书写人置于凭中之后。下一例也是如此。如《光绪二十九年十一月十一日龙永泰卖柴山阴阳

①张新民主编:《天柱文书·第一辑:全22册》第3册,南京:江苏人民出版社,2014年,第234页。

②张新民主编:《天柱文书·第一辑:全22册》第20册,南京:江苏人民出版社,2014年,第163页。

③张新民主编:《天柱文书·第一辑:全22册》第16册,南京:江苏人民出版社,2014年,第18页。

地契》：

立卖柴山阴阳地契人大寨龙永泰，今因家下要钱使用无处所出，自愿将到土名登棍柴山杉木乙团，上抵路并盘沟为界，下抵溪为界，左抵显德山，右抵富荣山，四至分明，要钱出卖。自己上门问到演大寨龙喜泰名下承买，当日对面言定价钱肆阡（仟）叁百捌十文整。其钱亲领入手应用。其柴山付与买主耕管为业。自卖之后，不得异言。口说无凭，立有卖字为据。

内改一字，又添三字。

代笔
凭中　龙永璋

光绪二十九年十一月十一日　　立①

又如《民国元年十月十日杨世发卖阴地契》：

立卖阴地契人杨世发，今因家下要钱使用无从得出，是以自己情愿□到土名于荷冲屋场背后阴地三□，并无他人寸土存于其中，欲行出卖，无人承受。自己请中问到伊（姻）亲吴开宏名下承买为阴地，就日凭中三面言定价钱肆千捌百文。其钱亲领入手，其阴地三排任凭买主遗丧进葬掛扫，杨姓不得□言生端。恐有来理不明，卖主向前理落，不□买主理论之事。□幸有凭，立此卖契为据。

其契中价钱[随]契领足，领不另书，所领是实。

开□
凭中　吴开鸣　□继旺
运字　□运芹
请笔　唐廷杰

中华民国一年十月初十日杨世发　立卖

瓜瓞绵绵②

民国时期的阴地契约总的来说与清代无大的区别。甚至在契约落款后

①张新民主编：《天柱文书·第一辑：全22册》第16册，南京：江苏人民出版社，2014年，第19页。

②张新民主编：《天柱文书·第一辑：全22册》第5册，南京：江苏人民出版社，2014年，第167页。

一行还有吉祥祝福语，如上例中的“瓜瓞绵绵”，画押的格式在阴地契约中也越来越少。

《民国三年十月十日龙向月卖阴地契》：

立卖阴地契约字人岩湾寨龙向月，今因家下要钱使用无从所出，自愿将到座坐落土名青叶冲阴地壹刑，今将下壹半，上抵卖主坟脚，下抵田，左右抵田，四抵分明，欲行出卖与乌佺寨舒烈兴名下承买为业。当日凭中言定价钱捌仟弍百八十文整。其钱亲手领足，并无下分文。其业任从买主子孙耕管为业，日后卖主子孙不得翻悔异言。恐有来理不明，在于卖主里(理)落，不关买主之事。今幸有凭，立此卖字契约一纸为据。

杨春辉

内除二字、添一字。　　凭中　吴展荣

杨志江

中华民国三年十月初十日　亲笔立卖①

再如《民国十五年十一月二十五日黄仁兴卖柴山阴地字》：

立卖柴山阴地字人黄仁兴，今因家下要钱□□使用无所出处，自愿将到地名苗冲□□地出卖。其□抵岭，下抵沙土，左抵刘恩□□抵路，四至为具。请中上门问到平墓姚再兴承买，当凭议定价钱伍封四百八十文正。其钱清(亲)领。其柴山阴地卖与买主耕管为业。自卖之后，不得异言。恐口无凭，立有卖字存照。

凭中　刘祥恩

讨笔　刘东美

民国十五年十一月二十五日　立②

本契约事主、事由、标的物坐落和四至、卖价、凭中、代笔人、落款等俱全，基本属于平齐式，原契文中“民国”虽顶格书写，然略低于正文。这说明人们对落款的尊敬格式(高于正文)不太在乎，凭中、代笔人不用画押，手续简化了，这说明民国时期阴地买卖契约走向简化。往昔人们对皇权、皇帝的看重，在民国时期这些观念开始淡化。领钱字的格式更简明，如《民国二十七年九月二十八日刘修举、刘修武领山播阴阳价钱字》：

---

①张新民主编：《天柱文书·第一辑：全22册》第1册，南京：江苏人民出版社，2014年，第161页。

②张新民主编：《天柱文书·第一辑：全22册》第19册，南京：江苏人民出版社，2014年，第129页。

立领山墦阴阳字人刘修举、刘修武，今因领到刘良葵得买咸食坡岩冲口阴阳芳（荒）山芳（荒）墦地基价钱玖拾贰仟捌佰捌。其钱照契领清，并[无]下欠分文。恐后无凭，立领字为实。

凭契　中笔

代笔　刘修银

民国贰拾柒年九月廿八　立领①

《民国三十二年一月二十七日潘年熙卖阴地字》：

立卖阴地字人潘年熙，今因急需，自愿将到土名大冲英龙姓谢师阴地一棺出卖。先问房族，无钱承买。当凭中人问到龙登基名下承买，议定时值价洋叁百肆拾捌元捌角正。其洋亲手领足。其阴地付与买主进葬。倘后如有一切不清，卖主自行理落，不干买主之事。愿其进葬之后，人财两发，富贵双全。因恐人心不古，立此卖字为据。

龙神保

凭中　潘年亨
　　　　　新

亲笔

中华民国癸未正月廿七日　立字②

这两份契约没有内添、外批栏目，凭中有龙姓 1 人和潘姓 2 人，代笔人为事主。原契整篇契文呈长方形，从开头"立卖"到落款时的年代，各行字平行。没有见证人，吉祥祝福语置于正文中，如"人财两发，富贵双全"。"先问房族，无钱承买。"这属于亲房优先购买权的习惯延续。但是没有画押环节。这说明民国后期阴地契约在格式上有所简化。再如《民国三十三年十一月某日吴家贵卖阴地契》：

立卖阴地契字人吴家贵，今因家下缺少用度无从得出，是以自己商议，自愿将到坐落土名元贞□蒿芝田阴地壹丈出卖。今开四抵，上抵老坟，下抵买主，左右抵油山，四抵分明，欲行出卖。先问房，无人承受。自己请中上门问到舒伟吉、伟庆、潘世荣三人承买为业，当日凭中言定价洋乙仟八元。其洋亲手领足。其阴地任从买主子孙永远安葬。凭老坟以下卖主并无插针之地，日后二比不得异言。日后恐有来理不明，卖

①张新民主编：《天柱文书・第一辑：全 22 册》第 9 册，南京：江苏人民出版社，2014 年，第76 页。

②张新民主编：《天柱文书・第一辑：全 22 册》第 16 册，南京：江苏人民出版社，2014 年，第205 页。

主向前理落，不关买主相干。今幸有凭，立此卖契一张存照为据。

凭中　代笔　吴仕和

民国三十三年十一月初□日　　立卖①

阴地契约的一个显著特征是双方的约定非常详细。比如上一例中，“凭老坟以下卖主并无插针之地，日后二比不得异言”。阴地格式上的完整与规范，透露一个重要的文化信息，那就是清水江流域村民对人的一生十分敬重，活在世上要有所作为，离开尘世去阴曹地府，亦要具有安定的住所。今生与来世，皆很珍贵。

（二）阴地讨要、析分与拨换类

有时死人的一方因为无土下葬，须向有土地一方讨地方作为阴地使用，这时，使用的契约称为讨地字或讨山字。这类讨山字的格式，一般包括事主，即立讨字人、事由、被讨山人姓名、讨地用途。民国时期的讨山字，还须保长签字。如《6-5-1-040　王海求、王保求兄弟立讨山字（民国二十六年八月十五日）》反映了民国时期的讨山字格式，原文如下：

立讨字人王海求、保求兄弟，情因为祖父无处安理，讨到本房王瑞廷父子岑滥之山，奈此山与我有缪輵（纠葛）不清，愿讨此处将祖父安理，过后彼此请地方讨论。该系汝的，愿将此字付与汝执照；如系我的，此字仍退还与我。恐口无凭，特立此讨字付与地方保长所执为据。

凭众亲　龙照来
　　　　刘清岩
代笔　王通柏

民国二十六年古厘（历）八月十五日　立②

另外，阴地拨换契约的格式与阴地买卖契约类似，用“立换某地字人某某”。接着描述原因、列出标的物的四至，有时将标的物面积用横丈、尺、正丈、尺或长多少丈、尺、宽多少丈、尺表示。涉及补足费用。正文之后，列出凭中、代笔人，内添、外批、立契年月等一一俱全。还有涉及阴地的祭扫、管理、通道等诸多事项。某种意义上讲，这类契约与房屋的拨换相差无几。

析分阴地旨在杜绝以后的争端，使阴地得到有效的管理，比如《1-1-1-

①张新民主编：《天柱文书·第一辑：全22册》第1册，南京：江苏人民出版社，2014年，第256页。

②张应强、王宗勋主编：《清水江文书·第二辑》第6册，桂林：广西师范大学出版社，2009年，影印本，第69页。

047 姜之连等七家分窨堆坟冢合同(道光二十二年五月二十七日)》,1843年加池寨姜之连分坟,其内容如下:

立分窨堆坟冢合同字姜之连、开文、开义、开让、开运、克昌、凤仪等七家,因有祖遗坡金爪形一幅,我等择吉凭地师内戚分为六排,共取拾四冢,各家各占弍冢,各立碑绘图为据。日后彼此毋得移易冒占。此茔地自分之后,止许各葬本名现号之堆,不准何人滥肠添葬私贪一穴。如有一人暗起歹意,另行盗葬,六家定不与之甘休。所立合同并绘图附后,七家各执一张,永传子孙万代存照是实。

凭地师 杨光礼 族人 姜开渭

内戚姜仕俊 笔

道光二十二年五月廿七日 立合同封禁①[附图略]

再如前述,《宣统二年十二月二十七日龙喜德与龙喜焕换坟地字》列出事主、标的物,格式上采取平齐式,立契时间与正文平齐。②

(三)禁封与课单类

吉课书亦称课单、佳城等,有一些内容涉及阴地,格式上由事主、生平、安葬时间、地址、地棺形状、记课、吉课时间、堪舆地师等项。民国年间的阴地买卖契约格式比较成熟,如《民国元年九月二十日为刘长音老孺人丧事卜测吉课书》:

化命刘氏长音老孺人之吉课

新逝

恩深慈妣刘氏长音老孺人,原命生于壬戌年八月十八日子时,受生得享春光五十一岁。盖谓前生注定,阴府消名,金童接引,玉女相迎,不幸大限没于中华民国元年壬子九月十七日子时,在家内寝,本日吉时洗身,酉时入棺,殓柩带服身归。请道仙广开五方冥路,速登西岸,早判仁天,转请堪择,期四大空已,勿犯祭主,无冲无厌,停棺辞吊。择取本二十戊寅日午时扶柩出宅,约至申迎棺下建安葬,地名陶家冲虎形老坟二排,佳城迁作癸山丁向,兼子午三刻,子丑正气。切思人生在世,生敬死葬,祭之以礼,了终大事。

①张应强、王宗勋主编:《清水江文书·第一辑》第1册,桂林:广西师范大学出版社,2007年,影印本,第47页。

②张新民主编:《天柱文书·第一辑:全22册》第14册,南京:江苏人民出版社,2014年,第6页。

壬子

庚寅　祭主生于丁亥年正月廿八日辰时建生

戊寅

庚甲

记课云:水木卢鞭龙,开帐展芙蓉。左朝文笔起,右应马腾空。峨眉新月案,女秀并男聪。丁丑正气,一阴一阳,并子午三刻,立坟主人兴隆,福寿双全,子绵远广,进田园,生贵子,发富贵生财。

大汉民国壬子年九月二十日　刘氏长音老孺人吉课时　立

后学堪舆　吴顺开　选　立①

如《宣统元年一月二十二日龙秀三、龙秀选、龙凤藻等三房人准禁风水树字》:

立准禁风树字上花村龙秀三、龙秀选、龙凤藻、龙秀眉、龙秀目、秀角、秀冠、秀炎、炳松、政覃、炳焕、政先、柱标、柱砥、柱猷、秀牙、秀鼻、炳炽、秀尾、政纶、政纪三房人等,今我等有共山土名夏九冲头之树,滋长成林,有关风水,我等地主执契管业,因与演大人等争论,当请团众理讲。团众善劝我等,将此地有关风水之树,准其演大七家蓄禁,作为护荫之资,我等不得砍伐,其地仍属我等原业。至于枯枝雪损,亦归我等取用。今我三房均愿乐从。自准禁之后,不得异言。恐口无凭,立有准禁风树字为据。附计七家名:龙喜丰、喜禄、喜亨、宏恩、观华、喜邦、喜朋。

凭团　刘耀文

黄贞干

龙步云

刘大年

龙显禄

龙观保

合同永□□□发□[半书]

宣统元年己酉岁正月二十二日　龙秀三　亲立②

我们大体归纳出阴地契约中禁封合同的格式一般为:

立禁封字×地×人,　等众族公议,××地永远禁封,不准×××、×××、×××、

①张新民主编:《天柱文书·第一辑:全22册》第8册,南京:江苏人民出版社,2014年,第216页。

②张新民主编:《天柱文书·第一辑:全22册》第16册,南京:江苏人民出版社2014年,第28页。

×××、×××、×××、×××、×××。恐口无凭，立有禁封合同×纸，各执一纸为据。

×××
×××
凭中　×××
×××
×××
代笔　×××

立禁封合同　纸为据［半书］

×××存一纸
×××存一纸

××　××年××月××日　　立禁

阴地契约一般包括事主，书明分阴地的缘由、选择吉日、请勘舆师（俗称阴阳先生）勘定地势、书明坟地棺数，地向（砂、山、水、向、坤申二向等）、约定、立契时间等信息。有时附有简图。

三、房地卖价与经营

（一）房地卖价

1. 按照朝代顺序讨论房地买卖价

我们以加池苗寨姜绍卿家族清代土地买卖契约略作分析，可知姜绍卿家族自 1774 年至 1872 年近一百年时间里，先后卖房屋基地等 9 次，平均每宗交易银 6.31 两。具体如表 3-1 所示：

表 3-1　加池苗寨姜绍卿家族清代卖房屋基地统计表

文书题名	年代	出卖物	卖价	折银（两）
1-1-6-004　姜柳包断卖屋地基仓约（乾隆三十九年十月初四日）①	1774	地基、仓	银 11 两	11
1-1-2-026　龙长生断卖住屋并地基约（道光二年十二月十二日）②	1822	屋、地基	银 8.48 两	8.48

①张应强、王宗勋主编：《清水江文书·第一辑》第 3 册，桂林：广西师范大学出版社，2007 年，影印本，第4 页。

②张应强、王宗勋主编：《清水江文书·第一辑》第 1 册，桂林：广西师范大学出版社，2007 年，影印本，第 135 页。

续表

文书题名	年代	出卖物	卖价	折银(两)
1-1-8-021　姜开元等断卖园地基字(道光二年十二月三十日)①	1822	园地基	银3两	3
1-1-8-024　姜奉琏、姜长琏弟兄断卖屋与地基契(道光四年十二月二十一日)②	1824	屋地基	银7.5两	7.5
1-1-2-036　姜厌生断卖山场杉木屋地坪约(道光十四年三月十二日)③	1834	山林屋地坪	银17两	17
1-1-8-038　姜成忠断卖仓与地基字(道光十八年十一月十八日)④	1838	仓、地基	银1.55两	1.55
1-1-8-054　姜凤仪断卖仓柱并地基契(道光三十年四月初五日)⑤	1850	仓、地基	银7.4两	7.4
1-1-8-056　姜明仁断卖仓坪约(咸丰九年六月二十五日)⑥	1859	仓坪	银0.06两	0.06
1-1-8-073　姜晚乔断卖屋地基约(同治十一年十一月初一日)⑦	1872	屋地基	钱1200文	0.8
合计			56.79两	平均6.31两/宗

资料来源:张应强、王宗勋主编:《清水江文书·第一辑》,桂林:广西师范大学出版社,2007年,影印本。

根据银钱比价和清代的朝代,我们把清代的土地买卖分为八个时期:顺

①张应强、王宗勋主编:《清水江文书·第一辑》第3册,桂林:广西师范大学出版社,2007年,影印本,第331页。

②张应强、王宗勋主编:《清水江文书·第一辑》第3册,桂林:广西师范大学出版社,2007年,影印本,第334页。

③张应强、王宗勋主编:《清水江文书·第一辑》第1册,桂林:广西师范大学出版社,2007年,影印本,第147页。

④张应强、王宗勋主编:《清水江文书·第一辑》第3册,桂林:广西师范大学出版社,2007年,影印本,第348页。

⑤张应强、王宗勋主编:《清水江文书·第一辑》第3册,桂林:广西师范大学出版社,2007年,影印本,第364页。

⑥张应强、王宗勋主编:《清水江文书·第一辑》第3页,桂林:广西师范大学出版社,2007年,影印本,第366页。

⑦张应强、王宗勋主编:《清水江文书·第一辑》第3册,桂林:广西师范大学出版社,2007年,影印本,第383页。

治、康熙、雍正年间(1644—1735)、乾隆(1736—1795)、嘉庆(1796—1820)、道光(1821—1850)、咸丰(1851—1861)、同治(1862—1874)、光绪(1875—1908)和宣统(1909—1911)。民国虽短,但各时段的房地卖价复杂,可分为四个时段,即民国元年至九年(1912—1920)、民国十年至二十四年(1921—1935)、民国二十五年至三十四年(1936—1945)、民国三十五年至三十八年(1946—1949 古历八月六日)。

整体考察的契约文书共 508 件,交易介质为银、钱、谷、米,从朝代分布看,乾隆以前很少,仅 1 份,乾隆年间 5 份,嘉庆年间 11 份,道光年间 36 份,咸丰年间 16 份,同治年间 36 份,光绪年间 111 份,宣统年间 9 份,民国年间 283 份。

我们采取具体一阶段的房地卖价的平均价,作为此时段的每宗房地卖价,然后将这个参数进行比较,主要分析它们之间有何异同,大体得出清水江流域自清初(1644)到民国三十八年(1949)的房地单宗买卖价的一般情况。具体详见表 3-2 所示。

表 3-2　清至民国清水江流域房地买卖统计表　　单位:(银)两

时期	宗数	折银	均价
顺、康、雍(1644—1735)	1	3	3
乾隆(1736—1795)	5	34. 86	6. 97
嘉庆(1796—1820)	11	42. 08	3. 83
道光(1821—1850)	36	453. 34	12. 59
咸丰(1851—1861)	16	54. 14	3. 38
同治(1862—1874)	36	164. 88	4. 58
光绪(1875—1908)	111	618. 99	5. 57
宣统(1909—1911)	9	51. 71	5. 75
民国元年至九年(1912—1920)	58	461. 48	7. 96
民国十年至二十四年(1921—1935)	141	4314. 44	30. 60
民国二十五年至三十四年(1936—1945)	64	2719. 14	42. 49
民国三十五年至三十八年(1946—1949)	20	825. 51	41. 28
合计	508	9743. 57	19. 18

资料来源:本表主要依据《清水江文书·第一辑》、《贵州文斗寨苗族契约法律文书汇编——姜元泽家藏契约文书》《贵州清水江流域明清土司契约文书·九南篇》、《天柱文书·第一辑:全 22 册》《贵州清水江流域明清土司契约文书·亮寨篇》以及锦屏县文斗寨姜启贵家藏契约。

由表3-2可知，顺治、康熙、雍正年间（1644—1735）房地价平均每宗3两，乾隆年间（1736—1795）房地平均每宗价格为6.97两，嘉庆年间（1796—1820）房地价平均每宗价格为3.83两，道光年间（1821—1850）房地价平均每宗价格为12.59两，咸丰年间（1851—1861）房地平均每宗价格为3.38两，同治年间（1862—1874）房地平均每宗价格为4.58两，光绪年间（1875—1908）房地平均每宗价格为5.57两，宣统年间（1909—1911）房地价平均每宗价格为5.75两。民国时期，民国元年至九年（1912—1920）房地价平均每宗价格为7.96两，十年至二十四年（1921—1935）房地平均每宗价格为30.60两，二十五年至三十四年（1936—1945）房地平均每宗价格为42.49两，三十五年至三十八年（1946—1949）房地平均每宗价格为41.28两。

在这些房地契约中，最高一宗卖900两，最低一宗为0.133两。相者相差6766倍。然后每宗卖价依次为645两、390两、339两、310两。100两以上仅15宗，平均每宗19.18两。每宗卖价不足1两达49项，占9.6%。也就是说，近一成的房地交易不足一两。2两以下占122宗，占24%。这些交易中，近四分之一不足2两。8两以下占302项，近60%。10两以下有336宗，占66%。从这些数据，我们可以推断，清水江流域的房地单宗买卖大约七成处于10两左右，总数额比较小。由此带来的经济收益总量则偏小。具体详见图3-1。

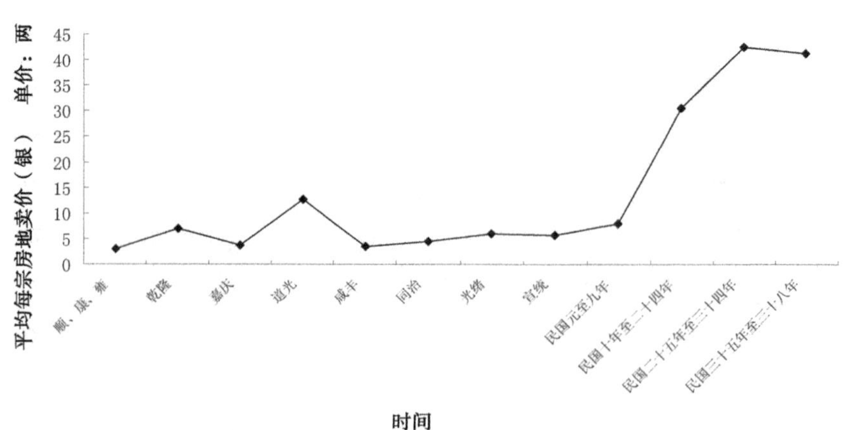

图3-1　清至民国清水江流域房地买卖均价图

从交易的币种上看，道光以前的房地买卖，全部使用银两作为介质。道光时期开始出现银两、铜钱和谷物并用，这几种介质混合使用，一直持续到1950年。从1946年到1949年，银币、谷、米并用，成为这段时期的主要交易媒介,而铜钱的使用很少。

2. 以十年为段讨论房地卖价

为了比较清水江流域房地买卖的变化,探讨房地买卖的变化规律,我们以十年为段进行分析。

从1701至1949年,共计249年,整体房价平均每宗10.63两,考察文书累计508份。基于从上面的讨论,我们认为,清水江流域1701至1949年的房地平均卖价,总体上呈现一定的规律:一是随着时间的推移,每宗房地的卖价由高向低变化;二是交易的宗数自道光以降逐渐增加。房地卖价变化的总趋势是大体表现为由低到高、由高到低、再到高的高低起伏变化。具体详见表3-3所示。

其一,从1701至1820年,平均每宗房地卖价大体在1.83两到5两范围变化。从1821年至1850年的三十年里,平均每宗房价由4两上升到15两余,再下降,之后又回升到17两余。这一时段的平均房价呈现较高的态势。如果从大的经济环境来看,18世纪中叶是中国经济大变动时期。“以乾隆十年代至二十年代(1746~1756)为中心的各物价的上涨,曾经被全汉昇称作‘中国的物价革命’”,虽然不太适合,“但是1750年前后谷物价格的上涨,在很多地区得到了确认”。① 清水江流域的房地价在1850年以后缓慢地上升,与中国经济的发展有一定的关系。

表3-3 1691—1949年清水江流域分段房地买卖均价统计表

起止时间	平均卖价(两/宗)
1691—1700	
1701—1710	3
1711—1720	
1721—1730	
1731—1740	
1741—1750	
1751—1760	5
1761—1770	2.75
1771—1780	3.77
1780—1790	

①[日]岸本美绪:《清代中国的物价与经济波动》,北京:社会科学文献出版社,2010年,第185页。

续表

起止时间	平均卖价(两/宗)
1791—1800	1.83
1801—1810	4.6
1811—1820	4
1821—1830	15.79
1831—1840	5.61
1841—1850	17.15
1851—1860	3.7
1861—1870	3.56
1871—1880	3.87
1881—1890	4.58
1891—1900	8.46
1901—1910	4.56
1911—1920	8.03
1921—1930	28.21
1931—1940	33.65
1941—1949	50.41
总平均	10.63

资料来源:本表依据《清水江文书·第一辑》《贵州文斗寨苗族契约法律文书汇编——姜元泽家藏契约文书》《贵州清水江流域明清土司契约文书·九南篇》《天柱文书·第一辑:全22册》《贵州清水江流域明清土司契约文书·亮寨篇》以及锦屏县文斗寨姜启贵家藏契约。

其二,从1851年起,平均每宗房价回落到不足4两,这可能与当时的国内政治背景有关,时会太平军活动的高峰时段,清水江流域又毗邻湖广,村民添置产业的欲望受到军事、政治因素的影响。从这时起,较低的房地买卖均价一直持续到1890年。这四十年里的房价平均每宗介于3.5两至5两之间。换言之,这是一个房地价的(从平均每宗卖价看)低迷期。

其三,从1891至1920年,房地平均每宗卖价维持在7两左右,其中1901年至1910年较下降到不足5两。相对于1821—1850年,这个时期是一个房地价的较低期。从1921年到1949年,清水江流域的房地价平均每宗持续在28两以上,尤其是1941年至1949年达到50两以上。可能还有另一种原因导致民国时期的平均每宗房地价高于清代,也就是赋役征收逐渐规范化。正如有学者所说:“在反映16世纪后期土地价格恢复的史料中,土地价格恢复的契机都被认为是赋役改革,显示出该时期作为拥有土地负面因素的赋役负担得到缓和,是土地价格上涨的主要原因。"①

其四,清水江流域的房地买卖,相对于林地买卖、田地买卖而言,活跃程度位列最后,但作为不动产,它具有一定的稳定性。但它亦是该流域农村经济的一个支柱。在这250多年里,房地平均每宗10.63两,最低为1.83两,最高为50.41两,且较高的房地价主要分布在民国年间。这其中原因,一是该流域人口在民国时期增长较快,对房地需求量日益增大;二是房地的周转周期比林地、田地都长,这自然地影响了房地买卖的数量。当然,村民自身的经济基础也是房地买卖活跃与否的因素之一。与田地买卖相比,房地更便捷,房地不受天气影响,受干旱与水涝影响相对极小。从该流域的发展史来看,房地买卖是家庭经济的重要来源。

清水江流域房地买卖与中国历史的大背景有密切关联。改土归流、封建王朝国家大一统政治军事等势力对该流域的逐渐控制与管理、国民政府对区域的管理、抗日战争等,都对房地买卖产生一定的影响。任何村民的经济活动皆与他们所处的政治经济条件有重要的联系。房地买卖价的变化大体上反映了这些因素的影响。

整体而言,房屋基地买卖的平均卖价变化起伏不大,在259年里,围绕每宗10两上下波动,具体详见图3-2所示。

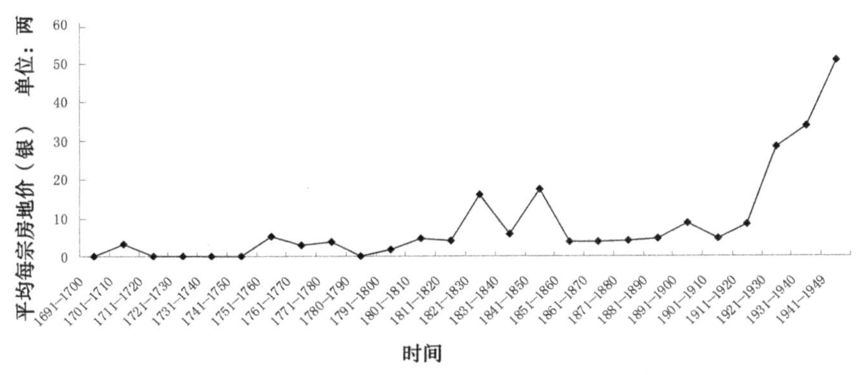

图3-2　清至民国清水江流域分段房地买卖均价图

508份房屋基地契约卖价共计9743.47,平均每宗19.18两。中位数为5.72两,最高900两/1800千文,最低0.133两,超过平均数的有97宗。单

①赵冈、陈钟毅:《明清的地价》,《大陆杂志》第60卷第5号。

宗超过 100 两的有 17 宗。表明房地单宗交易价以银 2 两左右居多。

根据农村一般木房一间长约为 1.5 丈,合 5 米,进深(纵向)2.4 丈,合 8 米,则一间房屋面积为 3.6 平方丈,合 0.06 亩。我们可以推算出房屋地基的每亩卖价。清代的房地价大约每亩 34.16 两,民国年间的房地价大约每亩 77.72 两。19 份文书所反映的房地价大约平均每亩 47.92 两,详见表 3-4。明清时期,徽州休宁县的住宅基地价格,嘉靖十四为每亩 664.21 两,嘉靖十九年为 541.00 两,嘉靖二十四年为 220.00 两;歙县,雍正七年每亩 200.00 两,乾隆二十三年为 350.00 两,乾隆二十四年为 900.00 两。[①] 此地基亩价达 900 两,原因是所卖之地与买主的屋宇相连。清水江流域的房屋基地的每亩价比徽州休宁县的住宅基地价格低得多。

表 3-4　清水江流域房地买卖亩价统计表

文书年代	标的物	卖价	折银(两)	亩(两)
乾隆二十六	屋场一间		5.00	83.33
乾隆三十九	仓 1 间地		1.00	50.00
咸丰二年	屋基 9 尺一幅	3230 文	2.15	59.80
咸丰九年	仓地 1 间	600 文	0.40	16.67
同三年	1 间	200 文	0.133	5.56
同八年	1 间	2170 文	1.447	24.11
光绪二年	1 间地	3268 文	2.18	36.31
光四年	1 间地	4100 文	2.73	45.56
光十一年	1 间地	2160 文	1.44	24.00
光绪十三年	6 尺	580 文	0.39	25.80
光绪二十一年	1.5 间		17.20	19.11
光绪二十六年	地基 1 向		5.52	30.67
光绪二十八年	1.5 间		20.90	23.22
民国三年	1 间		4.28	71.33
民国十年	1 间	1500 文	1.071	17.86
民国十五年	2 间	32.8 光洋元	21.87	182.25
民国十六年典地基		27800 文	4.63	77.22
民国二十三年典地基		20800 文	3.47	57.83

①彭超:《明清时期徽州地区的土地价格与地租》,《中国社会经济史研究》1988 年第 2 期,第 57 页。

续表

文书年代	标的物	卖价	折银(两)	亩(两)
民国二十七年	1间9尺	3230文	2.01	59.8

资料来源:张应强、王宗勋主编:《清水江文书·第一辑》,桂林:广西师范大学出版社,2007年,影印本,第7册,第247页;第3册,第4页。张应强、王宗勋主编:《清水江文书·第二辑》,桂林:广西师范大学出版社,2009年,影印本,第5册,第13页,以下依次为:6册,第5、6、38页;5册,第29页;2册,第278页;5册,第278、39页;6册,第17页;5册,第292页;6册,第18页;5册,第67、390、475、503、505、249页。

(二)房地经营

1. 活卖

活卖房屋地基的方式有典、当与抵押借贷。相对而言,出典房屋换取资金和粮食较多。如《1-3-1-001　姜严三等典约(乾隆二十六年二月初八日)》:①

立当约人姜严三、姜柳富、姜维乔、姜明宇四人,□因家下缺少银用,自己问到本寨姜文相、姜□□、姜文海、姜三保四人承典。姜严三□东田一丘作当五两,姜柳富园地一块、黄牛一边作当五两,姜维乔考屋地场期(基)一间作当五两,姜明宇三人当面仪(议)定作当。恐有误者,恁从四人众上发卖。今恐欲凭,立此当约为据。

代笔　杨宏先

乾隆二十六年二月初八日　立

房地的附属物阳沟之类亦可活卖。嘉庆二十二年十二月二十九日石发照弟兄四人为了解决费用,将其所占阳沟一股典卖与石化鹤名下,得银2.6两,约定以后不限时间赎回,原契文如下:

立典洋沟约人石发照弟兄四人,为因缺少费用无出,自愿将洋沟本名四人占一股,今当凭中出典卖与石化鹤名下得典为业。当日三面议定价银式两陆钱整,即日交清。其洋沟自典之后,不拘远近续(赎)取,弟兄四人亲(心)凭异(意)愿。今欲有凭,立此典字为据。

凭中　湖相乾

代笔　石永珍

①张应强、王宗勋主编:《清水江文书·第一辑》第7册,桂林:广西师范大学出版社,2007年,影印本,第1页。

嘉庆廿二年十二月廿九日　立典①

房地典卖后，遇到物价变化，卖主会要求买主补价，以图弥补价格上涨造成的损失。当由活卖转为断卖时，双方还须重新议定断价，扣除典价或抵借款项外，卖方获得一笔断价费。比如嘉庆十八年十一月二十二日扣除此前抵借款项，杨政辉领过断价银19两，订立清白字，以杜绝以后的争论。原契文如下：

《嘉庆十八年十一月二十二日杨政辉领清白字》：

立领清白字人杨政辉，今将新寨地基出卖与族兄政彰弟兄三人，三面议定价银七十五两正，出(除)扣先抵借外，今过断价一拾玖两。是日凭中俱已领清，并无分文短少。是以立领字为据。

凭中　再炯

胞弟　政均

嘉庆拾八年十一月二十二日　立　亲笔②

同年同月二十四日杨政均通过断卖基园1坪获银90两，扣除此前所抵借账务之一外，领到所补断价银15两。这亦是活卖转为断卖的实例。③

活卖，即典卖。用房屋地基作抵押借贷与典当房屋地基都属于活卖方式。相对而言，房地活卖所占比例非常少，采用断卖与拨换等其他方式直接转移所有权对于村民来说更可靠。其中，断卖是房地经营的主要方式。

2. 断卖

清水江流域一些地域，断卖直接称为卖，少数地方称为绝卖。买卖仓屋基地是清水江流域的房屋类契约的重要内容之一。契约一般写作“立断卖仓屋地基字人某某某”，另外写明仓屋的数量、大小、坐落和四至，以及中人、卖价、约定，最后还有落款。同治九年一月吴开焕与吴开煌将祖遗地基以钱2200文卖与房孙吴会贤，约定“其地基任凭买主竖造房屋居坐，日后不得言论。如有人等言论，不干买主之事”。指出地基的前、后、左、右位置。关键手续是凭中、房亲和卖主都画押，虽然契约开头未写“断卖”二字，但实际上这份契约属于断卖房屋地基契约。比如《同治九年一月吴开焕、吴开煌卖屋地基契》原文如下：

①凯里学院，黎平县档案馆编，李斌主编：《贵州清水江文书·黎平文书》第5册，贵阳：贵州民族出版社，2017年，第48页。

②《贵州清水江文书·第二辑·三穗卷》第7册，贵阳：贵州人民出版社，2017年，第73页。

③《贵州清水江文书·第二辑·三穗卷》第7册，贵阳：贵州人民出版社，2017年，第74页。

立卖屋地基契人吴开焕、吴开煌,今因家下要钱用度无从得处,是以兄弟商议,将到祖遗之业,请中问到房孙吴会贤承买为业。当日言定价钱式仟式伯(佰)文正。其价随契领足,领不另书。其地基任凭买主竖造房屋居坐,日后不得言论。如有人等言论,不干买主之事。恐后无凭,立此卖契为据。

外开四抵:

前抵路,后抵地祚屋坎,左抵古路,右抵增交屋地基,四抵分明,并无包卖他人寸土。

房亲　吴运恩(押)

凭中　吴开云(押)

同治九年一月初□□开焕(押)　开煌(押)　立①

《光绪四年二月三日吴会泽、吴会河卖屋地基契》:

立卖屋地基契人吴会泽、吴会河,今因家下要钱用度无从得处,是兄弟商议,将到自己分上忠心平屋基,请中问到堂兄会贤叔侄名下承买为业。当日言定价钱壹仟九佰文正。其价随契领足,领不另书。其地基贤拨日(与)神喜竖造房屋居坐,日后不得言论。如有人等言论,不干买主之事,卖主相(向)前理落。今幸有凭,立此卖契为据。

外开四抵:后抵会金屋地,前右抵神喜地基,左抵卖主地基,四抵分明,并无包卖他人寸土在内。

凭中　会启(押)

代笔　会进(押)

光绪四年二月初三日　卖主会河(押)　立②

吴会泽、吴会河将地基1坪以钱文卖与吴会贤叔侄修建房屋,标明四至,买卖双方皆画押。如《光绪六年二月十三日吴会通、吴会进卖屋地基契》:

立卖屋地基契人吴会通、吴会进,今因家下要钱用度,是以兄弟商议,将到己分之业中心平头排塘边屋基左边壹接(截)处卖,无人承就。请中问到房弟吴会贤叔侄名下承买为业,当日三面言定价钱壹仟陆伯(佰)廿文正。其钱亲领入手,领不另书。其屋地基任凭买主竖造房屋

①张新民主编:《天柱文书·第一辑:全22册》第3册,南京:江苏人民出版社,2014年,第246页。

②张新民主编:《天柱文书·第一辑:全22册》第3册,南京:江苏人民出版社,2014年,第251页。

居坐，日后不得言论。如有人等言论，不干买主之事。恐口无凭，立此卖契为据。

外开四抵：上抵买主神喜屋地基，下抵运岩塘并古路，左抵买主塘基，右抵卖主屋地基。其有买主塘基边右边下接（截）神喜半干不在内四抵分明，并无包卖他人寸土。

凭中 吴会心（押）

光绪六年二月十三日 卖主亲笔 吴会通（押）
进（押） 立①

如《1-3-3-118 姜克贞断卖屋地基字（光绪七年四月十二日）》所示，所卖的地基分为三股，姜克贞占一股，凭中以 4120 文的价卖给本家姜克顺。② 有时断卖屋地基，出让方将房屋所有附属物、地基一概出卖，片物不留，文书中称为“百并在内”，比如：《宣统元年十二月十八日伍华恩、伍华卓、伍华能兄弟三人卖房屋地基字》：

立卖房屋地基字人伍华恩、伍华卓、伍华能兄弟三人，今因要钱使用无所出处，自愿将到土名地隋老屋堂屋半间，连瓦、板僻（壁）、树枋、地、地基一概出卖。上抵永泰坎为界，下抵路为界，左抵卖主为界，右抵买主，四至分明。请中问到堂兄伍华胜名下承买，当日凭中议定价钱玖千贰百捌拾捌文整。其钱付与卖主聆（领）足应用。其房屋地基付与买主耕管永座（坐）。恐口无凭，立有卖字存照为据是实。

凭亲房 丰
伍永隆
伍永乾 照南

凭 中 伍永兴

代 笔 华榜

宣统元年十二月十八日 立卖③

民国六年四月二十一日，由于“为因缺少钱用无处所出”，吴会昌自愿

①张新民主编：《天柱文书·第一辑：全 22 册》第 3 册，南京：江苏人民出版社，2014 年，第 253 页。

②张应强、王宗勋主编：《清水江文书·第一辑》第 7 册，桂林：广西师范大学出版社，2007 年，影印本，第 247 页。

③张新民主编：《天柱文书·第一辑：全 22 册》第 12 册，南京：江苏人民出版社，2014 年，第 119 页。

把地基1排以钱13660文的价卖给本房侄吴恒德。本契约中，地基的四至写在正文后面，另起一段，并强调古路通行无阴，不可以阻挡，注明解除字数、添加字数。还补充说明标的物价钱已随契领清，不另外书立领导条。此约可谓完备。如《民国六年四月二十一日吴会昌卖屋场地基契》原契文如下：

立卖屋场地基契人吴会昌，今因家下要钱用度无从得处，情愿将到土名中心坪地基一排出卖，无人承受。自己请中问到房侄吴恒德名下承买为业，当日凭中议定卖价钱壹拾叁仟陆伯（佰）陆拾文正。其钱亲领入手，其业任凭买主耕管修造，日后不得异言反悔。今幸有凭，立此卖契为据。

外开四抵：上抵卖主地基，下抵并会秦、会和地基，左抵路，右抵会秦地基，四抵分明，并无包卖他人寸土在内。

前古路通行，不得阻当（挡）。

解乙字，内添三字。

其卖价钱随契领足，领不另书，所领是实。

房亲　吴神恩（押）

凭中　唐和昇（押）
　　　吴会津（押）

民国六年四月廿一日　契　笔会昌　（押）　立①

为了能够卖得更多的钱解决经济困难，村民把房屋、地基以及房屋附属物全部变现，获得一大笔资金。比如《民国十一年三月二十六日吴恒珍、吴恒钊卖房屋基地等契》：

立卖房屋基地瓦盖柱磉契人吴恒珍（押）、吴恒钊（押），今因家下要钱用度无从得处，兄弟商议，情愿将到己分忠坪房基地弍间并板壁瓦盖柱槺（磉），欲行出卖，无人承就。自己请中上门问到房兄吴恒德名下承买为业，凭中言定卖价钱叁十贰千乙佰捌拾文正。其钱亲领入手。其房屋基地任凭买主耕管居坐，不得反悔异言。日后如有人等言论，不与买主相干，在我兄弟一面承当。今幸有凭，立此卖契为照。

外开四抵：右抵会秦基地，左抵买主屋基地，内抵会秦屋基地，外抵

---

①张新民主编：《天柱文书·第一辑：全22册》第3册，南京：江苏人民出版社，2014年，第261页。

恒顺,并恒珍基地,四抵分明,并无包卖。

房亲 吴会秦(押)

凭中 吴 运吉(押)
会吉(押)

民国拾壹年三月廿六日 亲笔(押) 立①

村民将屋场与园地基一起出卖,此时卖价较高。比如《民国九年九月十八日吴会昌卖屋场园地基契》:

立卖屋场并园地基契人吴会昌,父子商议,今因家下要钱用度无从得处,将到己分土名中心坪屋场、园场壹所出卖,无人承受。请中问到房侄吴恒德名下承买为业,当日凭中议定元钱壹拾玖仟六百捌拾文正。其钱亲领入手用度。其业任从买主耕管为业,日后不得反悔异言。今幸有凭,立此卖契字为据。

内点二字。

外开四抵:上抵清泉田,下抵买主会秦并恒顺屋场,左右抵清泉田,四抵分明,并无包卖他人寸土。外开行走古路,抵运吉塘。

外添一字。

凭中 吴运富(押)

房亲 会津(押)
恒茂(押)

其价钱当日凭中并亲房与亲戚,我会昌父子分文领足,领不另书,所领是实,须至领者。

民国九年九月拾八日 奉父命 亲笔 吴恒宽(押) 立②

有时将地基与园地一起出卖。比如《同治五年六月二十四日刘恩沛卖地基园地契》,原契文如下:

立卖地基园地契人刘恩沛,今因要钱使用,无处可得,自愿将到土名高寨平墓地基乙坪,左坻(抵)刘宏□、刘宏柳地基为界,右坻(抵)刘海彬屋为界,下坻(抵)刘宏榜、□菊、永照园为界;屋皆园地两屯乙盘,左坻(抵)刘恩文卖土园地上坎为界,右坻(抵)刘□园为界,上坻(抵)路为界,□依大路上。四世(至)分明,要钱出卖。请中问到本

①张新民主编:《天柱文书·第一辑:全22册》第3册,南京:江苏人民出版社,2014年,第263页。

②张新民主编:《天柱文书·第一辑:全22册》第3册,南京:江苏人民出版社,2014年,第262页。

房刘明忠名下承买，当面言定价钱米乙斗贰升。其米卖主自领足。其地基、园地付与买主耕为业。自卖之后，不得异言。若有不明，卖主理落，不干买主之事。恐口说无凭，立有卖字为据。

凭中　笔　刘士年

同治五年六月廿四日　立①

本契约使用大米作为通货。地基一坪、园地两屯卖得大米 1. 2 斗，按照当时的折价，一石米约重 125 市斤，一斗米重 12. 5 斤，1. 2 斗合 15 斤。一两白银购买 150 斤大米，合白银 0. 1 两，银钱比价 1∶2000，合铜钱 200 文。可见这宗地基卖出价比较低。

1988 年生产队把仓地基通过抓阄的方式转让给队员。原契文如下：

立卖字　（内添几字）

八八年古历五月十六日，我四生产队在坤卷家开会落实我队旧仓基，议价壹佰元整，通过拈阄，有政拈得壹阄，绍勇得贰阄，绍平得叁阄，此仓基后抵水沟，前抵坎，留路走，当面交清价款，特立此纸，三人各执一张，永作呈照。

凭中　姜明月
　　　姜锡义
代笔　姜齐相②

这是在新时代，因生产队所属的仓库地基转移到个体户手中以便管理，并非土地可以自由买卖。房地买卖中的特殊情形值得一提。

一是卖房屋不卖地基。这种方式可以看作是村民把房屋的居住权暂时出卖，如果买方要拆除旧屋新修房屋，必须再次与原卖主协商地基的产权转移。倘若卖方不同意转让地基，那么买方是没有任何权利重修房屋的。这种出卖方式非常独特，卖主拥有很大的自主权。毕竟村民的地基牢牢在握，地权才是交易的核心。比如道光二十一年闰三月十一日龙艳谱卖房屋的契约明确写作只卖“房屋一间与林邦琼”，卖价钱四千文，并强调“其余地基出外未卖”，原契文如下：

立卖房屋人隆寨龙艳谱，情因要钱用度无从得处，自愿将到地名春

①张新民主编：《天柱文书·第一辑：全 22 册》第 19 册，南京：江苏人民出版社，2014 年，第38 页。

②张应强、王宗勋主编：《清水江文书·第一辑》第 1 册，桂林：广西师范大学出版社，2007 年，影印本，第 396 页。

花寨林邦鳌所还前账立卖一契三间房屋,仅将一间转卖与林邦琼承买。当日三面议定价钱肆阡(仟)文正。其钱亲手领足。其房屋一间任买主居坐,其余地基出外未卖。恐后人心不古,立此卖契存照。

凭中　龙世勇

龙均运　笔

道光二十一年又三月十一日　立①

二是卖阳沟。道光二十四年十一月初二日石林盛断卖阳沟1口,解决用费,获得0.98两。原契文如下:

立断卖洋(阳)沟字人石林盛,为因家下缺少费用无出,自愿将祖遗之业洋沟乙口出断卖与堂弟石山辉名下承买为业。当日凭中言定价元银九钱捌分整。其有日后房族弟兄不得争论。恐后无凭,立此断字存照。

凭中　石成赖

叔　　国琏笔

道光廿四年十一月初二日　立②

石林盛又于同年十二月二十一日阳沟1团的二股之一断卖堂兄石山辉与获银9钱。"一卖百了,今断永不回头"③,买主管业,房族不得争论。这类产业在农村社会中具有重要的价值,即便亲人之间亦必须使用货币交易并书立字据,以免除争端。某种意义上说,阳沟是房屋的一部分,为此,有的村民把阳沟与房屋一起卖,书立契约,比如咸丰五年五月二十九日石山翠断卖地基阳沟18股之1股:

立断卖地基园杨(阳)沟字约人石山翠,为因缺少银用无出,自愿将本名共十八股所占一股出卖与本黄(房)石山辉名下承买为业。当日三面议定价银七钱三分,新(亲)手领回应用。其地基字(自)断之后,恁从买主管业,卖主不得议(异)言。欲有凭,立此卖字为据。

外批:板立(栗)数(树)一根在内。落五字。

代笔　中　文富

①张新民主编:《天柱文书·第一辑:全22册》第18册,南京:江苏人民出版社,2014年,第11页。

②凯里学院、黎平县档案馆编,李斌主编:《贵州清水江文书·黎平文书》第5册,贵阳:贵州民族出版社,2017年,第102页。

③凯里学院、黎平县档案馆编,李斌主编:《贵州清水江文书·黎平文书》第5册,贵阳:贵州民族出版社,2017年,第105页。

咸丰五年五月廿九日　立①

卖价很低,仅0.73两,这其中原因可能是象征性地支付费用,关键在于标的物转移产权是通过买卖方式而非其他,重在确认事实而非钱财数量多寡。光绪十一年正月二十三日石伍花断卖屋地基阳沟②交易中,包括阳沟在内,该宗屋地共卖2.88两,阳沟作为附属物未单独计价。

三是卖契分关。通过检图方式,查实家族房产图册,弄清产权人、数量、面积等有关信息,为家庭处理房屋剩余地块提供依据。这是房屋余地卖契,采用卖契分关的方式,既有房产分析的内容,又有产业多寡不均,通过估价,获得房屋地基继承权当事人用补钱、未获得房屋地基继承权的人收钱来平衡剩余房产的公平分配。弟兄数人分产业或叔侄再分产业等均可用到此类契约。看起来比较烦琐,但这是清水江流域村民解决房屋地基剩余产业的比较科学的方式。这里的余地,一般包括猪圈、牛圈、龙门地块、房屋周边空地以及竹木等。有的产业若真正诸子均分,那是不可能的,武断切割之后,根本不可能使用。所以卖契分关方式在处理房屋地基余留问题时具有较强的实用性。比如《光绪九年六月九日杨占鳌、杨占春、杨占芳等兄弟四人卖坐屋基地余地契》:

立卖坐屋基地余地契人杨占鳌、占春、占芳,今因我等弟兄四人住坐房屋狭窄,难以居安,请凭房族议论捡图属实。今我三房占盈捡得坐屋并基地周围余地,又并屋前屋后果树竹木以(一)并在内,当日凭族议作补价钱,杨占春该得钱三仟柒佰伍拾文,杨占芳进钱叁仟壹佰伍拾文,杨占鳌进钱叁仟叁佰五拾文,其钱当日房族补清。其坐屋基地任三房杨占盈住坐耕管,永发无休。外有长房占鳌分得猪圈乙架,任凭当即拆去,四房占芳分得牛栏乙架,也凭我等拆去,不得异言。惟有二房占春半业猪圈牛栏,杨占春不得□□。我等房族议定,多补钱文以作竖造之费。恐后无凭,立此卖契分关一纸,三占盈存收为据。

凭　戚　罗公梅
　　房族　杨秀谱
　　　　开顶
　　　　开举

---

①凯里学院、黎平县档案馆编,李斌主编:《贵州清水江文书·黎平文书》第5册,贵阳:贵州民族出版社,2017年,第186页。

②凯里学院、黎平县档案馆编,李斌主编:《贵州清水江文书·黎平文书》第5册,贵阳:贵州民族出版社,2017年,241页。

光绪九年陆月初九日　请房叔杨秀来代笔　立①

这宗卖契分关中，涉及当事人钱物的交换。于是领到钱的人一般书立领字。不过，相隔七天，见《光绪九年六月十六日杨占春、杨占芳领屋价钱字》：

立领屋价钱人二房占春、四房占芳，今领到三房占盈得买我众屋并基地余地、前后竹木果树之补价钱，照契关我二人之钱以(一)并领清，并无下欠分文。恐口无凭，立领字是实。

凭契内族戚　中

光绪玖年六月十六日　请再奎代笔　立②

3. 其他方式

1)拨换房屋基地

第一，用房屋基地交换房屋基地。比如《光绪十九年十一月四日龙万泮与龙世焕、龙万□父子换屋地字》：

立换屋地字人龙万泮有屋地一间，在我叔龙世焕、万□父子屋内边一间，侄万泮自愿将世焕屋内边一间换与世焕父子永远为业。自换之后，不得异言。恐人心不古，立有换字为据是实。

内添玖字。外批：照□为□。

官保
凭中　龙万里
银珠
请笔　龙显禄

立换合同为据[半书]

光绪十九年十一月初四日　立换③

本契中，龙万泮将屋地一间自愿换与龙世焕、万□父子屋内边一间，双方达成协议，永远居住。再如《光绪四年二月三日吴神喜兄弟四人拨屋基字》：

立拨屋基字人吴神喜兄弟四人，今因拨到忠星平屋地基于半拨塘坎上分得祖遗地基拨与堂兄会贤叔侄名下承拨竖造房屋居坐。当日言

①张新民主编：《天柱文书 · 第一辑：全22册》第3册，南京：江苏人民出版社，2014年，第114页。

②张新民主编：《天柱文书 · 第一辑：全22册》第3册，南京：江苏人民出版社，2014年，第115页。

③张新民主编：《天柱文书 · 第一辑：全22册》第16册，南京：江苏人民出版社，2014年，第90页。

定贤早(找)钱叁仟〇三十文正。其钱亲领日(入)手随契领足,领不另书。其拨字日后不得言论,如有言论,今幸有凭,立此拨字为据。

内添四字。

外开四抵:

前抵拨主神喜共构,后抵开来屋地坎,左抵拨主会贤塘,右抵拨主会贤地基。四抵分明,并无遗漏。

外添乙字。

凭中　吴会启(押)
吴会河(押)

代笔　吴会进(押)

光绪四年二月初三日　拨主神喜(押)　[立]①

本契中,事主吴神喜兄弟四人把地基拨与堂兄吴会贤叔侄建造房屋,约定吴会贤补钱3030文。并列明四至,凭证中、代笔人、拨主全部画押。比如《民国二十年六月六日伍绍先与伍绍全拨换屋基并收差价字》:

立拨换屋基伍绍先,今因家下要钱用度无所出处,自愿将到毫蜡冲地基壹闲(间),上抵伍绍钟,下抵田坎,左本主,右绍银山,四至抵清,方便拨换与伍绍全名下。今承当面言定价钱捌千文整,其钱付与绍先领足应用。其地基付与全耕管。自愿拨换,以后不异言。立有拨换为据存照。

内添三字。

凭笔　伍绍银

民国辛未年六月初六日　立②

本契中,伍绍先将屋基一间拨换与伍绍全名下管业,伍绍全支付钱8000文与伍绍先,这份契约名称是拨换契,标的物四至清楚,双方自愿拨换,实际上相当于将屋地基一间卖与伍绍全。

第二,用田换房屋基地。民国十一年十月二十九日龙先翰将屋脚秧田拨换与龙廷珍名下为业起造房屋,此时田地产权转移到龙姓名下,同时龙廷珍把干桥田丘和另一屋脚田半边拨还龙先翰。实际上,将田地变作屋基地,再用田地归还原主。这种现象在清水江流域有一定的比例。原契文如下:

①张新民主编:《天柱文书・第一辑:全22册》第3册,南京:江苏人民出版社,2014年,第250页。

②张新民主编:《天柱文书・第一辑:全22册》第12册,南京:江苏人民出版社,2014年,第5页。

立拨换田作为屋地字人龙先翰,情因土名黄峭屋却(脚)秧田,上抵大路,下抵拨换人,左沟水,右抵起潘田,四至分明。廷珍请中向(上)门问到合平商议,仝(同)意拨换。将秧田付龙廷珍名下为业起造房屋。廷珍将干桥田乙丘,上抵起祚,下抵起祚田,左抵大路,右抵山。又土名屋却(脚)田半边,上抵起蒲田,下抵光柱田,左拨换田,右德超田,四至分明,拨换与龙先翰为业。廷珍造屋,要留水沟与他人通行,不得违生庄(压),情意两愿,不得强迫等。双方甘愿拨换,不得异言。恐有不凭,立有拨换字为据。

合同吉□[半书]

内添十一字。

凭中　龙先绪

亲笔

壬辰年十月二十九日　立①

第三,用房屋基地换田。民国三十四年八月十八日龙锦才、龙锦元、龙俊辉等将老屋基两间半拨换汤克荣产量为4挑谷,龙氏补汤氏钱6000文。原文如下:

拨换字据

立拨换字人龙锦才、龙锦元、龙后辉、龙后祥、龙后安、龙后武等人,情因先遗下大寨大亳老屋基贰间半,上抵本主坎,左抵胡启魁,左内则(侧)抵大路,右外则(侧)抵杨氏半间,下抵杨氏以坎为界,四至分明。自请中商议,同意将屋基贰间半付与汤克荣永管为业,克荣愿将冲从路边龙氏坟□壹丘,收花四挑,大抵至:上抵坟山,左抵山沟,右抵山,下抵路,四至分明。自愿将此田付与龙锦才、龙锦元、龙后辉、龙后祥、龙后安、龙后武等人为业,龙氏付汤氏钱陆吊。自拨换之后,不得异[言]反复。恐后无凭,立□为据。

龙锦才

立拨换人　龙后武　笔

汤克荣

中人　汤知仁　胡启魁

①张新民主编:《天柱文书·第一辑:全22册》第14册,南京:江苏人民出版社,2014年,第33页。

民国三十四年八月十八日 立据①

屋地换田并补钱6000文(折银1两),说明该田面积比屋2间半大得多且价值略高。这种情形并不多见。

第四,用园地调换房屋基地。由于修房时需用地基,村民用园地拨换地基。比如刘先甲地基被占大约3尺,妻粟氏翠咸及子定乾自愿补园地大3坪。《民国十五年八月二十二日刘先甲与刘东甲妻粟氏翠咸及子定乾拨换园地字》原契文如下:

立拨换字人刘先甲,情因先年族弟刘东甲建屋误占我地基约三尺余,今东甲已亡故,伊妻粟氏翠咸及子定乾自愿凭中将伊园地大三坪将补于我,以作拨换。自补之后,二比各管各业,无得长言短语以生异议。恐后无凭,立有拨换字约,各执一纸为据。

外批:内涂一字。

凭中
代笔 刘邦闻

民国十五年岁丙寅八月廿二日 立②

再如《1-2-6-069 姜三绞、姜丙生、姜丙午父子调换字(道光十九年十二月二十五日)》中,姜三绞、姜丙生和姜丙午先年佃载姜之毫、姜开让之山,其山分为五股,三绞父子占栽手二股,又将四至清楚的先年栽福宗福之山,此山土栽分为四股,三绞父子占栽手一股。三人用栽手股份与姜之毫、姜开让换屋1间半,约定"其木恁凭之毫、开让管业,日后不得翻悔异言"③。实际上姜三绞等运用栽手股份交换屋地。

2)租佃房屋

清水江流域的房屋租佃起源时间不能确定,道光年间有此类契约。那说明至少在道光时期该流域就出现了房屋租佃的交易。如《1-4-2-030 姜世儒佃仓脚字(道光七年九月十六日)》:

立佃字人本寨姜世儒,为因佃到姜世荣、姜世泰兄弟苍(仓)脚三间

①张新民主编:《天柱文书·第一辑:全22册》第14册,南京:江苏人民出版社,2014年,第151页。

②张新民主编:《天柱文书·第一辑:全22册》第19册,南京:江苏人民出版社,2014年,第63页。

③张应强、王宗勋主编:《清水江文书·第一辑》第5册,桂林:广西师范大学出版社,2007年,影印本,第390页。

居住贸易,后日不要柱(做)错乱行。如有乱为自甘罪,不与主家何甘(干)。所佃是实。

姜世洪笔

道光七年九月十六日　立①

本契约显示,姜世儒佃仓三间用于贸易,约定"不要做错乱行",否则自甘领罪。不过租佃房屋并不发生产权转移。

民国时期房屋租佃亦存在,由于缺乏地块修建房屋,村民租佃房屋以作商业贸易用。比如民国三十四年九月十八日龙盛荣用 140 斤谷(16 两老秤)租得屋地一间。但龙盛荣不能充当二地主,即契约中双方已经约定承租人可以创造营业,以后有变更,不论地主有无能力均不可以作为第二人"固定法定以阻地价"。原文如下:

立租店基字人隆寨龙盛荣,情因生逢商战时代,无地起造营谋,亲自上门到演大寨龙令钦名下有地可以创造,应允出租壹间,左与龙广明为林(邻),右与龙令珍为林(邻),前抵马路,后抵隔断田坎直线荣,今愿当壹间租谷,议定十六两老称(秤)共壹佰四拾斤正。其谷限每年九月二十日完付,不得今三明四延拖。其基任凭承租人创造营业。倘后若有更变,先问地主有无能力,亦不得擅常地上权私作第二人固定法定果实以阻地价。恐口无凭,立有租字付与为据。

证人　龙令珍

亲笔

中华民国三十四年九月十八日　立②

3)分关调整房屋基地

分关是产业分析的方式,房屋地基通过分关,过户到新的业主手中,新业主与原业主多数为父子关系。分关使房地产权发生转移,是房屋契约中的重要内容。严格意义上讲,分关不是一种经营方式,而是家庭发展壮大的必然,是家庭经营的方式。毕竟订立分关书,重新分配房屋基地,是中国传统家庭中的大事,清水江流域亦然。这为核心家庭的发展开辟了道路,亦为房屋地基的交易创造了条件。比较早的为了修建房屋而订立的合约,比如康熙年间李还楚等为屋场地基起造房屋称为"孝义合约",

---

①张应强、王宗勋主编:《清水江文书·第一辑》第 9 册,桂林:广西师范大学出版社,2007 年,影印本,第 220 页。

②张新民主编:《天柱文书·第一辑:全 22 册》第 16 册,南京:江苏人民出版社,2014 年,第 56 页。

原契文如下：

立孝议(义)请(清)白基场人李还楚，今因尊贵有长坪并黄家龙式处屋场基地，还楚、玉楚、华楚壹半，茂楚、大洪一半，今还楚坚意要在长坪创造，有兄玉楚、华楚凭亲家涂长卿、曾玉珍公同说明，其长坪屋场还楚创屋三间，横三丈六尺，通前至前还楚起造，茂楚不得异言。其黄家龙屋场基地听茂楚、大洪起造，还楚、玉楚、华楚还不得异言。立此孝义合约一样式纸，各执一纸□□为据。

凭中 堂兄 玉/华 楚

胞弟 □/□ 楚

房侄 李飞麟

亲家 涂长卿

凭大□妻旧(舅) 曾玉珍

□肖美珍

合同式纸各执为据

康熙三□年润(闰)□□初三日 □孝义合同 还楚亲□①

该份合约明确说明当事人还楚在地名长坪所修建的房屋为三间，占地面积为“横三丈六尺”，包含屋地基前面地块。村民涉及屋地基调整，十分慎重，除了凭中，还有胞弟、房侄、亲家、凭证人等。

同治十年十月初二日姜凤仪把地基分为三股，强调分到地坪的人绝不可弄错产业。② 这种情况当事人订立分合同，书明原因、房至地来源、四至、分股情况，约定“不得再生异议。今欲有凭，立此合约三纸，各执壹纸永远管业发达存照”，如《1-2-8-159 姜元贞、姜元瀚、姜元灿兄弟三人分房屋并地基股份合同(民国十七年后二月初五日)》：

立分合同约人姜元贞、元瀚、元灿兄弟三人，情因二哥元贞于民国十四年七月廿八日买获本房凤峡公与灿成叔之房屋兼地基式股，当日凭中姜梦松议定买价元钱每股卅四千八百八十文，又乙丑年十月十一

①张新民主编：《天柱文书·第一辑：全22册》第18册，南京：江苏人民出版社，2014年，第222页。

②张应强、王宗勋主编：《清水江文书·第一辑》第3册，桂林：广西师范大学出版社，2007年，影印本，第380页。

日买获义成之一股价元钱三十捌千〇八十文。……共有先时买价，而元瀚、元灿亦按照三股摊派，如数补清，不得短少分文，日后成修或补以及居住均为三人管业……永远管业，发达存照。

元贞名下占壹大股，存合同第壹张，元灿名下占壹大股，存合同第三张，元瀚名下占壹大股，存合同第式张兼存老买契叁张。

内添三字。

凭中 姻兄姜绍廷

代笔 妹丈范锡盛

立分合同贰纸[ ][半书]

民国拾柒年后二月初五日 立①

民国后期，比如民国三十四年，村民买卖房屋地基使用时使用钞洋交易。民国三十四年一月十九日刘定杰出卖屋地一宗，价为洋13580元，原契文如下：

立卖屋地字人刘定杰，今因要钱使用，无所出处可得，自愿将到地名平墓屋地壹坪，右抵刘奶模的山，左抵买主的屋，上抵买主的圈，下抵买主并奶模园地。自(四)至分明，要钱出卖。问到本族刘定寰承买。当中议定价洋壹万叁仟伍佰捌拾元整。其钱领清。其园地卖与买主耕管为业。自卖之后，不得异言。恐口无凭，立有卖字为据。[下略]②

房屋地基契约中的相关信息，折射出官府的管理情形。比如国民政府重视对屋基地的管理体现在文书中。其方式是勘察准确，下发谕令至产权所有人，使所争的产业物归原主，从而解决土地产业纠纷。国民政府主要通过验证伪造的契约，然后下达谕令，付与产权人收执。其中证人有保长、父老等。这种方式避免了伪造契约侵吞他人地基等产业的行径。比如《民国二十四年四月七日伍永福与杨承勋、杨秀元真假土地买契纠纷谕令》：

讯得伍永富管有地名括冲铁录冲地土壹团，内有地基荒坪荒田等，

①张应强、王宗勋主编：《清水江文书·第一辑》第6册，桂林：广西师范大学出版社，2007年，影印本，第338页。

②张新民主编：《天柱文书·第一辑：全22册》第19册，南京：江苏人民出版社，2014年，第68页。

系叔华恩于民国拾柒年以(已)将卖与侄永富认纸管业,历管无异。殊至今春突有邻村杨承勋、杨秀元二人用计扬言假造伪纸,吾有契据,即请保长及父老呈阅。伍永富所书系伍绍南凭笔契据,以与保长父老等呈阅。此书笔迹无二,则此山地基、荒坪田等为伍华恩所得卖已。其杨承勋、杨秀元二人之契一为华卓、华能于民国弍拾年所书,其兄华恩既卖之后,自不生效,系欲侵占此山,故为造此契,而杨姓自伪造无疑。踪(综)上各情,应当伍永富照契管业,其杨姓永远不能侵占此山。恐后无凭,立有谕令一纸付与伍永富手执为据存照。

保长　龙再贞

凭　　　藩　永钧

父老　胡国　伍　　杨宗城　吴代兴等

校　绍江　龙连三

民国弍拾四年四月初七日　立①

本契中,通过保长、父老等笔迹比对,认为契约中笔迹无差别,荒山、地基、荒坪田等为伍华恩所卖属实。杨承勋、杨秀元的契纸中的字是华卓、华能在民国二十年书写的,这些产业是伍华恩已于民国十七年卖与伍永富,产权转移在前三年,杨姓伪契产生在后无疑,其目的是欲侵占产业。这类伪造极不高明,但毕竟是土地产权纠纷,地方政府自然认真处理,通过谕令方式确认产权。一次下令并不能完全奏效。第二年四月再次下达谕令。如《民国二十五年四月七日伍永福与杨承勋、杨秀元真假土地买契纠纷谕令》:

讯得伍永富管有地名括冲地土一团,内有地基四坪,系杨铁禄于光绪十年所卖,有契与伍华恩。恩于民国二十一年又将卖与侄伍永富认纸管业,历来无异。不料至今春突有邻村杨承勋、杨秀元二人用计扬假造伪纸,吾有契据,即请父老呈阅。伍永富所呈族侄伍绍南凭笔契据将与父老呈阅,永富所书笔迹无二,则此山坪为伍华恩所卖已。而杨承勋、杨秀元二人之契据一为伍华卓、伍华能于民国贰拾叁年所书,其兄华恩既卖之遂(后),自不生效,系欲侵占此山坪,故为造此契。杨承勋、杨秀元二人伪造无疑。踪(综)上各情,应当伍永富照契管业,而杨承勋、杨秀元二人永远不能进占此山坪。恐后无凭,立

①张新民主编:《天柱文书·第一辑:全22册》第12册,南京:江苏人民出版社,2014年,第136页。

有谕令手执为据存照。

凭父老　胡国藩校　龙清祥(印)　伍绍全(印)　杨宗城　吴代兴　伍永钧　龙再贞　等

伍绍江　王彦然　笔

民国廿五年四月初七日　立①

一年之后,再次下谕令,重申内含有地基四坪的产业归伍永富永远管业,此份地权的转移脉络清晰,光绪十年杨铁录曾把这宗土地卖与伍华恩,当时即书立有卖契。民国二十一年,时隔48年之后,伍华恩将此业卖与侄伍永富管业,亦立有卖契。这时该宗土地所有权转移到伍永富手中。国民政府判断产权依据的是买卖双方订立的真实契约,与是否官版契纸以及钤印无关。那么伪造的契约不攻自破,毫无遁形。虽然国民政府重视对房屋地基纠纷的处理,但效果并非尽善尽美。

四、阴地卖价与经营

(一)阴地卖价

清水江流域的阴地买卖与房屋类似,面积虽小,卖价不菲。对于这类买卖起于何时难考,但从现有文书推测,应当不晚于明代。因为对于村民离开这个世界,活着的人不可能不让其入土为安。况且并非离世之人都有阴地安葬。荒山买卖中有时含有阴地在内即是明证。阴地买卖时并非都记载面积,较常见的是以地块的形式表示,有时用棺、穴、塚等来表示,极少用丈尺或亩分等来标明面积。鉴于这种情况,我们只能选取数量有限的阴地买卖契约来探讨其卖价的大致情况。具体参见表3-5。

表3-5　清水江流域阴地买卖单价统计表

文书题名	标的物	卖价	折银(两)	单价	每亩(两)
《嘉庆十年四月二十六日吴开贤卖坟契》②	坟地	7.2两	7.2	7.2两/宗	288.00

①张新民主编:《天柱文书·第一辑:全22册》第12册,南京:江苏人民出版社,2014年,第146页。

②张新民主编:《天柱文书·第一辑:全22册》第14册,南京:江苏人民出版社,2014年,第221页。

续表

文书题名	标的物	卖价	折银(两)	单价	每亩(两)
《嘉庆十二年七月二十四日吴茂珍、吴士朝卖阴地契》①	阴地	3.8 两	3.8	3.8 两/塚	152.00
《道光二十二年十二月十三日石方兴断卖阴地约》②	阴地二棺	6 两	6	3 两/棺	120.00
《光绪十一年四月二十三日欧孔禄、欧孔知卖阴地契》③	阴地二塚	4880 文	3.25	1.63 两/棺	65.20
《光绪十一年七月六日杨顺秀卖阴地契》④	阴地二塚	1180 文	0.79	0.39 两/塚	15.72
《光绪十七年四月一日蒋昌韬父子卖阴地契》⑤	阴地一棺	2660 文	1.77	1.77 两/棺	69.32
《龙在湖叔侄高树箕阴地断卖契(光绪十八年九月二十二日)》⑥	阴阳两卖	6080 文	4.05	4.05/宗	162.12
《光绪二十六年二月二十六日龙永沛卖柴山杉木阴阳地字》⑦	阴阳等	2080 文	1.39	1.39 两/宗	55.48
《光绪三十三年十一月十七日王再标等卖阴地契》⑧	阴地一穴横正六丈六尺		16.8	16.8/棺	152.73

①张新民主编:《天柱文书·第一辑:全 22 册》第 3 册,南京:江苏人民出版社,2014 年,第 234 页。

②张新民主编:《天柱文书·第一辑:全 22 册》第 14 册,南京:江苏人民出版社,2014 年,第 222 页。

③张新民主编:《天柱文书·第一辑:全 22 册》第 1 册,南京:江苏人民出版社,2014 年,第 205 页。

④张新民主编:《天柱文书·第一辑:全 22 册》第 1 册,南京:江苏人民出版社,2014 年,第 206 页。

⑤张新民主编:《天柱文书·第一辑:全 22 册》第 6 册,南京:江苏人民出版社,2014 年,第 157 页。

⑥高聪、谭洪沛主编:《贵州清水江流域明清土司契约文书·亮寨篇》,北京:民族出版社,2014 年,第 268 页。

⑦张新民主编:《天柱文书·第一辑:全 22 册》第 16 册,南京:江苏人民出版社,2014 年,第 16 页。

⑧安尊华、潘志成校释:《土地契约文书校释·卷二》,贵阳:贵州人民出版社,2016 年,第 404 页。

续表

文书题名	标的物	卖价	折银(两)	单价	每亩(两)
《民国元年十月十日杨世发卖阴地契》①	阴地 3 排	4800 文	3.43	1.14 两/排	15.24
《民国三年十月十日龙向月卖阴地契》②	阴地下一半	8280 文	5.91	5.91 两/宗	236.56
《民国七年三月五日龙绍昌、龙清贵卖阴地字》③	阴地二塚	8028 文	5.73	2.87 两/塚	102.68
《姜凤鳌断卖阴地字(民国十年二月初八日)》④	阴地一宗	8280 文	4.14	4.14 两/宗	165.60
《民国十一年十二月十六日吴见杰卖坟山阴阳地字》⑤	阴地一穴	3860 文	1.93	1.93 两/棺	77.20
周绪亨立卖阴地字(民国十三年十二月)⑥	阴地一穴(横一丈,纵一丈二尺)	21080 文	10.54	10.54 两/棺	421.60
《姜启瑛弟兄断卖地土阴地字(民国十五年六月二十日)》⑦	阴地三股之一	25800 文	12.9	12.9 两/份	516.00
《民国十五年六月二十六日林岩元卖阴地字》⑧	阴地一穴横一丈陆尺,正八尺	41088 文	20.54	20.54 两/棺	962.81
《姜坤泽断卖阴地字(民国十六年二月十一日)》⑨	阴地一所	谷 208 斤	1.387	1.39 两/棺	55.48

①张新民主编:《天柱文书·第一辑:全 22 册》第 5 册,南京:江苏人民出版社,2014 年,第 167 页。
②张新民主编:《天柱文书·第一辑:全 22 册》第 1 册,南京:江苏人民出版社,2014 年,第 161 页。
③张新民主编:《天柱文书·第一辑:全 22 册》第 16 册,南京:江苏人民出版社,2014 年,第 246 页。
④张应强、王宗勋主编:《清水江文书·第一辑》第 9 册,桂林:广西师范大学出版社,2009 年,影印本,第 441 页。
⑤张新民主编:《天柱文书·第一辑:全 22 册》第 8 册,南京:江苏人民出版社,2014 年,第 166 页。
⑥张应强、王宗勋主编:《清水江文书·第二辑》第 7 册,桂林:广西师范大学出版社,2009 年,影印本,第 82 页。
⑦张应强、王宗勋主编:《清水江文书·第一辑》第 9 册,桂林:广西师范大学出版社,2009 年,影印本,第 452 页。
⑧张新民主编:《天柱文书·第一辑:全 22 册》第 18 册,南京:江苏人民出版社,2014 年,第174 页。
⑨张应强、王宗勋主编:《清水江文书·第一辑》第 6 册,桂林:广西师范大学出版社,2007 年,影印本,第 329 页。

续表

文书题名	标的物	卖价	折银(两)	单价	每亩(两)
《民国十六年八月十九日宋奇才卖阴地字》①	阴地官(棺)	30480 文	15.24	15.24 两/棺	609.60
《姜启睿卖阴地字(民国十六年九月初八日)》②	阴地二棺	光洋 7.08 元	4.72	2.36 两/棺	94.40
《民国二年二月八日姚祖先买阴地合同》③	阴地一棺	13800 文	3.9	3.9 两/棺	156.00
龙景权四人莲花形阴地断卖契(民国三十年十月二十七日)④	阴地一棺(前后五尺)	48 元 8 角	3.66	3.66 两/棺	146.28
《民国三十二年一月二十七日潘年熙卖阴地字》⑤	阴地一棺	348.8 元	2.71	2.71 两/棺	108.56
《民国三十二年五月十三日林再祥卖阴地字》⑥	阴地一幅	65.8 元	0.51	0.51 两/宗	20.48
《民国三十三年十一月某日吴家贵卖阴地契》⑦	阴地一丈	1008 元	2.17	2.17 两/棺	86.72
龙世洪塘冲口茶山阴地断卖契(民国三十五年三月二十八日)⑧	阴地八棺	50800 元	19.32	2.42 两/棺	12.08

根据前面的研究可知,清水江流域清代田价每亩约为 8.98 两,民国每亩 24.1 两,整体平均每亩 16.39 两。房地卖价中,清代每亩 34.16 两,民国

①张新民主编:《天柱文书·第一辑:全 22 册》第 18 册,南京:江苏人民出版社,2014 年,第 311 页。

②张应强、王宗勋主编:《清水江文书·第一辑》第 6 册,桂林:广西师范大学出版社 2007 年,影印本,第 336 页。

③张新民主编:《天柱文书·第一辑:全 22 册》第 14 册,南京:江苏人民出版社,2014 年,第 187 页。

④高聪、谭洪沛主编:《贵州清水江流域明清土司契约文书·亮寨篇》,北京:民族出版社 2014 年,第 309 页。

⑤张新民主编:《天柱文书·第一辑:全 22 册》第 16 册,南京:江苏人民出版社,2014 年,第 205 页。

⑥张新民主编:《天柱文书·第一辑:全 22 册》第 18 册,南京:江苏人民出版社,2014 年,第 217 页。

⑦张新民主编:《天柱文书·第一辑:全 22 册》第 1 册,南京:江苏人民出版社,2014 年,第 256 页。

⑧高聪、谭洪沛主编:《贵州清水江流域明清土司契约文书·亮寨篇》,北京:民族出版社,2014 年,第 316 页。

每亩77.72两,整体平均每亩47.92两。阴地方面,清代平均每亩120两,民国年间为222.78两,整体平均每亩187.23两。综合来看,平均每棺阴地5.28两的卖价大约占田亩卖价16.39两的32.21%,是房地47.92两的11.02%。如果都用每亩进行比较,可知每亩单价,田地为1,那么房地是田地的2.92倍,阴地是田地的11.67倍,详见表3-6所示。可见,清水江流域阴地的贵重。风水宝地重于房地,房地重于田地,这是我们比较之后揭示的清水江流域土地买卖的大体规律。

表3-6　清水江流域田地、房地、阴地亩价比较统计表　　单位:两/亩

土地种类	亩价	指数	清代亩价	民国亩价
田地	16.39	1	8.98	24.10
房地	47.92	2.99	34.16	77.72
阴地	187.23	11.67	120.00	222.78

阴地的价格与宅基地相似,没有准则可以遵守,在买卖双方可以接受的情形下,就可以成交。按照土地契约上的记载,坟地价格的变化,与人们的信仰有一定的关系。人们迷信风水文化,风水好的坟地价格高于风水一般的。比如徽州在天启三年(1623)有一宗坟地契约,二厘地买卖出时银三十两整,折合成亩价为150两。因为风水关系,明清时期该地区的坟地,比较高的情形是:万历十五年每亩1363.63两,天启元年为142两,天启二年为133两,天启三年为1500两,天启四年为1125两,顺治四年为260两,乾隆五十二年为144两。这可能与是否为风水宝地有关。当然与买受人的经济实力亦不无关系。① 清水江流域的坟地,嘉庆年间每亩220两,道光年间为120两,光绪年间为87两,清代平均每亩120两;民国年间为222.78两,整体平均每亩187.23两。以棺计,清代每棺4.45两,民国平均每棺5.55两,详见表3-5。这与徽州相比,大体相当。

阴地和耕地是有大的区别的。阴地作为具有特殊意义的土地,本身并没有价值,但封建迷信、人死后回归自然的普遍规律等使它具有使用价值。加上人增多,地逐渐稀缺,阴地的价格日益上涨,有的地方特别昂贵。追求风水宝地,安葬先辈,旨在求是后代富贵荣华,兴旺发达。当事人并不在乎阴地价格的高低,他们心甘情愿;而卖方则有意地抬高价格。如此循环,阴

①彭超:《明清时期徽州地区的土地价格与地租》,《中国社会经济史研究》1988年第2期,第57页。

地价格偏高。

不过,用阴地价格来描述土地的一般价格,是不恰当的,它与一般耕地的价格应当有明显的区别。其中具有炒作、临事逼人的情形。我们考察阴地价格,旨在从一个侧面补充说明土地的价格,印证一下阳间人所居住的房屋地基的价格。阴地的价格最初形成时,可能参照耕地,或者说以耕地为前提和基础,从而久而久之阴地在当地形成了一个价格趋向。要明白阴地价格的特殊性,它与耕地价格并不可能成某种比例,只是以耕地价格为参考而已。

(二)阴地经营

1. 买卖阴地

我们从这些契约可以得知,阴地买卖同样离不开要件:事主、标的物、买卖原因、标的物四至及数量、买卖价及通货、约定、时间、凭中和书写人等证人。契约开头直接写作"立卖坟地契/字人某某某",如《王地文等立卖山场坟地字(乾隆二十九年四月十三日)》:

立卖山场坟地字人本寨王地文、王贵初、岩四、周顺全、龙朝富、龙泰吉、周□岩、梭桥、保寄、德相、富寄、政全、丙华、有能壹拾陆人,今一十六中所共之地,今因□出据自愿将到坐落地名大他亚赌刀坟地,其荒山壹团共五冲,五岭□界:左抵王裕泰冲为界,右抵龙泰吉为界,四至分明,要银出卖。自己□本寨王正财承买为业。当面议定价银四十捌两捌钱整。其山场坟地交与□业。自卖之后,不得异[言]。恐口无凭,立有字为是实。

凭中 龙泰吉

亲笔 王地文

乾隆二十九年四月十三日 立卖①

本契约中,坟山属于16人所共有,包括荒山和坟地,共卖出48.8两的高价。因未记载山场坟地的面积,无法计算其单价。作为一宗买卖来说,价格是相当高的。

如《嘉庆十年四月二十六日吴开贤卖坟契》:

①张应强、王宗勋主编:《清水江文书·第二辑》第8册,桂林:广西师范大学出版社,2011年,第2页。

立卖坟契字人等苗颡寨吴开贤，今因急用，自情愿将到自己荒坪乙块开作坟墓，坐落土名格钩大路岭，托中卖与天拄(柱)县龙德兴、士才二人入手得买，当日凭中三面言定时值价银柒两林(零)二钱整，亲手收回应用。自卖之后，上平(凭)田，下平(凭)田，左右平(凭)山，四至分明。上下不与别人伤动，恁凭龙姓迁上、迁下、迁左、迁右，有卖主房亲伯叔众姓人等不得异言阻挡(挡)等情。倘有不明，俱在卖主向前理落，不与买主相干。今欲有凭，立此卖字存照。

吴文明
吴光牽(举)
凭中 王廷贵
代笔 龙天文

嘉庆拾年四月廿六日 立契①

阴地买卖契约中，除了事主、买卖原因、标的坐落、四至、中人、证人等外，列出标的物来源，比如“祖遗”“得买”，或者由地方保长、中证等确认产权的地块。比如《范绍香断卖阴地约(道光二十九年三月二十日)》：

立断卖阴地约人岩湾寨范绍香，为因缺少银用无处所出，自愿央中将祖遗与文堵寨姜姓争持土名冉堆二比具控黎平府案下，蒙官差地方保长并中证等将我二姓之地封定，日后二比不得再造一切，现结契可凭。此壹股分为叁股，绍香名下占壹股，今将名下所占壹股出断卖文堵寨姜绍吕、绍熊、绍齐、钟英、钟泰叔侄名下承买为业。当日凭中议定价纹银九两五钱整，亲手收回应用。其地自卖之后，恁从姜姓管业，所有界止：上凭买主田，下凭范姓坟，前平盘过田壂，左凭范绍香祖坟夹杆，右凭田内。此地之内从夹杆量过至田内宽捌尺，内除六寸与范姓佩夹杆，两得平意。恐后无凭，立此断卖阴地字永远发达为据。

杨枝华
凭中 范本宽
范炳翰
依卖主口代笔 范锡寿

---

①张新民主编：《天柱文书・第一辑：全22册》第14册，南京：江苏人民出版社，2014年，第221页。

道光二拾九年三月廿日　立①

本契中,限定阴地宽度为8尺,并且内除6寸与卖主范绍香配夹杆。而且是断卖契,文中两次提到断卖,强调断卖之后,双方不可违约。这些约定可以看出阴地买卖契约内容非常精确,足见阴地契约在土地买卖中的重要性。

又如《光绪三十一年四月二十七日杨东玉卖阴地字》:

立卖阴地字人本寨杨东玉名下,今因家下要银使用无所出处,自愿将到土名上高攸阴地弍棺出卖。先问房族人等,无人出银承买。自己请中上门问到本村李玉林名下承买,安埋妻媳弍亡所管为坟。当日三面言定价银壹拾两捌钱捌分整。其纹银付与卖主亲领足用,不得下欠分文。其阴地交与买主安埋,永远祭祖护佑,儿孙发达,阴安阳泰,不得异言。恐后无凭,立有卖字为据。

请 中
笔 伍永兴

光绪三十一年岁次乙巳四月二十七日　立契②

阴地的数量常用幅、棺、排、穴等量词表示,四至用上抵、下抵、左抵和右抵等列出,契约末尾有祝福语"瓜瓞绵绵"等,如《民国元年十月十日杨世发卖阴地契》:

立卖阴地契人杨世发,今因家下要钱使用无从得出,是以自己情愿□到土名于荷冲屋场背后阴地三□,并无他人寸土存于其中,欲行出卖,无人承受。自己请中问到伊亲吴开宏名下承买为阴地,就日凭中三面言定价钱肆千捌百文。其钱亲领入手。其阴地三排任凭买主遗丧进葬挂扫,杨姓不得异言生端。恐有来理不明,卖主向前理落,不□买主理论之事。□幸有凭,立此卖契为据。

其契中价钱随契领足,领不另书。所领是实。

开□
凭中　吴开鸣　□继旺
运宇　□运芹
请笔　唐廷杰

---

①张应强、王宗勋主编:《清水江文书·第一辑》第12册,桂林:广西师范大学出版社,2007年,影印本,第113页。

②张新民主编:《天柱文书·第一辑:全22册》第18册,南京:江苏人民出版社,2014年,第225页。

中华民国一年十月初十日杨世发　立卖

瓜瓞绵绵①

又如《民国三十二年五月十三日林再祥卖阴地字》所示：

立卖阴地字人皎环寨林再祥，今家下要洋之（支）用无所出处，自愿将到土名凉台冲头阴地乙幅出卖，上节即上抵登岭，下抵买主老祖，左右抵荒山，四至分明，要洋出卖。自己上门问到本族林启芳、昌名二人承买，当日面定价洋六十五元八角正。其洋亲手领足。其阴地付与买主入山进葬。自之后，不得异言。恐口无凭，立有卖字为据。

凭中　林昌魁

亲笔

民国三十二年五月十三日　立②

民国十一年十二月十六日吴见杰卖坟山阴阳地字一穴地卖价3860文，约定“卖主一概无分，并不存留寸土，安葬之地任从买主永远进葬”。③ 民国三十二年一月二十七日潘年熙卖阴地1棺，价值洋348元8角。④

阴地买卖中，有时严格规定所卖阴地的规格，用丈、尺作为计量单位。如民国甲子年（1924）十二月高岑村周绪亨卖阴地契，“阴地一穴，由土坎除三尺以准直纵一丈二尺、横一丈，有栽岩为界”，卖价钱21.8文，到1926年，该阴地纵深增加三尺，加卖钱6000文。《民国十五年六月二十六日林岩元卖阴地字》用横一丈六尺、正八尺表示阴地的面积。⑤ 契约中只提及卖阴地棺及卖价，比如《民国十六年八月十九日宋奇才卖阴地字》：

立卖阴地字人宋奇才，今因家下要钱用处，无所出处，自愿将到地名冲巴阴地官（棺）与宋奇明名下承买。当日三面仪（议）定元钱叁拾封肆百八十文整。其钱亲手领足应用。其地任凭卖（买）主安葬。自卖

①张新民主编：《天柱文书·第一辑：全22册》第5册，南京：江苏人民出版社，2014年，第167页。

②张新民主编：《天柱文书·第一辑：全22册》第18册，南京：江苏人民出版社，2014年，第217页。

③张新民主编：《天柱文书·第一辑：全22册》第8册，南京：江苏人民出版社，2014年，第166页。

④张新民主编：《天柱文书·第一辑：全22册》第16册，南京：江苏人民出版社，2014年，第205页。

⑤张新民主编：《天柱文书·第一辑：全22册》第18册，南京：江苏人民出版社，2014年，第174页。

之后，不得异言。恐口无凭，立有卖自(字)为据。

代笔　周崇明

凭中　周邦发

民国拾六年八月十九日　立字①

我们可以大致归纳出清水江流域阴地买卖的特征：

其一，阴阳两卖。阴阳两指所卖出的土地既可适宜人耕种，又可作为坟地安葬逝者。阴地与阳地一起出卖，契约常开头写作"立卖阴阳地土字""立卖土阴阳字""阴阳地合同字"等等，比如《民国九年三月二日龙金泰卖阴阳地土字》：

立卖阴阳地土字人龙金泰、现辉、恩浩等，情因先年老人至(自)有山坡在长冲，今后人出卖中岭上切一岭下来□□二□三冲，东抵中岭凹，西抵大田冲，南抵冲外边坡，北抵小田冲，又小岭边为界，四至分明，众人要钱出卖。请中问到李定发、李定魁兄弟二人承买。当日凭中言定价元钱四拾□封八十元整。其元钱卖主当中领足。其山场地土交与买主子孙永远阴阳两管为业。自卖之后，不得异言。恐口无凭，立有卖字存照。

内添二字。

凭中　龙泽荣

笔　龙恩浩

民国庚申年三月初二日　立②

不但阴阳两卖，还约定其中的祖坟多少岭不卖，即外除多少岭。运用外批说明路的走向，如《民国十一年三月二十六日刘恩文、刘绍丰二人土坪山冲阴阳两卖字》：

立卖土一坪两冲一岔阴阳两卖字人刘恩文、绍丰二人，今因家下要钱使用无所出处，自愿将到土名登兜土一坪两冲一岔，上抵领(岭)，下抵买主田，左右抵榜，四至分明，中领(岭)前先阴有祖坟一领(岭)不卖，要钱出卖。自己上门问到长冲胥志高名下承买。当日凭中议定价

①张新民主编：《天柱文书·第一辑：全22册》第18册，南京：江苏人民出版社，2014年，第311页。

②张新民主编：《天柱文书·第一辑：全22册》第18册，南京：江苏人民出版社，2014年，第229页。

钱式拾封〇八枚整。其钱领清。其土付与买主永远耕管为业。自卖之后，不得异言。恐口无凭，立有卖字是实。

外批：路东西两□。

吴正林
凭中　杨正乔
潘登先
亲笔

民国壬戌年三月二十六日立　立字①

再如《民国十一年四月十一日龙清田卖山场阴阳地契》：

立卖山场阴阳地契字人龙清田，情因先年得买龙□土名阳晚坡壹团式股均分，田股出卖。□钱使用，□处，自愿将到土名阳晚坡田壹股出卖，上抵登领（岭），下抵大路，左抵龙开然山，右抵龙真佑山为界；又土名转油洞油山阳阴壹副出卖，东抵龙尚银田，南抵龙振荣山，西抵炳生山，北抵龙喜□山为界，八至分明，要钱出卖。请中上门问到甘溪冲龙荣当名下承买，当日凭□三面议定价钱式拾式仟捌百文整。其钱亲手领足。其山场阴阳付与买主耕□□业。自卖之后，不得异言。恐口无凭，立有卖字为据是实。

外批：内涂式锁卖手。

凭中
代笔　龙成和

中华民国壬戌年四月拾壹日　立②

其二，直接订立买阴地合同。这是比较特殊的例子。买阴地的原因是勘舆师提供了较好的阴地信息，卖出价铜钱 13800 文，而且合同条件苛刻，只买得一棺，不许多一尺半寸，足见阴地地价较高。这是《民国二年二月八日姚祖先买阴地合同》：

立买阴地合同字人龙溪口姚祖先，今承堪舆师姚皆林指点介绍，买到龙文模、龙锦锡二人土名豪园屋基上阴地一棺，当面议地价元钱壹拾叁千捌百文正，钱已付足，不欠分文。我本无家可归，临终葬此。倘

①张新民主编：《天柱文书·第一辑：全 22 册》第 18 册，南京：江苏人民出版社，2014 年，第248 页。
②张新民主编：《天柱文书·第一辑：全 22 册》第 16 册，南京：江苏人民出版社，2014 年，第 251 页。

日后亲房人等到此省墓,除本人得买之壹棺外,不能多占一尺半寸。恐后无凭,立有合同一纸付与卖主龙文模、龙锦锡二人存照。

亲笔

凭中　姚皆林
　　　胡启芳

民国癸酉年二月初八日[半书]　立①

这份契约是姚祖先为自己买的阴地,备今后使用。其中特别之处是买地年份采用半书即半字的形式。《道光二十二年十二月十三日石方兴断卖阴地约》中,两棺阴地卖银6两,一棺值银3两,且自己做中人卖出。原契文如下:

立断卖瑛(阴)地约人寨晚石方兴,为缺少银用,愿将到土名岭己松毛草山一团,自卖与龙乔发弟兄三人名下。子(此)瑛(阴)地式官(棺)□者是山主之地,自式官(棺)言定价银六两整,日后不得异言翻悔。恐后无凭,立此断字为据。

亲笔

外有高志田约一璋(张)未结。

道光二十二年十二月十三日　立②

《同治二年四月十一日潘光吉、潘光学兄弟二人卖阴阳地土字》提及“阴阳地土”,1团山卖6280文,我们亦归入阴地买卖。原文如下:

立卖阴阳地土字人潘光吉、潘光学兄弟二人,今因家下要钱使用无所出处,自愿将到土名富坳山一团,上抵路,下抵伍姓,左抵杨姓,右抵伍姓田,四至分明,要钱出卖。自己请中上门问到本寨伍荣宗名下承买,当日言定价钱陆阡(仟)式百八十文正。其钱亲手领清。其山买主耕管□□。自卖之后不得异言。立有卖□□据。

凭中　龙修福

亲笔

同治二年四月十一日　立③

再如《民国三十一年十二月十六日杨添照、杨添祥、杨清华等卖阴地字》中,众人只卖半棺阴地,卖价为108.4元:

①张新民主编:《天柱文书·第一辑:全22册》第14册,南京:江苏人民出版社,2014年,第187页。

②张新民主编:《天柱文书·第一辑:全22册》第14册,南京:江苏人民出版社,2014年,第222页。

③张新民主编:《天柱文书·第一辑:全22册》第12册,南京:江苏人民出版社,2014年,第2页。

立卖阴地字人杨添照、杨添祥、杨清华、杨清益、德隆舒氏银花、舒氏兰凤众等,今因家下要洋使用无从得处,众等谪(商)议,情愿将到祖遗之业地名江东新墦头路坎上背象形阴地半棺,要行出卖,无人承就。请中自己上门问到亲识梁光辉、梁光前、梁光明、梁光华四人兄弟名下承买,当日凭中三面议定卖价市洋壹百零捌元四角正。其洋众等亲手领足,领不另书,并不下欠分文。其地在与洋主子孙永远祭扫,我卖主不得异言翻悔。恐口无凭,立卖字为据。

内添二字。

德隆(押)

卖主　杨添照(押)　祥(押)　清华(押)　益(押)　舒氏艰花(押)　兰凤(押)

成发(押)　德艰(押)　富(押)

凭中　姚昌礼

中华民国叁拾壹年十二月十六日　杨德森(押)　亲笔　立①

其三,保留优先购买权。毕竟阴地属于比较稀少的土地资源,随着清水江流域人口的不断膨胀,村落中可以用来安葬亡灵的土地越来越稀缺,所以村民在出卖阴地时首先必须问一下亲房、本族等人是否有需求,其次再满足近邻的需要,这些人都征询之后,再将阴地卖给其他人。当然,阴地买卖涉及的优先购买权实际上是考虑了土地转让之后不会滋生事端,便于受让方使用管业。从另一方面看,有亲人、亲房、本族人的支持,即令以后有土地争端,当事人一方也有一定的力量对抗肇事的一方。可以看作是基层社会的势力支撑。比如光绪二十六年二月二十六日龙永沛卖柴山杉木阴阳地时提及“先问亲房无人承买”,再请中卖给龙喜泰,价钱 2080 文。② 基本上按照亲疏关系排列买卖阴地的顺序。民国十一年十二月十六日吴见杰卖坟山阴阳地 1 穴,“先尽亲房,无人承受”,再请中招到堂侄吴祖传、吴祖照、吴祖兰三人名下承买为业,卖价钱 3860 文。③ 再如《光绪八年二月七日伍荣光、伍荣厚兄弟二人卖阴阳柴山地土字》:

①张新民主编:《天柱文书·第一辑:全 22 册》第 3 册,南京:江苏人民出版社,2014 年,第98 页。
②张新民主编:《天柱文书·第一辑:全 22 册》第 16 页,南京:江苏人民出版社,2014 年,第16 页。
③张新民主编:《天柱文书·第一辑:全 22 册》第 8 册,南京:江苏人民出版社,2014 年,第166 页。

立卖阴阳柴山地土字人伍荣光、伍荣厚兄弟二人，今因家下要钱无从得处，自愿将到土名□岜冲柴山地土壹团，上抵伍姓由山，下抵杨姓田佐（左），佐（左）边上抵伍姓沟，佑（右）抵杨姓土冲，四至分明，要钱出卖。先亲房无钱承买，请忠上门问高攸村刘昌泰承买，当日凭中言定价钱五百捌拾文。其钱卖主领足。其柴山地土交与买主耕管为业。若有不清，有卖主向前礼（理）落。恐口无凭，立有卖字存照。

内添九字。

凭中　杨秀坪

亲笔　伍荣厚

光绪捌年二月初七日　立契①

本契中，伍荣光与伍荣厚兄弟二人将柴山一团作阴阳两卖，并且先征求亲房，在其无钱承买的前提下，再卖与刘昌泰，卖得580文。本契并未提及阴地与进葬，钱交足之后，柴山交与买主耕种管业，包括可以作阴地使用。所以契文开头即交代“立卖阴阳柴山地土字”。其他类似的例子，如《光绪二十九年十月十六日龙永太卖阴阳山地字》②、《光绪二十九年十一月十一日龙永泰卖柴山阴阳地契》③、《民国十一年四月十一日龙清田卖山场阴阳地契》、④和《宣统二年十一月八日刘昌道卖荒播阴阳两地契》阴地卖得6500文。⑤

其四，众人卖阴地。《光绪三十三年十一月十七日王再标等卖阴地契》中，卖方25人，所卖1穴价银16.8两，契约强调买方姜登泮只能在所买之横正6.6丈即6.6平方丈内管墓蓄树木，丈口外属于黄闷寨众人修理栽杉木，双方权利分明：

立卖阴地壹穴字人黄闷寨三树首士王再标、连森、王步青、王发泰、王荣、王映贤、吉瑞、厚福、承槐、学浩、海螺、玉堂、长隆、福泰、永旺、玉石、安槐、秀发、王安然、清德、承庚、吴清茂、映木、龙元合、王明珠等，情因有纲祖遗之地一所，土名坐落岜阳大河四方岩路坎上有阴地壹穴，今有文斗寨姜登泮请中上门买到黄闷寨我众等之阴地壹穴，其界：上、下、左、右抵我众等之纲山为界，周围丈口横正陆丈陆尺整，当凭中人肖永吉

①张新民主编：《天柱文书·第一辑：全22册》第12册，南京：江苏人民出版社2014年，第232页。
②张新民主编：《天柱文书·第一辑：全22册》第16册，南京：江苏人民出版社，2014年，第18页。
③张新民主编：《天柱文书·第一辑：全22册》第16册，南京：江苏人民出版社，2014年，第19页。
④张新民主编：《天柱文书·第一辑：全22册》第16册，南京：江苏人民出版社，2014年，第251页。
⑤张新民主编：《天柱文书·第一辑：全22册》第9册，南京：江苏人民出版社，2014年，第42页。

议定阴地价银拾陆两捌钱整。其银众等领足。其阴地丈口界内付与姜登泮进茔,日后凭丈口界内任从买主管墓,界内蓄禁树木,二比不得异言。其丈口界外任从黄闷众等日后卖主修理栽杉,二比无言。我众等要姜登泮写有买字,二比凭立合同,凭丈口之内。恐口无凭,立有买卖字为据。

买卖合约贰纸各执纸存照[半书]

凭中 黄闷 肖永吉

亲笔 王吉瑞

光绪叁拾叁年丁未岁拾壹月拾柒日 永远发达 立①

2. 拨换与析分阴地

阴地的重要性与房屋无异。所以清水江流域村民需要坟地时,会用几种方式拨换阴地。

其一,用房屋地基换阴地。由于房屋地基的价值不等于坟地,拨换时价值高的一方必需补足另一方钱粮,以实现二者的平等交换。比如《宣统二年十二月二十七日龙喜德与龙喜焕换坟地字》:

立换坟地字人龙喜德,今将所买龙东昇分泰恩左边屋地一间,左祇(抵)龙东海、龙东玖共园,上祇(抵)共平,下祇(抵)喜德田,右祇(抵)东本、东玖平屋壹间,四至分明,换与喜焕坟山一棺,长九尺,横四尺。喜焕自愿甫(补)喜德钱四阡(仟)文整,二比承愿所换。自今以后,各管各业,不得番悔。若有异心悔曲,自立换是实为据。

凭中 龙照焉 吴灿光

亲笔

内添九字。

宣统二年十二月廿七日 立②

本例中,龙喜焕补给龙喜德钱4000文,折银2.67两。所换的坟地面积仅36平方尺,合0.006亩。如果我们以1间屋地基225平方尺计算,这棺坟地仅为1间屋地的16%。此棺阴地折合亩价为445两。一棺阴地交换四间屋地基,大体可以说,阴地的亩价是屋地基的四倍。

①安尊华、潘志成校释:《土地契约文书校释·卷二》,贵阳:贵州民族出版社,2016年,第404页。

②张新民主编:《天柱文书·第一辑:全22册》第14册,南京:江苏人民出版社,2014年,第6页。

其二，用田换阴地，或阴地换田。如上一例文书中，姜继美用收谷三石的田一丘，调换地穴一处，用于安葬其弟姜继。双方约定，事主姜继元、姜文甫永远不许异言翻悔。这种调换，同样需要亲族人作为见证人，采用合同形式，书有半字，永远生效。双方或多方约定，达成协议，订立阴地分析合同，如《道光十九年八月十七日佚名卖阴地合同》：

立合同阴□□情因三人寻到□□一穴，今将三股均分龙刘□三姓愿同入山开地，龙姓迁去安柩上排立穴，今刘姓将□父亲安柩中排，剩下伍姓未葬。其有三排三塚分落。□中棺在刘姓，立有堆阴，左右二塚在龙伍二姓，过后不得私言。若有外言私语，三姓同心向前理落。今恐无凭，立有合同字为据。

内添一字。

外批：□□安葬□□

凭中　□□□

亲笔　伍□□

立合同字［半书］

道光拾九年八月十七日　立①

再如《光绪二十年十二月初八日姜世俊父子分阴地契》：

立分阴地字人姜世俊父子，祖遗分落地名古道之田壹丘，台子之截取出阴地配立卯山酉向，今凭亲族自愿将此地分一棺与堂侄姜登泮安葬母亲，凭亲族等补价银叁两捌钱捌分，日后恁我父子左右进葬无异。恐口无凭，立此分定字为据是实。远永发达，富贵双全。

凭中　世臣
范如贤
朱大礼
姜显清
姜开明　笔

光绪二十年十弍月初八日　立②

这份分阴地契约虽然分一棺阴地与姜登泮安葬其母亲，但补银 3.88 两，以后姜世俊父子可以在此阴地左右进葬，无人异议。如《民国七年十一

①张新民主编：《天柱文书·第一辑：全 22 册》第 12 册，南京：江苏人民出版社，2014 年，第 279 页。
②安尊华、潘志成校释：《土地契约文书校释·卷二》，贵阳：贵州民族出版社，2016 年，第 380 页。

月五日杨承凤、伍永刚、伍永钧等五人分阴地合同（附图）》

立合同字人杨承凤、伍永刚、伍永钧、伍永林、伍永标五人等，情因本年请得地理先生点得地名亚梭阴地坐地人形一穴，取为坤申二向，阴为四排，中二排五股均分，以字号拈阄为定，上排永远不准进葬，中二排以下之排我五人准送杨承元进葬一棺，余下之地日后仍归承凤、永刚、永钧、永林、永标等均分进葬。又有我等拈阄字号另绘图于后，以载姓名。自后但愿子孙昌盛，富贵双全。恐后有奸人翻悔生端，立有合同为据。

笔　伍永钧

立合同为据［半书］

民国七年阴历十一月初五日　立①

3. 讨要与赠送阴地

讨要阴地是一种特殊的土地赠送方式，一是针对亡灵需要土地下葬，二是修建房屋需要地基，三是其他涉及当事人对土地的需求时，村民之间大多认识，属于熟人社会，可以采取非买卖的方式获得土地。“讨”字可理解为索取、祈求、请求赠与。大多数情况下获得成功之后，才书立这类契约。“字”属于字据，比起“契”相对容易接受一些，语言上显得委婉一点。若用契或约，则显得比较正式，双方可能认为要履行许多款项。“阴地”是用来埋葬死者的坟地，但有的情况下，当事人获得阴地，并不一定立即安葬，如《民国十五年十一月二十五日黄仁兴卖柴山阴地字》：

立卖柴山、阴地字人黄仁兴，今因家下要钱使用无所出处，自愿将到地名苗冲□□地出卖。其□抵岭，下抵沙土，左抵刘恩□□抵路，四至为具。请中上门问到平墓姚再兴承买，当凭议定价钱伍封四百八十文正。其钱清（亲）领。其柴山阴地卖与买主耕管为业。自卖之后，不得异言。恐口无凭，立有卖字存照。

凭中　刘祥恩

讨笔　刘东美

民国十五年十一月二十五日　立②

再如《民国十八年十二月十三日杨光文讨阴地安坟字》：

立讨阴地安坟字人杨光文，情因先人故化无地以为佳城，于是与岑

①张新民主编：《天柱文书·第一辑：全22册》第2册，南京：江苏人民出版社，2014年，第34页。
②张新民主编：《天柱文书·第一辑：全22册》第19册，南京：江苏人民出版社，2014年，第129页。

孔龙彦禄所有阴地壹穴，唑（坐）落地名登毛坡面讨之地。情蒙亲戚彦禄承允，愿将此地送我壹棺以为先父之坟，准我安葬此棺。已后我只斩草，不得再葬。若后恐有占霸葬者，立有讨字为据是实。

立合同两姓财发人兴［半书］

地理　龙廷干

凭亲戚　陆炳锡、陆炳富　龙元辉

凭亲房　杨承枫、杨承勋　杨森林、杨森柱　秀清

代笔　杨宗城

民国拾捌年岁次己巳十二月十三日　立字①

《民国二十一年一月七日杨政全祷阴地字》列出讨阴地原因是妻亡故无地安葬，推查运势流年与其老祖之地不睦，当事人杨政全为此向刘宗才等人祈祷阴地，并表明无多占一寸土的野心，仅讨此壹棺阴地，以求得刘姓的同情与准予：

立祷字人杨政全，情因娶得刘宗才、刘宗柄、刘宗科兄弟三人之姊为室，不幸于民国贰拾壹年正月初五日亡故，余以□运干推查于老祖之地不睦。自己请人祷到表弟刘宗才、刘宗柄、刘宗科兄弟三人土名美轩阴地壹棺以作安地之望。余杨政全并无僭欲占一寸土。恐后人心不古，立有祷字为据。

内添贰字涂壹字。

凭　杨再贞、杨炳球

族　龙茂林、龙茂章　祷笔　龙文原

戚　龙瑞林、石宗田

□□和［半书］

民国贰拾壹年正月初七日　立字②

①张新民主编：《天柱文书・第一辑：全22册》第10册，南京：江苏人民出版社，2014年，第273页。

②张新民主编：《天柱文书・第一辑：全22册》第12册，南京：江苏人民出版社，2014年，第323页。

下面一份讨阴地契约语言恳切，获得赠送方的同情。当然作为字据，必须详细记载约定的内容，比如对坟地周围土地的索求，标明尺寸，精确到尺，以免后代滋生争端。《民国三十一年一月二十二日欧庆发父子讨阴地字》原文：

立讨阴地字人欧庆发父子，今因发妻杨氏凤云亡故，庆发回衡家中无主事权，将杨氏错(厝)葬于杨金发、杨有友山内，念在至戚不忍迁退冥名两感，恳求一恩再恩，并赐周围横直宽长，每方三尺(上下左右每方余地三尺)。自讨地之后，每年祭祀，永远挂扫修整坟墓，竖碑丈尺之内，两无异言。恐口无凭，立此讨地契壹纸为据。

杨 汗才(押)
　 泮祥(押)
杨光中(押)
在场人　杨均孝(押)
杨分科(押)
舒凤玉(押)
邹义卿(押)

面请　邹义卿　代书

中华民国卅一年壬午元月廿二日 立讨地人 欧庆发①

有时还有祝福语置于契文中，如“立合同两姓财发人兴”②。清水江流域村民采用讨的方式获得阴地，可能还与死者突然、道师先生勘察地形而不符合逝者的天干地支等属相，以及贫穷的村民无行当的土地安葬去世的人等等有关。我们从中亦可看到人地矛盾，即地少、不适合，人多又无钱购买土地、无论家庭经济富裕与否，务必超度亡灵，让逝者入土为安，由此而引发的阴地供应不足。

直接订立送阴地字，比如《民国三十一年二月二十七日杨清和、杨清廷等送梁光前兄弟三人阴地字》：

立送阴地字样人杨清和(押)、杨清廷(押)、杨德智、杨德成等，兹有房戚梁光前、梁光明、梁光华兄弟之祖妣杨氏杏元于先年逝世，无处□厝，暂借我众等二房头新播坎上停柩埋掩，择吉安葬，现屈(缺)卅余

①张新民主编：《天柱文书·第一辑：全22册》第3册，南京：江苏人民出版社，2014年，第63页。

②张新民主编：《天柱文书·第一辑：全22册》第10册，南京：江苏人民出版社，2014年，第273页。

粮，未克迁移，族伊兄弟备办酒席回家。众等求讨半棺以为永久安葬。但送之后只许祭扫，不准再行进葬。以你我众等甘送半棺，不得翻悔。恐后无凭，立此送字为据。

和(押)
清科(押)
甘送人　杨　廷(押)　胜(押)
寿(押)
德　仁(押)
智(押)　德礼(押)
发(押)
光(押)
成(押)

延　姚昌礼

中华民国卅一年古十二月廿七日　杨德光(印)　立①

乾隆《贵州通志》卷七“黑苗”载：黑苗“死者生前所私男女各插竹于坟前，系以色线”。契约所涉及安葬仪式，允许已经外嫁的姑祖安葬在娘家的坟地内，与传统葬习有别，需要立字据赠送阴地安葬。停柩待葬是侗族的传统葬习。本契中，受让土地梁姓一方请求赠送半棺阴地，其实当是一棺阴地，属于谦辞；还请求杨姓备酒祭其亲人杨杏元。双方约定只能祭扫，不可以再到杨姓土地上安葬。虽然是送字，语气委婉但不失严肃的约定风格。又如《光绪二十五年九月二十八日杨宗佑祷阴地字》

立祷阴地字人杨宗佑，情因□宝判氏不幸亡故，祖遗之阴地不利，无处择吉，只得上门祷到□□刘显东名下蒙念情属骨肉，收到土名柳树坡阴地壹穴安葬，妻身感情不尽。以后只准□扫，不得乘此再葬。若有此情，任凭刘姓执字送官，自干罪累。恐口无凭，特立此祷字一纸与岳为据。

亲笔

光绪二十五年九月廿八日　立②

本契约中，“祷”字意为“讨”，但更显得情真意切。杨宗佑所讨之阴地

①张新民主编：《天柱文书·第一辑：全22册》第3册，南京：江苏人民出版社，2014年，第99页。

②张新民主编：《天柱文书·第一辑：全22册》第12册，南京：江苏人民出版社，2014年，第297页。

属于刘显东名下，实际上是赠送，但是约定杨姓不得再次进葬，若违背，刘姓将执字送官府究办，这类送字的背后仍然是国家的法律。

从赠送阴地类契约文书可以看出，其中双方的约定内容非常准确、语气强有力，证明人往往较多，比如除了凭中，还有在场人、甘送人等，《民国三十一年二月二十七日杨清和、杨清廷等送梁光前兄弟三人阴地字》受让人 3 人，赠送方 12 人，其中 11 人画押。有的情况还有附加条件。契约如此严密完整，说明阴地在清水江流域村民的社会生活中是很重要的土地财产，处理必须慎重。

4. 阴地与风水及其禁碑

风水树、风水林作为乡村的风景自有其特殊的意义。既是自然生长，又有人工培育的成分。清水江流域亦然。风水树在村民看来，具有庇护作用，能为人们带来福祉。于是契约文书时有蓄禁风水树待其自然成长的记载。比如《宣统元年一月二十二日龙秀三、龙秀选、龙凤藻等三房人准禁风树字》地主执契管理风水树，与演大人等争论，通过团证处理，“此地有关风水之树，准其演大七家蓄禁作为护荫之资，我等不得砍伐，其地仍属我等原业。至于枯枝雪损亦归我等取用”。①

村民重视阴地的勘察与检验，迎合了村民祈求幸福好运、亨通发达的文化心态。于是超度亡灵的舆地师就有了市场。他们卖弄风水，讨民喜悦，获取金银财宝。清水江流域的“立课佳城”②一类文书就是这方面的见证。当然，重视风水客观上维护了良好的自然生态，具有一定的积极作用。

一是立封禁合同。这类合同涉及许多方面，主是蓄禁山林，不允许乱进葬，不允许乱砍伐，不允许污染水源。这类合约主要是禁止族人在某地起造、进葬、栽种。如《5-1-4-064　彭高明等立封山禁字（光绪二十九年十一月十六日）》：

立封禁字塘求村彭高明、高祥、高伍、高□、高炳、高求、高才、仁滔、仁富等，众族公议，井水上之地永远封禁，不准起造、进葬、种园、栽李果污秽井水。其老屋地基□上后龙至胞脑田之地不许买卖。其右边岭从光凤田以上至□杨梅树田亦不兴买卖。恐口无凭，立有封禁合同式纸，

①张新民主编：《天柱文书 · 第一辑：全 22 册》第 16 册，南京：江苏人民出版社，2014 年，第 28 页。

②张应强、王宗勋主编：《清水江文书 · 第一辑》第 7 册，桂林：广西师范大学出版社，2007 年，影印本，第 133、137 页。

各执乙纸为据。

凭中　黄志顺
姜光林
王昌明
李来祥
黄兴隆
黄兴富

代笔　黄兴隆

立禁封合同贰纸为据[半书]

存与彭高祥一纸
彭高求一纸

光绪式十九年十一月十六日　立禁①

订立禁葬约如《民国二十九年一月二十二日伍绍南、伍绍全兄弟安厝母茔并禁后进葬字》,禁葬的理由是“进葬致伤本房阴阳两宅”,即对后代子孙和已经逝去的先辈都有损害,只准“安厝母茔一冢仅准祭扫”,倘若违犯“任凭房众执字公论”,契文如下:

立禁后进葬字人伍绍南、绍全兄弟等,情因家母亡故,奈无吉地安厝,乃商到堂弟绍银山业后龙坡土名各岀作安母茔。但此团山虽系堂弟所有,然恐有伤本房老祖坟处之阴阳两宅,祗又承本房众等准葬先母一冢,除今安厝母茔一塜仅准祭扫外,以后无论绍南兄弟及所有业权人并本房众等,均不得再行进葬致伤本房阴阳两宅。如有此情,任凭房众执字公论。欲后有凭,特立禁后进葬一纸付与本房人伍华廷、永德、永贤、永略、永韬、永贵、绍银、绍钟、绍仁等共执存照。

子笔伍宏开

凭族人　伍华魁
龙绍恩
龙再明
龙再光

凭中人　龙则炳
龙宗德
杨开福

①张应强、王宗勋主编:《清水江文书·第二辑》第5册,桂林:广西师范大学出版社,2009年,第202页。

中华民国二十九年岁次庚辰元月二十二日　立①

二是分进葬字。这类字约发球禁止葬坟以影响苗、侗人风水。他们认为龙脉是富贵贫贱的关键要素,保护风水龙脉是生死存亡的重要事宜,数千年来都未受到损伤。因此遇到图谋进葬风水有伤龙脉的现象,苗、侗村民积极阻挠,方式是采取订立合约,以杜绝后患。比如民国二十九年九月三十日《禁葬合约》:

> 立分进葬字人加池、岩湾二砦人等,窃维龙脉乃富贵贫贱之攸关,护卫系生死存亡之重要。因吾二砦后龙命脉及护卫甚砂(妙),历来数千余年,毫无进葬阴地损伤。前遭别人累生意见,前人累次阻挠,迄今实被加池砦姜荣福迁父纯勉于后龙抱系盘路坎上开井欲葬。我等预觉其弊,约集二砦人等齐往穴处拦阻,而荣福叔侄自愿善迁别地,实乃双方幸福。诚恐日后世久年湮,有人倘生异意,图谋取葬风水,有伤龙脉要处,故我二砦人等合意同心议立禁葬阴地合约。自此以后,所有后龙命脉及护卫要处,清松朱岗分峡以下,不俱公私,两地不许谁人谋取进葬。若有此情,二砦人等极力禁阻,以保富贵绵远,子孙昌盛。恐口无凭,故今共立禁进合约,永远发达存照为据。[下略]②

该合约定,所有后龙命脉及护卫要处一律不准任何人进葬,若有此情两寨人必须极力禁止阻挡,目的是确保两寨人万代富贵,孙子发达昌盛。从立约的宗旨可以看出,村民重视龙脉,龙脉就是命脉,就是人们借以生存的法宝。该约名单中,加池寨 11 人,岩湾寨 10 人,合约一式两份,范炳宽、姜源淋各存一张,并半书"立分合约贰纸各执一纸存照"。两寨之间订立的禁葬约是村民自发完成的,不需要官府的参与,然而村民能够自觉遵守,履行合约条款。

这里还包括禁止乱砍风树字。这类字约旨在蓄藏树木,保障风水良好,比如《宣统元年一月二十二日龙秀三、龙秀选、龙凤藻等三房人准禁风水树字》指出,龙秀三、龙秀选、龙凤藻等三房"有共山土名夏九冲头之树,滋长成林,有关风水,我等地主执契管业",与演大龙喜丰、喜禄、喜亨、宏恩、观华、喜邦、喜朋等七家争论,当请团众理讲,该地有关系到风水之树,"准其演大

---

①张新民主编:《天柱文书·第一辑:全 22 册》第 12 册,南京:江苏人民出版社,2014 年,第 151 页。

②王宗勋考释:《加池四合院文书考释·卷四》,贵阳:贵州人民出版社,2015 年,第 444—445 页。

七家蓄禁,作为护荫之资,我等不得砍伐,其地仍属我等原业”。“枯枝雪损,亦归我等取用”。[①] 这是关系到龙姓风水的大事,所以地方团众劝说,订立合约字,双方共同遵守,凭团 7 人,共计 10 余人。有时还约定阴地外只准祭扫,不可进葬,如前文《民国二十九年一月二十二日伍绍南、伍绍全兄弟安厝母茔并禁后进葬字》所示。

坟山风水事宜告状官府,需由官府解决。《嘉庆九年十一月二十四日蒋万秀、蒋友邦、蒋无韬等为坟山风水事宜凑钱告状合同》[②],因为白水洞坟山被杨□文私卖,蒋万秀等“请凭地方向面理讲,昂然不尔”,只好到县衙告状,求官府解决,立合同,所需费用按照人丁交纳钱粮的赋税额度比例分摊。村民之间无能力处理只能凭借官府按法律裁决。

①张新民主编:《天柱文书 · 第一辑:全 22 册》第 16 册,南京:江苏人民出版社,2014 年,第 28 页。

②张新民主编:《天柱文书 · 第一辑:全 22 册》第 7 册,南京:江苏人民出版社,2014 年,第 169—170 页。

第四章　其他土地契约文书

一、田地簿籍

(一)格式

1.分田册

分田册采用竖排汉字书写,总记田地总丘数、产量、等则、数额,然后按顺序记载田地信息,包括丘号、姓名、田形、四至、产量。比如《乾隆六年分田册》(2):

此本册内下田壹拾柒丘共禾壹百捌拾伍稨　九升九合九□

　　外存亚达下田柒丘,共禾拾肆在此。

　　中田□□共禾壹□贰拾伍稨九升

　　上田壹丘收禾柒拾伍稨,该粮陆升柒合五勺。

以上共三等田贰拾壹丘三□禾叁百捌拾伍稨,共粮二斗五升柒合四勺□

共粮贰斗壹升叁合□并柒乍(拃)玖圭贰粒

　　土名便坝

第陆拾贰丘,刘寄保由此□转土蝉形,下等田。

　　东至公弘言田,南至刘文岩田,

　　西至粟六保田,北至刘孟华田,收禾贰拾□。

　　土名便坝左上□

第拾贰丘,刘寄保,弓形,下等田。

　　东至刘家坡,南至沟,

　　西至本人田,北至刘家坡,收禾拾伍稨。

第拾叁丘,刘寄保,蛇形,下等田。

　　东至本人田,南至粟六保田,

西至刘国玉田，北至本人田，收禾壹□①

2. 田土笔记及田土记

田土笔记、田土记大体相当于笔记，村民按时间先后将田地买卖典当相关信息记录下来，属于备忘录。格式上，采用竖排顶格平行书写，无标点，中有删改。虽不及契约文书准确，亦有一定的参考价值。比如《民国二十五年袁盛丰出典袁盛财田土簿记（附：民国二十六年袁盛三出典袁盛财田土笔记、袁盛三出典袁盛财田土记）》：

民国廿五年典袁盛丰塘当田半丘，价壹佰肆拾仟文正。当日付清典价，不欠分文。田付袁盛财耕种，不限远近盛丰得钱上门赎归以清手续。特此簿记。

廿六年九月袁盛三将那窑中间田壹间、寨号田一丘典与袁盛财名下，典价谷肆石。其田付盛财耕种，不限远近得钱上门赎归以清手续。特此笔记。

又袁盛三将岑滥坡盘田一丘典与袁盛财名下，典价伍拾伍仟文。此记。②

3. 归户册

归户册是重要的田地记载簿。其格式，封面上书写地名、归户册，第二页书写缮写人、时间，然后采用竖排汉字书写，按照地名、丘号、业主姓名、田形、等则、四至、产量等栏目整齐排列，丘号、四至两栏平行，低于地名。比如《同治十二年十二月十二日林秀兴钞循下三甲归户田册》(2)：标明“入清册”，在每一土名之后，列出丘号、(田主)姓名、田形、等则、四至、产量(收禾)。不过“田主”二字在归户册中无，是作者加上的。如该归户册第2页所示：

林秀兴　同治十二年十二月十二　吉日　抄

入清册

土名盘李　第拾陆丘，龙富宗，蛇形，下田。

东龙所乔山，南本人田，西本人田，北本人田，收禾弍拾

---

①张新民主编：《天柱文书·第一辑：全22册》第19册，南京：江苏人民出版社，2014年，第3页。

②张新民主编：《天柱文书·第一辑：全22册》第3册，南京：江苏人民出版社，2014年，第214页。

肆稨。

入清册　第式拾玖丘，姚金三，直形，下田。
东林留古田，南冲弟溪，西龙老五田，北林留古田，收禾拾肆稨。

入清册

土名上花盘　第式拾丘，姚东乔，鱼翅形，中田。
东林留古田，南林留古田，西林长寿田，北林应志田，收禾式拾伍稨。

入清册

土名上花冲　第壹百四十二丘，吴德先，蛇形，下田。
东吴长保田，南龙凤岩田，西杨老晚田，北龙奇珍田，收禾肆稨。①

与鱼鳞图册相近的归户册，内容只有丘号、田形、等则、面积（收禾）、四至等项。如《光绪六年夏月杨昌合笔录归户册》（2），封 2 页上写着“杨昌合记”，第 2、3 页摄影成一张图，以后由两张合摄成一张图片，共计 16 张图版，如第 2 页所示：

杨昌合记

土名求富左膊

第二丘，立鹭形，下禾拾陆边。东至路，南至山，西至本人田，北至本人田。

第三丘，湾形，下禾壹边。东至本人田，南至山，西至坡，北至本人田。②

归户册与鱼鳞册在格式上的区别是没有记载业主、田主，不能反映田地产权的变化情况。

民国年间的归户册详细记载户主姓名、田地地名、第几丘、形状、田地上、中、下等级、田地产量和粮赋。比如《民国十七年八月姚再兴归户册》（2）：

①张新民主编：《天柱文书・第一辑：全 22 册》第 18 册，南京：江苏人民出版社，2014 年，第 28 页。

②张新民主编：《天柱文书・第一辑：全 22 册》第 14 册，南京：江苏人民出版社，2014 年，第 104 页。

地名墓然冲
第一丘,三角形,下禾五稨。
第二丘,直形,下禾十二稨。
第二十四丘,直形,下禾二十一稨。
地名高引路次下独
独田一丘,直形,下禾十八稨。
地名唐回[下略]①

4. 鱼鳞册

鱼鳞图册是比较重要的历史文献,它直接记载了平民在历史上的赋税情况。明朝建立后,为了普查土地和人口,制定"黄册"和"鱼鳞册"作为赋役制定的基础。"黄册"开始编造于洪武十四年(1381),详载全国编入里甲人户的乡贯、姓名、年龄、丁口、田宅以及军户、民户和匠户等类别,是征收赋役的根据,亦称赋役黄册。明洪武二十年(1387)以一个粮区为单位,在土地丈量之后,详载每块土地编号、地形、业主姓名、面积、四至、等则,并绘制成图,由此形成的类似鱼鳞状的册籍称为鱼鳞图册,简称鱼鳞册。鱼鳞册是土地清册,是征收赋税的依据。

这里有必要梳理一下明清两朝与清水江流域有关的行政建置。明洪武二十九年(1396)设立有都匀府,管辖麻哈州、清平县、都匀、邦水、平浪、平洲、乐平、平定等长官司,属于今清水江范围的有麻江、凯里、都匀。永乐十一年(1413)设立的黎平府,管辖潭溪、八舟、曹滴洞、古州、西山阳洞、新化、湖耳、亮寨、欧阳、中林验洞、赤溪湳洞、龙里等蛮夷长官司,属于今清水江范围的有锦屏、黎平、从江西北部、三穗南部。同年设置的镇远府,辖镇远县、施秉县、偏桥、邛水、臻剖六洞横坡等长官司。万历二十九年(1601)设立平越军民府,管辖清平卫、兴隆卫、黄平州、凯里长官司、杨义长官司,属于今清水江范围的有福泉东南部、黄平南部、凯里市。

清代设立都匀府管辖都匀、清平县、麻哈、八寨、都江和独山州,属于今清水江流域的有都匀、凯里、麻江、丹寨和雷山。镇远府辖镇远、施秉、天柱三县、黄平州及台拱和清江二厅,属于今清水江流域的有镇远南部和施秉东南部以及天柱、台江、剑河、雷山等县。黎平府管辖开泰县和古州厅,其黎平县、榕江县东北部属于今清水江流域。平越直隶州管辖平越、

①张新民主编:《天柱文书·第一辑:全22册》第19册,南京:江苏人民出版社,2014年,第134页。

麻哈、黄平三州和瓮安、湄潭二县，属于今清水江流域的有福泉东南部、麻江和黄平南部。今清水江流域大体包括福泉东南部、黄平南部、麻江、凯里、丹寨、雷山、镇远南部、施秉东南部、台江、天柱、剑河、三穗、锦屏、黎平、榕江县东北部等县域。

格式上，鱼鳞册格式方面，与归户有些类似，封面书写地名、册史、顺序号，第二页详列地名信息，姓名、地名竖排在正中。从第三页起竖排用汉字书写，具体记载每一丘田，按照丘号、田主、田形、等则、业主、四至、产量等项目详细列出，一目了然。古人标明序号，常使用典籍中的句子，“利”为《易经》乾卦的卦词，原文“乾，元亨利贞。”《同治十二年重钞本春花鱼鳞册(利)》，封面写“循礼里下半三甲右　春花鱼鳞册　利　林喜云号”，土名涉及地名及顺序为：高康、滷隆、东清、是要冲、冲玩、伞上冲、倍子冲，其中高康含有盘塘对门、塘冲头、怀扇、盘寨等。这是同治十二年遵依原本重抄而成。先提及土名、总丘数、这地块的田四至，如高康，共计田119丘，自北首起，东至南隆岭为界，西至高康岭为界，南至盘塘坡为界，北至高康坡为界。详细记载田产信息，按照丘号、田主、田形、等则、业主、四至、产量等项详细列出，如《同治十二年重钞本春花鱼鳞册(利)》(3)：

何加本、杨昌传　第壹丘，周国泰，五不等形，下田。
东至杨通生田，西至本人田，南至本人坡，北至本人坡，禾捌稨。

欧阳新禄、向祖灵　第弍丘，周国泰，带形，下田。
东至本人田，西至本人田，南至高康坡，北至高康坡，禾拾稨。

周从墨、何祖耿　第叁丘，周国泰，三广形，下田。
东至本人田，西至本人田，南至康高坡，北至康高坡，禾拾弍稨。①

(二)内容

1. 分田册与笔记

我们从分田册可以获得田地粮赋信息。比如从《乾隆六年分田册》②大致可以推算出下田：185边，粮9.99升，约合每边0.054升。中田未能

①张新民主编：《天柱文书·第一辑：全22册》第17册，南京：江苏人民出版社，2014年，第32页。
②张新民主编：《天柱文书·第一辑：全22册》第19册，南京：江苏人民出版社，2014年，第2—6页。

算出。上田：每边该粮0.09升；该粮385边，25.74升，平均气温0.06686升/边，合每亩2.40686升。按照后一个数据计算，则为0.05551升/边，合1.99831升/亩。这是下田的标准。可以结合清乾隆年间清水江流域的粮同额进行对比分析。运用《民国二十五年袁盛丰出典袁盛财田土簿记（附：民国二十六年袁盛三出典袁盛财田土笔记、袁盛三出典袁盛财田土记）》①，我们得知袁盛财民国二十五、二十六年共典田支付195000文，折合银97.5两，另有谷4石。两年积累的财富超过100两，袁盛财属于地主无疑。

2. 归户册

我们选择《同治十二年十二月十二日林秀兴钞循下三甲归户田册》（1-11）②略作分析。这是同治十二年十二月十二日抄本，封面题名“循下三甲归户田册”，第2页题名“林秀兴”“同治十二年十二月十二吉日抄”。记载土名田盘李2丘、上花盘1丘、上花冲2丘、冲希1丘、桐木盘2丘又1个半丘、团脚8丘1个半丘又7个1股、坪银2丘、东青12丘1个半丘、是要8丘3个半丘、冲玩1丘又1股、伞上6丘2个半丘2个1股、庙皇1丘、岩冲1丘，共计47丘8个半丘又10个1股。我们制成表4-1：

表4-1　《同治十二年十二月十二吉日林秀兴抄循下三甲归户田册》统计表

地名	丘号	田主	形状	等则	收禾		
					稨	籽	髴
盘李	16	龙富宗	蛇形	下田	24		
	29	姚金三	直形	下田	14		
上花盘	20	姚东乔	鱼翅形	中田	25		
上花冲	142	吴德先	蛇形	下田	4		
	145	吴长保	角弓形	下田	3	2	
冲希	76	龙乔长	蚯蚓形	中田	10		
桐木盘	44	林祥	犁口形	中田	1	2	
	46	林魁	三不等形	中田	2		
	47（半丘）	林祥	带形	中田	8		

①张新民主编：《天柱文书·第一辑：全22册》第3册，南京：江苏人民出版社，2014年，第214页。

②张新民主编：《天柱文书·第一辑：全22册》第18册，南京：江苏人民出版社，2014年，第27—37页。

续表

地名	丘号	田主	形状	等则	收禾		
					稨	籽	稡
团脚	2	龙尚文	西爪形	下田	4		
	14(1股)	林寄保	钟形	上田	4		
	15(1股)	龙万朝	铜锣形	上田	28	2	1
	16(1股)	龙通	五不等形	上田	20		
	18	龙子臣	曲尺形	上田	21		
	24(半丘)	林魁	葫芦形	上田	35		
	41	龙乔长	犁口形	下田	2		
	42	袁晚仔	尖角形	下田	18		
	46	陆老保	舡形	下田	6		
	73	龙飞占	斜角形	上田	27		
	76(1股)	龙子玉	半环形	上田	10		
	77	林木乔	半环形	上田	18		
	86	杨贵珍	方形	下田		2	
坪银	7	林祥	牛角形	下田	4		
	8	林祥	牛角形	下田	4		
东青	21	龙达可	圭形	中田	2	2	
	23	龙达可	圭形	中田	6	2	
	24	伍天赞	杓形	中田	18		
	25	龙尚文	梯形	中田		2	
	27	龙尚文	梭形	中田		2	
	28	龙宗保	梭形	中田	24		
	29	龙宗保	方形	中田	7	2	
	32	林魁	弓形	中田		2	
	33(半丘)	林魁	鱼鳅形	中田	2	2	
	34	伍天赞	鱼形	中田	5	1	
	35	伍天赞	鱼形	中田	9	2	
	42	杨三保	方形	下田		2	
是要	16	龙金九	蛇形	下田	2	2	
	18	龙金九	蛇形	下田	15		
	72	龙乔良	蛇形	下田	3		
	78	龙达可	鱼形	下田	4		

续表

地名	丘号	田主	形状	等则	收禾		
					稨	籽	[illegible]
冲玩	9	林魁	梯形	下田	18		
	16(1股)	龙有文	梯形	下田	5	3	
伞上	20(半丘)	龙子玉	蛇形	下田	2		
	29(1股)	龙达可	纱帽形	中田	7		
	38(半丘)	杨银连	鱼形	中田	8		
	40	梁会	斜角形	中田	42		
	41	梁先	直形	中田	12		
	48	袁晚仔	四不等形	中田	17		
	59	袁文化	梭形	中田	2	2	
	60	林中三	墨斗形	中田	14		
	84	林魁	钟形	下田	18		
是要	19(半丘)	龙富祥	蛇形	下田	1	3	
团脚	88(1股)	龙子玉	半月形	上田	5	3	
是要	20(半丘)	龙富祥	蛇形	下田	3		
	50(半丘)	龙生岩	蛇形	下田	1		
祭祖田与天发共壹股							
团脚	29(1股)	林中三	犁口形	上田	6		
	44(1股)	林魁	方形	上田	9	1	
伞上	69(1股)	林义乔	方形	中田	6		
庙皇	16	龙子玉	三角形	中田	12		
岩冲	24	龙起凤	方形	下田	15	2	
东清(青)	14	林魁	带形	下田	3		
是要	27	林子玉	梯形	下田	15		
是要	28	袁白岩	弓形	下田	4	2	
	29	杨老晚	蚯蚓形	下田	1	2	
	48	龙云华	蛇形	下田	6		
合计				65	621	47	1

资料来源:根据张新民主编:《天柱文书·第一辑:全22册》第18册,南京:江苏人民出版社,2014年,第27—37页图版整理。另本表依据原文献中顺序整理,同一地名的分数栏分置。

本归户田册可信。从表中我们可知,在13个地名中田共计47丘8个半丘又10个1股,收禾共计632.75边余1[illegible]。此处按4籽为一边计算。“每边或四籽,或六籽。”[①]以36边为1亩计,折合17.58亩;平均每丘田约9.58边,约0.27亩。从这些田的所有者来看,姚姓2人、吴姓2人、伍姓1人、林姓7人、陆姓1人、龙姓17人、杨姓4人,袁姓3人、梁姓2人,共计39人,其中龙姓是大姓,接近一半。三种等则田共计65丘,其中上田11丘、中田25、下田29,下田约占44.6%,接近一半,说明这份归户册中的田等则偏低。如果其他地域无田地,那么这个数字对于维持生计是有很困难的。而且,这65丘田的形状各异,达到32种,可谓千姿百态,也可想象耕作之困难。这些形状为:角弓形、犁口形、鱼翅形、三不等形、四不等形、五不等形、尖角形、三角形、半月形、鱼鳅形、西爪形、蚯蚓形、曲尺形、铜锣形、斜角形、葫芦形、墨斗形、纱帽形、半环形、牛角形、钟形、方形、蛇形、舡形、圭形、直形、杓形、梯形、弓形、鱼形、梭形和带形。

从《民国十七年八月姚再兴归户册》[②]我们可知,除1份不清外,上禾1丘,收禾10边;下禾29丘,收禾249边,共计产量为259边,平均产量约每丘9边,约产110斤谷。以每12边计算,其产量总计3108斤,一年收成可养活6.2人。这样的田产,属于普通自耕农。粮赋5.37升,约合64斤,占其总产量的2.1%。

从《光绪六年夏月杨昌合笔录归户册》(1—16)[③]所载的田55丘,共567边47籽,其中有一丘,载禾26边3籽收一半,故共禾554边45.5籽,合计565.375边,约合15.7亩,合0.286亩/丘。记载550边43籽时,共载粮27.5503升。按此标准计算,每边粮赋为0.04944711边,即每边载粮4勺9抄4拃4圭7粒,每亩粮赋为1.780096升,约为每亩1升7合8勺,折合成米(按七成二)约为1.281669升/亩。这与晚清政府的标准每亩征银1.846575分、米1.47726升[④]比较接近。康熙四年中则田五里一厢“每亩科粮一升七合一勺,□文一里二升九合七勺三抄。”[⑤]归户册所记载的赋税与

①光绪《续修天柱县志》卷3《食货志·田赋》,有关居仁、由义、循礼三里田赋科则的说明。

②张新民主编:《天柱文书·第一辑:全22册》第19册,南京:江苏人民出版社,2014年,第133—137页。

③张新民主编:《天柱文书·第一辑:全22册》第14册,南京:江苏人民出版社,2014年,第103—118页。

④(清)林佩伦等修,杨树琪等纂:光绪《续修天柱县志》卷三《食货志·田赋》,台北:成文出版社据刻本影印,1968年,第193、194页。

⑤(清)王复宗纂修:《天柱县志》,康熙二十二年刻本,台北:成文出版社据刻本影印,1968年,第78页。

清政府的规定大体一致。

3. 鱼鳞册

鱼鳞册记载的田地面积和粮赋信息是值得研究的内容。比如前文提及的《春花鱼鳞册》利、贞两册内容如表4-2和表4-3所示：

表4-2 《同治十二年重钞本春花鱼鳞册》(利)册统计表

丘号	田主	田形	等则	业主	面积(收禾)	
					稨	秄
高康1	周国泰	五不等形	下田	何加本　杨昌傅	8	
2	周国泰	带形	下田	欧阳新禄　何祖灵	10	
3	周国泰	三广形	下田	周从墨　何祖灵	12	
4	周国泰	直形	下田	何祖灵　周从墨	16	
5	周国泰	三不等形	中田	周新绿	6	
6	周国泰	犀角形	中田	杨昌求	12	
7	杨正元	钟形	中田	欧阳新禄	36	
8	周国地	弍不等形	中田	杨昌传	40	
9	何仲四	方形	中田	何陈开	28	
10	杨正乔	牛角形	下田	杨昌传	3	
11	杨正乔	裤形	中田	杨昌传	40	
12	杨三保	牛角形	下田	杨光宗	9	
13	杨三保	裤形	下田	杨昌足一股　杨昌渊贰股	39	2
14	杨三保	梯形	下田	杨昌足	12	2
15	杨文保	方形	下田	杨昌足	3	
16	杨文保	覆月形	下田	杨昌足	7	
17	何应虫	二不等形	下田	杨昌渊	1	
18	何应虫	湾形	下田	杨昌渊	1	
19	何应虫	四不等形	下田	杨昌渊	2	
20	周国泰	梯形	下田	杨昌渊	5	
21	周国泰	碗形	下田	杨昌渊	1	2
22	周国泰	梯形	下田	杨昌传	8	
23	周国泰	斜形	下田	杨昌禄　杨昌传共	5	
24	周国泰	方形	下田	杨新绿	2	
25	周国泰	手巾形	下田	杨昌传	1	2
26	周国泰	直形	下田	杨昌传		2

续表

丘号	田主	田形	等则	业主	面积(收禾)	
					稨	籽
27	周国泰	蛇形	下田	杨昌传	5	
28	周国泰	带形	下田	杨昌渊	2	
29	周国泰	钟形	下田	杨昌传二股　杨新禄一股	28	
30	周国泰	眉毛形	下田	杨昌传		2
31	周国泰	眉毛形	下田	杨昌传	2	
盘塘对门 32	杨贵珍	三广形	下田		1	
33	杨贵珍	梯形	下田	袁庆德　龙怀燕共	10	
34	杨文珍	四不等形	下田	杨昌求	9	
塘冲头 35	杨先乔	葫卢(芦)形	下田	欧阳新禄	22	
36	杨先乔	湾形	下田	阳新禄	6	
37	杨文玖	荒坪形	下田	欧阳新禄	3	
38	龙通	四不等形	下田	杨开厚　杨志堂共	10	
39	龙文秀	斜形	下田	杨开厚　杨开敏共	10	
40	龙文秀	四不等形	下田	杨开厚　杨开敏 杨志堂半丘	36	
41	龙文秀	直形	下田	龙骍角	18	
42	龙宗保	犀角形	下田	杨光宗	12	
43	龙宗保	直形	下田	龙骍角	8	
44	龙宗保	牛角形	下田	杨开仁	2	
45	杨贵珍	直形	下田	龙骍角	6	
46	龙宗保	牛角形	下田	龙骍角	7	2
47	龙宗保	方形	下田	龙骍角	6	
48	龙宗保	方形	下田	龙骍角	6	
49	林岩生	直形	下田	杨开仁	26	
50	杨老晚	梯形	下田	龙骍角	18	2
51	袁保培	三广形	下田	杨开仁□共卖　杨承庄收	11	
52	杨三保	牛角形	下田	杨开仁□共卖　杨承庄收		0.5
53	龙时遇	钟形	下田	杨开富	28	
伴百 54	杨文珍	半圭形	下田	杨开仁	3	
55	姚老伯	穴鼠形	下田	杨开富	14	
56	杨三保	带形	下田	杨开厚	4	

续表

丘号	田主	田形	等则	业主	面积(收禾)	
					稨	籽
57	杨老晚	圭形	下田	杨开厚	3	2
58	杨老晚	圭形	下田	杨开厚	3	
怀扇 59	杨三保	梯形	下田	□卖　杨承庄收	2	2
60	杨贵岩	直形	下田	杨开仁	25	
61	龙宗保	斜形	下田	杨开富　杨开敏又卖与杨开仁收	16	
62	龙宗保	三广形	下田	杨开敏	5	
63	龙宗保	斜角形	下田	杨开富	4	
64	龙宗保	靴形	下田	杨开富	4	
65	杨先乔	瓜形	下田	杨开富	2	2
66	龙宗保	直形	下田	杨开仁	1	2
67	龙宗保	直形	下田	杨开富	4	
68	龙宗保	直形	下田	杨开富□共卖与杨承庄收一半	8	2
69	龙宗保	牛角形	下田	杨开富	6	
枯木冲 70	杨贵珍	叁角形	下田	杨开仁		3
71	杨贵珍	梯形	下田	龙文殊	5	2
72	杨文珍	方形	下田	杨开仁	2	
73	杨三保	四不等形	下田	杨开敏	3	
盘塘寨头 74	杨先乔	荒坪形	下田	杨开敏	1	2
75	杨先乔	圭形	下田	杨开仁	2	
76	杨贵珍	弓形	下田	杨开仁	1	
77	杨贵珍	斜角形	下田	杨开敏	23	
78	杨贵珍	弓形	下田	袁庆德	5	
79	龙时遇	方形	下田	杨开富	3	
80	杨先乔	带形	下田	杨开厚	1	
81	杨贵珍	弓形	下田	龙骍角　杨开仁共	25	
82	杨贵珍	带形	下田	杨开厚	1	
83	龙时遇	方形	下田	卖与□□　杨开敏与杨承庄叁股收贰股	10	
84	杨先乔	扇形	下田	杨开厚	6	
85	杨先乔	带形	下田	龙骍角	2	2
86	杨贵珍	三角形	下田	龙骍角	13	

续表

丘号	田主	田形	等则	业主	面积(收禾)	
					稨	粁
87	杨先乔	梯形	下田	杨开厚　杨开仁共	13	
88	杨先乔	带形	下田	□卖　杨承庄收		2
89	杨贵珍	带形	下田	杨开仁	1	
90	龙乔仔	带形	下田	龙骍角	2	
91	龙乔仔	直形	下田	杨开仁　杨开厚 龙骍角　龙永科	9	
92	龙乔仔	弓形	下田	□卖　杨承庄收		2
93	龙宗保	犀角形	下田	袁庆德	3	
94	杨先乔	牛角形	下田	盘寨□　袁庆德	2	2
95	杨先乔	蛇形	下田	龙骍角	1	2
96	杨文珍	半月形	下田	欧阳先型卖　杨开仁收	7	
97	梁德先	半月形	下田	欧阳先型卖　杨开仁收	6	
98	梁德先	牛角形	下田	袁庆德	6	
99	梁德先	半月形	下田	杨开富	1	2
100	龙隆保	眉毛形	下田	袁庆德	5	
101	龙时遇	蛇形	下田	杨开富	7	
102	杨文珍	带形	下田	杨开富	1	
103	龙时遇	鱼形	下田	杨开厚	10	
104	姚伽蓝	立鸡形	下田	袁庆德	20	
105	梁德先	杓形	下田	袁庆德		3
106	姚伽蓝	半月形	下田	袁庆德	6	
107	袁保培	□形	下田	□卖　杨承庄收	4	
108	袁保培	半月形	下田	袁庆德	2	
109	杨贵珍	四不等形	下田	袁庆德	5	
110	梁德先	四不等形	下田	杨开敏	14	
111	梁深三	三广形	下田	杨开仁	12	
112	梁成	斜形	下田	欧阳先型	12	
113	梁深三	三角形	下田	杨开富	3	
114	杨贵珍	牛角形	下田	杨开仁	1	2
115	杨正乔	直形	下田	杨开仁	1	
116	杨正乔	簸箕形	下田	杨开敏	4	2
117	杨正乔	半月形	下田	杨开富	2	

续表

丘号	田主	田形	等则	业主	面积(收禾)	
					穛	籽
118	杨正乔	牛角形	下田	杨开富	2	
119	杨正乔	半月形	下田	杨开富	3	
滷龙 1	杨再八	湾形	下田	黄祯照　岑梁	16	
2	杨再八	方形	下田	黄祯照　岑梁	4	
3	林魁	直形	下田	欧阳照先	20	
4	林魁	钟形	下田	杨开厚	21	
5	林魁	葫芦形	下田	杨开厚	27	
美四冲头 6	杨三保	荒坪形	下田	杨开厚除　杨承庄收	1	
7	石初岩	梯形	下田	□卖　杨承庄收	3	
南隆右冲 8	杨老晚	牛角形	下田	龙杨共	15	
9	袁文花	杓形	下田	龙杨共	15	
10	杨老晚	钟形	下田	龙永科卖　罗道清卖 杨承庄收	6	
11	杨老晚	眉毛形	下田	龙杨共除　杨承庄收		2
12	袁文花	杓形	下田	龙永科卖与道法卖 杨承庄收生	4	
13	杨老晚	尖形	下田	龙道高卖　杨承庄收死	7	2
14	杨老晚	直形	下田	龙道高卖　杨承庄收	3	2
15	杨老晚	直形	下田	龙道高卖　杨承庄收		3
16	杨老晚	瓜形	下田	龙道高卖　杨承庄收		2
17	杨老晚	墨斗形	下田	龙道高卖　杨承庄收	2	2
18	杨老晚	方形	下田	龙永科卖　杨承庄收	2	2
19	袁文花	直形	下田	龙怀燕	4	
20	袁文花	斜形	下田	龙怀燕	5	2
21	袁文花	梯形	下田	龙怀燕	3	2
22	袁文花	斜角形	下田	龙怀燕	1	2
23	杨老晚	犁口形	下田	龙怀燕	1	
24	杨老晚	圭形	下田	龙怀燕	4	2
25	杨老晚	四不等形	下田	龙怀燕	2	
26	杨老晚	斜角形	下田	龙怀燕	2	

续表

丘号	田主	田形	等则	业主	面积(收禾)	
					稨	籽
27	杨老晚	斜角形	下田	龙怀燕	3	2
28	杨子云	四不等形	下田	龙怀燕	2	
29	姚伽蓝	穴鼠形	下田	杨开仁二股　龙杨共一股	16	
30	姚伽蓝	半月形	下田	龙杨共	1	2
31	姚伽蓝	三角形	下田	杨开仁	2	
32	姚伽蓝	杓形	下田	杨开仁	1	2
南隆左冲 33	龙宗保	立鸡形	下田	龙通来	17	
34	龙时遇	菱角形	下田	杨开富　杨开厚共	42	
35	龙时遇	带形	下田	龙道高卖　杨承庄收	7	
36	杨老晚	蛇形	下田	龙永科卖与道□　杨承庄收	5	
37	杨老晚	半月形	下田	龙道高卖　杨承庄收	7	
38	杨老晚	三角形	下田	龙永科卖与道□ 杨承庄收	18	
39	龙时遇	蛇形	下田	道高　开仁共除　杨承庄收	8	
40	袁连乔	瓜形	下田	杨开仁　龙道高共除 杨承庄收	2	2
41	袁连乔	方形	下田	龙聘之	3	2
42	袁连乔	斜角形	下田	龙聘之	10	2
43	袁连乔	瓜形	下田	龙聘之	3	2
44	袁保培	方形	下田	龙聘之	3	2
45	袁保培	船形	下田	龙聘之	8	
46	杨老晚	方形	下田	龙聘之	3	
47	龙隆保	瓜形	下田	龙聘之	3	2
48	杨贵珍	梯形	下田	龙聘之	10	
49	杨贵珍	湾形	/	龙聘之	3	2
50	梁贵生	斜形	/	龙武咸	7	/
51	梁贵生	直形	/	/	/	
52	梁贵生	方形	下田	/	3	2
圭没 53	龙乔良	牛角形	下田	刘贵云	6	
54	龙乔良	牛角形	下田	刘贵云	60	
55	龙时遇	湾形	下田	龙学丰	22	

续表

丘号	田主	田形	等则	业主	面积(收禾)	
					稨	籽
56	林魁	瓜形	下田	龙学丰	10	
57	林魁	量斗形	/	/	18	
58	林魁	钟形	/	/	20	
59	林魁	/	/	龙学丰	/	
60	林魁	方形	下田	/	3	2
61	龙有文	弓形	下田	龙学丰　龙再保共	10	
62	袁保培	牛角形	下田	/	/	
63	龙有文	/	/	/	/	
64	林□□	/	/	/	/	
65	龙五乔	/	/	/	/	
66	林魁	圭形	/	龙学丰	/	
67	林魁	/	/	龙学丰	/	
68	龙五□	方形	下田	龙喜本	3	2
69	林魁	杓形	下田	龙学丰	5	
70	龙五乔	梳形	下田	/	/	
71	龙五乔	/	/	/	/	
72	/	/	/	/	/	
73	龙乔仔	/	/	伍子川	/	
74	龙乔仔	/	/	伍子川	/	
75	龙乔仔	/	/	吴慈恩	/	
东清 1	龙灵显	钟形	下田	吴成学　龙学韬共	18	
2	龙时遇	棱形	下田	龙宝发	2	2
3	龙时遇	墨斗形	下田	杨开仁　杨开厚　五家共	3	2
4	龙时遇	三尖形	下田	杨开富　杨开禄		2
5	吴长保	角弓形	下田	龙学韬	9	
6	龙乔良	鞋形	下田	龙武定	9	
7	吴长保	沙坪壹所形	下田	吴成学	3	
8	龙尚文	舡(船)形	中田	龙学韬	9	
9	石初岩	方形	中田	龙学东　龙学丰共	3	
10	龙寄田	沙坪壹所形	下田	阳龙共	3	
11	龙时遇	沙坪壹所形	下田	龙学韬	3	

续表

丘号	田主	田形	等则	业主	面积(收禾)	
					稨	籽
12	龙寄田	蛇形	下田	龙武泮	5	
13	龙乔良	沙坪壹所形	下田	龙宾发	3	
14	林魁	带形	下田	林山川	3	
15	林魁	带形	下田	林喜本	3	
16	林魁	带形	下田	龙宾发	3	
17	龙时遇	湾形	下田	龙武泮	10	
18	龙云华	杓形	下田	林龙土地会	12	
19	龙云华	扇面形	下田	龙学韬	5	2
20	林岩生	瓜形	中田	龙武泮	3	2
21	龙达可	圭形	中田	林山川	2	2
22	伍天赞	直形	中田	龙学韬	4	2
23	龙达可	圭形	中田	林山川	6	2
24	伍天赞	杓形	中田	林山川	18	
25	龙尚文	梯形	中田	林山川		2
26	龙时遇	带形	中田	龙武泮	6	
27	龙尚文	梭形	中田	林山川		2
28	龙宗保	梭形	中田	林山川	24	
29	龙宗保	方形	中田	林山川	7	2
30	龙老五	尖头形	中田	龙武泮	9	
31	龙达可	杓形	中田	欧阳宗永	5	
32	林魁	弓形	中田	林山川		2
33	林魁	鱼鳅形	中田	林山川	5	
34	伍天赞	鱼形	中田	林山川	5	1
35	伍天赞	鱼形	中田	林山川	9	2
36	林魁	带形	中田	林山川	2	
37	林魁	梭形	中田	欧阳先型	3	
38	林魁	带形	中田	林喜乐	4	
39	龙国珍	蚯蚓形	中田	龙武泮	4	
40	龙国珍	菱角形	中田	林喜乐	5	
41	杨老晚	方形	下田	龙武泮		2
42	杨三保	方形	下田	林山川		2

续表

丘号	田主	田形	等则	业主	面积(收禾)	
					编	籽
是要冲1	吴德先	剥刀形	下田	林喜乐	24	
2	吴德先	菱角形	下田	杨开厚	27	
3	吴长保	犁口形	下田	龙宾发	9	
4	吴长保	直形	下田	龙招亮　林山川 龙宾发　共	7	2
5	龙老宦	牛角形	下田	龙清平	4	
6	龙岩乔	尖角形	下田	龙端安	20	
7	林留古	四不等形	下田	龙仁美	30	
8	龙延保	四不等形	下田	龙道高卖　杨承庄收	38	
9	龙生岩	蛇形	下田	阳宗永	5	2
10	林留古	蛇形	下田	龙永科卖与东来	9	
11	龙岩乔	蛇形	下田	龙清平	14	
12	袁白岩	蛇形	下田	林东来	5	
13	龙岩乔	梯形	下田	龙宾发	3	
14	林魁	梭形	下田	林东来	8	
15	袁白岩	带形	下田	林东来	8	
16	龙金九	蛇形	下田	林山川	2	2
17	袁白岩	梯形	下田	龙宾发	4	2
18	龙金九	蛇形	下田	林山川	15	
19	龙富祥	蛇形	下田	林山川　林东来共	3	2
20	龙富祥	蛇形	下田	林山川　林东来共	6	
21	龙寄保	蛇形	下田	龙清平	7	
22	龙寄保	五不等形	下田	龙道高卖　杨承庄收	8	
23	(王)林祥	方形	下田	龙宾发	9	
24	龙桑岩	梭形	下田	坛保	6	
25	龙桑乔	刀形	下田	坛保	3	
26	龙富岩	五不等形	下田	林喜乐	56	
27	龙子玉	梯形	下田	林山川　袁周礼共	15	
28	袁白岩	弓形	下田	林山川　袁周礼共	4	2
29	杨老晚	蚯蚓形	下田	林山川　袁周礼共	1	2
30	龙生岩	蛇形	下田	林喜乐	2	2

续表

丘号	田主	田形	等则	业主	面积(收禾)	
					稨	籽
31	林岩生	带形	下田	龙道高卖　林东来收	5	
32	杨老晚	带形	下田	林东来	1	
33	袁晚仔	带形	下田	林东来	6	2
34	林引乔	梳形	下田	林东来	2	2
35	龙云飞	梭形	下田	袁周礼	15	
36	龙富岩	瓜形	下田	坛保	2	2
37	龙富岩	直形	下田	坛保	1	
38	龙乔良	蛇形	下田	林喜乐	15	
39	龙乔良	蛇形	下田	阳世朗	12	
40	龙乔祥	方形	下田	坛保	16	
41	龙子童	梯形	下田	林东来	12	
42	龙子童	蛇形	下田	林东来		3
43	杨老晚	杓形	下田	林东来	2	
44	杨老晚	蛇形	下田	林东来	1	2
45	袁晚仔	蛇形	下田	林东来	4	2
46	吴长保	带形	下田	林东来	1	2
47	袁晚仔	蛇形	下田	林东来	4	
48	龙云华	蛇形	下田	林山川	6	
49	龙生岩	蛇形	下田	林东来	1	
50	龙生岩	蛇形	下田	林山川　林东来共	2	
51	林魁	五不等形	下田	林喜乐	3	2
52	龙富朝	三不等形	下田	林东来	3	2
53	龙富朝	梭形	下田	林东来	2	3
54	龙国甫	圭形	下田	林东来		2
55	龙云飞	蛇形	下田	林喜乐	4	2
56	龙国甫	牛角形	下田	龙骍角	3	2
57	石初岩	直形	下田	此丘除与林天发户内当	5	2
58	龙云飞	蛇形	下田	林喜乐	5	
59	龙寄保	牛角形	下田	此丘除与林东来户内当	3	2
60	龙国甫	牛角形	下田	伍子章卖与东来	5	
61	石初岩	寿桃形	下田	林天发　林东来共	29	

续表

丘号	田主	田形	等则	业主	面积(收禾)	
					稨	籽
62	龙寄保	斜形	下田	林喜乐	13	
63	林祥	勾股形	下田	林天发 林东来共	14	3
64	龙生岩	半月形	下田	林喜乐		2
65	龙生岩	带形	下田	林喜乐	2	2
66	林岩生	带形	下田	林喜乐	1	1
67	龙生岩	蚯蚓形	下田	林喜乐	1	2
68	林祥	葫芦形	下田	林天发 林东来共	16	
69	龙国甫	蛇形	下田	龙骍角并下丘	2	2
70	龙富朝	直形	下田	林喜乐	30	
71	林魁	方形	下田	龙永科卖与东来	16	
72	龙乔良	蛇形	下田	林山川	3	
73	龙乔良	蛇形	下田	林天发 林东来共	12	
74	林应志	莲蓬形	下田	龙骍角并上丘	35	
75	龙宗保	斜形	下田	林天发 林东来共	38	
76	林魁	牛角形	下田	龙骍角	4	
77	龙宗保	蛇形	下田	龙永科卖与东来	3	
78	龙达可	鱼形	下田	林山川	4	
79	龙生岩	方形	下田	龙骍角并下丘	3	
80	龙尚文	方形	下田	龙骍角并合上丘	32	
81	龙生岩	鱼形	下田	林天发 林东来共	7	
82	龙通	葫芦形	下田	龙道高卖 杨承庄收	15	
83	林乔桑	方形	下田	林喜乐	4	
84	林魁	直形	下田	林喜乐	7	
85	龙达可	斜形	下田	龙友端	4	2
86	杨文珍	鱼形	下田	龙友端		1
87	杨文珍	角弓形	下田	龙友端		1
88	龙达可	斜形	下田	龙友端	5	
89	龙达可	瓜形	下田	龙友端	1	
90	龙达可	直形	下田	龙友端	5	
91	龙五乔	圭形	下田	龙友端	10	
92	龙老五	直形	下田	龙友端	5	2

续表

丘号	田主	田形	等则	业主	面积(收禾)	
					稨	籽
93	龙达可	切刀形	下田	龙友端	4	
94	龙应连	圭形	下田	龙友端	27	
冲玩 1	龙金九	梯子形	下田	林喜本	16	
2	林引乔	梯子形	下田	林喜本	15	
3	袁连乔	钟形	下田	伍子章	23	
4	袁连乔	半月形	下田	伍子章	2	
5	姚老伯	梯形	下田	林东来	12	
6	姚老伯	梯形	下田	林东来	3	
7	姚老伯	犁口形	下田	林东来	3	2
8	林魁	梯形	下田	此丘在冲玩岭　伍子章	30	
9	林魁	梯子形	下田	林山川	18	
10	袁伯岩	方形	下田	林永杰	15	
11	袁伯岩	梯子形	下田	林永杰	12	
12	龙寄明	湾形	下田	林东来	13	
13	龙寄明	四不等形	下田	林东来	5	
14	龙达可	犁口形	下田	林喜乐	3	2
15	龙老宽	荒坪一所形	下田	林喜乐	3	
16	龙有文	梯子形	下田	林龙双	23	
17	龙达可	袜抵形	下田	林喜乐	9	
18	龙达可	梭形	下田	林喜乐	6	
19	龙达可	半梭形	下田	林喜乐	5	
20	龙达可	方形	下田	林喜乐	8	
21	龙老五	斜角形	下田	林喜乐	7	2
伞上冲 1	袁保培	圭形	下田	龙昭亮	4	2
2	袁保培	钟形	下田	龙学东	1	
3	杨文珍	斜形	下田	龙学东	2	
4	袁保培	犁口形	下田	龙学东	3	
5	杨文珍	犁口形	下田	龙学东	3	
6	杨文珍	牛角形	下田	龙学东	4	
7	袁保培	圭形	下田	龙学东	3	
8	袁保培	直形	下田	龙学东	6	

续表

丘号	田主	田形	等则	业主	面积(收禾)	
					稨	籽
9	林祥	牛角形	下田	龙学东	10	
10	杨先乔	牛角形	下田	龙学东	1	
11	梁金岩	四不等形	下田	龙文殊	17	
12	龙乔仔	方形	下田	龙文殊	5	
13	林寄保	梯形	下田	林龙会	18	
14	吴长保	直形	下田	林龙会	14	
15	杨文珍	牛角形	下田	林龙会	1	
16	林寄保	梯形	下田	林乔丹	18	
17	龙云飞	牛角形	下田	林乔丹	20	
18	林寄保	蛇形	下田	林乔丹	20	
19	龙老伍	杓形	下田	林喜乐	1	2
20	龙子玉	蛇形	下田	林山川　□启男	4	
21	吴长保	斜角形	下田	林乔丹	7	
22	林寄保	梭形	下田	林乔丹	1	2
23	龙起凤	牛角形	下田	林乔丹	2	2
24	龙老五	三广形	中田	林喜乐	15	
25	龙老五	斜形	中田	林喜乐	5	2
26	龙老五	蚯蚓形	中田	林喜乐	5	2
27	龙老五	犁口形	中田	林喜乐	14	
28	龙达可	三角形	中田	龙骍角	10	
29	龙达可	沙(纱)帽形	中田	林龙双	28	
30	龙达可	圭形	中田	龙永科　归政森	35	
31	林关锁	牛角形	中田	龙孔来　归龙杨土地会	14	
32	龙时遇	牛角形	中田	龙再保　刘贵云	7	
33	龙起凤	二不等形	中田	龙再保　刘贵云	38	
34	杨永方	带形	中田	林喜乐	13	
35	杨永方	直形	中田	林喜乐	16	
36	杨银连	圭形	中田	龙骍角　阳先型	7	
37	梁会	三角形	中田	阳先型　卖与宾发	5	2
38	杨银连	鱼形	中田	林山川　龙学丰共	16	
39	龙时遇	鱼形	中田	林喜乐	17	

续表

丘号	田主	田形	等则	业主	面积(收禾)	
					稨	籽
40	梁会	斜角形	中田	林山川　并下丘	42	
41	梁先	直形	中田	林山川　并上丘	12	
42	梁花岩	斜角形	中田	龙再保　刘贵云	5	
43	梁花岩	斜角形	中田	龙再保　刘贵云	6	
44	梁花岩	四不等形	中田	龙梁共	18	
45	龙子玉	菱角形	中田	龙再保　刘贵云	4	2
46	袁晚仔	钟形	中田	龙武捷	30	
47	袁晚仔	剥刀形	中田	龙武捷	9	
48	袁晚仔	四不等形	中田	林山川	17	
49	龙子玉	弓形	中田	龙再保　刘贵云	15	
50	龙子玉	三不等形	中田	龙纪杨	18	
51	龙时遇	葫芦形	中田	龙禄恩卖与龙再保	27	
52	龙时遇	四不等形	中田	龙学东	25	
53	龙寄田	二不等形	中田	林喜乐	47	
54	梁初宁	二不等形	中田	龙再保　刘贵云	26	
55	林魁	棱形	中田	龙纪杨	10	
56	林应德	直形	中田	龙孔来卖与喜云共	6	
57	林应德	方形	中田	龙禄恩卖与再保	26	
58	袁文花	方形	中田	龙学丰	21	
59	袁文花	棱形	中田	林山川	2	2
60	林中三	墨斗形	中田	林山川	14	
61	龙隆保	带形	中田	林东来	1	2
62	龙明卿	方形	中田	龙再保　刘贵云	44	
63	龙老伍	犁口形	下田	龙学丰	2	
64	龙老伍	圭形	下田	龙学丰	3	2
65	龙老五	蛇形	下田	龙学丰	12	
66	龙老五	带形	下田	龙学丰		1
67	吴长保	剥刀形	中田	龙梁共	38	
68	龙老义	直形	中田	林喜乐	8	
69	林义乔	方形	中田	林祭祖	18	
70	龙五生	直形	中田	林喜乐	15	

续表

丘号	田主	田形	等则	业主	面积(收禾)	
					稨	籽
71	龙寄田	蛇形	中田	林喜乐	4	
72	龙子玉	直形	中田	龙宾发	19	
73	林中三	圭形	中田	林喜乐	20	
74	龙五乔	杓形	中田	龙学丰	32	
75	林中三	曲尺形	中田	伍子平	11	
76	林魁	梭形	中田	龙学丰		2
77	杨老晚	钟形	下田	竹冲岭林永杰	8	
78	杨老晚	沙(纱)帽形	下田	伍子川	17	
79	杨老晚	蚯蚓形	下田	伍子川	3	
80	杨老晚	牛角形	下田	伍子川	3	
81	杨老晚	半月形	下田	伍子川		3
82	林魁	杓形	下田	伍子川	4	
83	林魁	杓形	下田	伍子川	12	
84	林魁	钟形	下田	林山川买与吉昌	18	
85	林魁	方形	下田	林东来	13	
86	林魁	斜角形	下田	林东来	5	
87	林岩生	半月形	下田	林永杰	9	
88	林岩生	四不等形	下田	林永杰	38	
89	袁白岩	直形	下田	龙学东	8	
90	林中三	网形	下田	龙纪杨	6	
91	杨三保	梳形	下田	林喜乐	1	
92	陆老保	蛇形	下田	伍子章	3	
93	林岩生	圭形	下田	龙学丰		1
94	林岩生	蛇形	下田	龙学丰	5	
95	林岩生	牛角形	下田	林东来		2
96	吴长保	蛇形	下田	龙学丰	1	2
97	杨银连	半月形	下田	龙学丰	6	
98	龙永昌	蛇形	下田	林东来	7	
倍子冲 1	袁连乔	带形	下田	龙吉昌	24	
2	龙乔仔	四不等形	中田	龙再保	11	
3	龙乔仔	鱼翅形	中田	龙吉杨	12	

续表

丘号	田主	田形	等则	业主	面积(收禾)	
					稨	籽
4	龙乔仔	屠刀形	中田	龙孔来	6	
5	袁连乔	直形	中田	龙再保	15	
6	姚老伯	瓜形	中田	龙吉杨　龙孔来	5	
7	林魁	瓜形	中田	龙吉杨　龙孔来	5	
8	姚贵岩	屠刀形	中田	伍子川		0.5
9	梁寄明	屠刀形	中田	伍子川	11	
10	龙再保	四不等形	中田	再保	26	
11	龙再保	直形	中田	再保	5	
12	龙乔仔	屠刀形	中田	再保　黄土冲 到此丘止	6	
13	林连乔	直形	中田	此丘至小倍子冲 四家共	15	
14	林□伯	瓜形	中田	四家共	5	
15	林魁	蛇形	中田	四家共	11	
16	龙孔照	梯形	下田	龙孔照	27	
17	龙凤岩	/	/	此丘至大倍子冲　五家共	11	
18	龙□□	/	/	五家共	27	
19	/	/	/	五家共	18	
合计	468 丘(454 丘有面积)				4210	238

资料来源:根据张新民:《天柱文书》(第一辑)第 17 册,南京:江苏人民出版社,2014 年,第 30—93 页《同治十二年重钞春花鱼鳞册(利)》图版整理。说明:倍子冲第 9—11、16—19 丘根据民国十六年一月《春花鱼鳞册》(贞)林启玉号补出;/表示纸张残缺,无信息。

从表 4-2 可知,高康 119 丘,971 边又 52.5 籽;滳隆(龙)75 丘,512 边又 49 籽;东清 42 丘,227 边又 31 籽;是要冲 94 丘,845 边又 66 籽;冲玩 21 丘,231 边又 6 籽;伞上冲 98 丘,1184 边又 33 籽;倍子冲 19 丘,240 边又 0.5 籽,共计 468 丘、4210 边又 238 籽,合 4269.5 边,合 118.6 亩,平均每丘 9.13 边,约 0.253 亩。

《民国十六年正月订东清冲、是要冲、冲玩等六处循下三甲春花鱼鳞册(贞)》是根据同治十二年《春花鱼鳞册》(利)册的重抄本制定的。

表 4-3　民国十六年正月订循下三甲《春花鱼鳞册》(贞)册林启玉号统计

业主	丘号	形状	面积(收禾)		田主	等则
			稨	籽		
东清　吴成学　龙学韬共	1	钟形	18		龙灵显	下田
龙宾发	2	梭形	2	2	龙时遇	下田
杨开仁　杨开厚五家共	3	墨斗形	3	2	/	下田
龙武泮	12	蛇形	5		龙寄田	下田
龙宾发	13	壹所形	3		龙乔良	下田
林山川	14	带形	3		林魁	下田
林喜本	15	带形	3		林魁	下田
龙宾发	16	带形	3		林魁	下田
龙武泮	17	弯形	10		龙时遇	下田
林龙土地会	18	杓形	12		龙云华	下田
龙学韬	19	扇面形	5	2	龙云华	下田
龙武泮	20	瓜形	3	2	林岩生	中田
林山川	21	圭形	2	2	龙达可	中田
龙学韬	22	直形	4	2	伍天赞	中田
林山川	23	圭形	6	2	龙达可	中田
林山川	24	杓形	18		伍天赞	中田
林山川	25	梯形		2	龙尚文	中田
龙武泮	26	带形	6		龙时遇	中田
林山川	27	梭形		2	龙尚文	中田
林山川	28	梭形	24		龙宗保	中田
林山川	29	方形	7	2	龙宗保	中田
龙武泮	30	尖头形	9		龙老五	中田
欧阳宗永	31	杓形	5		龙达可	中田
林山川	32	弓形		2	林魁	中田
林山川	33	鱼鳅形	5		林魁	中田
林山川	34	鱼形	5	1	伍天赞	中田
林山川	35	鱼形	9	2	伍天赞	中田
林山川	36	带形	2		林魁	中田
欧阳先型	37	梭形	3		林魁	中田
林喜乐	38	带形	4		林魁	中田

续表

业主	丘号	形状	面积(收禾)		田主	等则
			稨	籽		
龙武泮	39	蚯蚓形	4		龙国珍	中田
林喜乐	40	菱角形	5		龙国珍	中田
龙武泮	41	方形		2	杨老晚、杨三保	中田
林山川	42	方形		2	杨三保	下田
是要冲　林喜乐	1	剥刀形	24		吴德先	下田
杨开厚	2	菱角形	27		吴德先	下田
龙宾发	3	犁口形	9		吴长保	下田
林东来	12	蛇形	5		袁白岩	下田
龙宾发	13	梯形	3		龙岩乔	下田
林东来	14	梭形	8		林魁	下田
林东来	15	带形	8		袁白岩	下田
林山川	16	蛇形	2	2	龙金九	下田
龙宾发	17	梯形	4	2	袁白岩	下田
林山川	18	蛇形	15		/	下田
林山川　林东来共	19	蛇形	3	2	龙富祥	下田
林山川　林东来共	20	蛇形	6		龙富祥	下田
龙清平	21	蛇形	7		龙寄保	下田
杨承庄	22	五不等形	8		龙寄保	下田
龙宾发	23	方形	9		林祥	下田
坛保	24	梭形	6		龙桑岩	下田
坛保	25	刀形	3		龙桑乔	下田
林喜乐	26	五不等形	56		龙富岩	下田
林山川　袁周礼共	27	梯形	15		龙子玉	下田
林山川　袁周礼共	28	弓形	4	2	袁白岩	下田
林山川	29	蚯蚓形	1	2	杨老晚	下田
林喜乐	30	蛇形	2	2	龙生岩	下田
林东来	31	带形	5		林岩生	下田
林东来	32	带形	1		杨老晚	下田
林东来	33	带形	6	2	袁晚仔	下田
林东来	34	梳形	2	2	林引乔	下田
袁周礼	35	梭形	15		龙云飞	下田

续表

业主	丘号	形状	面积(收禾)		田主	等则
			稨	籽		
坛保	36	瓜形	2	2	龙富岩	下田
坛保	37	直形	1		龙富岩	下田
林喜乐	38	蛇形	15		龙乔良	下田
阳世明	39	蛇形	12		龙乔良	下田
坛保	40	方形	16		龙乔祥	下田
林东来	41	梯形	12		龙子童	下田
林东来	42	蛇形		3	龙子童	下田
林东来	43	杓形	2		杨老晚	下田
林东来	44	蛇形	1	2	杨老晚	下田
林东来	45	蛇形	4	2	袁晚仔	下田
林东来	46	带形	1	2	吴长保	下田
林东来	47	蛇形	4		袁晚仔	下田
林山川	48	蛇形	6		龙云华	下田
林东来	49	蛇形	1		龙生岩	下田
林山川　林东来共	50	蛇形	2		龙生岩	下田
林喜乐	51	五不等形	3	2	林魁	下田
林东来	52	三不等形	3	2	龙富朝	下田
林东来	53	梭形	2	3	龙富朝	下田
林东来	54	圭形		2	龙国甫	下田
林喜乐	55	蛇形	4	2	龙云飞	下田
龙驿角	56	牛角形	3	2	龙国甫	下田
此丘除与林天发户内当	57	直形	5	2	石初岩	下田
林喜乐	58	蛇形	5		龙云飞	下田
此丘除与林东来户内当	59	牛角形	3	2	龙寄保	下田
林东来	60	牛角形	5		龙国甫	下田
林天发　林东来共	61	寿桃形	29		石初岩	下田
林喜乐	62	斜形	13		/	下田
林天发　林东来共	63	勾股形	14	3	林祥	下田
林喜乐	64	半月形		2	龙生岩	下田
林喜乐	65	带形	2	2	龙生岩	下田
林喜乐	66	带形	1	1	林岩生	下田

续表

业主	丘号	形状	面积(收禾)		田主	等则
			稨	籽		
林喜乐	67	蚯蚓形	1	2	龙生岩	下田
林天发　林东来共	68	葫芦形	16		林祥	下田
龙骍角并下丘	69	蛇形	2	2	龙国甫	下田
林喜乐	70	直形	30		龙富朝	下田
林东来	71	方形	16		林魁	下田
林山川	72	蛇形	3		龙乔良	下田
林天发　林东来共	73	蛇形	12		龙乔良	下田
龙骍角并上丘	74	莲蓬形	35		林应志	下田
林天发　林东来共	75	斜形	38		龙宗保	下田
龙骍角	76	牛角形	4		林魁	下田
林东来	77	蛇形	3		龙宗保	下田
林山川	78	鱼形	4		龙达可	下田
龙骍角并下丘	79	方形	3		龙生岩	下田
龙骍角并合上丘	80	方形	32		龙尚文	下田
林天发　林东来共	81	鱼形	7		龙生岩	下田
杨承庄	82	葫芦形	15		龙通	下田
林喜乐	83	方形	4		林乔桑	下田
此几丘田专编	92	直形	5	2	龙老五	下田
此几丘田专编	93	切刀形	4		龙达可	下田
此几丘田专编	94	圭形	27		龙应连	下田
冲玩　　林启玉	1	梯子形	16		龙金九	下田
林启玉	2	梯子形	15		林引乔	下田
伍子章	3	钟形	23		袁连乔	下田
林东来	12	湾形	13		龙寄明	下田
林东来	13	四不等形	5		龙寄明	下田
林喜乐	14	犁口形	3	2	龙达可	下田
林喜乐	15	一所形	3		龙老宽	下田
林龙双	16	梯子形	23		龙有文	下田
林喜乐	17	袜底形	9		龙达可	下田
林喜乐	18	梭形	6		龙达可	下田
林喜乐	19	半梭形	5		龙达可	下田

续表

业主	丘号	形状	面积(收禾)		田主	等则
			编	籽		
林喜乐	20	方形	8		龙达可	下田
林喜乐	21	斜角形	7	2	龙老五	下田
伞上冲　龙昭亮	1	圭形	4	2	袁保培	下田
龙学东	2	钟形	1		袁保培	下田
龙学东	3	斜形	2		杨文珍	下田
龙学东	4	犁口形	3		袁保培	下田
龙学东	5	犁口形	3		杨文珍	下田
龙学东	6	牛角形	4		杨文珍	下田
龙学东	7	圭形	3		袁保培	下田
龙学东	8	直形	6		袁保培	下田
龙学东	9	牛角形	10		林祥	下田
龙学东	10	牛角形	1		杨先乔	下田
龙文殊	11	四不等形	17		梁金岩	下田
龙文殊	12	方形	5		龙乔仔	下田
林龙会	13	梯形	18		林寄保	下田
林龙会	14	直形	14		吴长保	下田
林龙会	15	牛角形	1		杨文珍	下田
林乔丹	16	梯形	18		林寄保	下田
林乔丹	17	牛角形	20		龙云飞	下田
林乔丹	18	蛇形	20		林寄保	下田
林喜乐	19	杓形	1	2	龙老五	下田
龙梁共	44	四不等形	18		梁花岩	中田
龙再保　贵云	45	菱角形	4	2	龙子玉	中田
龙武捷	46	钟形	30		袁晚仔	中田
龙武捷	47	剥刀形	9		袁晚仔	中田
林山川	48	四不等形	17		袁晚仔	中田
龙再保　贵云	49	弓形	15		龙子玉	中田
龙纪杨	50	三不等形	18		龙子玉	中田
龙再保	51	葫芦形	27		龙时遇	中田
龙学东	52	四不等形	25		龙时遇	中田
林喜乐	53	二不等形	47		龙寄田	中田

续表

业主	丘号	形状	面积（收禾）		田主	等则
			稨	籽		
龙再保　贵云	54	二不等形	26		梁初宁	中田
龙纪杨	55	棱形	10		林魁	中田
林喜云	56	直形	6		林应德	中田
龙再保	57	方形	26		林应德	中田
龙学丰	58	方形	21		袁文花	中田
林山川	59	棱形	2	2	袁文花	中田
林山川	60	墨斗形	14		林中三	中田
林东来	61	带形	1	2	龙隆保	中田
龙再保	62	方形	44		龙明卿	中田
龙学东	63	犁口形	2		龙老五	下田
龙学东	64	圭形	3	2	龙老五	下田
龙学东	65	蛇形	12		龙老五	下田
龙学丰	66	带形		1	龙老五	下田
龙梁共	67	剥刀形	38		吴长保	中田
林喜乐	68	直形	8		龙老义	中田
林祭祖	69	方形	18		林义乔	中田
林喜乐	70	直形	15		龙五生	中田
林喜乐	71	蛇形	4		龙寄田	中田
龙宾发	72	直形	19		龙子玉	中田
林喜乐	73	圭形	20		林中三	中田
龙学丰	74	杓形	32		龙五乔	中田
伍子平	75	曲尺形	11		林中三	中田
龙学丰	76	棱形		2	林魁	中田
竹冲岭　林永杰	77	钟形	8		杨老晚	下田
伍子川	78	沙（纱）帽形	17		杨老晚	下田
伍子川	79	蚯蚓形	3		/	下田
伍子川	80	牛角形	3		杨老晚	下田
伍子川	81	半月形		3	杨老晚	下田
伍子川	82	杓形	4		林魁	下田
伍子川	83	杓形	12		林魁	下田
龙吉昌	84	钟形	18		林魁	下田

续表

业主	丘号	形状	面积(收禾)		田主	等则
			稨	籽		
林东来	85	方形	13		林魁	下田
林东来	86	斜角形	5		林魁	下田
林永杰	87	半月形	9		林岩生	下田
林永杰	88	四不等形	38		林岩生	下田
龙学东	89	直形	8		袁白岩	下田
龙纪杨	90	网形	6		林中三	下田
林喜乐	91	梳形	1		杨三保	下田
伍子章	92	蛇形	3		陆老保	下田
龙学丰	93	圭形		1	林岩生	下田
龙学丰	94	蛇形	5		林岩生	下田
林东来	95	牛角形		2	林岩生	下田
龙学丰	96	蛇形	1	2	吴长保	下田
龙东丰	97	半月形	6		杨银连	下田
林东来	98	蛇形	7		龙永昌	下田
倍子冲　龙吉昌	1	带形	24		袁连乔	下田
龙再保	2	四不等形	11		龙乔仔	中田
龙吉杨	3	鱼翅形	12		龙乔仔	中田
龙孔来	4	屠刀形	6		龙乔仔	中田
龙再保	5	直形	15		袁连乔	中田
龙吉杨　龙孔来	6	瓜形	5		姚老伯	中田
龙吉杨　龙孔来	7	瓜形	5		林魁	中田
伍子川	8	屠刀形		0. 5	姚贵岩	中田
伍子川	9	屠刀形	11		梁寄明	中田
再保	10	四不等形	26		龙再保	中田
再保	11	直形	5		龙再保	中田
再保	12	方形	5		龙再保	中田
小倍子冲　四家共	13	蛇形	28	3. 5	林魁	下田
四家共	14	半月形		0. 5	林魁	下田
四家共	15	蛇形	11		林魁	下田
龙孔照	16	梯形	27		龙再保	下田
此丘至大倍子冲　五家共	17	直形	11		龙凤岩	下田

续表

业主	丘号	形状	面积(收禾)		田主	等则
			稨	籽		
五家共	18	梯形	27		龙老保	下田
五家共	19	圭形	18		林魁	下田
龙孔照	20	牛角形	15		林魁	下田
龙吉昌	21	直形	15		林岩生	下田
龙堂海　龙成佑	22	三尖形	21		林岩生	下田
龙再保	23	勾股形	26		梁寄明	下田
龙永吉	24	方形	5		龙子玉	下田
龙孔来　龙永吉	25	斜角形	10		龙子玉	下田
龙再保	26	斜角形	28		龙子玉	下田
龙吉杨	27	蛇形	10		龙子玉	中田
龙吉杨	36	方形	23		龙子玉	中田
龙孔来	37	方形	24		龙子玉	中田
龙吉昌	38	四不等形	25		龙子玉	中田
龙文殊	39	半月形	8		袁保培	中田
龙再保	40	瓜形	5	2	梁寄明	中田
龙再保　龙吉昌	41	蚯蚓形	3		梁寄明	中田
龙吉杨	42	弓形	23		梁寄明	中田
龙四共	43	蚯蚓形	1		梁寄明	中田
龙再保	44	方形	1	1	龙时遇	中田
龙吉杨	45	墨斗形	3		龙时遇	中田
龙吉杨	46	斜角形	13		龙时遇	中田
龙再保	47	杓形	10		龙时遇	中田
三家共	48	立鸡形	25		龙时遇	中田
龙再保　龙吉昌共	49	蚯蚓形	5	2	袁晚仔	中田
龙梁共	50	蛇形	6	2	袁文花	中田
龙梁共	51	蛇形	4		梁文乔	中田
龙再保	60	梳形	9		梁成	中田
龙梁共	61	斜角形	10		梁三元	中田
梁中庸	62	蛇形	5		袁保培	中田
梁中庸	63	蚯蚓形	16		刘再祥	下田
龙吉杨	64	蛇形	36		龙老言	下田

续表

业主	丘号	形状	面积(收禾)		田主	等则
			编	籽		
龙孔来	65	圭形	6		梁初宁	下田
龙再保	66	蛇形	12		梁初宁	下田
龙再保	67	半月形	50		梁德先	下田
龙再保	68	带形	2	2	杨先乔	下田
龙再保	69	带形	2		杨先乔	下田
龙再保	70	带形	3		杨先乔	下田
龙再保	71	荒坪形	5		龙尚文	下田
洞胖冲　龙吉杨	1	梯形	32		龙海银	下田
梁中庸	2	三尖形	15		龙银海	下田
龙纪杨	3	梯子形	35		梁元岩	下田
龙纪杨	4	直形	4		龙金会	下田
龙纪杨	5	牛角形	8		梁初宁	下田
龙纪杨	6	四不等形	7	2	梁初宁	下田
龙纪杨	7	圭形	5		梁贵生	下田
龙纪杨	8	纱帽形	18		梁贵生	下田
龙纪杨	9	四不等形	18	2	梁贵生	下田
龙纪杨	10	直形	20		梁贵生	下田
合计	264		2744	131.5		

资料来源:根据张新民主编:《天柱文书·第一辑:全22册》第18册,南京:江苏人民出版社,2014年,第66—138页图版整理。

《春花鱼鳞图册》(贞)册:共73页,封面题名为"循下三甲春花鱼鳞册贞","东清冲、是要冲、冲玩、伞上冲、倍子冲、洞胖冲",第2页上题有"民国十六年正月订　林启玉号"。本册制图版共73页,双边,白口,双黑鱼尾。版心刻有"春花鱼鳞清册"字样,落名"九牧堂"。

包括东清42丘(缺少4至11丘号田)实记载34丘;是要冲94丘(缺少4至11、84至91丘号田)实记载78丘;冲玩21丘(缺少4至11丘号田)实记载13丘;伞上冲98丘(缺少20至43丘号田)实记载74丘;倍子冲71丘(缺少28至35、52至59丘号田)实记载55丘;洞胖冲10丘实记载10丘,共计田264丘。面积共计2776.875边(按1边合4籽计算),合77.135亩。平均每丘10.518边,平均每丘约0.292亩,收谷1.752挑。其中上田无,中田 82 丘,占 31.06%,下田 182 丘,占 68.94%。本册所计载中,各地块按面积分布如下:东清冲:188 边,又 29 籽;是要冲:686 边,又 58 籽;冲玩:136 边,又 4 籽;伞上冲:860 边,又 23 籽;倍子冲:712 边,又 13.5 籽,洞胖丘冲:162 边,又 4 籽。

《春花鱼鳞册》(利)、(贞)两册原持有人是林世明,属于天柱县高酿镇春花村。利册由两册构成,整理工作者将第 1 册 49 页和第 2 册 74 页按照 2 页合成一张图版的方式编成 64 个文书图片。第 1 册记载高康田 119 丘、湳龙田 75 丘。湳龙从第 50、51、57、58、59、62—67、70—75 等有残缺,特别是缺失收禾、田形和等则,造成数量统计不齐。第 2 册首页亦有"同治十二年遵依原本重抄"字样,记载高康 119 丘,湳龙 75 丘,东清 42 丘,是要冲 94 丘,冲玩 21 丘,伞上冲 98 丘,倍子冲 19 丘,共计 468 丘,共 4210 边又 238 籽,合 4269.5 边,合 118.6 亩,平均每丘 9.13 边,约 0.253 亩。我们列表比较利、贞两册的田丘情况如下:

表 4-4　《春花鱼鳞册》(利)、(贞)两册田丘数比较

册＼地名	高康	湳龙	东清	是要冲	冲玩	伞上冲	倍子冲	洞胖冲	合计(丘)	总面积(稨)	平均稨/丘
利册	119	75	42	94	21	98	19	/	468	4269.5	9.13
贞册	/	/	34	78	13	74	55	10	264	2776.875	10.518

表 4-4 中利册与贞册的不同之处在于:一是利册所载高康、湳龙两地的田丘,到贞册时不复存在。二是利、贞两册皆记载地名东清、是要冲、冲玩、伞上冲、倍子冲,丘号数且相同。利册倍子冲仅记载 19 丘田,第 20—71 丘号田无。贞册缺少的丘号:东清 4 至 11 丘号田、是要冲 4 至 11 丘号田和 84 至 91 号、冲玩 4 至 11 丘号田、伞上冲 20 至 43 丘号田、倍子冲 28 至 35 丘号田和 52 至 59 丘号田。三是利册无洞胖冲田丘号,贞册则无高康、湳龙两地田丘号。这是什么原因?应当指出,贞册是利册之后的产物,晚出 54 年,后者反映了这 54 年间田地产权的变化。

我们注意到,利、贞两册在登记田产的项目时方法不同。同治十二年《春花鱼鳞图册》(利)册记载田的栏目顺序为丘号、主田、田形、等则、业主、四至和产量(收禾)。民国十六年《春花鱼鳞图册》(贞)册所载田信息的栏目为业主、丘号、田形、产量(收禾)、田主、四至和等则。

顺序为何不相同?为什么有这种安排?从利、贞两册所载的内容上看,针对同一丘田而言,田的丘号、田形、等则、产量是相同的。这也就是说,贞册在这些数据上直接采摘自利册。

一是贞册的田主基本上是利册中的田主。变化极小。利册中的权利人并未标明田主,到了贞册中,明确登记为田主。第3丘在利册中田主是龙时遇,但在贞册中则无田主记载。第41丘利册田主是杨老晚,贞册中田主变成二人,即杨老晚和杨三保。

二田主属于自然人,由1人所有;业主除了个人外,有多处属于公共权利人。利册中,除2丘无记载外,其余466丘田主都是1人,但业主变化大,共业和各种股份达71丘,占456丘的15.57%(其中12丘无载)。即大约六分之一强的业主是共有人或合伙人。比如利册中的“龙学东、龙学丰共”“林龙土地会”“龙招亮、林山川、龙宾发共”“龙杨土地会”“四家共”“五家共”。贞册中,259丘的田主为1人,4丘无载,1丘田主2人,共264丘。关于田的业主情况,2丘田无记载业主,25丘田共业,占262丘的9.54%。大致可以推断,从同治十二年到民国十年,春花田地的业主一直未发生变化。这种变化是一个动态的过程,用具体数据难易描述,因为利、册两册记载田地丘号不完全相同,其变化也难估算。

三是利册中的业主,即实际耕种人,没有某人占一股或半丘的记录,只有个人拥有产业或与他人共业。有13处共业,如第1丘“吴成学、龙学韬共”。三人共业有2处,另有四人共、五人共各1处。在文书中,林启禄、林启芳买卖土地为22份。其余林昌名等在民国十五年后逐渐加入土地买卖行业。

所以关于田主,贞册的田主直接从利册中迁移过来,并把其中发生变化的内容增补进去。利册当于乾隆年间形成,乾隆年间到同治年间的田主,发生变更,只是不知详情,所以在同治年间重抄《春花鱼鳞册》(利)册时,在丘号后面列出上田田主姓名,但未注明田主。田主与业主基本不重合的原因在此。倍子冲第11丘田主与业主皆为龙再保、第16丘田主与业主皆为龙孔照2例除外。另外,利册中有大量关于“业主”买卖、除收类产权变更的记载,高康卖、收9丘;滴龙卖、收12丘,除、收4丘(含共、收);东清冲收1丘;是要冲卖8丘,除、收2丘;伞上冲卖5丘、归2丘,卖、除、收、归产权变更共计43丘,占田主、业主信息齐全的9.41%。也就是说,乾隆年间修订的《春花鱼鳞册》到同治十二年修订时,近一成的田地产权发生了转移。

值得注意的是,对照利、贞两个《春花鱼鳞册》,可以看出其变化情况。列表4-5如下:

表 4-5 《春花鱼鳞册》(利)(贞)两册田主、业主变化统计表

同治十二年 利册			民国十六年 贞册		
丘号	田主	业主	田主	业主	备注
东清 27	龙尚文	林山川	龙尚文	龙武泮	
41	杨老晚	龙武泮	杨老晚 杨三保	龙武泮	
是要冲 62	龙寄保	林喜乐	/	林喜乐	
92	龙老五	龙友端	龙老五	/	无载
93	龙达可	龙友端	龙达可	/	无载
94	龙应连	龙友端	龙应连	/	无载
冲玩 1	龙金九	林喜本	龙金九	林启玉	
伞上冲 56	林应德	龙孔来卖与喜云共	林应德	林喜云	
62	龙明卿	龙再保 刘贵云	龙明卿	龙再保	
63	龙老伍	龙学丰	龙老伍	龙学东	
64	龙老伍	龙学丰	龙老伍	龙学东	
65	龙老伍	龙学丰	龙老伍	龙学东	
79	杨老晚	伍子川	/	伍子川	
93	林岩生	龙学丰	林岩生	龙学东	
94	林岩生	龙学丰	林岩生	龙学东	
倍子冲 13	林连乔	四家共	林魁	四家共	
14	林□伯	四家共	林魁	四家共	
16	龙孔照	龙孔照	龙再保	龙孔照	

资料来源:根据张新民主编:《天柱文书·第一辑:全 22 册》,南京:江苏人民出版社,2014 年,第 17 册,第 30—93 页;同书第 18 册,第 66—138 页图版整理。

从利册到贞册,田主发生变化仅 4 例,东清 41 号、倍子冲 13、14 和 16 号,2 例不详;业主发生变化有 9 例,3 例不详,变化共计 12 例。利、贞两册全部丘号相同的共有 218 丘,其中东清 34 丘、是要冲 78 丘、冲玩 13 丘、伞上冲 74 丘、倍子冲 19 丘。田主、业主发生改变的占 2.41%。

利册中,田主与业主二者姓氏完全相同的有 114 丘,占总数 456 丘(12 丘无载)的 25%。田主和业主两栏中,以林、龙、杨三姓为主。林山川作为业主,有 35 丘(含共业),其独立业主田 234 边 21 籽,其业田 28 边 3 籽,合计 268 边,约 7.44 亩。林山川通过购买、共业等方式积累起来的田地,其中的

交换宗数比较多，占 80%。可见，同治十二年时记载林山川的田地转让频率较高，这亦从侧面印证了天柱县田地交易的发达程度。

再看其前辈林魁作为田主的 35 丘，计 310 边 8 籽，合 312 边，约合 8.67 亩。占利册总面积 4269.5 的 7.31%。35 丘占总丘数田主的 456 丘的（有 12 丘无载）7.68%。其田主产业变为业主的去向。业主是林姓的后人有：林山川 6 丘、林喜本 1 丘、林喜乐 3 丘、林东来 3 丘，四家共 1 丘，龙永科卖与林东来 1 丘，这些算作林姓业主。其余为龙学丰、龙再保共 1 丘，龙吉杨与孔来共 1 丘、杨姓 2 丘、龙姓 13 丘、欧阳氏 2 丘、伍姓 3 丘，20 丘转移到 13 名业主手中（含龙永科）。共计 210 边 4 籽，合 211 边，约 5.86 亩，占林魁产业的 67.63%，即三分之二以上的田产转移出去了。所以我们大体可以推测，约三分之一的田地能够留存在本家族或本姓中。

清水江流域是否有永佃制存在的可能性？杨国桢指出，清代永佃权产生的途径常见的有：在开垦荒地时投入工本；改良农田，提高土地的经济收益；交纳押租钱；低价典卖土地而保留耕作权；长期“守耕”，地主认定；通过“霸耕”等斗争方式。其中主要方式是通过开垦荒地和交纳押租钱。① 战乱、复垦、清代官府对开荒中产生的永佃权的认可和保护？清水江流域有大量山林佃契及少量田地佃契，这说明该流域租佃制是存在的。明清时期永佃关系有三个特点，即地租剥削量相对稳定、佃农具有经营土地的自主权和不存在主佃之间的人身依附关系。② 从永佃制转化为一田二主的关键环节是永佃权是否可以被转让。

《春花鱼鳞册》中“田主”与“业主”有何区别？“业主”有单个的自然人、有二人或几人共业，或者由某种会公共所有，他们可以转让、买卖，其权益可能是让渡权和收益权，对土地具有实际的使用权，并将土地当作能带来稳定收益的资产加以积累或分化，其权益变化较快，有点类似“一田两主”的田面权拥有者。这里的“田主”身份难以确定，利、贞两册中的田主皆是一个自然人，对田地具有牢固的占有权，属于传统意义上的田地所有权人，类似“一田两主”的田底权拥有者，与其他地域的情况比较，最大的特征是变化慢。章有义曾指出万历年间休宁的三本鱼鳞册，其中有两册记载了“见业”业主和“佃人”③，明确区分两种权利人的身份。清初休宁的鱼鳞册记载了

①杨国桢：《明清土地契约文书研究》，北京：中国人民大学出版社，2009 年，第 74 页。

②杨国桢：《明清土地契约文书研究》，北京：中国人民大学出版社，2009 年，第 76—77 页。

③章有义，《明清徽州土地关系研究》，北京：中国社会科学出版社，1984 年，第 5 页。

业户和佃户。[①] 所以不能简单地将清水江流域的“田主”视为“佃户”,“业主”就是其他地域的“业主”。这是要具体考察的。笔者认为,田主可以理解为田地名义上的所有权人,业主可以理解为田地实际上的所有权人,这样可能解释《春花鱼鳞册》中“田主”与“业主”的区别。

从这些契约文书中暂时尚未找到直接书写田面权、田底权的记载,《春花鱼鳞册》(利)册未书写田主、业主,贞册写了田主,但未写明业主,这些都不能使地主与永佃农之间的对应关系成立。另外,利、贞两册关于田地的记载,不能很好地说明田地“所有权”和“使用权”彻底分离。地主(田底主)与佃户(或田面主)是两个不同的社会群体,这两册中的人名记载,不能看出他们之间的流动和相互转换。其中的人员无法确定是自耕农或半自耕农的身份(除龙再保、龙孔照外)。

综合利、贞两册的记载,我们只能说清水江流域土地关系中存在着类似永佃制的情形,其中关于“田主”身份的记载(未标明“业主”),属于不同时代的土地所有者。

地权分化怎样?《春花鱼鳞册》(利)册中,田主有 92 人,除了共业、公共产权人,我们计算他们的田产有多少。每个田主占有的田地 46.41 边,合 1.289 亩(14 丘无载)(总 468 丘,实计 454 丘,共 4210 边又 238 籽,合 4269.5 边,合 118.6 亩)。每个业主拥有多少田地?业主有 61 人,除去四家共、五家共、二人和三人占股份、1 份无业主,14 份面积记载以及土地会等共有外,余下 386 丘,计 3267 边又 211.5 籽,合 3319.875 边、92.219 亩,平均每个业主拥有田产 54.42 边,合 1.512 亩。如果考察地权分配的平均度,“田主”与“业主”占有的田地面积差异极大。

“田主”占田面积最多的林魁有田 35 丘,计 311 边 8 籽,约合 313 边、8.694 亩。第二是龙时遇,占有 226 边 4 籽,合 6.306 亩。第三是龙保宗,占有 208 边 10 籽,合 5.847 亩。杨先乔 1.5 边,姚贵岩 0.5 籽,合 0.125 边,最少。“业主”占田面积最多的林喜乐有田 432 边 3 籽,合 432.75 边。林山川有 276 边,合 7.667 亩。第三,龙骍角 192 边 12 籽,合 195 边、5.417 亩。再有何加本 4 边,龙成学 3 边。

从“利”“贞”两册的编号来看,春花村应当有元、亨两本鱼鳞册,可惜目前笔者未能见到。在以上的讨论中,我们做了许多计算,但是,基于的数据实在有限,而且利、贞两册本身残缺不全,所以得出的数据对一个村庄来说

①汪庆元:《清初徽州的“均图”鱼鳞册研究》,《清史研究》2009 年第 2 期,第 58 页。

仅具有一定的参考意义。倘若要放大到一个县或更大区域,则需要更多、更确切的数据做支撑。这是今后会努力解决的问题。但是,我们应当肯定鱼鳞册的价值,就是控制土地所有者不可以大量隐瞒田地。清政府从康熙元年至光绪十三年(1662—1887)几乎每20年就公布一次垦田数字。[①] 即令我们测算出利、贞两册中的"田主""业主"大户林魁等,亦不过占有田地8.67亩,林喜乐占田约11亩。当然,不排除他们在其他地域还拥有田产。区区之数与东部比较不值一提。即使与四川省新都县的同时期土地买卖相比,也显得数据偏小。新都县清代的田地买卖中,最高一宗达15.1亩,绝大多数超过1亩,1亩以下仅3宗,最低为0.3亩,99宗田地买卖共计387.9717亩,平均每宗为3.92亩。[②] 这主要是自然地理条件不同,人们开垦出来的田地大小形状各异,山地的田地数量单位面积较小,丘陵平原地带的田地单位面积略大。

我们大体可以分析《春花鱼鳞册》的地权分配情况。《春花鱼鳞册》(利)册,通过计算,除去不合理的因素外,业主部分的基尼系数为0.519。高于同时期的陕西朝邑县青田村。赵冈认为,同治五年,陕西朝邑县青田村的基尼数为0.276。[③] 民国七年至二十三年,全国土地调查数据中,基尼数在0.322至0.502之间。民国二十年和二十一年调查的云南省基尼数分别为0.422和0.494;民国二十一年、二十三年全国的基尼数分别为0.376和0.390。[④]《春花鱼鳞册》显示清水江流域的基尼数在民国年间为0.468,与全国和比邻的云南很接近,但高于全国平均值。不过我们不能就此确定清水江流域的地权分配就趋于合理,与全国处于同一水平。基尼系数不能显示经济发展的成果,揭示的是经济发展之后所带来的分配状况。利、贞两册资料有限,不完全,册中的土地所有者可能在其他地方拥有土地,一个更大的地域的鱼鳞册暂时不能获得,从而影响数据的丰富性、样本的准确性,所以更科学、更切合实际的结论有待进一步论证。

对于一个普通的自耕农或佃农,赵冈指出近代中国农村"大地主"实际上是相当少的,"农村中没有大地主,是特别值得注意之现象。如果一个村

---

①孙毓棠,张寄谦:《清代的垦田与丁口的记录》,《清史论丛》第一辑,1979年,第112—113页。引自赵冈、陈钟毅:《中国土地制度史》,北京:新星出版社,2006年,第94页。

②根据熊敬笃:《清代地契史料(嘉庆至宣统)》,四川省新都县档案馆,1986年,第143—154页资料整理。

③赵冈:《中国传统农村的地权分配》,北京:新星出版社,2006年,第68页。

④赵冈:《中国传统农村的地权分配》,北京:新星出版社,2006年,第68—70页。

庄中最大的业主只有10亩或20亩,即令土地分配不均,上下出入也不过是几亩之差,这种相对性的地权分配不均,没有什么实质上的意义。”[①]若把拥有田产几百亩或上千亩的业主称为地主,在中国西南部的贵州清水江流域,在较强的人口压力下,这样的地主并不多见。几十亩以上的地主亦不多,地权相差几亩或更多,相对的贫困与富裕却体现得很明显,地方性的地主或一个村庄中拥有土地最多的地主,仍然存在着地主与佃户、地主与地主之间的种种矛盾,最终会引发区域性的社会矛盾。《春花鱼鳞册》就像一个窗口,展示给世人的是鲜明的地域特征,即地主虽占有若干丘田,但是他们拥有的田地始终有限,虽有累代积聚,但通过分家析产、买卖等方式,又使集中了的土地日趋向小型化。这是区域性的稳定大地主难以形成的原因之一。当然,传统中国社会小农经济占主导地位,农业生产方式、分散化的土地占有方式,土地转移的频繁,多子多福的人口观念等因素始终造成土地的集中与分散并存,在这对拉力下形成了区域土地的分散化和小规模化特征。《春花鱼鳞册》详载土地,揭示了清代和民国官府对土地赋税的重视,编户齐民,征收赋税,这亦是部分自耕农不愿意过多地占有土地的原因。

二、分关书

(一)格式

分家析产是财产流动的方式。诸子平分家产所订立的文书,如遇到产业纠纷、赋税交割、产权转移等,须将分家文书交官府查验。作为契约,分家文书具有法律效力,是传统社会民间土地所有权的重要证据之一。

清水江流域的村民重视家庭财产的流动,诸子分家时针对财产分配以及对于祖业曾拆分所剩余部分的再分配皆订立文书,一般称分关书,另有分关合约字、分关约字、析产书、分家析产书、分关书字、分阄字、派单字、联关字、分关、分字、分同分关字、分关合同字、合同分据、分家分约字、分关、分关遗嘱字、分关分法管理等名称。所见文书中,最普遍的名称为分关合约字。从这些称法可知,分关文书和单一的分田地的“阄书”属于合同,界定参与财产分配人的约定、产权内容、见证人、中人、书定人等事项。“关”是古代的一

①赵冈:《中国土地制度史》北京:新星出版社,2006年,第177页。

种公文,"分关"确切地记载了分家行为中存在的"分"与"受"①,是土地产权的正常分化。格式上,分关书主要有序言、正文、证人、书写人和时间等项。

原契文一般采用平齐式,正文与立契时间平行排列;证人、书写人靠近契约正文下方。比如《康熙十二年二月十五日蒋永化子蒋世大、蒋世耀、蒋世万等四人分关书》(1):

立分关人蒋永化,情因取(娶)妻杨氏所生四子,长子蒋世大、二子蒋世耀、三子蒋世万、四子蒋世昌俱已完娶居世,创有田产理宜分管。请凭房族、亲识将有田地肥瘠相兼,品搭均分,对神拈阄。上凭青天,下凭人伦,分耕已定,在后毋得异论。立此分关为照。

蒋世大分落大地□大小柒丘,又并楠木冲肆方丘,并黄巡捕井水田一丘,江小难□,并楠木冲猪娘田在内。……

蒋世大名下税肆亩捌分五厘乙毛(毫)二丝五忽,内收七甲亩。

……

合同[半书]

亲房　蒋俊贤
　　　　　　乔
　　　蒋永芳
　　　　　　□
　　　蒋永福
　　　　　　朝

皇上康熙拾贰年癸丑岁二月十五日　立分关

写分关　蒋永朝②

原契文中"皇"字高于正文一格,开头即顶格书写,四人分关内容顶格书写;四人全文竖排,四人承担的税亩置于正文中间靠后平行排列;亲房等人名与书写人皆靠近底端排列。此分关一式两份,格式相同。如《雍正八年一月二十六日蒋通道、蒋通书分关书》,格式仍用平齐式。

立分关人蒋通道、蒋通书,今有地基壹间,当日为分,在于庚戌年正月。二家理论,请凭中正族长蒋金□、蒋天祥在内,埋岩分定。内边壹

①张研:《清代社会经济史研究》,北京:北京师范大学出版社,2010年,第260页。

②张新民主编:《天柱文书·第一辑:全22册》第7册,南京:江苏人民出版社,2014年,第157页。

半分落蒋通道子孙耕管，不得异言，外边壹半分落蒋通书子孙耕管，在后二家不得异言。若有□□不依，众人公出。今人不古，恐后无凭，立写分关二纸，各收壹纸为照。

凭□　蒋 天祥 世葵

通章　笔

合同□□[半书]

雍正八年正月二十六日　立①

凭中、凭房族一栏置于文中靠后。有清一代，分关文书的格式基本无变化。到了民国时期，格式沿袭下来，如《民国二十七年十一月二日刘氏银凤子杨清星与杨金发、杨金豪等叔侄五人分关契》：

立分关所派祖业屋场、基地、古路、井水、播园、果木，照关子孙各分，兹派每名：

刘氏银凤、子清星，母子名下分者壹阄，所管屋场、基地头排并塘、果木在内，于外除出晚房基地乙色。

杨金发、杨金毫二人兄弟分者弍阄，所管弍排基地并塘坎上播外乙节二排，除出道路五尺并播边果木在内。

杨金成、杨金山二人兄弟分者三排，所管三排基地，并门首播乙副，又并坡头园告孔贤并播乙副三排，除出古路五尺，播边果木在内。

兄弟叔侄谪(商)议，情愿照关为定，古路乙并在内，不得争论，各管各业。凭证、房族、亲识日后不得反悔异言。今欲有凭，承立分关派单字约为据。

杨书相

凭　房族 亲戚　杨心喜　杨再全

罗洪祖　蒋贵清

舒光郁　舒谨鸿

立合同分关□约为据[半书]

民国廿七年戊寅岁十一月初二日　请笔　舒伟治　立②

①张新民主编:《天柱文书·第一辑:全22册》第7册，南京:江苏人民出版社，2014年，第163页。

②张新民主编:《天柱文书·第一辑:全22册》第3册，南京:江苏人民出版社，2014年，第59页。

分关书常用“立分关某某”“立分关字人某某”“立分关合约字人某某”“立合同再派字人某某等”等开头，然后交代所分财产类别、来源、分关原因、分家方法原则等。分家原因一般是诸长大成人，家事难管理，顺分家管业；原有财产未分配；父母老年体衰或亡故以及其他。清水江流域苗、侗族人民分家大多采用拈阄方式，把财产书写在纸上，随机抓取，有神龛前见证，显示很公平公正。分关书中有祝福语、勉励语，当事人共同遵守约定，强调不可反悔。

分关书中财产罗列是关键内容。其一，用“计开”格式详列事主所分得的产业。“计开”占一行，财产退一行书写。用“分落”“分派”“分得”“将某某分下田丘开列于左”列出财产。详细书写各种土地产业的名称、数量、种类、地名、位置、产量等信息。其二，用传统文化中的重要词语标明财产序号，比如忠孝、富贵、仁义、乾坤、元亨利贞、天地人和等排序。

分关书中，内添、内改、内涂、内除是重要的说明内容更改方式。另外，外批、外加、批、补、补批、又批、此批、特批等是重要的格式，确切地交代当事人需注意的事项，属于契约的重要内容之一。比如，其中包括父或母的养老田。

分关是苗、侗人民产业分化的重要方式，一般需要证人在场。格式上，证人包括房族人、亲族人，数量不一。如《民国二十七年十一月二日刘氏银凤子杨清星与杨金发、杨金豪等叔侄五人分关契》所示，凭房族和凭亲族人排列成四行，共计 7 人。书写人或代笔，是分关文书中不可或缺的环节。有时简称为“书”“笔”，还有签名、画押、按手印等格式，这不是都必须具备。民国时期相对于明清而言，签名、画押、按手印、用印章时有时无，而明清时期偏多一些。另有半书或称半字书写“立分关合约”“立分关合同永远发达”等。此格式有力地证明了所立契约的真实性。如前述列子。再如《同治四年五月十八日吴运松、吴运柏、吴运梅屋基田产油树等分关书》：

立分关房长人吴绍美、绍兰、运丰，情我房老吴绍钱所生三子，长子运松，次子运栢，满子运梅，兄弟日后尔三人分居各爨，三股均分。兄弟听令拈阄为定。运松分得岩田田四丘，计谷四拾箩，野猪冲田弍丘，谷廿箩，南门脚田壹间，谷拾五箩，善禾冲田大小陆[丘]，谷廿箩，角縢冲田大小柒丘，谷捌箩，崩塘栗木山脚田陆丘，谷拾四箩，龙内田弍丘，谷廿箩。屋背田壹间，谷捌箩；分得新屋右边一间半，并门前地基一间半，并屋背地基一间在内；分得油山大禁山路背油树一块，崩塘坳头油树一块，冷水冲上边油树一半；分得园朝杰屋背园一团，山湾头中间园一间；

分得荒山崩塘坳背荒山一块，岩洞冲荒山一团。运栢名下分得白羊岴脚田四丘，计谷四拾箩，蒋狮寨田五丘，谷卅箩，角滕冲田陆丘，谷拾弍箩，崩塘坳背田五丘，谷卅箩，岩崽坡脚田叁丘，谷廿箩，屋背禾田弍间，谷捌箩；分得老屋一间半并地基在内，坎脚屋一间半，地基在内；分得油山大禁山油树一块，崩塘上边油树一块，马颈坳并蒋狮寨油树弍块，分得荒山冷水冲荒山一块，山湾头园四墱。运梅名下分得白羊岴脚田弍丘，计谷四拾箩，清水溪田一丘，谷廿二箩，崩塘坳头田弍丘，谷拾箩，学堂冲田柒丘，谷廿箩，屋背禾田一间，谷捌箩，长丘一丘，谷弍箩；分得新屋左边屋一间半及门前地基间半在内；分得油山崩塘下边油树一块，横坡油树一块，冷水冲下边油树一块；分得荒山崩塘唐头冲荒山一块，角滕冲荒山一块；分得园山湾头左边园一节，朝杰屋背园一节。当凭房长拈阄为据，长发其祥矣。

其有□猪冲口田一丘，计谷四箩，除与运松以作长子田。

血叔　吴绍美（押）

房长　绍兰（押）　弟运均笔（押）

运丰（押）

栢（押）

吴运松（押）

梅（押）

合同叁纸各执存照［半书］

同治四年五月十八日　　立①

书写日期是分关书的最后一个环节，作为格式，必不可少。否则分关书的法律效力会大打折扣。讲究日期的书写。一般把朝代和干支纪年的符号列出，如“民国丁巳年三月十九日”，后退数格写“立”字，或者直接写在最底端。清代早期的与民国时期有所不同。落款处有“皇上”二字加在帝号之前；书写人放在最后一行，写作“写分关，某某”。整体而言，分关文书自明清以降，逐渐简化，到晚清定型，民国年间沿袭使用，更简明通俗化。比如《民国二十七年三月八日陈世寅、陈世廷、陈世金兄弟分关字》运用平齐式：

立分关掘掩兄弟字人长子陈世寅，次子世廷，三子世金，今因兄弟

①张新民主编：《天柱文书·第一辑：全22册》第3册，南京：江苏人民出版社，2014年，第244页。

各居，情将祖遗之业，秧田园圃墦场，抱掜派落。长子世寅一掜派落秧田园圃外边一间，次子世廷三掜派落内边秧田园圃三间，三子世金二掜派落秧田园圃中间。其有墦地照前耕种。寅管哥冲塝大墦一截，并路坎上塝墦一团，又左边上坉墦一团，对门屋背墦一团，塝头荒墦三团；廷管哥冲塝大墦一截，大墦高坎上长墦一团，并塝头墦一截，对门屋背墦一团。金哥冲塝干田一半，大墦坎上一团，塝墦大小四团，对门大墦中间一截。自分之后，各管各业，日后不得翻悔等情。照依分关管业，房房发达，户户兴隆。恐口无凭，立分关字样为据。

批世廷存收。

族凭　陈光清
陈世清
陈代均
陈代贵
亲　宋仕成
姑母　陈珍花

□

陈代卿　代笔

民国二十七年三月初八日　立①

分关的类型大体可分为长辈主持分家、兄弟析分产业、叔侄分余剩产业、宗族分产业和捐赠等。

一是长辈主持分家。民国六年八月八日刘定坤在其父亲刘东甲主持下将土地产业进行分配：

立复分分关字人刘定坤，缘因父亲刘东甲亲请本房刘先甲、刘恩文、亲戚龙大用、龙大生，爰将祖人遗下田园、屋地、山场后分与我兄弟二人弍股高低均派，以杜后日免甲占乙，此来侵彼情事。自父亲请人分后，各管各业，不得后来翻悔等。因为此，立复分分关字据，各执一纸存照。[下略]②

民国十二年五月十六日家长刘东洲主持分关，将其产业二股均分，作为遗嘱，强调勤俭持家，“不得异言翻悔”：

①张新民主编：《天柱文书·第一辑：全22册》第3册，南京：江苏人民出版社，2014年，第225页。
②张新民主编：《天柱文书·第一辑：全22册》第19册，南京：江苏人民出版社，2014年，第58页。

> 立分关遗嘱字人刘东洲，因养有二子，长子名庚泰，次子名庚庆。念同胞之谊，应同合爨，岂宜分炊。然夷齐之高风已貌，斯伯中(仲)之笃谊难伸。今将祖人遗下，并已所买之业产，请房族人等高低搭派，二股均分，阄定定关，毫无私意于其间。自分之后，各管各业，不得异言翻悔。愿贰子勤俭持家，长发其祥。今欲有凭，立有分关二纸，各执一纸永远存照。[下略]①

龙正凤为其二子刘国藻、刘国瑞所作的分关，开头写作"立允分家分约字人龙氏正凤，所生长子国藻、次子国瑞"，其原因在于家长"年迈力衰"，二子应当"各居生活，自立门户"②。

二是兄弟析分产业。民国十年九月七日潘万福、潘万炎兄弟因家事繁杂，不利管理，将土地产业作两股均分：

> 立分关合约字人潘万福、潘万炎等，今因家中事务纷纭，势难总理，兄弟自商，已经议妥，爰请亲族人等将祖人遗下田园、屋宇、基址、产业弍股均分，以富贵弍字拈阄为号，潘万福当龛拈得富字号，潘万炎拈得贵字号。阄中所载祖人定之二人所得田园、屋宇、基址、产业等项，录列于后，公平已极。自分之后，各宜孝和，家虽分两，人心如一。炊纵各两，扶持不二。照依关书永远管业，不得远议滋事争端，不然即鸣亲族众同攻奸(讦)。恐后无凭，立有分关二张一样字纸，各执一张。贵字号付与万炎永远发达为据存照。③ [下略]

本分关书中详列兄弟二人所分财产，并半书"分关合约永遵"。在《民国三十三年八月二十二日龙广训、龙广明、龙广泽等兄弟四人析家产书("华"字管业份)》(2)中，龙广训、龙广明、龙广泽、龙广惠兄弟四人对祖遗田园、山土、房屋、物植、器具等进行公平的分配，分成荣、华、富、贵四份。④ 兄弟分家合同有的写作"分产分居合同"，比如《民国二十一年八月一日龙远芳子龙钟武、龙钟瑞、龙钟乾分产分居合同》。⑤ 民国三十年六月二十六日龙远芳、龙荣芳⑥将此前分关遗下共管的山场再次分关管业，订立合同。兄弟几

①张新民主编：《天柱文书 · 第一辑：全22册》第19册，南京：江苏人民出版社，2014年，第76页。
②张新民主编：《天柱文书 · 第一辑：全22册》第19册，南京：江苏人民出版社，2014年，第83页。
③张新民主编：《天柱文书 · 第一辑：全22册》第16册，南京：江苏人民出版社，2014年，第214页。
④张新民主编：《天柱文书 · 第一辑：全22册》第16册，南京：江苏人民出版社，2014年，第82页。
⑤张新民主编：《天柱文书 · 第一辑：全22册》第18册，南京：江苏人民出版社，2014年，第394页。
⑥张新民主编：《天柱文书 · 第一辑：全22册》第18册，南京：江苏人民出版社，2014年，第397页。

人分关的案例在清水江流域分关书中占多数。

三是叔侄分余剩产业。比如《民国年间胥兴荣、胥志高、胥志道叔侄三人分关孝义合同》(1)：

立分关孝义合同字人胥兴荣同侄胥志高、胥志道叔侄三人，将先年祖人遗下之田，请凭亲族在内，除有养善之田陆拾挑整，以□三股均分，高底(低)答(搭)派，天定警关，不得憣悔。[下略]①

又如《民国三十六年二月二十三日刘定云、刘定昌、刘国贤叔侄三人分关字》(1)：

立分关字人刘定云、刘定昌、刘国贤叔侄三人，情因家务先分，尚存房屋、地基、园地、山场等业，今特爰情(请)房族人等以将分配作三股均分，按天、地、人字号拈阄为定。经凭分后，依照关书各管各业，不得翻悔情事。恐后无凭，立有分书三纸，各执壹张，永远存照为据。[下略]②

四是宗族分产业。道光十六年三月初十日王福保等几房人等分田地产业，山林、地基等土地产业，且此前有误会，于是订立清白分关字：

立分关清白字约人大公王乔应之子、王福保之子、王乔相□公、王三应之子，重保、晓仔之子，福刚、乔清兄弟二人，今凭房族人等立分田地产业，山林、茶树、屋墙、地基、园地、杉木一概分清，各管各业。自分之后，不得异言。

情因于道光十六年三月内大公王乔应之子、福保子、王乔相，又言有冲麻田乙丘未分，自请中人理讲，自之(知)理亏，自愿自悔，凭房族亲识人等，立此清白分关字约为据。

龙光泰
凭中　龙秉义　王乔玉
朝赞　乔才
王正仁　乔招
正榜　正贵
代笔　王正和

①张新民主编：《天柱文书·第一辑：全22册》第18册，南京：江苏人民出版社，2014年，第246页。

②张新民主编：《天柱文书·第一辑：全22册》第18册，南京：江苏人民出版社，2014年，第322页。

道光十六年三月初十日　立①

民国二十六年二月二十日马世远等因为先辈共同所买文斗下寨山一块，订立关分合约，约定先买此山为有效，后买者为无效、无股份，并开列此山十二股所涉及的各股占有情况。这是同宗后裔关于产业的分析合同。原文如下：

立分关字人南怒马世远、马世道，侄配崑、配煜、配□弟兄，文斗姜周士等，因先年我等各家先辈买有文斗下寨姜登科、姜世法等家之山，在南怒大河左边渡船口壹幅……此山因我各家先辈前后共同壹主得买，今凭中说定，先买者永远管业，后买者作为失效永远无股，为此特立分关叁纸，各家各执壹纸即照。后开股数管业存照。[下略]②

民国三十三年八月十八日龙玉衡、龙敬卿叔侄等将已分之土地产业作登记，留下未分之土地产业作为八股共有，订立存根执照。原文如下：

立存根执照字人龙玉衡、敬卿、德润、运梅、文德、运涛、运彩、立灿叔侄等，今将祖遗之田字炉田一丘、打乜芳田一丘、皆娥田弍丘、与世魁共讲八之田、占县之田一丘、从下田弍丘、从个万田弍丘、扳劳才田一丘、步两坳田弍丘，以上所记之田巳（已）作八股均分，尚有未分之田及山场、园、地基开列于后：大官摊之田及阿山之田一份，又与上寨龙汝权共土地坳对门之田……又立沛屋脚地基一块，又运显左边荒园一块，空晓园地一块。以上未分之田园、山场、地基仍属八股共有。恐后无凭，立此存根执照为据。

龙玉衡（印）　龙文德（印）
龙敬卿（印）　龙运涛
龙运梅　　　　龙运彩
龙德润（印）　龙立灿
　　　　　　　龙幽林　笔

中华民国三十三年古八月拾捌日　立③

①张应强、王宗勋主编：《清水江文书·第二辑》第8册，桂林：广西师范大学出版社，2009年，影印本，第464页。

②张应强、王宗勋主编：《清水江文书·第三辑》第9册，桂林：广西师范大学出版社，2011年，影印本，第448页。

③高聪、谭洪沛主编：《贵州清水江流域明清土司契约文书·亮寨篇》，北京：民族出版社，2014年，第245页。

五是捐赠产业。兄弟遵先人遗嘱送田产与姊妹。比如《民国十五年三月十八日潘年丰、潘年亨、潘年熙兄弟三人遵先人遗嘱送田与姊妹契》：

> 立送田契字人潘年丰、潘年亨、潘年熙兄弟三人，情因先人遗嘱，令将枫木寨庙门口，东抵潘德成田，南抵刘大用田，西抵潘德修田，北抵刘大海田，田乙丘上禾陆拾肆稨送与女儿潘久妹。兹我兄弟因遵先人遗嘱，爰将此田书字送与姊妹久□名下耕管。凡我兄弟子息（媳）不复侵姑田，以体我兄弟爱姊妹、遵先嘱之心焉。今恐口说无凭，立此送字存据。
>
> 当凭　龙神保　刘安德　潘德福　书送字
>
> 中华民国丙寅年三月十八日潘年熙立　送字①

综合起来，清水江流域分关书格式大体可以归纳为：

立分关（合约）字人××××××，为因××××××，爰请房族父老等将××等项，品搭均分，拈阄为定。××××××。恐口无凭，立有分关××纸/份/张，各执一纸/份/张存照/为据。

×××拈得×字号开列如下：

一××××××

一××××××

一××××××

外批/内添/又批：××××××　除×××××

立合同分据［半书］

凭亲房　×××（押）

凭族人　×××（押）

××年××月××日　立

（二）内容

分关合同涉及土地分配，分家析产是清水江流域土地权利转移的重要方式。比如《同治二年九月刘明忠兄弟分关字》：

> 立分关字人刘明忠，情因兄弟各爨。今将祖父遗下田园、屋地、山

①张新民主编：《天柱文书·第一辑：全22册》第16册，南京：江苏人民出版社，2014年，第193页。

场凭房族众老均派，继后各管，无多寡不均之弊，过后不得翻悔。立有分关合同，各执一纸永远。胞兄明珠分下另具一纸，今将明忠分下众老均派产业逐一开列于后：

计开田丘

寨□□小三丘　鬼六乙小丘▭地良乙丘、冲窜六小丘、墓香田弍丘

苗冲贰丘，登更大小田七丘，冲甲大田并小丘共三丘，高荒并盘马大小田共九丘

各王□第弍乙丘，登兜与老□明珠二人共乙丘，将此半丘补明忠。明珠前日娶钱。

计开土冲

计开园地乙团近高岑边。日后起房。

苗冲□乙团　登兜土□□　冲串、又冲串左手

合同［半书］

盘墓高谨凹□□

小田冲墓香

盘马木杉

乔礼

凭房　刘标品　万来　□□

代笔　　安朝

同治弍年九月吉日　立①

本例分关契中，刘明忠把祖父遗下的田园、屋地、山场与胞兄刘明珠平均分配，分得田 10 丘，另有半丘属于补助娶妻用费。园地 1 团用于修建房屋，土 3 团有奇。所分田地、园地、屋地基样样俱全，在清水江流域，可算得上殷实之家了。

如果是三子或多子均分家业，每个人分得的产业数量又如何？比如《同治四年五月十八日吴运松、吴运柏、吴运梅屋基田产油树等分关书》中，吴运松分得田 135 箩，合 11.25 亩（按 1 挑＝2 箩，6 挑谷合 1 亩计算），房屋 1.5 间，地基 2.5 间，油树 2.5 块，园 2 块，荒山 2 团；吴运栢分得 140 箩，合 11.67 亩，房屋 3 间包括地基在内，油树 4 块，荒山 1 块，园 4 块。吴运梅分

①张新民主编：《天柱文书 · 第一辑：全 22 册》第 19 册，南京：江苏人民出版社，2014 年，第 25—26 页。

得田 102 箩，合 8.5 亩，房屋 1.5 间，门前地基 1.5 间，油树 3 块，荒山 2 块，园地 2 节。以田地论，数量并不相同，但是作为均分的财产，综合来看三股财产大体相当。田产共 377 箩，约合 31.42 亩。一个家庭拥有此田产，在当地算得上小地主。分成三家之后，每家耕种 10 余亩田，加上园地等，在同治年间的清水江流域，恐怕只能是一个自耕农。值得注意的是，本分关书中，外除产量 4 箩的长子田 1 丘，即长子享有更多的田产时，是否承担更多的义务？这份分关书中无法显示。①

有时分关合约把所分的土地，比如地基地、播土、柴山、杉木、寿木等数量、种类、形状、产量等详细列出。如《光绪十八年十一月八日刘光焕、刘光汉兄弟分关合约》(1)：

> 立分关合约字人兄弟刘光焕、刘光汉，自同治捌年分居，祖父遗下田园、地基、山林、[未]经品搭分派。然分炊既久，料难复合同爨。爰请房族父老等将田园之肥瘠多寡、柴山地基之远近宽窄，公心均派，并无私意于其间。颁仁义二字号，焚香炳烛，敬凭家龛，阄定订关。凡有地基地、播土、柴山、杉木、寿木，未录关上者，均系共的。然柴山、园地有一团是一团，有买数主合一团，有一团分作两股者，四至以分时而定。至于账项，老人并无谁欠。自分以后，各管各业，不得异言，有乖同气之光，致伤手足之雅，庶姻睦之古风再现，埙篪之清音自协矣。今欲有凭，立有分关两纸，各执一纸，永远存照。
>
> 今将焕先拈阄得逐一录列于后：
>
> 一房地三间，在润泽门口。此是老人阄定。
>
> 一仓地一坪，在本人左边屋山头。
>
> 一园地
>
> 屋背壹团分作两股，阄落右边之股。上抵泽园，下抵泽房地，左抵溪园，右抵泽园。屋角壹团，上抵共坪，下抵泽园，左抵本人山，右抵路。又本人，右边屋山头大小之园拈阄概落于焕。
>
> 一田丘
>
> 坝溪正冲。第三十丘，方形，中禾二十六边。第六十五丘，直形，中禾七十七边。第六十六丘，四不等形，中禾，九十五边。第七十八丘，五不等形，中禾四十边。第一百一十二丘，土蝉形，中禾一边。第一百一

---

①张新民主编：《天柱文书·第一辑：全 22 册》第 3 册，南京：江苏人民出版社，2014 年，第 244 页。

十三丘，方形，中禾三十三边。第一百一十六丘，犁口形，中禾十五边。冷水冲口。第六十一丘，湾形，中禾二十八边。坝溪坪冲。第一百〇五丘，蛇形，下禾十一边。便坝右三岔。第九丘，斜角形，下禾二十五边。冷水冲口。第六十九丘，犁口形，下禾一边。第七十一丘，土蝉形，下禾一边半。

土名登棚正冲冲火

第五丘，直形，下禾五边。第六丘，三角形，下禾一边。第七丘，直形，下禾九边。第八丘，葫芦形，下禾十七边二子（籽）。第十丘，犁口形，下禾四边。第十五丘，直形，下禾六边。第十九丘，斜形，下禾二十一边。第二十丘，方形，下禾拾五边。

土名高荒正冲

第十五丘，方形，中禾九边。第十六丘，四不等形，中禾四拾五边。第三十六丘，三角形，下禾□边。第三十七丘，蔑形，下禾六边半。第三十九丘，土蝉形，下禾二边。第四十丘，三角形，下禾四边。第四十一丘，斜形，下禾拾三边。第四十二[丘]，圭形，下禾六边。第四十三丘，方形，下禾五边。第四十四丘，三不等形，下禾十边。第四十五丘，弓矢形，下禾八边。第四十六丘，土蝉形，下禾二子（籽）。第四十七丘，牛角形，下禾二边半。[下略]①

本契约中，刘光焕分得的土地中房地 3 间、仓地 1 间、园地 2 团余，田地有方形、直形、三角形等十余种形状，每一丘田都记载了形状、产量，其中，上禾 343 边，中禾 567 边，下禾 672.25 边，共计 1582.25 边；其中有 2 丘产量不明，故总面积大于此数。平均按每边田地谷禾产量 12 斤计算，谷禾总产量为 18987 斤，年产量约 9.5 吨，如果人均每人每年用谷 500 斤，可供养 38 人生活一年。刘光焕可算得上中等地主。另有山 12 团、柴山 1 团。该合约中，小的田产量仅 0.25 边，约产谷禾 3 市斤，最大的一丘 102 边，产谷禾 1224 市斤。共计 89 丘田，平均每丘产量约为 17.78 边，约 213.4 市斤。其实我们也可从推断，刘光焕虽然是地主，其耕种的田就达 89 丘之多，约 44 亩，按每人年均耕种 4 亩计算，也要雇佣 10 人方能完成这些田地的耕种。可见，地主全靠积累。其父辈大约有 90 余亩田地，加上山林和园地，丰厚的土地财产足以证明其身份是地主。

①张新民主编：《天柱文书・第一辑：全 22 册》第 19 册，南京：江苏人民出版社，2014 年，第 91—92 页。

再如《民国五年龙金明、龙金榜、龙明喜兄弟三人分关合约》。这份分关合约涉及房屋、田园、山场等物平均分配，只开列田园、屋地，龙金榜分得田为“杨梅三丘、纳溪盘七丘”①及其他田共计20丘。

《民国六年八月八日刘定坤复分分关字》中，刘定坤“缘因父亲刘东甲亲请本房刘先甲、刘恩文、亲戚龙大用、龙大生”②，将祖人遗下田园、屋地、山场后分与其兄弟二人两股平均分配，分得老屋地1截、山12团、土3冲、田5丘，包括大田1丘。实际刘定坤从两份中所分得的一份土地总量亦不小。《民国十二年五月十六日刘东洲分关遗嘱》中，由于刘东洲之二子庚泰、庚庆长期合爨已不合适，只得分家。这次分有析产，采用拈阄方式，内容包括田丘、园地、山场；田分为上、中、下三等。③

分关合约、分关书有时写作分关执照，比如《民国二十五年闰三月十日刘国材、刘国楷、刘国槿兄弟等分关执照》中，兄弟6人均分财产，按两股均分，刘国材兄弟3人分到田33丘、油山1团、木山1团、土12坪及老房屋左边。④ 估算其田产，只能算普遍自耕农。《民国三十六年六月龙氏正凤为其二子刘国藻、刘国瑞分关契》中，龙氏正凤所生长子国藻、子国瑞均已成人，需自立门户，分配家业。其中将除有龙氏的养老田，刘国瑞婚娶之资之田，其余二股均分。所分土地有田和屋地等。这份产业分关书田的产量，如“忠字管业”记载“计高间田四，大小八丘，久□田一大小贰丘□一丘中之陆挑”，屋地“左壹间半，计□间长壹丈陆□”⑤，以及山林、土等。

分家析产带来土地权属进一步转移，每份数量随着代际的推移逐渐减少。如果不采取土地积累，那么数代人之后，土地供应将会不足，人地矛盾日益突出。

《民国二十六年一月十五日舒伟吉前妻唐氏清桂所生二子产业虑后平分合同》：

---

①张新民主编：《天柱文书·第一辑：全22册》第19册，南京：江苏人民出版社，2014年，第198页。

②张新民主编：《天柱文书·第一辑：全22册》第19册，南京：江苏人民出版社，2014年，第58页。

③张新民主编：《天柱文书·第一辑：全22册》第19册，南京：江苏人民出版社，2014年，第76页。

④张新民主编：《天柱文书·第一辑：全22册》第19册，南京：江苏人民出版社，2014年，第96页。

⑤张新民主编：《天柱文书·第一辑：全22册》第19册，南京：江苏人民出版社，2014年，第83页。

立合同虑后字人舒伟吉前妻唐氏清桂所生二子，长子烈元，次子烈亨，情因父子争论，呼唤房族亲戚谪（商）议，言定前母之私产业前母之子耕管，前母之业，土名开明杉木弯界脚田三丘，老屋场田三丘，大山冲两间丘田乙半，上个坝田三丘，乌赶冲下截田五丘，屋基十字街路坎上地乙墱归前母之子所管。以前之老业产、以后新创照子平分，以后勿得混争，心平意愿，日后不得翻悔异言。今幸有凭，立有合同二张为据。

立合同二张为据［半书］

外批：上个坝田契系伟吉之名，乌赶下截冲田契系伟吉名买。

凭房族　舒伟经
　　　　舒伟庆
　　　　烈兴
凭亲戚　唐才烈
　　　　唐才盛
　　　　自荣
　　　　阳志金
笔　伟泮

民国二十六年正月十五日　立①

《民国二十六年六月二十四日舒伟吉之子舒烈元、舒烈亨分关合同》②中除了其父母养老田外，二人把屋宇、田地、山坡、园场、竹山、油树、油桃、什物等平分成二大股，涉及土地的屋宇、田地、山坡、园场、竹山、油树、油桃一一标明数量、坐落地址，并用半书"立合同二张各执一张为据"作为双方分家析产的凭据。

民国二十七年十二月二十六日蒋景智、蒋景亮分配房屋、仓楼、厕所、空地基，房亦详列数量。③

分关书除了析分财产外，还将赡养父母的费用纳入土地财产中分配。当土地产业不宜分割时，采用补钱的方式平衡诸子的产业。比如《民国二十二年三月一日伍绍南、伍绍全兄弟清白分关合同》：

---

①张新民主编：《天柱文书·第一辑：全22册》第1册，南京：江苏人民出版社，2014年，第251页。

②张新民主编：《天柱文书·第一辑：全22册》第1册，南京：江苏人民出版社，2014年，第252页。

③张新民主编：《天柱文书·第一辑：全22册》第6册，南京：江苏人民出版社，2014年，第93页。

立清白分关合同字人伍绍南、伍绍全兄弟二人，各居多年，今因严父遗有产业房屋、地基、纸马板各项，于父亲在时，有田壹坵在，地名富架冲，三股均分，父亲、母亲各得一股，为生养死葬之资，绍全一股为亲迎之费。父子商议，此田难以均派与绍南，所有纸马板一套及父亲之股养葬之外，余下之钱应入绍南手收。此时绍全无处出钱，自愿将纸马板作为补绍南之钱。母亲之股仍作生养死葬之资。其有房屋、地基兄弟各将拨换，老房屋地基拨与绍南居住，当补绍全钱式拾肆千二百八十文，如数领清，而冲蜡屋地基拨与绍全修选居住。又有冲蜡园地分落绍全，地堕土之园地分落绍南。此系凭族戚人等拨换均分，各管各业。又有先立有合同拨换字及卖字，二比一概洗销。若有隐瞒不销，日后将来争论，作为废契。自后不得此争彼夺，以强占弱。倘有后悔，我兄弟二人任凭亲族捆绑送究。恐后无凭，立有清白分关合同，各执一张为据。［下略］①

整体而论，清水江流域分关书记载了田地产权析分的变化情况，反映了村民为了家庭的进一步发展而需将长大成人的诸子分立门户，促其发家致富，自担生活，振兴家业。其田地产权变化的趋势是越分越少，昔日的大家庭可能几经析分，就逐渐变成一般家庭，有的由于各方面不济，最终消失殆尽；有的又重整旗鼓，使家道中兴。分关文书反映了土地产业逐渐变小的总趋势，是土地产业变更的重要证据。

①张新民主编：《天柱文书·第一辑：全22册》第12册，南京：江苏人民出版社，2014年，第8页。

结 束 语

值得一提的是，清水江流域土地契约文书在保存方面具有自身的独特性。保留土地契约文书时，以地块为单位，其相关文书收存在一个文件包。一个卖山契约的文书包，含有买卖契约、上手契、佃山契、股份清单、佃栽树木合同、卖木材收益分配清单、权属纠纷及判决书、地图等。文书持有人按照这种特定的内容分包存放，大包里有数个中包，中包里有数个小包，自成系统，详细记载了土地权属的演变。这样，文书纸质、颜色、大小、字体等被原原本本地保存下来，既鲜活又实用。这样的保存方法，即具有独特性，又有利于土地契约文书长时间地发挥作用，不受政治、自然或人为因素的破坏，更有利于村民确认土地权属，从而避免民间纠纷，亦使土地契约文书在往后的历程中永恒地产生价值。土地契约文书是其他经济类文献的重要参考资料。因为土地契约文书涉及田地、林地、房地等契约，其中有许多信息可用于经济方面的研究，比如赋役史、经济史、财政史等研究。特别是其中的粮赋记载，当是今后中国赋役史专题研究的重要区域经济史料。

土地契约文书有利于认识苗、侗民族社会经济的特点，就是以田地耕作和林地经营为主、双管齐下的经营方式。在多山、河谷宜林地带的粮食生产不便和不足的地域，偏重于林地经营；在较平坦的地域，粮食生产效益好，收成较高，则偏重于土地耕种，只有交通便利，村民才亦经营木材采购和贩运。透过土地契约文书有利于全面认识清水江流域苗族、侗族社会经济的特点，即规模大小相间，以木材经营为主体，形成较系统的市场，市场活跃，周转比较灵活快捷，我们认为该流域的经济总体上比较活跃，且不断地发展着。

清水江流域，自宋代废除土地买卖限制、地主土地所有制全面展开以后，土地买卖就开始了。该流域属于维持自身生存的小农经济。虽然有土地买卖存在，且文书所示清代至民国的土地买卖呈现逐渐活跃、规模日益扩大的趋势，但该流域始终未能进入比较发达的近代化社会。原因在于地主总是以土地的买卖来积累资本，由此订立的契约文书，把农民始终限制在农业经济的境地，不能跨越人身依附关系的束缚。正如有学者所指出："在帝政时代的中国，并没有在整个社会层面上把社会分工予以世袭固定化的身份制度,包括生计职业的选择、土地买卖,以及租佃关系的形成等在内。经济活动中广泛的领域都建立在每个人的'自愿非逼(基于自发性的合意,而非强制)'的契约上——至少在形式上如此。但是,另一方面,通过这样'自由'的契约而形成的关系,不是市民社会和资本主义的'近代性'诸关系,而是伴随高额地租的'封建性'租佃关系和'奴隶性'人身隶属关系。"①地主与农民所订立的各种土地契约,的确具有一定的封建性和奴隶性,依赖这种契约关系,村民在较长时间内对地主有所依赖,从而长期依赖土地,并固守在土地上。土地契约文书凸显的根本特点就是人们对土地的这种依赖性。而从区域的经济发展来看,这种人身依附造成区域长期处于封建制度向资本主义过渡的状态,始终未能实现近代化的跨越发展。

土地买卖自明代到民国末年,逐渐活跃,成为地区经济、社会发展的重要推动力。土地契约文书所承载的买卖价格、随着时代的发展而发生变化,虽然未形成比较宏观的土地市场,但地价变化呈现一定的规律性,表现为单位地价由贵到略贱、再由较低逐渐回升到贵的变化态势。其核心缘在于银两与铜钱之间、银圆与铜圆等通货的比兑关系发生的变化,国际国内、省区之间乃至清水江流域境内,通货市场变化是导致土地价格变化的根本。另外,国际环境、国内的政治格局、社会背景发生的深刻变化亦导致土地价格变化。这些变化通过土地契约文书体现出来,由此,土地契约文书凸显了清水江流域经济社会发展的重要轨迹。

土地收益可以说是清水江流域村民的主要财富。谁拥有土地,土地就为他带来福祉。土地是村民的命根子。这毫不夸张。与经济发达的江浙不同,后者尺寸之土,人们必争。但是土地带来的丰厚收益刺激着人们对土地的积累欲望。若与欧洲人相比,清水江流域居民乃至中国人都缺乏开拓海洋的巨大勇气,习惯于在自己广袤的土地上自我陶醉于农业社会的节律。土地代表的是人们对土地永无止境的依赖性。人们热衷于土地,固守着土地,而缺乏积极开疆拓土的整体特征。这些都可以从土地契约文书中折射出来。

透过清水江流域的土地契约,不难发现,苗、侗村民的土地买卖这一经济活动,具有民间传统经济活动的特质,从一个侧面体现了中国经济具有区域结合的特点。区域性的经济活动与其他区域的互动,虽然交通并不流畅,

①[日]岸本美绪:《清代中国的物价与经济波动》,北京:社会科学文献出版社,2010年,第67—68页。

但清水江流域村民设法通过不同的渠道，与外域的经济往来越来越密切，吸引了更多的外来资金，促成资金频繁流动，显示了十分活跃的特点。经济发展是近代化的主体①，土地契约属于传统社会中的经济发展的组成部分，其作用是不可忽略的。清水江流域土地契约文书为我们提供了土地买卖和地权流动的证明。

中国传统社会土地丰腴，农业最重要，人口日益增多迫使人们珍惜土地，土地逐渐成为人们的财富之一。自宋以降土地买卖活跃起来，至清代、民国发展成熟。土地买卖虽然对卖方来说获得了收益，其中不乏积累了大量土地的大地主，但封建土地制度、半殖民地半封建社会业已制约着中国农村经济的发展，制约着中国的近代化。清水江流域自明末以降的三百余年的土地契约文书所承载的土地买卖已走到了尽头，土地经济发展已达到极限，"中国的财富已经臻其法律与制度所能允许的最高限度"②，这样，土地买卖必将为新的土地经营方式所取代。不可否认的是，土地契约文书中记载的各类土地纠纷，在一定程度上曾对区域经济产生过负面影响。然而，土地契约文书所蕴含的丰富的历史信息、实用的经营管理土地方式、公平正义的价值观、和谐观和诚实守信的契约观，在当下仍有重要的借鉴价值，通过梳理与创造性的转化，将对区域经济社会的新跨越发展发挥一定的积极作用。清代土地交易还未达到自由的程度，国内的土地交易不可能商品化。"千年江山八百主"，这一俗语道破了土地所有权变更的频繁，但直到民国末年，至少在清水江流域，土地始终未能变成可以自由买卖的商品。土地买卖总是受经济制度和经济发展水平的制约。

另外，可以回赎的土地买卖被称为"死头活尾"③，因为可以事后加价获得利益，还可以将先年活卖出去的土地通过转手，最终收回自己手中，"物归原主"，这就从客观上造成土地买卖的不彻底性和不完整性，在地域内部形成一种惯例，人们相互援引，形成一种保护。遇到这样的土地，村民惧怕吃官司而损失钱财，往往望洋兴叹，退而却步，不再轻易购买所谓"扯皮"的土地。这无疑从效果上消解了人们对土地买卖的动力，从而一定程度上阻碍了土地交易的正常化。理论上说，土地交易的发展方向当是土地产权的自由买卖，自由买卖程度越高，土地所有权的转移越彻底，土地贸易就越发达。

①参见［日］滨下武志：《传统经济与现代化问题》，《近代中国史研究通讯》1988 年第 6 期，第 116 页。

②［英］亚当·斯密：《国富论》，郭大力、王亚南译，北京，商务印书馆，2015 年，第 89 页。

③李三谋：《清代土地贸易关系初探》，《农业考古》1996 年第 1 期，第 72 页。

清水江流域的土地活卖、回赎相对于加价买卖为多,但这三种交易现象都不是土地交易的主流。土地交易的主流是绝卖或断卖,而且随着时间的推移和该流域商品经济的发展,加价逐渐淡出历史视线,活卖、回赎土地亦只是土地买卖中的补充形式。

总之,清水江流域土地契约文书再现了明末至民国土地买卖和地权流动的实态,从中我们可看出该流域具有比较强韧的区域经济特点,这为中国活跃的近代区域经济补充了一个鲜活的例子。土地买卖有力地推动了该流域社会经济的发展,但不可否认土地纠纷所带来的负面影响。数百年的地主土地所有制发展烂熟走到了尽头,必将为新的土地制度所取代。

参 考 文 献

一、契约文书史料

陈金全、杜万华主编:《贵州文斗寨苗族契约法律文书汇编——姜元泽家藏契约文书》,北京:人民出版社,2008 年。

陈金全、梁聪主编:《贵州文斗寨苗族契约法律文书汇编》,北京:人民出版社,2015 年。

高聪、谭洪沛主编:《贵州清水江流域明清土司契约文书 · 九南篇》,北京:民族出版社,2013 年。

高聪、谭洪沛主编,贵州民族文化宫编:《贵州清水江流域明清土司契约文书 · 亮寨篇》,北京:民族出版社,2014 年。

贵州省档案馆编:《贵州清水江文书 · 剑河卷》(第一辑),贵阳:贵州人民出版社,2017 年。

贵州省档案局编:《贵州清水江文书 · 黎平卷》(第一辑),贵阳:贵州人民出版社,2016 年。

贵州省档案局编:《贵州清水江文书 · 三穗卷》(第一至二辑),贵州人民出版社,2016/2017 年。

凯里学院、黎平县档案馆编,李斌主编:《贵州清水江文书 · 黎平文书》,贵阳:贵州民族出版社,2017 年。

唐力、杨有庚、武内房司:《贵州苗族林业契约文书汇编(1736—1950)》(第 1—2 卷),东京:东京外国语大学国立亚非语言文化研究所,2001/2002 年。

汪文学编校:《道真契约文书汇编》,北京:中央编译出版社,2015 年。

王宗勋考释:《加池四合院文书考释》(卷一至四),贵阳:贵州民族出版社,2015 年。

张建民主编,唐刚卯副主编:《湖北天门熊氏契约文书》(上、下),武汉:湖北人民出版,2014 年。

张新民主编:《天柱文书 · 第一辑:全 22 册》,南京:江苏人民出版社,

2014 年。

张应强、王宗勋主编:《清水江文书》(第一至三辑),桂林:广西师范大学出版社,2007/2009/2011 年,影印本。

二、著作

(北宋)王钦若等:《册府元龟》,北京:中华书局,1960 年,2012 年重印本。

(汉)班固撰,(唐)颜师古注:《汉书》,北京:中华书局,1997 年。

(汉)司马迁:《史记》,北京:中华书局,1982 年。

(宋)窦仪等撰,吴翊如点校:《宋刑统》,北京:中华书局,1984 年。

(宋)李心传:《建炎以来朝野杂记》(甲集),扬州:江苏广陵古籍刻印社,1981 年。

(元)陈澔注,金晓东校点:《礼记》上海:上海古籍出版社,2016 年。

《续修四库全书》编纂委员会:《续修四库全书》七八九 · 史部 · 政书类,《大明会典》(第 4 册),上海:上海古籍出版社,1986 年。

《中国少数民族社会历史调查资料丛刊》修订编辑委员会编:《广西少数民族地区碑文契约资料集》,北京:民族出版社,2009 年。

安徽省博物馆编:《明清徽州社会经济资料丛编》(第一集),北京:中国社会科学出版社,1988 年。

陈支平:《民间文书与明清赋役史研究》,合肥:黄山书社,2004 年。

戴建兵等:《河北近代土地契约研究》,北京:中国农业出版社,2010 年。

单洪根:《锦屏文书与清水江木商文化》,北京:中国政法大学出版社,2017 年。

单洪根:《木材时代:清水江林业史话》,北京:中国林业出版社,2008 年。

单洪根:《清水江木商文化》,香港:世界社会文献出版社,2009 年。

傅斯年:《史学方法导论》,刘梦溪主编:《中国现代学术经典 · 傅斯年卷》,石家庄,河北教育出版社,1996 年。

傅衣凌:《明清农村社会经济;明清社会经济变迁论》,北京:中华书局,2007 年。

傅衣凌、杨国桢主编:《明清福建社会与乡村经济》,厦门:厦门大学出版社,1987 年。

贵州省地方志编纂委员会编:《贵州省志 · 金融志》,北京:方志出版社,

1998年。

贵州省地方志编纂委员会编:《贵州省志·粮食志》,贵阳:贵州人民出版社,1992年。

贵州省文史研究馆编:《民国贵州文献大系》第二辑(下册),贵阳:贵州人民出版社,2011年。

郭成伟点校:《中华传世法典:大元通制条格》,北京:法律出版社,2000年。

郭沫若:《古代研究的自我批判》,《郭沫若全集》(历史编,第2卷),北京:人民出版社,1982年。

国家文物局古文献研究室等编:《吐鲁番出土文书》,北京:文物出版社,1990年。

韩伦译注:《诗经》南昌:江西人民出版社,2017年。

何龄修、刘重日、郭松义,等:《封建贵族大地主的典型——孔府研究》,北京:中国社会科学出版社,1981年。

孔庆明、胡留元、孙季平编著:《中国民法史》,长春:吉林人民出版社,1999年。

李文治、江太新:《中国地主制经济论:封建土地关系发展与变化》,北京:中国社会科学出版社,2005年。

梁聪:《清代清水江下游村寨社会的契约规范与秩序:以文斗苗寨契约文书为中心的研究》,北京:人民出版社,2008年。

梁治平:《清代习惯法:社会与国家》,北京:中国政法大学出版社,1996年。

林芊:《凸洞三村:清至民国一个侗族山乡的经济与社会——清水江天柱文书研究》,成都:巴蜀书社,2014年。

林芊等:《明清时期贵州民族地区社会历史发展研究——以清水江为中心、历史地理的视角》,北京:知识产权出版社,2012年。

刘道胜:《明清徽州宗族文书研究》,合肥:安徽人民出版社,2008年。

刘琳等校点:《宋会要辑稿》(第11、12、13册),上海:上海古籍出版社,2014年。

龙泽江、傅安辉、陈洪波编:《九寨侗族保甲团练档案》,贵阳:贵州大学出版社,2016年。

吕友仁、李正辉注译:《周礼》,郑州:中州古籍出版社,2010年。

马建石、杨育棠主编:《大清律例通考校注》,北京:中国政法大学出版社,1992 年。

马克思:《资本论》,《马克思恩格斯全集》第 23 卷,北京:人民出版社,1972 年。

马克伟主编:《土地大辞典》,长春:长春出版社,1991 年。

潘志成、吴大华编著:《土地关系及其他事务文书》,贵阳:贵州民族出版社,2011 年。

沙知录校:《敦煌契约文书辑校》,南京:江苏古籍出版社,1998 年。

沈云龙主编,席裕福、沈师徐辑:《皇朝政典类纂》,《征榷十二・杂税》,台北:文海出版社,1982 年。

谭棣华、冼剑民编:《广东土地契约文书》,广州:暨南大学出版社,2000 年。

田涛等主编:《田藏契约文书粹编》,北京:中华书局,2001 年。

王钰欣、周绍泉主编,中国社会科学院历史研究所收藏整理:《徽州千年契约文书・宋・元・明篇》,石家庄:花山文艺出版社,2015 年。

王钰欣、周绍泉主编,中国社会科学院历史研究所收藏整理:《徽州千年契约文书　清・民国编》第一卷,石家庄:山花文艺出版社,1991 年。

王宗勋、张应强主编:《锦屏文书与清水江地域文化》,广州:世界图书出版广东有限公司,2016 年。

吴向红:《典之风俗与典之法律》,北京:法律出版社,2009 年。

熊敬笃:《民国地契档案史料:民国元年至民国二十七年》,四川省新都县档案馆,1985 年。

熊敬笃:《清代地契档案史料:嘉庆至宣统》,四川省新都县档案馆,1986 年。

徐晓光:《清水江流域传统林业规则的生态人类学解读》,北京:知识产权出版社,2014 年。

徐晓光:《清水江流域林业经济法制的历史回溯》,贵阳:贵州人民出版社,2006 年。

徐晓光等:《锦屏乡土社会的法与民间纠纷解决》,北京:民族出版社,2012 年。

杨国桢:《明清土地契约文书研究》,北京:中国人民大学出版社,2009 年。

杨军昌主编,钟昭会副主编:《清水江学研究》(上、下册),北京:中央民族大学出版社,2016 年。

杨瑞六编著:《清代货币金融史稿》,武汉:武汉大学出版社,2007 年。

叶显恩:《明清徽州农村社会与佃仆制》,合肥:安徽人民出版社,1983 年。

张传玺:《契约史买地券研究》,北京:中华书局,2008 年。

张传玺主编:《中国历代契约会编考释》(上、下册),北京:北京大学出版社,1995 年。

张晋藩主编:《中国法制通史》(第 4 卷),北京:法律出版社,1999 年。

张小林:《清代北京城区房契研究》,北京:中国社会科学出版社,2000 年。

张肖梅:《贵州经济》,上海:中国国民经济研究所,1939 年。

张新民等编著:《民间契约文书与乡土中国社会》:南京:江苏人民出版社,2014 年。

张新民主编:《探索清水江文明的踪迹——清水江文书与中国地方社会国际学术研讨会论文集》,成都:巴蜀书社,2014 年。

张学君:《明清四川井盐史稿》,成都:四川人民出版社,1984 年。

张研:《清代社会经济史研究》,北京:北京师范大学出版社,2010 年。

张应强:《木材之流动:清代清水江下游地区的市场、权力与社会》,北京:生活·读书·新知三联书店,2006 年。

张应强、胡腾文,李玉祥摄影:《锦屏》,北京:生活·读书·新知三联书店,2004 年。

章有义:《明清徽州土地关系研究》,北京:中国社会科学出版社,1984 年。

赵冈、陈钟毅:《中国土地制度史》,北京:新星出版社,2006 年。

中共中央马克思、恩格斯、列宁、斯大林著作编译局译:《反杜林论》,北京:人民出版社,1970 年。

中共中央马克思、恩格斯、列宁、斯大林著作编译局译:《列宁选集》(第 1 卷),北京:人民出版社,1972 年。

中国社会科学院历史研究所徽州文契整理组:《明清徽州社会经济资料丛编》(第二辑),北京:中国社会科学出版社,1990 年。

自贡市档案馆等编:《自贡盐业契约档案选辑(1732—1949)》,北京:中国社会科学出版社,1985 年。

[美]李榭熙:《圣经与枪炮:基督教与潮州社会:1860—1900》,雷春芳译,北京:社会科学文献出版社,2010 年。

[日]岸本美绪:《清代中国的物价与经济波动》,北京:社会科学文献出版社,2010年。

[日]仁井田陞:《中国法制史研究》,牟发松译,上海:上海古籍出版社,2011年。

[日]寺田浩明:《权利与冤抑:寺田浩明中国法史论集》,王亚新等译,北京:清华大学出版社,2012年。

[日]中岛乐章:《明代乡村纠纷与秩序》,郭万平、高飞译,南京:江苏人民出版社,2010年。

[英]亚当·斯密:《国富论》,郭大力、王亚南译,北京,商务印书馆,2015年。